철학자가 본 안전행동

위국환 · 김선화 · 손창현

A PHILOSOPHER'S
SAFETY
BEHAVIOR

박영사

◈　이 책을 집필하면서　◈

　우리 사회는 연이은 재난과 참사로 인해 큰 충격을 받고 있다. 누구도 예상하지 못했던 2022년 10월 이태원 군중밀집 사고, 2024년 6월 일차전지 제조공장 화재 사고, 2024년 12월 제주항공 활주로 이탈 폭발사고 등으로 수많은 희생자가 발생하였다. 뿐만 아니라 산업현장에서도 끊임없이 산업재해가 발생하여 많은 사람들이 고통을 받고 있다. 산업재해는 재해를 당한 본인은 물론 가정에게도 불행을 안겨주고, 기업과 국가에도 생산성 저하 등의 경제적 손실을 안겨준다.

　정부가 2020년 「산업안전보건법」을 전면 개정하고, 2024년 「중대재해처벌법」 적용을 전면 확대한 것은 강행 수단을 동원해서라도 안전한 사회를 마련하고자 하는 노력의 일환이다. 안전은 이제 시대정신이 되었다. 국민의 삶의 질 향상과 국민 행복을 구현함에 있어 가장 기본이 되는 것이 안전이다. 우리 사회가 추구해야 할 다양한 가치 중에서 생명을 지키는 안전에 대한 가치보다 더 중요한 것은 없다. 안전을 최우선 가치로 삼기 위해서는 '안전철학'이 필요하다.

　'안전철학'은 인간의 삶에서 물리적, 도덕적, 정신적 안전을 중시하며, 개인과 사회의 안정된 삶을 목표로 한다. 가정, 직장, 학교 등 다양한 환경에서 안전한 생활 습관과 환경을 조성하면 개인의 생명과 권리를 보호하고 사회의 안정성을 유지할 수 있다. 또한 기술이 발전함에 따라 인공지능(AI), 빅데이터, 사물인터넷(IoT) 등을 활용한 위험 예측 및 실시간 모니터링 체제가 필수적이며, 이를 통해 안전관리는 지속적으로 개선되고 강화되어야 한다.

　현재 안전은 개인과 사회를 위한 필수적인 요소로 인식되고 있다. 미래의 안전관리는 기술과 인간 중심의 참여가 결합되어야 하며, '안전철학'은 사고 예방을 넘어서 인간의 존엄성과 권리를 보호하는 중요한 기반으로 작용할 수 있다.

이 책은 철학적 성찰을 사회적 실천으로 이어가시는 은사 장성록 교수님의 가르침을 바탕으로 '안전철학'을 통해 더 나은 사회를 만드는 데 기여하고자 기획되었다.

2025년 1월

위국환

차례

V 현대 철학 관념 **287**

I
들어가기

들어가기

인류는 지금까지 수많은 변화를 겪어왔으며, 기술의 발전 변화를 가속화시켜 왔다. 오늘날 우리는 인공지능(AI)과 생명과학 기술의 급격한 발전으로 인해 새로운 시대의 문턱에 서 있다. 이른바 '포스트휴먼 시대'이다. 이 시대는 인간이 더 이상 자연인으로만 존재하지 않고, 기술적인 보강과 생물학적인 변형을 통해 새로운 형태의 존재로 진화하는 것을 의미한다. 이러한 변화는 우리의 삶, 사회 그리고 인간 자체의 본질에 대한 근본적인 질문을 던진다.

포스트휴먼은 문자 그대로 '후기 인간'을 의미하며, 기술의 발전으로 인해 인간의 신체적, 정신적 능력이 증강된 존재를 가리킨다. 이는 자연인과는 다른 방식으로 발생하지만, 인간과 유사한 활동을 하는 존재를 포함한다. 이러한 존재는 다음과 같은 형태로 나타날 수 있다.

▲ 증강 인간(Transhuman): 유전자 조작, 신체적 보강 등을 통해 신체적, 정신적 능력이 향상된 인간

▲ 사이보그(Cyborg): 인간의 신체와 기계가 결합된 형태로, 인공적인 장기나 기계를 통해 능력이 증강된 존재

▲ 인공지능(AI): 인간의 인지 능력을 모방하거나 초월하는 기계로, 인간과 유사하게 사고하고 행동할 수 있는 존재

그리고 포스트휴먼 시대의 도래는 두 가지 주요 기술 발전에 기인한다.

❖ 인공지능의 발전

인공지능은 인간의 정신적 활동을 대체하거나 보조하는 역할을 하며, 사회 전반에 걸쳐 광범위하게 사용되고 있다. 초기에는 특수한 분야에서만 활용되었지만, 앞으로는 일상생활의 모든 영역에서 인간과 상호작용하게 될 것이다.

❖ 생명과학 기술의 진보

생명과학 기술은 유전자 조작, 장기 이식, 신체적 증강 등을 통해 인간의 신체를 변형시킬 수 있게 되었다. 이는 인간이 더 이상 자연인으로만 존재하지 않고, 기술적인 요소가 결합된 새로운 형태로 진화할 수 있음을 의미한다.

포스트휴먼 시대의 도래는 인간의 본질에 대한 근본적인 질문을 제기한다. 인간을 인간답게 만드는 요소는 무엇이며, 이러한 요소들이 기술의 발전으로 인해 어떻게 변화할 것인가에 대한 논의가 필요하다.

인간은 대체 불가능한 존재로서의 존엄성을 지니고 있다. 이는 인간이 수단이 아닌 목적 그 자체로 존중받아야 함을 의미한다. 기술적으로 인간을 복제하거나 대체할 수 있게 되면, 이러한 존엄성의 개념이 어떻게 유지될 것인지에 대한 논의가 필요하다.

인간은 자기 스스로 규칙을 세우고, 그에 따라 행동하는 자율적인 존재이다. 그러나 인공지능과 로봇이 자율적인 결정을 내리게 될 경우, 인간의 자율성과 어떻게 구분될 것인지에 대한 문제가 발생한다.

인간은 다양한 언어를 통해 사고를 표현하고, 문화와 역사를 형성한다. 만약 인공지능이 통일된 언어를 사용하게 된다면, 인간의 언어적 다양성과 문화는 어떻게 될 것인가에 대한 우려가 있다.

인간은 효율성뿐만 아니라 감정과 미적 감각을 통해 삶의 의미를 찾는다. 예술, 음악, 문학 등은 인간의 고유한 영역이다. 기술이 이러한 영역까지 모방하거나 대체할 수 있다면, 인간의 정체성은 어떻게 될 것인지 고민해야 한다.

인간은 자신의 욕구와 필요가 충족될 때 행복을 느낀다. 기술의 발전으로 인해 욕구 충족의 방식이 변하면, 행복의 개념도 변화할 수 있다. 예를 들어, 인공적인 방법으로 쾌락을 지속적으로 느낄 수 있다면, 그것이 진정한 행복인가에 대한 철학적 논의가 필요하다.

또한, 포스트휴먼 시대는 개인의 변화뿐만 아니라 사회 전체의 구조적인 변화를 가져올 것이다. 이러한 변화는 경제, 노동, 교육, 윤리 등 다양한 분야에서 나타날 것이다.

❖ 노동의 변화

인공지능과 자동화 기술은 인간의 노동을 대체하고 있다. 이는 기존의 노동 기반 소득 체제가 붕괴될 가능성을 의미한다. 많은 일자리가 기계와 인공지능으로 대체되면서, 인간의 노동 시간은 줄어들고, 일자리의 형태도 변화하게 될 것이다.

❖ 평생 교육 체제

기술의 급격한 발전으로 인해 필요한 지식과 기술이 빠르게 변화하고 있다. 따라서 기존의 정규 교육만으로는 대응하기 어려우며, 평생 교육 체제를 통해 지속적인 학습이 필요하다.

❖ 평생 의료 체제

인간의 수명이 연장되고, 신체적 변화가 많아짐에 따라 평생 의료 체제의 구축이 중요해진다. 이는 모든 국민이 평등하게 의료 서비스를 받을 수 있도록 보장하는 것을 의미한다.

❖ 기술 접근성에 따른 불평등

생명과학 기술이나 신체적 증강 기술은 비용이 많이 들기 때문에 일부 계층만이 혜택을 누릴 수 있다. 이는 사회적 불평등을 심화시킬 수 있으며, 이에 대한 대책이 필요하다.

▶ 생명을 기술적으로 무한히 연장하는 것이 윤리적으로 옳은가?

▶ 인간의 유전자를 조작하거나 복제하는 것을 어디까지 허용해야 하는가?

▶ 신체나 정신이 크게 변화한 인간을 동일한 인격체로 볼 수 있는가?

이는 법적 책임, 권리, 의무 등에 영향을 미치는 중요한 문제이다. "사이보그나 인공지능이 사회 구성원으로 참여하게 될 경우, 이들의 법적 지위와 권리는 어떻게 설정되어야 하는가?", "세금을 내는 로봇에게 참정권을 부여해야 하는가?" 등 포스트휴먼 시대를 맞이하여 우리는 여러 가지 사회적, 윤리적, 정책적 대응 방안을 모색해야 한다.

❖ 사회적 우애의 강화

자유와 평등을 조화롭게 유지하기 위해서는 사회적 우애가 필요하다. 이는 구성원들이 서로를 존중하고 배려하며, 공동체의 이익을 우선시하는 문화를 형성하는 것을 의미한다.

❖ 생명과학 기술의 공공 관리

생명과학 기술이 상업적 이익만을 추구하지 않도록 국제적인 관리 기구를 통해 공공의 이익을 보호해야 한다. 이는 기술의 개발과 활용에 대한 투명성과 윤리성을 보장한다.

❖ 교육과 윤리 의식의 함양

기술의 발전에 따른 윤리적 문제를 이해하고 대처하기 위해서는 교육을 통한 윤리 의식의 함양이 필요하다. 이는 개인과 사회가 함께 고민하고 해결책을 찾아가는 과정을 촉진한다.

❖ 법과 제도의 정비

새로운 형태의 존재가 등장함에 따라 법과 제도도 이에 맞게 변화해야 한다. 이는 개인의 권리와 의무, 새로운 존재의 법적 지위 등을 명확히 규정하는 것을 포함한다.

포스트휴먼 시대는 인간의 신체적, 정신적 한계를 기술로 극복하려는 노력으로, 인간의 삶 전반에 큰 변화를 가져온다. 이러한 변화는 기술 발전만이 아니라 인간의 본질, 사회 구조, 윤리적 가치 등 모든 면에서 근본적인 재평가가 필요하다. 특히, 안전한 사회와의 연결에서 중요한 것은 기술 발전이 사람들의 삶의 질을 향상시키면서도, 인간성을 훼손하지 않고 안전한 환경을 보장할 수 있도록 하는 것이다.

포스트휴먼 시대에서 우리는 인공지능, 생명공학, 사이보그 기술 등 여러 분야에서 급격한 변화를 겪을 수 있다. 이러한 변화는 긍정적인 측면에서 인간의 신체적, 정신적 능력을 확장하고 질병을 치료할 수 있는 가능성을 열어주지만, 동시에 기술 오용이나 사회적 불평등의 확대로 인한 새로운 위험도 존재한다. 따라서 안전한 사회를 구축하기 위해서는 철학적 성찰과 사회적 합의가 중요하다. 철학적 성찰을 통해 인간의 존엄성과 본질적 가치가 기술 발전 속에서도 존중될 수 있도록 하고, 사회적 합의를 통해 기술 혜택이 많은 사람들에게 공정하게 돌아가는 방안을 마련해야 한다.

특히, 안전하고 건강한 사회를 만들기 위해서는 기술과 안전의 연계가 필수적이다. 예를 들어, 포스트휴먼 시대의 기술이 적용된 직장에서 우리는 새로운 안전 기준을 수립하고, 위험 요소를 사전에 파악하여 예방하는 시스템을 만들어야 한다.

위험 평가 방법과 위험 관리 시스템은 기술의 발전에 맞춰 지속적으로 개선되어야 한다. 또한, 기술을 활용한 응급 대응 체계와 사고 방지 시스템을 강화하여 사회 구성원들이 안전하게 기술 혜택을 누릴 수 있도록 해야 한다.

결국, 포스트휴먼 시대는 우리가 새로운 안전 관리 및 윤리적 기준을 설정하고 이를 사회 전체에 적용해가는 과정에서 안전하고 공정한 사회로의 이행을 도울 것이다.

Ⅱ

고대 철학 관념

고대 철학 관념

　　서양 고대 철학자들이 안전과 관련하여 언급하거나 고려했던 사상은 철학자별로 정리할 수 있다. 고대 철학은 인간의 본질, 우주의 구조, 윤리적 삶의 기준 등을 탐구하며, 오늘날 철학과 과학, 정치, 윤리 사상에 큰 영향을 미쳤다. 각 철학자와 학파는 고유한 관념을 제시했으며, 이들은 주로 서양과 동양의 두 주요 철학 전통에서 발전하였다. 이 글에서는 서양철학만 소개한다.

1. 탈레스(Thales, BC 624-546)

탈레스(Thales, BC 624-546)는 고대 그리스의 밀레토스 출신의 철학자이자 초기 자연 철학자이다. 그는 서양 철학의 시조로 일컬어지며, 자연 현상을 신화적인 설명 대신 합리적이고 이성적인 방법으로 이해하려는 시도를 처음으로 하였다. 그의 철학은 만물의 근원(아르케, ἀρχή)을 물이라고 주장한 것으로 잘 알려져 있다.

탈레스는 상인 가문에서 태어나 여러 문화를 접할 기회가 많았고, 이집트와 바빌론을 여행하면서 그곳의 천문학적, 기하학적 지식을 습득하였다. 이러한 지식들은 그가 자연 현상과 물리적 세계를 설명하는 데 큰 영향을 미쳤다.

탈레스 사상에서 안전과 관련된 직접적인 언급은 없지만, 그의 자연철학적 탐구는 자연의 질서와 법칙을 이해하려는 시도로 여겨진다. 이는 인간의 생존과 안전을 위해 자연을 통제하거나 예측할 수 있는 기반을 마련하려는 초기 시도라고 볼 수 있다.

가. 철학적 관점

탈레스는 서양 철학의 시조로 불리며, 만물의 근원이 무엇인지에 대한 질문에 대해 '물'을 답으로 제시하였다. 그는 물이 다양한 형태로 변할 수 있다는 점에 주목하여 물이 모든 사물의 근본적 요소라고 주장하였다. 그의 주장은 고대 그리스에서 물리적 세계에 대한 합리적 설명을 처음으로 시도한 것으로 평가받았다.

탈레스가 만물의 근원으로 '물'을 제시한 배경과 그의 철학적 사상에 대해 보다 상세히 살펴보겠다.

만물의 근원: 물

탈레스는 철학에서 '아르케(Arche)', 즉 만물의 근원이나 시작점을 탐구하였다. 그는 만물의 근원이 '물'이라고 주장하였다. 탈레스가 물을 근원으로 선택한 이유는 물이 다양한 형태로 변할 수 있는 특성에 주목했기 때문이다. 예를 들어, 물은 고체(얼음), 액체(물), 기체(수증기)로 변할 수 있다. 이로 인해 탈레스는 물이 모든 존재의 기초가 되는 근본적인 요소라고 보았다.

탈레스의 이러한 주장은 당시 사람들이 자연 현상을 설명하기 위해 신화적, 초자연적 이야기에 의존하던 것과는 달리, 자연 현상을 자연 자체의 원리로 설명하려는 시도로 평가받았다. 그는 자연을 이해하기 위해 신화적 설명에서 벗어나 자연 자체에서 답을 찾고자 하였다.

철학적 공헌

서양 철학의 시조로 불린 탈레스의 사상은 이후 그리스 철학의 발전에 큰 영향을 미쳤다. 특히 그는 자연 현상을 초자연적인 설명 대신 합리적이고 이성적인 설명을 통해 이해하고자 하였다. 이것은 자연 철학의 시작으로 평가된다.

그는 또한 지구의 모양을 설명하는 데 있어서 지구가 물 위에 떠 있는 평평한 원반 형태를 가졌다고 생각하였다. 이 이론은 오늘날에는 부정확한 것으로 밝혀졌지만, 당시로서는 물리적 세계를 이해하기 위한 중요한 시도였다.

수학과 천문학에 대한 기여

탈레스는 철학 외에도 수학과 천문학 분야에서도 중요한 기여를 하였다. 그는 이집트에서 기하학을 배워왔으며, 삼각형 내각의 합이 180°라는 사실을 증명한 것으로 전해진다. 또한 그는 일식을 예측한 최초의 서양인으로 알려져 있으며, 이 일식 예측은 그의 천문학적 지식과 관측 능력을 잘 보여준다.

영향과 후대 평가

탈레스의 사상은 이후의 철학자들에게 큰 영향을 미쳤다. 그의 제자 아낙시민드로스와 아낙시메네스는 각각 '아페이론'과 '공기'를 만물의 근원으로 제시하며 탈레스의 자연철학 전통을 이어갔다. 플라톤과 아리스토텔레스도 탈레스를 존경하며 그의 사상을 언급하였다. 특히 아리스토텔레스는 탈레스를 '철학의 창시자'로 칭하며 그의 업적을 높이 평가하였다.

탈레스는 자연철학의 시작을 알린 철학자로, 만물의 근원을 '물'로 제시하면서 자연 현상을 합리적으로 설명하려 하였다. 그의 이러한 시도는 서양 철학의 중요한 기초가 되었으며, 그의 사상은 후대 철학자들에게 큰 영향을 미쳤다. 탈레스는 단순히 철학적 사유의 출발점을 제시한 것뿐만 아니라, 자연을 이해하는 새로운 방법론을 개척한 선구자로 기억되고 있다.

나. 안전학적 관점

탈레스의 철학을 바탕으로, 사업체에서 일어날 수 있는 사고와 비교해 보면 흥미로운 통찰을 얻을 수 있을 것이다. 특히 탈레스의 자연철학은 물의 순환, 자연 질서, 예지 능력을 중심으로 인간의 생존과 안전을 도모하려 했다는 점에서, 현대 산업 환경의 안전 관리와 유사한 점들이 많다.

1) 우주의 질서와 법칙 vs. 산업 안전 규정과 법칙

탈레스는 자연의 모든 것이 일정한 질서와 법칙에 따라 움직인다고 믿었고, 이러한 법칙을 이해함으로써 자연 현상을 예측하고 통제할 수 있다고 보았다. 마찬가지로 산업현장에서도 안전과 관련된 법칙과 규정이 존재한다. 예를 들어, 사업체 내에서 발생할 수 있는 사고들은 정해진 법칙과 규정을 통해 예방할 수 있다.

사례 탈레스의 자연 법칙 탐구가 인간의 생존과 안전을 위한 기초가 된 것처럼, 현대 산업 환경에서도 안전 규정과 법칙을 엄격히 준수하는 것이 사고를 예방하는 핵심이다. 예를 들어, 기계 가동 중 안전장치를 작동하지 않으면 큰 사고가 발생할 수 있다. 탈레스가 자연을 예측하려고 한 것처럼, 우리는 사고 발생 가능성을 예측하고 규정을 통해 예방할 수 있다.

2) 자연 현상의 예측 가능성 vs. 위험 요소의 예측과 예방

탈레스는 물의 순환과 변화를 통해 자연의 질서를 설명하려 하였고, 이를 바탕으로 자연재해나 기후 변동을 예측할 수 있는 기초를 마련하였다. 이는 인간이 자연의 위험으로부터 생존과 안전을 도모하기 위한 지식 기반으로 작용하였다.

사례 산업현장에서도, 위험 요소를 사전에 파악하고 이를 예방하는 것이 중요하다. 예를 들어, 특정 작업 환경에서 발생할 수 있는 전기적 위험, 화학물질 누출, 기계적 결함 등은 미리 위험 요소를 파악하고 관리함으로써 예방할 수 있다. 탈레스가 물의 순환을 통해 자연의 질서를 파악하려고 한 것처럼, 사업체는 작업 환경의 위험을 분석하고 이에 따라 예방 조치를 마련함으로써 안전을 확보할 수 있다.

3) 예지 능력과 실용적 지혜 vs 위험 관리와 사업체의 대응

탈레스가 올리브 풍작을 예측하고 미리 대비하여 큰 이익을 본 사례는 그의 자연에 대한 통찰과 예지 능력을 보여준다. 이는 자연의 변화를 이해하고 그에 맞게 실용적인 대비를 하는 능력을 강조한 것이다.

사례 사업체에서도 이러한 예지 능력은 매우 중요한 요소이다. 예를 들어, 장비 점검과 유지보수를 주기적으로 실시하여 예상되는 문제를 사전에 발견하고, 이를 통해 사고를 예방하는 것이 중요하다. 기계나 설비의 노후화, 위험 지역에서의 작업 등은 미리 대비하지 않으면 사고로 이어질 수 있다. 탈레스의 예지 능력과 같은 현명한 대비는 사업체 내에서 사고를 방지하고 안전을 유지하는 데 핵심 역할을 하였다.

4) 물의 중요성 vs. 사업체에서의 안전 자원의 중요성

탈레스는 물이 만물의 근원이라고 주장했는데, 이는 물이 생명 유지와 안전 보장에 중요한 자원임을 강조한 것이다. 현대 사업체에서도 안전을 위해 자원을 적절히 사용하는 것이 매우 중요하다.

사례 물이 생명 유지에 필수적인 것처럼, 사업체에서도 안전자원(안전 장비, 교육, 인력 등)을 적절히 관리하고 사용하는 것이 생존과 직결된다. 예를 들어, 개인 보호 장비(PPE)나 화재 감지 장비를 제때 교체하고 유지 보수하는 것이 작업자의 안전을 보장한다. 자원의 부족이나 적절한 관리 부재는 사고로 이어질 수 있다.

다. 시사점

탈레스가 자연의 법칙을 이해하고 이를 바탕으로 인간의 생존과 안전을 도모하려 했듯이, 현대 산업환경에서도 내재된 위험 요소를 분석하고 이를 예측함으로써 사고를 예방할 수 있다. 철학적인 통찰을 바탕으로 인간이 자연의 위험으로부터 자신을 보호하고자 했던 것처럼, 사업체에서는 안전을 보장하기 위해 합리적이고 체계적인 접근이 필수적이다.

2. 아낙시만드로스(Anaximandros, BC 610-546)

아낙시만드로스(Anaximandros, BC 610-546)는 소아시아의 밀레토스에서 태어나 활동하였다. 그는 탈레스의 제자이자, 고대 그리스의 중요한 철학자 중 한 명으로 탈레스의 사상을 계승하면서도 이를 비판하고 확장하여 자신의 독창적인 철학 체계를 발전시켰다.

아낙시만드로스는 스승인 탈레스의 '물' 개념을 비판하며 '아페이론'이라는 무한하고 무정형의 근원을 제시하였다. 아페이론은 한계가 없고, 만물의 생성과 소멸을 주관하는 본질적인 힘이다.

아낙시만드로스는 밀레토스 학파의 일원이며, 그의 활동은 밀레토스가 철학적 중심지로 성장하는 데 중요한 역할을 하였다. 그는 자연 현상을 설명하기 위해 처음으로 지구의 모형을 제시하고 천문학적 관측을 시도한 인물이다. 뿐만 아니라 지리학, 생물학 등 여러 분야에서 활약하였다.

가. 철학적 관점

아낙시만드로스는 탈레스가 제시한 '물'이라는 근원을 비판하며, 만물의 근원으로 '아페이론(Apeiron)'을 제시하였다. '아페이론'은 그리스어로 '무한한 것', '무정형한 것'을 의미한다. 그는 만물이 특정한 물질에서 비롯된다고 보기보다는, 무한하고 정의되지 않은 어떤 것, 즉 아페이론이 만물의 근원이라고 주장하였다.

아낙시만드로스에 따르면, 아페이론은 시간적으로나 공간적으로 무한하며, 특정한 성질을 가지지 않고 무한히 다양한 것들을 생성할 수 있는 근원적인 힘이다. 그는 아페이론이 모든 사물의 기원일 뿐만 아니라, 우주와 자연 현상의 질서를 유지하는 기본 원리라고 보았다. 또한 만물은 아페이론에서 나와 다시 아페이론으로 돌아간다는 순환적인 세계관을 제시하였다.

자연 현상과 우주의 설명

아낙시만드로스는 자연 현상을 설명하기 위해 물리적인 세계에 대한 체계적인 이론을 제시하였다. 그는 자연 세계의 질서와 변화를 이해하려고 노력했으며, 이를 위해 지구와 우주의 구조에 대한 다양한 이론을 발전시켰다.

지구의 모형

아낙시만드로스는 지구가 평평하지 않고, 우주의 중심에 떠 있는 원기둥 모양이라고 주장하였다. 그는 지구가 어디에도 고정되어 있지 않고, 우주 전체의 균형으로 인해 그 자리에 떠 있다고 설명하였다. 이 이론은 지구가 물리적으로 고정된 것이 아니라, 우주의 일부분으로서 균형을 유지하고 있다는 생각을 반영하였다

천문학적 기여

아낙시만드로스는 우주의 구조를 설명하기 위해 천문학적 관측을 시도하였다. 그는 태양, 달, 별들이 지구를 중심으로 돌고 있다고 생각했으며, 천체의 운동을 설명하기 위

해 각기 다른 크기의 원형 궤도를 제안하였다. 특히 그는 태양과 달이 각각 독립된 고리 구조를 통해 움직이며, 이들이 서로 다른 궤도를 따라 지구를 돈다고 주장하였다.

생물학적 관점

아낙시만드로스는 생물의 기원과 진화에 대한 초기 이론을 제시하였다. 그는 인간을 포함한 생명체들이 초기에는 물속에서 태어났다가, 점차 육지로 이동하며 진화하였다고 생각하였다. 이는 생물들이 처음에는 어류와 같은 형태였을 것이라는 가설을 제시한 것으로 해석될 수 있으며, 진화론의 매우 초기 형태로 볼 수 있다.

철학적 공헌

아낙시만드로스의 가장 큰 공헌은 만물의 근원에 대한 탐구를 통해 '아페이론'이라는 개념을 도입한 것이다. 이 개념은 우주의 본질을 무한한 것, 정의되지 않은 것으로 이해하려는 시도로, 이후 서양 철학에서 존재론적 논의에 중요한 역할을 하였다. 그의 사상은 이후 철학자들이 물리적 세계를 이해하는 데 보다 추상적이고 개념적인 접근을 할 수 있는 길을 열어주었다.

영향과 후대 평가

아낙시만드로스의 사상은 그의 제자인 아낙시메네스와 피타고라스 그리고 후대의 플라톤과 아리스토텔레스 등에게 큰 영향을 미쳤다. 아리스토텔레스는 그의 '아페이론' 개념을 설명하면서, 아낙시만드로스를 만물의 원리를 탐구한 최초의 철학자 중 한 명으로 높이 평가하였다.

아낙시만드로스는 또한 자연 철학의 발전에 중요한 기여를 했으며, 그의 이론은 고대 그리스 철학자들이 세계를 이해하는 방법에 큰 변화를 가져왔다. 그의 아페이론 개념은 이후 다양한 철학적 논의의 기초가 되었으며, 그의 우주와 자연 현상에 대한 설명은 후대 과학적 탐구의 기초를 마련하였다.

아낙시만드로스는 만물의 근원으로 '아페이론'을 제시하며, 세계를 무한하고 정의되지 않은 근본적인 힘으로 이해하려 하였다. 그는 철학, 천문학, 생물학 등 여러 분야에서 혁신적인 이론을 제시하며 고대 그리스 철학의 발전에 중요한 역할을 하였다. 그의 사상은 자연 세계에 대한 합리적이고 체계적인 이해를 추구한 점에서 중요한 의미를 지니며, 후대 철학자들에게 큰 영향을 미쳤다.

나. 안전학적 관점

아낙시만드로스의 철학은 추상적 개념인 '아페이론'을 통해 만물의 근원적 안전과 우주 질서를 설명하고, 자연 현상의 이해를 통해 인간의 안전을 도모하려 했었다. 이러한 철학적 관점은 사업체에서 일어날 수 있는 사고와 안전 관리와도 흥미롭게 연결될 수 있다.

1) 아페이론과 존재의 안전 vs. 사업체의 기본적인 안전망 구축

아낙시만드로스가 주장한 '아페이론'은 무한하고 무정형의 근원으로, 만물의 생성과 소멸을 주관하며 우주의 질서를 유지한다. 이는 모든 존재를 포괄하고 보호하는 일종의 안전망 역할을 하며, 존재의 본질적인 안전성을 상징한다.

사례 사업체에서는 기본적인 안전망, 즉 안전 관리 시스템과 위험 평가 체제가 아페이론과 비슷한 역할을 한다. 이는 사업체 내 모든 작업과 절차에서 발생할 수 있는 위험을 포괄적으로 관리하고, 안전을 유지하는 데 중요한 역할을 한다. 예를 들어, 사업체의 위험성 평가나 사고 대응 계획은 사업체가 일관된 질서와 안전을 유지할 수 있는 핵심적인 안전망이다. 마치 아페이론이 모든 존재를 안전하게 보호하듯, 안전 관리 시스템도 모든 작업자와 프로세스를 보호하는 기능을 한다.

2) 자연현상 예측을 통한 안전 vs. 위험 요소의 분석과 예방 조치

아낙시민드로스는 지구와 우주의 구조를 설명하며 자연 현상을 이해하려 했고, 이를 통해 자연 질서와 균형이 어떻게 유지되는지 예측할 수 있다고 보았다. 이는 인간이 자연 속에서 안전하게 존재할 수 있는 기반을 마련하는 중요한 철학적 시도였다.

> **사례** 사업체에서도 위험 요소를 분석하고 예측하는 것은 사고 예방의 중요한 부분이다. 예를 들어, 화학물질 누출이나 기계적 오작동 등의 위험을 미리 분석하고 이에 대한 대비책을 마련함으로써 사고를 방지할 수 있다. 아낙시만드로스가 자연 질서의 이해를 통해 인간의 안전을 도모했듯이, 사업체에서도 위험 요소 분석과 예방 조치는 사고 발생 가능성을 줄이고 안전을 보장하는 중요한 역할을 한다.

3) 생물학적 진화와 생명의 안전 vs. 작업 환경 변화와 적응

아낙시만드로스는 생명체가 물에서 기원해 육지로 진화했다고 주장하며, 생명체의 적응과 변화 과정을 설명했다. 이 과정에서 생명체는 환경에 적응하며 생존을 도모하게 된다. 이는 인간과 자연의 상호작용을 통해 안전을 추구하는 기본적인 개념으로 해석될 수 있다.

> **사례** 사업체에서도 작업 환경의 변화에 따라 적응과 관리가 필요하다. 예를 들어, 새로운 설비가 도입되거나 작업 환경이 변화할 때, 작업자는 새로운 환경에 맞춰 교육과 훈련을 받아야 하며, 안전 절차도 이에 맞춰 조정되어야 한다. 이러한 적응 과정은 위험을 최소화하고 작업자들의 안전을 보장하는 중요한 단계로 볼 수 있다. 아낙시만드로스가 환경에 적응하는 생명체의 진화를 설명한 것처럼, 사업체도 작업환경 변화에 적응하는 과정이 필수적이다.

4) 철학적 공헌과 후대의 영향 vs. 안전관리체계의 개선과 발전

아낙시만드로스는 아페이론 개념을 통해 우주의 근원을 설명하고, 후대 철학자들에게 큰 영향을 미쳤다. 그의 철학적 탐구는 이후 철학자들에게 자연과 우주를 더 체계적으로 이해할 수 있는 기반을 제공했다.

> **사례**　사업체에서는 안전 관리 체계의 지속적 개선과 발전이 필수적이다. 새로운 사고나 위험 요소가 발견될 때마다, 기존의 시스템을 개선하고 새로운 절차를 도입하여 더 나은 안전을 도모해야 한다. 예를 들어, 사업체에서 과거의 사고 분석을 통해 새로운 위험 요인을 찾아내고, 이를 반영해 안전 규정을 강화하는 것은 지속적인 안전 관리의 중요한 측면이다. 아낙시만드로스의 철학이 후대에 영향을 미친 것처럼, 안전 관리 체계도 과거의 경험과 새로운 지식을 반영하여 지속적으로 발전해야 한다.

다. 시사점

아낙시만드로스의 철학은 우주와 자연의 질서를 이해하고, 이를 바탕으로 존재의 안전을 확보하려는 시도로 해석될 수 있다. 이와 유사하게 사업체에서도 위험 요소를 체계적으로 분석하고 예측하여, 적절한 안전망을 구축하는 것이 필수적이며, 작업 환경의 변화에 맞춰 지속적인 적응과 개선을 통해 안전을 강화하는 것이 중요하다.

결론적으로, 아낙시만드로스의 철학에서 얻을 수 있는 통찰은 현대 사업체에서 위험 요소를 체계적으로 분석하고 안전 관리 체계를 지속적으로 발전시키는 데 중요한 교훈을 제공한다. 이는 작업자들의 안전을 보장하고 사고를 예방하는 데 기여할 것이다.

3. 아낙시메네스(Anaximenes, BC 586-526)

아낙시메네스(Anaximenes, BC 586-526)는 소아 시아의 밀레토스에서 태어나 활동했으며, 밀레토스 학파의 중요한 철학자 중 한 사람으로 꼽힌다.

아낙시메네스는 아낙시만드로스의 제자로, 만물 의 근원을 '공기'로 보았다. 그는 공기가 희박해지면 불이 되고, 농축되면 바람, 구름, 물, 흙 그리고 결국 돌이 된다고 설명하였다. 이로써 그는 근원이 특정 물질의 변화 과정을 통해 만물을 형성한다고 주장하였다.

아낙시메네스의 철학적 배경은 스승인 아낙시만드로스와 밀레토스 학파의 전통에 서 출발하였다. 그는 철학적 탐구를 통해 자연 현상과 만물의 근원을 이해하려고 하였 다. 이를 바탕으로 독자적인 견해로 발전시켰으며, 자연 철학의 발전에 기여하였다.

가. 철학적 관점

만물의 근원

아낙시메네스는 만물의 근원을 '공기(Air, 그리스어로 ἀήρ, Aēr)'로 보았다. 그는 공기 가 다양한 형태로 변할 수 있다는 점에 주목하였다. 아낙시메네스는 공기가 변화하면 서 다른 물질들이 생성된다고 주장하며, 이 변화를 '희박화'와 '농축'이라는 개념으로 설 명하였다.

희박화(Rarefaction)

아낙시메네스는 공기가 희박해지면 가벼운 물질로 변한다고 설명하였다. 예를 들 어, 공기가 가장 희박해졌을 때는 '불'이 된다고 보았다. 이 과정은 공기가 확장되어 가벼워지고 열을 띠게 되는 현상을 설명한다.

농축(Condensation)

반대로, 공기가 농축되면 더 무겁고 밀도가 높은 물질로 변한다고 주장하였다. 아낙시메네스는 공기가 농축되면 먼저 '바람'이 되고, 더 농축되면 '구름' 그리고 더 나아가 '물', '흙', '돌'이 된다고 설명하였다. 이 과정은 공기가 압축되어 밀도가 증가하는 현상을 설명한다.

아낙시메네스의 이론에서 공기는 무한히 변화할 수 있는 근본적인 물질로 간주된다. 그는 공기가 특정한 변화를 겪으며 다양한 자연 현상을 일으키고, 모든 물질을 형성한다고 주장하였다. 이로써 그는 근원이 특정 물질의 변화 과정을 통해 만물을 형성한다고 보았으며, 이는 자연 현상을 물질적인 관점에서 설명하려는 시도의 일환이었다.

철학적 공헌

아낙시메네스의 가장 큰 철학적 공헌은 만물의 근원으로 '공기'를 제시하고, 이를 통해 자연 현상을 설명한 것이다. 그의 이론은 고대 그리스 철학에서 자연의 변화를 이해하는 중요한 접근법 중 하나로 평가받았다. 그는 탈레스와 아낙시만드로스의 사상을 발전시키면서도, 자신의 독창적인 사상을 통해 만물의 본질을 이해하려고 하였다.

아낙시메네스의 '공기' 이론은 만물을 단순한 물질적 원리로 설명하려는 시도로, 자연 철학 발전에 중요한 기여하였다. 그의 이론은 이후 자연철학자들에게 큰 영향을 미쳤으며, 물질적 변화와 자연 현상의 관계를 이해하는 데 중요한 기초를 마련하였다.

우주론과 자연 현상

아낙시메네스는 또한 지구와 우주 구조에 대해 설명하면서, 자연 현상을 이해하려고 하였다. 그는 지구가 평평하며 공기로 구성된 하늘에 의해 둘러싸여 있다고 생각하였고, 태양, 달, 별들이 지구를 중심으로 공기를 따라 움직인다고 주장하였다. 그는 자연 현상을 공기라는 단일한 원리를 통해 설명하려고 했으며, 이는 자연의 다양한 현상을 하나의 통합된 원리로 이해하려는 시도로 볼 수 있다.

영향과 후대 평가

아낙시메네스의 사상은 그의 제자인 피타고라스와 그 이후의 철학자들에게 영향을 미쳤다. 그의 공기 이론은 고대 그리스에서 자연 철학의 중요한 발전으로 평가받으며, 후대 철학자들이 물질의 변화를 이해하는 데 중요한 기초가 되었다. 아리스토텔레스는 그의 사상을 언급하면서 아낙시메네스를 자연 철학의 중요한 인물로 평가하였다.

아낙시메네스의 이론은 특히 그의 스승인 아낙시만드로스와 비교되며, 두 철학자의 사상적 차이를 통해 고대 그리스 철학에서 자연을 이해하는 다양한 접근법이 존재했음을 보여준다.

나. 안전학적 관점

아낙시메네스의 철학에서 '공기'는 만물의 근원이며, 그 변화 과정을 통해 자연 현상을 이해하려는 그의 시도는 안전의 개념과 밀접하게 연결된다. 아낙시메네스의 철학은 현대 산업현장의 안전관리에 다양하게 적용할 수 있다.

1) 공기 변화의 이해와 안전 vs. 위험 요소의 분석과 대응

아낙시메네스는 공기가 희박해지고 농축되는 과정을 통해 불, 구름, 물, 흙과 같은 자연 현상이 나타난다고 설명했다. 이는 자연 현상을 예측하고 이해하는 과정에서 인간의 생존과 안전을 보장하는 역할을 한다.

사례 현대 산업환경에서도 다양한 위험 요소를 분석하고 이에 맞는 대응을 마련하는 것이 중요하다. 예를 들어, 화학물질 누출이나 공기 중 유해 물질은 위험성이 높다. 이러한 위험 요소를 사전에 파악하고 관리하는 것은 산업 재해를 예방하는 핵심 요소이다. 아낙시메네스가 공기의 변화를 통해 자연을 이해하고 예측하려 했듯이, 사업체에서도 위험 요소를 체계적으로 분석하여 예방 조치를 마련함으로써 안전을 확보할 수 있다.

2) 생존과 안전을 위한 공기 이론의 적용 vs. 작업환경 변화에 따른 안전 관리

아낙시메네스는 공기의 농축과 희박화 과정을 통해 자연 현상을 설명하며, 이러한 변화에 적응함으로써 인간이 생존하고 안전을 도모할 수 있다고 보았다. 이를 통해 인간은 기상 변화에 대비할 수 있는 지식을 얻었고, 자연재해나 환경 변화에 대응할 수 있었다.

사례 사업체에서도 작업 환경의 변화에 따라 안전 관리를 적절히 조정하는 것이 중요하다. 예를 들어, 새로운 기계나 화학 물질 도입 시에는 그에 맞는 안전 절차를 준비해야 하고, 작업자들이 변화된 환경에 적응할 수 있도록 교육과 훈련이 필요하며, 이러한 대응은 작업자의 생존과 안전을 보장하는 기본적인 방법이다. 아낙시메네스가 공기의 변화를 이해하고 적응하는 것이 인간의 생존에 필수적이라고 본 것처럼, 현대 산업현장에서도 작업 환경 변화에 따른 안전 관리 체계를 마련하는 것이 필수적이다.

3) 공기의 필수성과 안전 vs. 사업체에서의 필수 안전 자원관리

아낙시메네스는 공기가 생명 유지에 필수적이며, 만물의 근원이라고 보았다. 공기의 상태가 생존과 직결된다는 점에서, 공기의 관리와 유지는 인간의 건강과 안전을 보장하는 중요한 역할을 한다.

사례 사업체에서도 안전 자원의 관리가 중요하다. 개인보호장비(PPE), 소방 장비, 응급조치 장비 등의 안전 자원이 적절히 관리되지 않으면 작업자들의 생명과 안전에 큰 위험이 따른다. 아낙시메네스가 공기를 관리하고 보호하는 것이 생존에 필수적이라고 본 것처럼, 사업체에서도 안전 자원을 적절히 관리하고 유지하는 것이 생존과 안전을 보장하는 필수 요소이다. 예를 들어, 안전 장비의 정기적인 점검과 교체는 사고를 예방하는 데 매우 중요한 역할을 한다.

4) 철학적 안전과 변화를 받아들이는 태도 vs. 위험 요소의 변화를 이해하고 대응하는 태도

아낙시메네스는 공기의 변화가 자연스럽다고 보고, 이러한 변화를 이해함으로써 인간이 자연과 조화롭게 공존할 수 있다고 믿었다. 그의 철학에서 안전은 변화와 변형을 자연스럽게 받아들이고 적응하는 과정에서 확보될 수 있다.

현대 산업현장에서도 위험 요소의 변화에 적응하고, 이를 이해하는 것이 안전관리의 핵심이다. 산업현장은 끊임없이 변화하는 환경에 놓여 있으며, 새로운 기술, 장비, 작업 방식의 도입은 필연적으로 새로운 위험 요소를 동반한다. 이러한 변화에 빠르게 적응하고, 위험 요소를 파악하고 관리하는 것이 작업자의 안전을 확보하는 방법이다. 아낙시메네스가 자연의 변화를 이해하고 적응하는 것이 중요하다고 본 것처럼, 사업체도 변화에 대한 유연한 대응과 위험 평가를 통해 안전을 강화할 수 있다.

다. 시사점

아낙시메네스의 철학은 만물의 근원으로 '공기'를 제시하고, 변화하는 자연 현상을 이해하고 예측함으로써 생존과 안전을 도모하려는 시도를 보여준다. 이는 현대 산업환경에서도 위험 요소를 분석하고 변화에 적응함으로써 사고를 예방하는 것과 같다고 할 수 있다.

결론적으로, 아낙시메네스의 철학은 산업현장에서 위험 요소의 변화를 이해하고 대응하는 것이 중요함을 강조한다. 위험 요소의 분석, 자원 관리, 변화에 대한 유연한 대응은 사고를 예방하고 작업자의 생명을 지키는 데 필수적인 요소이다. 아낙시메네스가 강조한 자연과의 조화로운 공존은 오늘날 산업 안전 관리에서도 중요한 통찰을 제공한다.

4. 피타고라스(Pythagoras, BC 570-495)

피타고라스(Pythagoras, BC 570-495)는 고대 그리스의 철학자이자 수학자로, 수학적 원리를 철학과 결합시켜 우주의 본질을 이해하려 했던 인물이다.

그의 사상은 철학, 수학, 음악, 천문학, 윤리학 등 다양한 분야에 걸쳐 깊은 영향을 미쳤으며, 피타고라스 학파를 형성하여 후대에 큰 영향을 끼쳤다.

피타고라스는 수학과 철학을 결합시켜 우주의 질서가 수학적 원리에 의해 지배된다고 보았다. 특히 수와 비례가 우주의 본질을 구성한다고 주장하며, 음악, 천문학, 윤리학 등 다양한 분야에 걸쳐 수학적 조화를 강조하였다. 또한 영혼의 불멸성과 윤회 사상을 제창하기도 하였다.

소아시아의 사모스(Samos)에서 태어난 그는 젊은 시절 여러 지역을 여행하며 다양한 철학적, 종교적 사상을 접했다. 이집트와 바빌론에서 학문을 공부한 후 남부 이탈리아의 크로톤(Croton)으로 이주하여 자신만의 철학 학교를 설립하였다. 이곳에서 그는 자신의 사상을 제자들에게 가르쳤으며, 그 제자들은 피타고라스 학파를 형성하였다.

가. 철학적 관점

피타고라스는 수학적 원리가 우주의 본질을 이루는 중요한 요소라고 주장하였다. 그는 수학이 단순한 계산 도구에 그치지 않고, 우주의 질서와 구조를 이해하는 데 핵심적인 역할을 한다고 믿었다. 피타고라스는 모든 것이 숫자로 표현될 수 있으며, 숫자가 세계의 조화를 설명한다고 보았다.

수와 비례

피타고라스는 수와 비례가 우주의 근본적 구조를 형성한다고 생각하였다. 그는 수학적 비례, 특히 황금비(Golden Ratio)와 같은 개념이 자연, 예술, 음악 등에서 발견될 수 있으며, 이러한 비례가 우주 전체의 조화를 이루는 원리라고 주장하였다. 피타고라스 학파는 이러한 수학적 비례가 자연의 법칙과 인간 사회의 윤리적 원칙에까지 적용된다고 보았다.

음악과 수학

피타고라스는 수학과 음악의 관계를 깊이 탐구하였다. 그는 현악기의 줄 길이와 음의 높이 사이의 관계를 연구하면서, 음악의 음정이 수학적 비례에 따라 조화를 이룬다는 사실을 발견하였다. 이는 피타고라스 음률이라는 이론으로 발전했으며, 음악의 수학적 원리를 설명하는 중요한 기초가 되었다. 피타고라스는 음악이 수학적 조화의 한 예로서, 우주 전체가 수학적 조화에 의해 지배된다는 그의 사상을 뒷받침한다고 보았다.

천문학과 우주론

피타고라스는 천문학에서도 수학적 원리가 중요한 역할을 한다고 주장하였다. 그는 우주를 '코스모스(Cosmos)'라고 부르며, 이는 질서와 조화를 의미하였다. 피타고라스는 천체의 운동이 수학적 법칙에 따라 이루어진다고 보았으며, 이로부터 천구의 음악(Music of the Spheres)이라는 개념을 발전시켰다. 그는 행성들이 특정한 수학적 비례에 따라 움직이며, 이 움직임이 조화로운 음악과 같다고 상상하였다.

영혼의 불멸성과 윤회

피타고라스는 영혼의 불멸성과 윤회 사상을 제창하였다. 그는 인간의 영혼이 죽음 후에도 계속 존재하며, 새로운 육체로 환생한다고 믿었다. 피타고라스는 영혼이 깨끗해지기 위해서는 도덕적 삶을 살아야 한다고 가르쳤으며, 이는 그의 윤리적 사상과도 깊이 연관되어 있다. 그는 윤리적 순수함이 영혼의 구원과 해탈을 가져온다고 보았으며, 이는 후대 플라톤의 사상에도 영향을 미쳤다. 피타고라스 학파는 이러한 윤회 사상과 도덕적 삶의 중요성을 강조하면서, 육식을 금하고 금욕적인 생활을 추구하였다. 이들은 영혼의 정화와 깨달음을 통해 우주적 조화와 일치하려고 노력하였다.

피타고라스의 영향

피타고라스의 사상은 그의 제자들과 후대 철학자들에게 큰 영향을 미쳤다. 피타고라스 학파는 그의 수학적, 철학적 사상을 발전시켰으며, 이후 플라톤을 비롯한 많은 철학자들에게 영감을 주었다. 특히 플라톤은 피타고라스의 수학적 조화 사상을 자신의 이데아론에 통합하여 발전시켰다. 특히 피타고라스 정리는 오늘날까지도 수학 교육에서 중요한 위치를 차지하고 있으며, 그의 수학적 원리와 조화에 대한 탐구는 현대 과학과 예술에도 지속적인 영향을 미치고 있다.

피타고라스는 수학적 원리가 우주의 질서와 조화를 이루는 핵심이라고 주장하며, 수학과 철학을 결합시킨 사상가로서 중요한 역할을 하였다. 그는 수와 비례, 음악, 천문학, 윤리학 등 다양한 분야에서 수학적 조화를 강조했으며, 영혼의 불멸성과 윤회 사상을 통해 도덕적 삶의 중요성을 설파하였다. 피타고라스의 사상은 서양 철학과 과학의 기초를 형성하는 데 중요한 기여를 했으며, 후대에 큰 영향을 미쳤다.

나. 안전학적 관점

피타고라스의 철학은 수학적 조화와 질서를 통해 우주의 질서와 안전을 이해하려는 시도를 보여주며, 현대 산업현장에서의 안전관리와도 유사한 점을 발견할 수 있다.

1) 수학적 조화와 질서로서의 안전 vs. 산업 안전 규정과 질서

피타고라스는 우주가 수학적 비례와 조화에 따라 움직이며, 이로 인해 안정성이 보장된다고 보았다. 이러한 질서는 혼란을 방지하고 우주의 균형을 유지하며, 인간이 자연과 조화롭게 공존하는 데 기여했다.

현대 산업환경에서도 안전 규정과 질서는 중요한 역할을 하였다. 산업현장에서는 정해진 규칙과 절차에 따라 행동할 때 사고를 예방할 수 있다. 예를 들어, 기계 가동 시 안전 절차를 따르지 않으면 큰 사고로 이어질 수 있다. 피타고라스가 수학적 질서를 통해 우주의 안정성을 확보한 것처럼, 현대 산업환경에서도 안전관리 시스템을 통해 혼란을 방지하고 질서를 유지함으로써 안전을 보장할 수 있다.

2) 음악과 안전의 연관성 vs. 작업자들의 심리적 안정

피타고라스는 수학적 조화를 음악과 연결 지어 설명하면서, 음악이 인간의 정신적 안전을 제공한다고 보았다. 그리고 음악에서의 조화는 인간의 정신적 안정과 직결되며, 불안감을 해소하는 중요한 수단으로 여겼다.

현대 산업현장에서도 정신적 안정은 중요한 요소이며, 작업자들의 스트레스 관리와 정신적 건강은 사고 예방에 직결되며, 이는 피타고라스가 말한 음악의 조화와 유사한 맥락에서 설명될 수 있다. 예를 들어, 스트레스 관리 프로그램이나 음악을 통한 작업 환경 개선은 작업자들의 심리적 안전을 강화하여 생산성을 높이고 사고 위험을 줄일 수 있다. 피타고라스가 강조한 정신적 안정은 현대 산업현장에서 정신 건강 프로그램으로 구현될 수 있다.

3) 천문학적 질서와 안전 vs. 산업 환경에서의 예측 가능성

피타고라스는 천문학적 질서를 통해 우주의 예측 가능성을 강조했으며, 이를 통해 자연의 변화에 맞추어 인간은 적절히 대응할 수 있으며, 안전을 도모할 수 있었다.

사례 현대 산업환경에서도 예측 가능성은 중요한 안전 요소이다. 위험성 평가를 통해 사고를 예방할 수 있으며, 이는 피타고라스가 강조한 천문학적 질서와 비슷한 개념이다. 예를 들어, 기계의 정기적인 유지보수나 설비의 안전 점검은 위험 요소를 사전에 발견하고 대응할 수 있는 방법이다. 산업 환경에서 예측 가능성은 사고 예방의 중요한 원리로 작용하며, 피타고라스의 천문학적 질서와 마찬가지로 안전을 보장하는 역할을 하였다.

4) 윤리적 삶과 영혼의 안전 vs. 산업현장의 윤리적 행동과 안전

피타고라스는 윤리적 삶을 강조하며, 도덕적 원칙을 지키는 것이 영혼의 안전을 보장한다고 주장했다. 도덕적인 선택을 통해 인간은 사회적 위험과 갈등에서 벗어날 수 있다고 보았다.

사례 현대 산업환경에서도 윤리적 행동은 안전을 보장하는 중요한 요소이다. 작업자들이 안전 규정을 준수하고, 도덕적 책임을 다할 때 산업 재해가 줄어 작업자가 부주의하게 행동하거나 규정을 어길 경우 큰 사고로 이어질 수 있다. 피타고라스가 도덕적 삶을 통해 영혼의 안전을 강조한 것처럼, 산업현장에서도 윤리적 행동과 안전 규정 준수는 작업자와 공동체의 안전을 보장하는 핵심 요소이다.

5) 사회적 안전과 피타고라스 학파 vs. 산업 공동체의 안전망

피타고라스 학파는 수학적 질서와 윤리적 삶을 공동체 생활에 적용하여 사회적 안전을 보장했다. 엄격한 도덕적 규율을 통해 공동체의 안전을 유지하고, 개인의 자유를 제한하면서도 조화를 이룬 사회를 형성했다.

사례 현대 산업환경에서도 공동체의 안전을 보장하는 체계가 중요하다. 산업 안전 관리시스템은 공동체의 안전을 유지하는 장치로 작용하며, 개인의 책임과 윤리적 행동을 통해 사고를 예방한다. 예를 들어, 팀워크와 협력을 통한 안전 문화는 피타고라스 학파의 공동체 생활과 유사하며, 안전 규율을 통해 모든 구성원의 생명과 건강을 지킬 수 있다.

다. 시사점

피타고라스의 철학은 수학적 조화와 질서, 윤리적 삶을 통해 안전을 확보하려는 시도로 현대 산업현장의 안전 관리와 유사한 개념을 제공한다. 안전 규정의 준수, 위험 요소의 예측과 관리, 정신적 안정과 공동체적 협력은 현대 산업환경에서 사고를 예방하고 안전을 강화하는 데 중요한 역할을 한다.

결론적으로, 피타고라스의 철학은 조화와 질서를 통한 안전 확보의 중요성을 강조하며, 현대 산업환경에서도 윤리적 행동과 안전 규정 준수를 통한 사고 예방이 필수적임을 시사한다. 그의 철학적 통찰은 산업 환경에서 안전관리 체계를 더욱 발전시키는 중요한 지침으로 작용할 수 있다.

5. 헤라클레이토스(Heraclitus, BC 535-475)

헤라클레이토스(Heraclitus, BC 535-475)는 고대 그리스의 철학자로, 그리스 소아시아의 에페소스(Ephesus)에서 태어났다. 그는 귀족 가문 출신이었으며, 정치적 활동보다는 철학적 탐구에 주력하였다. 그의 철학은 변화와 대립의 통합이라는 개념을 중심으로 전개되었다.

헤라클레이토스는 "같은 강물에 두 번 발을 담글 수 없다"는 말로 유명한데, 이는 모든 존재가 항상 변화하고 있음을 상징적으로 표현한 것이다. 그는 만물이 끊임없이 변화한다는 '유전(流轉)' 사상을 강조했으며, 이러한 변화가 우주의 본질적인 특성이라고 보았다. 또한 대립되는 힘들의 조화와 통합이 우주의 근본 원리임을 주장하였다.

헤라클레이토스는 주로 자신의 사상을 단편적인 형태로 기록했으며, 그의 저술은 고대 그리스에서 수수께끼 같은 난해한 표현으로 유명하였다. 이로 인해 후대 사람들은 그를 '어두운 철학자(Heraclitus the Obscure)'라고 불렀다. 그의 사상은 후대 철학과 사상의 발전에 깊은 영향을 미쳤으며, 오늘날까지도 중요한 철학적 논의의 주제로 남아 있다.

가. 철학적 관점

변화와 유전(流轉)

헤라클레이토스의 핵심 사상 중 하나는 '유전(流轉)'이다. 그는 모든 존재가 끊임없이 변화하고 있으며, 변화 자체가 세계의 본질이라고 주장하였다. 그의 유명한 표현인 "같은 강물에 두 번 발을 담글 수 없다"는 말은 모든 것이 끊임없이 변화하고 있음을 상징적으로 나타낸다. 이 표현은 강물의 흐름을 통해 변화의 본질을 설명한 것으로, 동일한 상황이나 조건은 결코 두 번 다시 반복되지 않는다는 의미를 담고 있다.

헤라클레이토스는 이러한 변화가 자연스러운 것이며, 변화 속에서 질서와 조화가 나타난다고 보았다. 그는 변화와 상반되는 것들이 서로 조화를 이루며 세계를 구성한다고 믿었다.

대립과 통합

헤라클레이토스는 대립되는 힘들이 우주의 근본 원리임을 주장하였다. 그는 대립(antithesis)이 없이는 존재도 없다고 보았으며, 이러한 대립되는 요소들이 상호작용하면서 조화를 이룬다고 보았다. 예를 들어, 그는 낮과 밤, 뜨거움과 차가움, 생명과 죽음 같은 대립되는 것들이 서로의 존재를 가능하게 한다고 주장하였다.

이러한 대립 속에서 균형이 유지되고, 세계가 존재할 수 있다고 믿었다. 헤라클레이토스는 이와 같은 대립의 조화를 로고스(Logos)라는 개념으로 설명하였다. 로고스는 우주의 질서와 이성적 원리를 나타내는 개념으로, 모든 변화와 대립이 궁극적으로 로고스에 의해 통합된다고 보았다. 그는 로고스가 만물의 본질이며, 모든 변화와 대립을 조화롭게 연결하는 원리라고 주장하였다.

철학적 공헌과 영향

헤라클레이토스의 사상은 고대 그리스 철학, 특히 이후의 변증법적 사고에 큰 영향을 미쳤다. 플라톤과 아리스토텔레스는 그의 사상을 논의하고 비판하면서, 자신의 철학 체계를 발전시키는 데 기여하였다. 특히 플라톤은 헤라클레이토스의 변화 개념을 참된 실재와 대비시켜 이데아론을 발전시키는 데 사용하였다.

헤라클레이토스의 변화와 대립의 사상은 또한 스토아 철학자들에게 영향을 미쳤으며, 후대의 헤겔과 마르크스 같은 철학자들도 그의 변증법적 사상을 이어받아 발전시켰다. 이들은 대립과 변화의 과정을 통해 역사와 사회의 발전을 설명하려고 하였다.

헤라클레이토스는 만물이 끊임없이 변화하며, 이러한 변화가 우주의 본질임을 강조한 철학자였다. 그는 대립되는 힘들이 상호작용하며 우주의 조화를 이루는 근본 원리라고 보았으며, 이를 로고스라는 개념으로 설명하였다. 그의 사상은 이후 서양 철학의 발전에 깊은 영향을 미쳤으며, 변화와 대립을 통한 통합의 중요성을 강조하는 철학적 전통을 형성하였다. 헤라클레이토스의 철학은 오늘날까지도 변화의 본질과 세계의 질서에 대한 중요한 논의의 기초가 되고 있다.

나. 안전학적 관점

헤라클레이토스의 철학에서 '변화'와 '대립의 조화'는 안전을 확보하는 중요한 원리로 작용하며, 이는 현대 사업체에서 발생할 수 있는 사고와 안전관리에서도 유의미한 통찰을 제공한다.

1) 변화 속의 안전 유전과 지속성 vs. 산업현장의 변화와 적응

헤라클레이토스는 "같은 강물에 두 번 발을 담글 수 없다"는 개념으로 모든 것이 끊임없이 변화한다고 보았다. 이러한 변화 속에서 안전을 확보하기 위해서는 변화에 대한 적응과 수용이 필요하다.

사례 사업체에서도 변화에 대한 적응은 안전을 보장하는 중요한 요소이다. 예를 들어, 새로운 기술 도입이나 작업 환경의 변화가 있을 때, 적절한 안전 절차를 마련하지 않으면 사고로 이어질 수 있다. 변화가 불가피한 상황에서 작업자들은 안전 교육과 훈련을 통해 변화에 적응할 수 있어야 하며, 이는 안전을 유지하는 중요한 방법이다. 헤라클레이토스가 변화 속에서 질서를 찾는 것이 중요하다고 한 것처럼, 산업 환경에서도 적응력은 안전을 확보하는 필수적인 요소이다.

2) 대립의 조화와 균형 vs. 위험 요소 간의 균형 유지

헤라클레이토스는 대립하는 힘들이 조화를 이루며 우수의 질서를 유지한다고 주장하였다. 이는 서로 다른 힘들이 균형을 이루는 과정에서 안정성이 보장된다는 것이다.

사례 사업체에서도 위험 요소 간의 균형은 중요하다. 예를 들어, 생산성과 안전성은 종종 대립되지만, 이 둘의 균형을 유지하는 것이 중요하다. 작업을 서둘러 생산성을 높이려다 보면 사고 위험이 증가할 수 있고, 지나치게 안전에만 치중하면 효율성이 떨어질 수 있다. 생산성과 안전 사이의 조화를 찾는 것이 산업현장에서 안전을 유지하는 핵심이다. 이는 헤라클레이토스의 '대립의 조화'가 현대 산업환경에서도 중요한 원리로 적용될 수 있음을 보여준다.

3) 로고스와 예측 가능한 질서 vs. 위험 평가와 안전 규정

헤라클레이토스는 로고스를 통해 변화 속에서도 질서를 유지하는 원리를 설명하였다. 이는 변화와 대립 속에서도 일관된 질서가 있으며, 이를 이해하고 예측할 수 있다고 보았다.

사례 사업체에서도 위험 요소를 예측하고 안전 규정을 따르는 것은 매우 중요하다. 예를 들어, 위험성 평가를 통해 작업 환경의 위험 요소를 사전에 파악하고, 이를 기반으로 안전 규정을 마련하는 것이 사고를 예방하는 핵심이다. 로고스가 우주의 질서를 설명하듯, 안전관리 체계도 작업 환경의 질서를 유지하고 위험을 예측할 수 있게 한다. 이러한 예측 가능성은 사업체 내에서 사고 예방의 중요한 원리로 작용한다.

4) 안전의 역설(변화 속에서의 불안과 그 극복) vs. 위험 관리의 불확실성에 대한 대응

헤라클레이토스는 변화는 필연적이며, 그 과정에서 불확실성과 불안이 발생할 수 있음을 인정하였다. 그러나 그는 이러한 불안을 극복하기 위해 변화와 대립을 수용하는 태도를 제시했다.

사례 산업현장에서도 불확실성은 항상 존재하며, 이는 작업자들에게 불안감을 줄 수 있다. 그러나 이를 극복하는 방법은 위험 요소를 정확히 파악하고 변화에 대응하는 것이다. 예를 들어, 예상치 못한 기계 고장이나 위험 물질 누출 같은 상황에 대비한 비상 대응 체계가 마련되어 있다면, 불확실성 속에서도 안전을 유지할 수 있다. 헤라클레이토스의 '변화 수용' 개념처럼, 사업체도 불확실성 속에서 적응하고 대응할 수 있는 능력을 갖추는 것이 필수적이다.

다. 시사점

헤라클레이토스의 철학에서 변화와 대립은 안전을 보장하는 중요한 요소이다. 그는 끊임없는 변화 속에서 대립하는 요소들이 조화를 이루며 질서를 유지한다고 보았으며, 이를 현대 산업환경에 적용해 볼 수 있다. 산업현장에서의 변화와 위험 요소 간의 균형, 위험 평가를 통한 예측 가능성, 불확실성에 대한 대응력은 모두 현대 산업안전 관리에서 중요한 역할을 한다.

결론적으로 헤라클레이토스의 철학은 변화와 대립의 조화를 통한 안전 확보의 중요성을 강조하며, 현대 산업환경에서도 위험 요소의 예측, 균형 유지, 적응력을 통해 사고를 예방하고 안전을 보장하는 데 중요한 통찰을 제공한다.

6. 파르메니데스(Parmenides, BC 515-450)

파르메니데스(Parmenides, BC 515-450)는 고대 그리스 철학자로 그리스 남부의 엘레아(Elea)에서 태어났다. 그는 엘레아 학파(Eleatic School)의 창시자로 변화의 존재를 부정하고, '존재'는 오직 하나이고 불변하며 영원하다는 사상을 펼쳤다. 그의 변화와 다원성을 부정하는 독창적인 사상은 고대와 현대의 존재론과 형이상학에 큰 영향을 미쳤으며, 그의 주장은 철학적 사고의 중요한 전환점을 이루었다.

파르메니데스는 감각적 경험에 의존한 세상의 변화는 일종의 착각이며, 참된 실재는 오직 이성에 의해 인식될 수 있다고 주장하였다. 그의 사상은 제자 제논(Zeno of Elea)을 통해 더욱 발전되었으며, 이후에 존재론과 형이상학에 큰 영향을 미쳤다.

파르메니데스는 자신의 철학적 견해를 주로 시적인 형태로 표현했으며, 그의 작품 중 가장 유명한 것은 철학시 「자연에 관하여(On Nature)」이다.

가. 철학적 관점

존재의 불변성

파르메니데스의 철학적 사상의 핵심은 존재의 불변성에 대한 주장이다. 그는 모든 존재는 본질적으로 하나이며, 이 존재는 변하지 않고, 시간적으로나 공간적으로 영원히 동일하다고 주장하였다. 파르메니데스는 존재가 변화하거나 없어질 수 없으며, 참된 존재는 항상 동일한 상태를 유지한다고 보았다.

변화의 부정

파르메니데스는 변화라는 개념을 철저히 부정하였다. 그는 변화기 실제하는 것이 아니라, 단지 감각적 경험에 의한 착각이라고 주장하였다. 그의 관점에서 볼 때, 변화는 비존재에서 존재로의 전환을 의미하는데, 이는 논리적으로 불가능하다고 보았다. 즉, 무엇인가가 '존재'하기 위해서는 이미 존재해야 하며, 그렇지 않으면 무(無)에서 유(有)가 생성되는 모순이 발생한다고 생각하였다.

이성과 감각

파르메니데스는 감각적 경험을 불신하며, 오직 이성적 사고만이 참된 실재를 인식할 수 있다고 주장하였다. 그는 감각이 우리에게 변화를 경험하게 하지만, 이 변화는 실제로 존재하지 않으며, 이는 단지 착각일 뿐이라고 보았다. 반면, 이성은 변하지 않는 진리, 즉 존재의 불변성을 인식할 수 있는 유일한 도구라고 생각하였다.

일자론(Monism)

파르메니데스는 우주에 존재하는 모든 것이 단일한 존재로 구성되어 있다고 주장하였다. 이 존재는 분할될 수 없으며, 다원성은 존재하지 않는다고 보았다. 그는 이러한 관점을 통해 다원적 세계관에 도전하였으며, 모든 것이 하나의 동일한 존재로부터 나왔으며, 그 존재는 변함없다고 강조하였다.

철학적 공헌과 영향

파르메니데스의 사상은 고대 그리스 철학, 특히 플라톤과 아리스토텔레스의 철학에 큰 영향을 미쳤다. 플라톤은 파르메니데스의 존재론을 발전시켜 이데아론을 형성했으며, 아리스토텔레스는 파르메니데스의 사상을 비판하면서 자신의 형이상학 체계를 세웠다.

특히 파르메니데스의 존재론은 후대의 철학자들에게 큰 도전 과제가 되었다. 그는 "무(無)는 존재할 수 없다"는 주장을 통해 논리적 일관성의 중요성을 강조했으며, 이로 인해 철학적 논증의 방식이 더욱 정교해졌다. 그의 제자 제논은 파르메니데스의 사상을 옹호하기 위해 여러 가지 역설을 제시하여, 변화와 운동의 개념을 논리적으로 반박하려고 하였다.

파르메니데스의 사상은 현대 철학에서도 여전히 중요한 논의의 주제이다. 특히 형이상학에서 존재와 비존재, 시간과 변화에 대한 논의는 그의 사상에서 출발한 많은 질문들을 포함하고 있다.

파르메니데스는 변화와 다원성을 부정하고, 존재의 불변성을 강조한 철학자였다. 그는 존재는 오직 하나이며, 시간적으로나 공간적으로 변하지 않고 영원히 동일하다고 주장하였다. 파르메니데스는 감각적 경험이 아닌 이성적 사고를 통해서만 참된 실재를 인식할 수 있다고 보았으며, 그의 사상은 존재론과 형이상학의 발전에 깊은 영향을 미쳤다. 파르메니데스의 철학적 유산은 이후 서양 철학의 중요한 기초를 형성하였으며, 존재에 대한 논의를 새롭게 정의하는 데 중요한 역할을 하였다.

나. 안전학적 관점

파르메니데스의 철학에서 '존재의 불변성'과 '이성적 인식'을 통한 안전 개념은 산업 현장에서의 안전 관리와 유사한 점이 있다.

1) 존재의 불변성(궁극적 안전의 상징) vs. 안전장치와 시스템의 지속적 유지

파르메니데스는 참된 존재는 변하지 않고 영원히 지속된다고 주장하였다. 이는 변하지 않는 상태에서 안전이 확보된다는 철학적 의미를 지닌다.

사업체에서의 안전 관리도 안전 장치와 시스템의 지속적 유지를 통해 안전을 보장한나. 예를 들어, 안전 장비가 꾸준히 유지 보수되고, 시스템이 변하지 않고 올바르게 작동할 때 사고를 방지할 수 있다. 만약 이러한 시스템이 제대로 유지되지 않으면 고장이 발생하고, 이는 사고로 이어질 수 있다. 파르메니데스가 주장한 불변성은 안전을 보장하는 중요한 원리로 해석될 수 있으며, 안전 장비의 지속적 유지는 산업 안전에서 필수적이다.

2) 이성적 인식과 안전 vs. 위험 요소의 분석과 예측

파르메니데스는 감각적 경험이 아니라 이성적 사고를 통해 진리를 인식할 수 있다고 주장하였다. 이성은 변하지 않는 진리를 파악하고, 불안정한 감각적 경험에서 벗어나게 한다.

사례 사업체에서의 위험 요소 분석과 예측은 이성적 사고를 통해 이루어진다. 위험성 평가는 이성적이고 논리적인 분석을 바탕으로 작업 환경에서 발생할 수 있는 위험 요소를 사전에 파악하고 대응책을 마련하는 과정이다. 파르메니데스가 이성을 통해 불변하는 진리를 인식하는 것처럼, 산업 현장에서도 이성적 사고를 통해 위험 요소를 분석하고 예측함으로써 안전을 확보할 수 있다. 이는 사고 예방의 핵심적인 요소이다.

3) 다원성의 부정과 통합적 안전 vs. 안전 시스템의 통합 관리

파르메니데스는 다원성을 부정하고, 모든 존재가 하나로 통합된 실체임을 주장하였다. 이는 분열과 혼란을 없애고 통합된 질서 속에서 안전을 유지하는 철학적 개념이다.

사례 현대 산업환경에서는 안전관리 시스템의 통합이 중요하다. 안전이 여러 부분으로 나뉘어 관리된다면 혼란이 발생할 수 있다. 예를 들어, 화재 안전과 기계 안전이 따로 관리된다면, 각 요소가 따로 작동할 때 사고로 이어질 가능성이 있다. 통합된 안전 관리 시스템을 구축함으로써 각 요소들이 조화를 이루어 작동하고, 더 나은 안전을 보장할 수 있다. 파르메니데스의 통합적 안전 개념은 현대 산업 현장에서도 중요한 역할을 한다.

4) 철학적 안전의 역설(변화와 무의 가능성 부정) vs. 변화와 불확실성의 통제

파르메니데스는 변화와 무의 개념을 부정하면서 존재의 영속성과 안전을 보장하고자 하였다. 이는 변화와 무를 통제함으로써 안전을 유지하는 철학적 원리이다.

사례 산업현장에서도 변화와 불확실성의 통제는 매우 중요하다. 예를 들어, 설비의 노후화나 작업 환경 변화는 예측하지 못한 사고를 유발할 수 있다. 이를 예방하기 위해서는 정기적인 유지 보수와 환경 변화에 대한 대처가 필수적이다. 파르메니데스가 변화와 무의 가능성을 부정하며 안전을 강조한 것처럼, 사업체도 예상 가능한 변화와 불확실성을 미리 대비하는 것이 사고 예방의 핵심이다.

다. 시사점

파르메니데스의 철학에서 '불변성'과 '이성적 인식'을 통한 안전 개념은 현대 산업현장의 안전 장비 유지, 위험 요소 분석, 안전 시스템 통합 관리와 유사한 점이 있다. 변하지 않는 상태에서 안전이 보장되며, 논리적이고 이성적인 사고를 통해 사고를 예방할 수 있다는 점에서 그의 철학은 산업 안전에 중요한 통찰을 제공한다.

결론적으로, 파르메니데스의 철학은 불변성과 통합된 질서를 강조하며, 이는 현대 산업 환경에서도 안전 관리 시스템의 통합, 위험 요소 분석과 예측, 변화에 대한 통제를 통해 사고를 예방하고 안전을 보장하는 중요한 원리로 작용한다.

7. 제논(Zeno of Elea, BC 490-430)

제논(Zeno of Elea, BC 490-430)은 엘레아(Elea) 출신으로 고대 그리스 철학자이자 파르메니데스의 열렬한 제자이자 옹호자였다. 그는 스승의 '존재의 불변성'이라는 철학적 사상을 논리적으로 방어하기 위해 여러 가지 역설(paradoxes)을 제시한 것으로 유명하다.

그중 유명한 것이 '아킬레스와 거북이' 역설인데, 이는 빠른 아킬레스가 느린 거북이를 결코 추월할 수 없다는 논리적 난제를 통해, 변화와 운동의 개념에 도전한 것이다. 이러한 역설들은 후대 철학자들과 논리학자들에게 큰 영향을 미쳤으며, 논리학과 철학적 사고의 발전에 기여하였다.

제논의 역설들은 고대 철학에서 중요한 논의 주제가 되었으며, 그로 인해 그는 서양 철학사에서 중요한 위치를 차지하게 되었다.

가. 철학적 관점

제논은 파르메니데스의 존재의 불변성을 방어하기 위해 여러 가지 역설을 제시하였다. 그의 역설들은 주로 감각적 경험에 기초한 세계관을 반박하며, 변화와 운동이 실재하지 않음을 논증하려는 시도를 포함하고 있다. 이들 중 가장 유명한 역설들은 다음과 같다.

아킬레스와 거북이 역설

제논의 가장 유명한 역설 중 하나는 '아킬레스와 거북이' 역설이다. 이 역설에서 제논은 빠른 아킬레스가 느린 거북이를 추월할 수 없다는 논리를 제시한다. 아킬레스가 거북이를 추월하려면 먼저 거북이가 출발한 지점에 도달해야 한다. 그러나 아킬레스가 그 지점에 도달하는 순간, 거북이는 조금 더 앞으로 나아가 있을 것이다. 이 과정을 무한히 반복하면 아킬레스는 결코 거북이를 따라잡을 수 없게 된다. 제논은 이를 통해 공간과 시간이 무한히 나눌 수 있다는 개념을 이용하여, 운동이 실제로 존재하지 않는다는 결론을 도출하려 하였다.

이분법 역설(Dichotomy Paradox)

이 역설은 무한 분할의 개념에 기초하고 있다. 제논은 목표 지점에 도달하기 위해서는 먼저 그 지점까지의 절반을 가야 하고, 다시 그 절반을 가야 한다는 식으로 무한히 나눠진다고 주장한다. 이로 인해 운동은 끝없이 나누어지며, 궁극적으로 도착점에 도달하는 것이 불가능하다는 논리를 제시한다. 이는 운동과 변화의 실재성을 부정하는 제논의 입장을 나타낸다.

화살 역설(Arrow Paradox)

이 역설에서는 날아가는 화살을 예로 들어 운동의 개념에 도전한다. 제논은 화살이 매 순간 특정한 위치에 고정되어 있다면, 그 순간 화살은 움직이지 않는다고 주장한다. 따라서 시간의 모든 순간에 화살이 정지해 있다면, 화살은 실제로 움직이지 않으며 운동은 착각에 불과하다는 결론을 내린다.

밀레트 사람들의 역설(Stadium Paradox)

이 역설에서는 두 무리의 움직이는 물체가 서로 교차할 때 발생하는 논리적 모순을 설명한다. 이는 상대적 운동과 시간의 개념을 다루며, 운동과 시간에 대한 우리의 감각적 이해가 논리적으로 일관되지 않음을 지적한다.

철학적 공헌과 영향

제논의 역설들은 단순히 파르메니데스의 사상을 방어하는 데 그치지 않고, 논리학과 철학적 사고에 대한 깊은 논의를 촉발시켰다. 그의 역설들은 운동과 변화의 본질에 대한 철학적 탐구의 출발점을 제공했으며, 이후 수많은 철학자들이 제논의 논증을 분석하고 비판하였다.

특히, 제논의 논증 방식은 무한의 개념과 귀류법(reductio ad absurdum)을 활용하여 논리적 모순을 드러내는 데 중점을 두었다. 이 방법론은 후대 철학자들과 수학자들에게 중요한 영향을 미쳤으며, 논리학의 발전에 크게 기여하였다.

플라톤과 아리스토텔레스는 제논의 역설을 깊이 연구하고 비판하면서, 자신의 철학적 체계를 구축하는 데 이 역설들을 활용하였다. 특히 아리스토텔레스는 제논의 역설을 해결하기 위해 운동의 연속성과 시간의 개념을 분석하며, 그의 논리적 체계를 발전시켰다.

제논은 파르메니데스의 존재의 불변성 사상을 방어하기 위해 다양한 역설을 제시하며, 변화와 운동의 개념에 도전하였다. 그의 역설들은 감각적 경험을 통해 이해되는 세계관을 논리적으로 반박하려는 시도로, 후대 철학자들과 논리학자들에게 깊은 영향을 미쳤다. 제논의 철학적 공헌은 논리학과 철학적 사고의 발전에 중요한 기여를 했으며, 그의 역설들은 오늘날까지도 철학적 탐구와 논의의 중요한 주제로 남아 있다.

나. 안전학적 관점

제논의 철학적 사상과 역설은 변화와 운동에 대한 논리적 도전을 통해 철학적 안전성을 확보하려는 시도로 해석될 수 있다.

1) 논리적 안전성(역설을 통한 철학적 방어) vs. 안전 규정과 절차의 논리적 일관성

제논은 논리적 모순을 통해 변화와 운동의 개념에 도전하며, 철학적 안전성을 논리적 방어를 통해 확보하려 했다. 논리적 안전성은 일관성 있게 철학적 주장을 유지하는 것에서 비롯된다.

사례 사업체에서는 안전 규정과 절차가 논리적으로 일관되어야 한다. 안전 규정이 모순되거나 일관성이 없다면, 작업자들이 혼란을 겪고, 그 결과 사고가 발생할 수 있다. 예를 들어, 기계 작동 절차와 비상 대응 절차가 서로 충돌한다면, 이는 산업현장에서 사고를 초래할 수 있다. 따라서 제논이 논리적 안전성을 강조한 것처럼, 일관된 안전 절차와 매뉴얼을 마련하는 것이 사고 예방의 중요한 요소이다.

2) 존재론적 안전성(변화와 무한의 부정) vs. 작업 환경의 안정성

제논은 변화와 운동을 부정함으로써 존재의 불변성을 강조하였고, 이를 통해 존재론적 안전성을 확보하려 하였다.

사례 사업체에서는 작업 환경의 안정성이 중요한 역할을 한다. 작업 환경이 자주 변하거나 불안정하다면 사고의 위험이 증가한다. 예를 들어, 설비가 자주 변경과 작업 방식의 빈번한 변화는 작업자들이 적응하지 못해 안전사고로 이어질 수 있다. 제논의 철학처럼, 안정적인 작업 환경을 유지하고, 변화는 신중히 관리해야 안전을 보장할 수 있다.

3) 무한 분할의 위험과 안전 vs. 위험 요소의 세분화와 통제

제논의 역설은 무한 분할의 개념을 통해 논리적 모순을 드러내며, 이를 통해 불확실성을 제거하려 하였다. 무한 분할은 예측 불가능성과 위험 요소를 증가시킨다.

사례 사업체에서도 위험 요소를 지나치게 세분화하거나 관리가 복잡할 경우, 안전이 위협받을 수 있다. 예를 들어, 복잡한 안전 절차나 세분화된 위험 관리는 오히려 작업자들이 혼란을 느끼고 중요한 절차를 놓칠 가능성을 높인다. 제논의 역설이 무한 분할의 위험성을 경고하는 것처럼, 간단하고 명확한 안전 절차가 사업체 내에서 중요한 역할을 한다. 복잡한 절차의 단순화는 안전성을 높이는 중요한 방식이다.

4) 철학적 안전과 감각적 불확실성 vs. 위험 감지 시스템과 데이터 기반 의사결정

제논은 감각적 경험을 불신하고, 이성적 사고를 통해 실재를 이해하려 했다. 그는 감각적 인식이 불확실성을 초래한다고 보았다.

사례 현대 산업현장에서는 위험 감지 시스템과 데이터 기반의 의사결정이 안전을 보장하는 중요한 요소이다. 감각에만 의존하지 않고, 데이터 분석과 센서 기술을 통해 잠재적 위험 요소를 감지하고 대비하는 것이 중요하다. 제논의 철학에서처럼, 감각적 인식의 불완전성을 넘어, 이성적 사고와 기술적 도구를 통해 안전을 보장할 수 있다. 예를 들어, 기계의 데이터 분석을 통해 고장을 예측하고, 미리 조치함으로써 사고를 예방할 수 있다.

다. 시사점

제논의 철학적 사상은 변화와 운동을 부정하며 논리적 일관성과 존재론적 안전성을 확보하려는 시도였다. 이러한 철학적 원리는 현대 산업현장에서의 안전 관리와 밀접하게 연결된다. 논리적 일관성이 있는 안전 규정, 안정된 작업 환경, 복잡한 절차의 단순화, 데이터 기반의 위험 감지 시스템은 모두 안전성을 확보하는 중요한 방법이다.

제논의 철학은 논리적 일관성과 안정성을 강조한다. 이는 현대 산업환경에서 위험 요소 분석과 통제, 변화 관리, 데이터 기반의 사고 예방에 적용할 수 있는 중요한 원리이다.

8. 소크라테스(Socrates, BC 470/469-399)

소크라테스(Socrates, BC 470/469-399)는 고대 그리스 철학의 기틀을 마련한 인물로, 그의 사상과 삶은 서양 철학의 토대를 형성하는 데 중요한 역할을 하였다.

소크라테스는 아테네에서 태어났는데 그의 아버지 소프로니스쿠스는 석공이었고, 어머니 파이나레테는 산파였다. 소크라테스의 초기 생애에 대해서는 알려진 바가 많지 않지만, 그는 젊은 시절부터 다양한 주제에 대해 깊이 고민하며 철학적 탐구를 시작했을 것으로 추정된다. 아테네는 당시 그리스 세계의 중심지로, 소크라테스는 아테네 시민으로서 그가 성장한 환경 속에서 철학적 관심을 키워 나갔다.

소크라테스는 일생 대부분을 아테네에서 보냈으며, 군 복무를 제외하고는 도시를 거의 떠나지 않았다. 그는 결혼하여 세 아들을 두었지만, 가정생활에 크게 얽매이지 않고, 주로 공공장소에서 사람들과 철학적 대화를 나누며 살았다. 아고라(시장)와 체육관 같은 공공장소에서 그는 시민들과 대화하며 그들의 삶과 도덕에 대해 질문하였다.

기원전 399년, 소크라테스는 아테네에서 청년들을 부도덕하게 만든다는 이유로 고발당하였다. 그가 전통적인 신들을 무시하고 새로운 신들을 도입하려 하였다는 혐의도 있었다. 소크라테스는 자신을 변호하며 진리를 추구하는 철학적 삶의 중요성을 주장했지만, 결국 그는 유죄 판결을 받고 독배를 마시고 사형 당하였다. 소크라테스는 사형을 피할 수 있는 기회가 있었음에도 불구하고, 법을 따르는 것이 중요하다고 믿었기 때문에 끝까지 법을 존중하며 독배를 받아들였다. 그의 죽음은 아테네 시민들에게 큰 충격을 주었다.

그의 사상은 이후 플라톤과 아리스토텔레스 같은 철학자들에 의해 더욱 발전하였다. 주로 제자들의 기록을 통해 전해지는 그의 사상은 오늘날에도 큰 영향을 미치고 있다.

가. 철학적 관점

소크라테스의 철학은 본인이 저술을 남기지 않았기 때문에 주로 제자 플라톤과 크세노폰의 기록을 통해 전해졌다. 그의 사상은 주로 윤리학과 인간의 도덕적 삶에 대한 탐구에 초점을 맞추고 있다.

소크라테스식 방법: 산파술(산파법)

소크라테스는 진리를 추구하는 과정에서 "산파술(마이유티케, maieutic method)"이라 불리는 방법을 사용하였다. 이는 질문을 통해 대화 상대방이 스스로 진리에 도달하게 하는 방식으로, 그의 어머니가 산파였던 데서 유래한 이름이다. 소크라테스는 대화를 통해 상대방이 가진 잘못된 믿음을 드러내고, 스스로 답을 찾도록 유도하였다. 그는 자신을 무지한 사람으로 묘사하면서 상대방의 지식을 탐구하고, 이 과정에서 상대방은 자신의 무지를 깨닫게 되었다.

너 자신을 알라: 무지의 자각

소크라테스의 가장 유명한 명제 중 하나는 "너 자신을 알라"라는 델포이 신전의 격언이다. 이 말은 인간이 자신의 무지를 자각하고, 자신의 한계를 인식하는 것이 철학적 탐구의 출발점임을 강조한다. 소크라테스는 자신이 아는 것은 아무것도 없다는 점을 깨닫는 것이 진정한 지혜의 시작이라고 보았다. 이러한 자각은 인간이 도덕적으로 올바른 삶을 살기 위한 첫걸음이라고 생각하였다.

덕(아레테)과 지식의 일치

소크라테스는 덕(아레테, ἀρετή)이 지식과 동일하다고 주장하였다. 그는 모든 사람이 선을 추구하며, 악행은 무지에서 비롯된다고 믿었다. 따라서 덕을 쌓기 위해서는 지식을 추구해야 한다고 보았으며, 지혜를 가진 자만이 진정으로 도덕적일 수 있다고 생각하였다. 이로 인해 그는 지식이야말로 최고의 덕이라고 주장하며, 이를 통해 사람들은 진정한 행복을 찾을 수 있다고 보았다.

소크라테스의 윤리학

소크라테스는 인간의 삶에서 윤리적 성찰이 가장 중요하다고 강조하였다. 그는 도덕적 가치를 탐구하는 데 있어 철학적 대화와 자기 성찰이 필수적이라고 보았다. 그는 "검토되지 않은 삶은 살 가치가 없다"는 명언으로 유명하다. 이 말은 인간이 자신의 삶을 끊임없이 성찰하고, 도덕적 기준에 따라 삶을 개선해 나가야 한다는 그의 신념을 잘 보여준다.

소크라테스의 철학적 유산

소크라테스의 철학적 유산은 그의 제자들, 특히 플라톤에 의해 기록되고 전파되었다. 플라톤의 대화록에서 소크라테스는 철학적 논의의 주인공으로 등장하며, 그의 사상은 플라톤의 철학적 체계의 근간이 되었다. 플라톤을 통해 소크라테스의 사상은 아리스토텔레스, 스토아 학파, 기독교 철학 등 서양 철학의 주요 사조에 큰 영향을 미쳤다.

오늘날에도 소크라테스는 철학적 탐구의 상징으로 여겨지며, 그의 대화법과 윤리적 성찰은 현대 철학에서도 중요한 주제로 다뤄지고 있다. 소크라테스의 철학은 단순한 이론적 지식을 넘어 삶의 방식으로서 철학의 중요성을 보여주며, 진정한 지혜를 추구하는 길을 제시한다.

나. 안전학적 관점

소크라테스의 철학에서 안전은 주로 도덕적 안전과 자기 성찰을 강조하는데, 이는 현대 산업현장에서 안전관리와 밀접한 관계가 있다. 사업체에서 일어날 수 있는 사고와 비교하여 소크라테스의 철학을 분석하면, 도덕적 안전과 윤리적 판단이 산업 환경에서의 사고 예방 및 안전 보장에 중요한 역할을 하는 방법을 이해할 수 있다.

1) "너 자신을 알라(Know Thyself)" vs. 위험 인식과 자기 성찰

소그라테스는 "너 자신을 알라"는 격언을 통해 자기 성찰의 중요성을 강조하면서 자신의 한계와 무지를 인정하는 것이 지혜의 시작이라고 보았다.

사례 산업현장에서도 자기 성찰과 위험 인식이 매우 중요하다. 작업자들이 자신의 능력과 지식을 과신하지 않고, 작업 환경의 위험 요소를 인식하고 이를 인정할 때 사고를 예방할 수 있다. 예를 들어, 작업자가 자신이 안전 규정에 대해 충분히 숙지하지 않았다고 인식한다면 교육과 훈련을 통해 이를 보완할 수 있다. 이는 소크라테스의 자기 성찰과 유사한 방식으로, 위험 인식을 통해 스스로 안전을 보장하는 중요한 요소이다.

2) 도덕적 안전과 윤리적 삶 vs. 안전 절차 준수와 윤리적 행동

소크라테스는 도덕적 안전을 강조하며, 올바른 행동이 인간에게 궁극적인 안전을 가져다준다고 보았다.

사례 현대 산업환경에서도 안전 절차를 준수하고, 윤리적 행동을 실천하는 것이 사고 예방에 매우 중요하다. 예를 들어, 작업자가 안전 절차를 무시하거나 비윤리적으로 작업을 서두르는 경우 사고로 이어질 수 있다. 반면에 윤리적으로 규정을 준수하고 안전 장비를 적절히 사용하는 것은 작업자의 도덕적 책임이자, 스스로 안전을 지키는 방법이다. 이는 소크라테스의 윤리적 삶이 도덕적 안전을 보장하는 것과 같은 맥락이다.

3) 지식과 미덕의 일치 vs. 안전 교육과 규정의 이해

소크라테스는 "덕은 지식이다"라는 명제를 통해, 올바른 지식을 가지는 것이 미덕을 실천하는 것과 같다고 보았다.

사례 산업현장에서의 안전 교육도 소크라테스의 철학과 유사한 방식으로 사고 예방을 위한 지식의 중요성을 강조한다. 작업자들이 안전 규정을 충분히 이해하고 지식을 갖추는 것이 미덕을 실천하는 것과 같으며, 이는 사고를 방지하는 중요한 도구이다. 교육을 통한 안전 규정의 이해는 미덕이자, 사업체에서 일어날 수 있는 위험을 사전에 차단하는 방법이다.

4) 정신적 안전의 강조 vs. 안전 관리에서의 심리적 안정

소크라테스는 물리적 안전보다 정신적 안전을 중요하게 보았으며, 도덕적 일관성을 통해 내면의 평화를 유지하는 것이 중요하다고 주장했다.

사례 현대 사업체에서도 정신적 안전은 중요한 요소로, 심리적 안정이 작업자의 효율성과 안전에 직결된다. 작업자들이 심리적으로 불안정하거나 스트레스를 많이 받는 환경에서는 사고의 위험이 높다. 정신적 안정을 제공하는 환경을 구축하는 것, 예를 들어 작업자의 정신 건강을 지원하는 프로그램이나 심리적 지원 시스템을 마련하는 것은 산업 안전 관리에서 중요한 역할을 한다. 이는 소크라테스의 정신적 안전과 연결된다.

5) 악행의 위험성과 도덕적 타협의 거부 vs. 안전 규정의 타협 없이 준수

소크라테스는 도덕적 타협을 거부하며, 잘못된 행동이 자신의 영혼에 해를 입힌다고 보았다.

사례 산업현장에서도 안전 규정에서의 타협은 매우 위험하다. 생산성을 높이기 위해 안전 규정을 무시하거나 타협할 경우, 큰 사고로 이어질 수 있다. 예를 들어, 작업자가 안전 장비를 생략하고 작업을 진행하는 것은 윤리적이지 않으며, 사고를 초래할 수 있다. 소크라테스가 도덕적 타협을 거부한 것처럼, 산업현장에서도 안전 규정에서 타협 없이 이를 철저히 준수하는 것이 사고 예방의 중요한 원리이다.

다. 시사점

소크라테스의 철학에서 도덕적 안전은 물리적 안전보다 훨씬 더 중요한 개념으로 나타났으며, 윤리적 판단과 올바른 행동이 안전을 보장한다고 주장했다. 이와 마찬가지로, 현대 산업환경에서도 윤리적 행동과 안전 규정 준수, 자기 성찰과 위험 인식, 안전 교육과 지식 습득은 작업자의 안전을 보장하고 사고를 예방하는 중요한 요소이다.

도덕적 안전과 윤리적 행동의 중요성은 현대 산업현장의 안전 관리 원리와 깊은 연관이 있으며, 이를 통해 사고를 예방하고 안전한 작업 환경을 유지할 수 있다.

9. 플라톤(Plato, BC 427/428-347/348)

플라톤(Plato, BC 427/428-347/348)은 고대 그리스의 대표적인 철학자로 소크라테스의 제자이며, 서양 철학의 기초를 닦은 인물이다.

플라톤은 이데아론을 통해 현실 세계의 사물들이 불완전하다고 주장했으며, 이상적인 사회에서 철학자가 통치하는 국가를 제안하였다. 플라톤의 사상에서 안전은 정의롭고 조화로운 국가를 유지함으로써 확보될 수 있는 것으로 보았다. 그는 『국가』에서 정의와 질서를 유지하는 것은 시민들의 안전과 관련이 있으며, 철학자의 지혜가 사회를 안정시키는 핵심이라고 보았다.

플라톤은 이데아론을 비롯하여 정치 철학, 윤리학, 형이상학, 인식론 등 다양한 철학적 주제를 다루었으며, 그의 사상은 이후 수 세기 동안 서양 사상에 깊은 영향을 미쳤다.

플라톤의 철학에서 '안전'은 주로 정의와 질서를 통해 사회적 안정과 개인의 행복을 보장하는 맥락에서 이해될 수 있다.

가. 철학적 관점

플라톤의 생애

플라톤은 고대 그리스에서 가장 영향력 있는 철학자 중 한 명으로, 그가 살았던 시대의 지적 환경과 소크라테스와의 관계가 그의 철학 형성에 깊은 영향을 미쳤다. 그는 아테네의 귀족 가문에서 태어났으며, 정치적·철학적으로 중요한 시기에 살았다. 특히 아테네의 불안정한 정치적 상황은 그의 지적 형성에 중요한 역할을 하였다.

플라톤과 소크라테스의 관계

플라톤은 소크라테스의 제자였으며, 소크라테스이 철저한 질문 방식과 기존의 지혜에 대한 도전을 받았다. 소크라테스는 플라톤 초기 저서에서 중요한 역할을 하며, 특히 대화체 형식을 통해 그의 철학적 탐구에 영향을 미쳤다.

플라톤의 저서와 이데아론(형이상학)

플라톤의 철학적 발달은 초기, 중기, 후기의 세 시기로 나눌 수 있으며, 각 시기마다 다른 접근 방식과 사상이 나타난다.

초기 저서에서는 주로 소크라테스의 가르침이 중심에 있다. 이 저서들은 윤리적 질문과 대화 체계를 중심으로 전개되며, 대표적으로 『에우튀프론』과 『변명』 등이 있다.

중기 저서에서 플라톤은 자신의 철학적 사상을 발전시키기 시작한다. 특히 이데아론이 이 시기의 중심 개념으로, 『국가』와 같은 저서에서 정의, 이상 국가 그리고 유명한 동굴의 비유 등을 통해 그의 형이상학적 사상을 설명한다.

후기 저서에서는 플라톤의 철학이 더욱 복잡하고 정교해진다. 『법률』, 『티마이오스』와 같은 저서에서 그의 형이상학적, 윤리적, 정치적 이론이 심화되며, 이전에 제시된 개념들을 보다 깊이 분석한다.

플라톤의 주지주의적 이원론(이데아론)

플라톤 철학의 핵심은 추상적이고 비물질적인 '이데아' 또는 '형상'의 존재에 대한 이론이다. 플라톤에 따르면, 우리가 사는 물질 세계는 변화하고 불완전한 반면, 이데아 세계는 영원하고 변하지 않는 진리의 세계이다. 이러한 이원론적 세계관은 물질과 이상(이데아)의 명확한 분리를 주장한다.

플라톤처럼 사랑하기

플라톤의 사랑에 대한 사상은 그의 미(美)에 대한 철학적 견해와 영혼에 대한 고찰과 밀접하게 연관되어 있다. 이를 『향연』과 『파이드로스』 같은 대화편에서 잘 설명하고 있다.

고대 그리스에서 사랑(에로스)은 육체적이면서도 영적인 힘으로 여겨졌다. 플라톤은 전통적인 그리스의 사랑 개념을 넘어선 사랑을 제시하며, 이는 영혼의 미(美)를 추구하고, 지적·영적 완성을 향한 사랑을 중시하는 방식이었다.

『향연』에서 플라톤은 사랑의 본질에 대한 다층적인 논의를 제시한다. 그는 육체적 매력을 시작으로 궁극적으로 '미의 이데아'를 추구하는 사랑을 설명한다. 플라톤에 따르면, 사랑은 개인을 영원한 진리와 신성에 대한 관조로 이끄는 힘이다.

『파이드로스』에서는 사랑이 영혼을 높은 이해로 이끄는 신적인 광기로 설명된다. 이 대화편에서 플라톤은 영혼을 두 마리 말(이성적 부분과 욕망적 부분)을 이끄는 마부에 비유하며, 진리와 미를 추구하는 과정에서 이 두 요소 간의 긴장과 조화를 설명한다.

이 논리는 플라톤의 생애와 그의 철학적 발달 과정을 중심으로, 그의 이데아론과 사랑에 대한 철학을 체계적으로 연결하여 설명하고 있다.

나. 안전학적 관점

1) 이데아론과 현실 세계의 불완전성 vs. 작업 환경의 불완전성과 개선의 필요성

플라톤의 이데아론은 현실 세계가 불완전하다는 것을 강조하며, 참된 실재는 이데아의 세계에 존재한다고 보았다. 이와 마찬가지로, 사업체 내의 작업 환경도 불완전성을 가지고 있을 수 있으며, 이러한 불완전한 작업 환경은 위험을 초래할 수 있다.

사례 산업현장에서는 불완전한 장비나 관리 시스템이 위험 요소가 될 수 있다. 예를 들어, 노후한 기계나 잘못된 작업 절차가 사고를 일으킬 수 있으며, 이를 개선하는 것이 작업자의 안전을 보장하는 핵심이다. 플라톤이 현실의 불완전성을 지적하고 이데아를 통해 완전성을 추구한 것처럼, 사업체도 작업 환경을 지속적으로 평가하고 안전성을 개선해야 사고를 예방할 수 있다.

2) 이상적인 국가와 철인 통치 vs. 숙련된 관리자의 중요성

플라톤은 철학자가 통치하는 국가를 이상적인 사회로 보며, 지혜로운 지도자가 국가를 통치할 때 시민들이 안전하다고 주장하였다.

사례 산업현장에서도 숙련된 관리자가 안전을 책임질 때, 작업자들의 안전이 보장된다. 경험이 부족한 관리자가 통제하는 작업 환경은 불안정할 수 있으며, 잘못된 의사결정이 사고를 초래할 수 있다. 플라톤의 철인 통치 개념처럼, 지혜롭고 숙련된 관리자가 작업자들의 안전을 위해 현명한 결정을 내려야 안전한 환경을 유지할 수 있다.

3) 정의의 개념과 사회적 안전 vs. 업무 분담과 책임의 명확화

플라톤은 정의를 "각자가 자신의 역할을 다하는 것"으로 정의하였으며, 이를 통해 사회적 안전을 유지할 수 있다고 보았다.

사례 사업체에서도 명확한 업무 분담과 책임의 명확화는 안전을 보장하는 중요한 요소이다. 작업자들이 자신의 역할을 명확히 알고 책임을 다할 때, 작업장의 혼란을 방지하고 사고를 예방할 수 있다. 예를 들어, 작업자가 자신에게 주어진 책임을 다하지 않으면 안전 규정을 어길 수 있고, 이는 사고로 이어질 수 있다. 플라톤의 정의 개념은 작업장에서의 역할 분담이 안전에 얼마나 중요한지를 잘 보여준다.

4) 교육과 지혜의 중요성 vs. 안전 교육과 훈련

플라톤은 교육이 사회적 안전을 보장하는 중요한 요소라고 보았다. 그는 올바른 교육을 통해 시민들이 이데아의 세계를 이해하고, 국가를 올바르게 다스릴 수 있다고 강조했다.

사례 산업현장에서도 안전 교육은 필수적이다. 작업자들이 안전 절차를 교육받고 충분히 이해할 때, 사고를 예방할 수 있다. 예를 들어, 화학 물질을 다루는 작업자는 정확한 사용법과 안전 절차를 교육받아야 하며, 그렇지 않을 경우 심각한 사고로 이어질 수 있다. 플라톤이 지혜를 통해 사회적 안전을 확보한 것처럼, 교육은 산업 안전에서 중요한 역할을 한다.

5) 사회 구조와 계급의 조화 vs. 팀워크와 협력

플라톤은 이상적인 국가에서 각 계급이 자신의 역할을 다하며 조화를 이룰 때 사회적 안전이 보장된다고 보았다.

사례 산업현장에서도 팀워크와 협력이 안전에 중요한 역할을 한다. 각 부서가 협력하고 작업자들이 협조할 때, 위험 요소를 빠르게 발견하고 대처할 수 있다. 예를 들어, 생산팀과 안전팀이 긴밀히 협력하여 안전 점검을 실시할 때, 잠재적인 위험을 사전에 파악할 수 있다. 플라톤의 사회 구조 조화론은 작업 현장에서의 협력이 안전에 중요한 영향을 미친다는 점을 시사한다.

6) 도덕적 안전과 행복의 관계 vs. 윤리적 행동과 안전

플라톤은 도덕적 안전이 개인의 행복과 직접적으로 연결되어 있어 올바른 행동과 도덕적 삶이 개인의 안전을 보장한다고 주장하였다.

사례 산업현장에서도 윤리적 행동이 안전을 보장한다. 작업자가 안전 규정을 준수하고 윤리적으로 행동할 때, 자신과 동료의 안전을 지킬 수 있다. 예를 들어, 규정을 무시하고 무리하게 작업을 진행하는 것은 사고를 초래할 수 있으며, 이는 윤리적이지 않은 행동이다. 플라톤이 도덕적 안전을 중요시한 것처럼, 산업현장에서도 윤리적 행동이 안전을 보장하는 중요한 역할을 한다.

다. 시사점

플라톤의 철학에서 강조된 이데아론, 정의, 교육 등의 개념은 현대 산업안전과도 깊은 연관이 있으며, 안전 교육, 역할 분담, 윤리적 행동 등은 사고 예방과 안전한 작업 환경을 유지하는 중요한 요소로 작용한다.

10. 아리스토텔레스(Aristotle, BC 384-322)

아리스토텔레스(Aristotle, BC 384-322)는 마케도니아에서 태어났으며, 젊은 시절 아테네로 이주해 플라톤의 아카데미에서 공부하였다. 그는 플라톤의 가르침에 많은 영향을 받았으나, 이후 자신의 철학 체계를 세우면서 플라톤의 이데아론을 비판하였다.

아리스토텔레스는 플라톤의 이데아론이 현실 세계와 괴리되어 있다고 비판하였다. 그는 이데아론이 경험적 실체와는 별개의 비물질적 존재를 상정한다고 보고, 이를 부정하며 모든 존재는 개별적인 사물 자체에서 그 본질을 찾아야 한다고 주장하였다. 이 과정에서 자신만의 독자적인 철학 체계를 구축하였다.

가. 철학적 관점

아리스토텔레스의 저서와 학문 분야

아리스토텔레스의 저서는 다양한 학문적 주제를 다루고 있으며, 그가 남긴 방대한 저작물은 여러 시기로 구분될 수 있다. 그의 저작은 그가 아테네 아카데미에서 활동하던 시기와 이후 마케도니아로 돌아가면서 왕의 교육을 맡은 시기, 다시 아테네로 돌아와 사신의 학파인 리케이온을 실립한 시기로 나눌 수 있다. 그의 지시는 논리힉, 형이상학, 윤리학, 정치학, 수사학, 생물학 등 다양한 분야에 걸쳐 있다. 그는 철학뿐만 아니라 자연과학에서도 중요한 공헌을 하였다.

아리스토텔레스의 형이상학 / 논리학 / 윤리학

아리스토텔레스는 형이상학, 논리학, 윤리학 등 다양한 철학적 주제에 대해 깊이 있는 사상을 남겼다. 형이상학은 실체론을 바탕으로 하는데, 모든 존재는 물질과 형상으로 이루어져 있다고 주장한다. 그는 물질적인 사물에서 그 본질을 발견하려 했으며, 변화와 운동의 원인을 탐구하였다. 논리학의 창시자인 그는 삼단논법과 같은 논리적 추론 방식을 통해 지식을 구축할 수 있다고 보았다. 그의 논리학은 이후 서양 철학의 중요한 기반이 되었다. 그리고 윤리학은 인간의 행복을 최고의 선으로 보고, 덕을 실천하는 삶이 행복을 이룰 수 있는 길이라고 주장하였다. 또한 미학에서 예술과 시를 통한 감정의 정화(카타르시스)를 강조하였다. 이러한 구조를 통해 아리스토텔레스의 철학적 사상을 이해할 수 있으며, 그의 사상은 플라톤과의 차별성을 바탕으로 독창적인 철학적 체계를 구축하였다.

나. 안전학적 관점

아리스토텔레스의 정치 철학과 윤리학에서 다룬 안전 개념은 현대 산업현장에서 안전 관리와 관련된 중요한 통찰을 제공한다.

1) 정치 철학에서의 안전(중산층의 역할) vs. 안전 관리자와 작업자 간의 균형

아리스토텔레스는 중산층이 사회에서 중재자 역할을 하며, 사회의 안정과 안전을 보장한다고 주장했다.

사례 산업현장에서는 안전 관리자와 작업자 간의 균형이 매우 중요하다. 경영진과 작업자가 서로 협력하여 위험 요소를 평가하고, 이를 해결하는 체계를 구축해야 한다. 예를 들어, 작업자가 현장에서 위험 요소를 발견했을 때 안전 관리자에게 보고하고, 관리자는 이를 신속하게 처리하여 사고를 방지할 수 있다. 이러한 협력 체계가 제대로 작동하지 않으면, 작은 위험 요소도 큰 사고로 이어질 수 있다. 균형 잡힌 협력 관계가 사고 예방의 핵심이다.

2) 중용의 원칙과 윤리적 안전 vs. 위험 감수와 안전 관리의 균형

아리스토텔레스는 과도함이나 부족함을 피하고 중용을 유지하는 것이 개인의 안전과 삶의 균형을 보장한다고 주장했다.

사례 작업장에서의 과도한 생산성 추구는 작업자의 안전을 소홀히 할 수 있다. 예를 들어, 작업자가 서둘러 기계를 다루는 경우, 안전 절차를 제대로 지키지 않게 되어 사고가 발생할 수 있다. 반면에 지나치게 엄격한 안전 규정으로 작업 속도가 느려진다면, 작업자들의 스트레스와 불만이 쌓여 안전에 대한 소홀함으로 이어질 수 있다. 따라서 중용의 원칙처럼, 적절한 안전 규정과 생산성의 균형을 유지하는 것이 중요하다.

3) 행복(Eudaimonia)과 안전 vs. 안전한 작업 환경에서의 만족감

아리스토텔레스는 덕을 실천하며 사는 삶이 진정한 행복을 가져다준다고 보았다.

사례 안전한 작업 환경은 작업자들에게 만족감을 제공하고, 생산성을 높이는 중요한 요소이다. 예를 들어, 작업자가 안전한 환경에서 일할 때는 집중도가 높아져 효율적으로 일할 수 있으며, 스트레스가 줄어든다. 반대로 안전이 보장되지 않는 환경에서는 사고 위험이 증가하고, 작업자의 스트레스가 늘어나 생산성도 떨어질 수 있다. 따라서 안전한 작업 환경이 회사 전체의 성과와 연관된 중요한 요소이다.

4) 정의와 법치(사회적 안전의 기초) vs. 안전 규정 준수와 절차의 중요성

아리스토텔레스는 정의와 법치가 사회적 안전을 유지하는 데 필수적이라고 보았다.

사례 산업현장에서도 안전 규정을 준수하고 절차를 철저히 따르는 것이 사고를 예방하는 데 중요한 역할을 한다. 예를 들어, 고소 작업을 할 때 안전모와 안전벨트를 착용하지 않고 작업을 진행하면 큰 사고로 이어질 수 있다. 이는 명백한 안전 규정 위반이며, 정확한 절차와 규정을 준수하는 것이 사업체에서 안전을 보장하는 핵심이다.

5) 교육과 도덕적 형성 vs. 안전 교육과 인식 제고

아리스토텔레스는 도덕적 성장을 위한 교육이 사회의 안정성을 보장한다고 강조했다.

사례 사업체에서도 안전 교육은 매우 중요한 역할을 한다. 작업자들이 정기적인 교육을 통해 안전 절차를 숙지하고, 위험 요소를 인식할 때 사고를 예방할 수 있다. 예를 들어, 화학 물질을 다루는 작업자가 정확한 안전 절차를 숙지하지 못하면 심각한 사고가 발생할 수 있다. 안전 교육을 통해 작업자들이 자신의 업무에 대한 위험성을 충분히 인지하고, 적절한 대응책을 마련할 수 있어야 한다.

6) 정치적 안전과 혼합 정부 vs. 복합적인 안전 관리 시스템

아리스토텔레스는 혼합 정부가 정치적 안전을 보장한다고 주장했다. 이는 다양한 정치적 요소가 조화를 이루어 사회의 안전을 유지할 수 있다는 것이다.

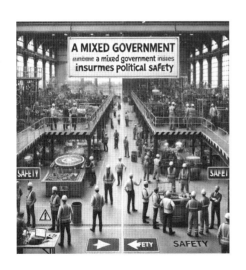

사례 현대 산업현장에서는 복합적인 안전 관리 시스템이 필요하다. 생산, 관리, 안전 부서 간의 협력이 이루어져야 작업장이 안전하게 운영될 수 있다. 예를 들어, 안전 부서가 위험 요소를 사전에 인지하고, 이를 생산 부서와 공유하여 적절한 예방 조치를 취함으로써 사고를 예방할 수 있다. 협력적인 안전 관리 시스템이 없다면, 각 부서 간 의사소통 부족으로 인해 잠재적인 위험이 실제 사고로 이어질 수 있다.

다. 시사점

아리스토텔레스의 철학에서 강조된 숭용, 정의, 교육의 개념은 현대 산업현장의 안전 관리 원칙과 일치한다. 안전 관리자와 작업자 간의 균형, 중용을 통한 위험 관리, 안전 교육, 규정 준수는 모두 사업체 내에서 사고를 예방하고 안전한 작업 환경을 유지하는 데 중요한 역할을 한다.

11. 스토아 학파(Stoic school, BC 3세기경)

스토아 학파의 철학적 관점은 주로 이성적 삶과 감정의 절제를 중심으로 이루어진다. 제논(Zeno of Citium)에 의해 기원전 3세기경에 창시된 스토아 철학은 이후 마르쿠스 아우렐리우스(Marcus Aurelius), 세네카(Seneca), 에픽테토스(Epictetus)와 같은 철학자들에 의해 발전되었다.

이 철학은 외부의 불확실성과 위험을 이성적이고 실천적인 태도로 대처하는 방법을 제시하며, 이를 통해 내적 평화와 덕을 실천하는 삶을 추구한다.

가. 철학적 관점

이성적 삶의 중요성

스토아 철학은 인간이 이성을 통해 자기 자신을 다스릴 수 있으며, 이성적 사고는 모든 덕의 근본이라고 주장한다. 이성은 인간이 불확실한 외부 환경 속에서 흔들리지 않고 평정을 유지할 수 있도록 도와준다.

스토아 학파는 이성적 삶을 덕을 실천하는 길이라고 보았다. 올바른 사고와 행동은 이성에 기반해야 하며, 이성적 삶은 내적 평화를 가져오는 데 중요한 역할을 한다.

삼단논법과 논리적 사고

스토아 철학은 논리와 합리적 사고를 매우 중시하며, 이를 통해 명확한 판단을 내리고 혼란에서 벗어나고자 하였다.

감정의 절제와 통제

스토아 철학자들은 감정이 인간의 이성을 왜곡하고 내적 평화를 방해한다고 보았다. 따라서 감정을 절제하고 통제하는 것이 매우 중요하다고 강조하였다. 이는 스토아 철학에서 감정적 동요로부터 자유로운 상태를 의미한다. 즉, 감정에 휘둘리지 않고 이성을 중심으로 평온을 유지하는 것이 이상적인 삶의 태도이다.

스토아 철학자들은 분노, 두려움, 슬픔과 같은 부정적인 감정이 이성적 사고를 방해하므로, 그러한 감정을 억제하는 것이 필요하다고 주장하였다. 감정을 절제함으로써 인간은 평정심을 유지하고 외부의 변화에 흔들리지 않게 된다고 하였다.

외부 상황에 대한 수용: 운명 사랑

스토아 학파는 인간이 통제할 수 없는 외부 상황에 대해 운명으로 받아들이는 태도를 중요하게 여겼다. 이들은 외부 상황을 바꿀 수 없다면 그 상황을 있는 그대로 받아들이고, 자신의 내적 평정을 지키는 것이 필요하다고 보았다. 한편, 스토아 철학자들은 운명을 사랑하고, 외부 상황을 부정적으로 바라보기보다는 이를 긍정적으로 수용하는 자세를 강조하였다. 이는 불확실성과 위험을 이성적으로 받아들이며 내면의 안전을 유지하는 중요한 철학적 원칙이다.

덕의 실천

스토아 철학에서 덕은 인간이 추구해야 할 최고의 가치로 여겨진다. 덕을 실천하는 것은 이성적 삶을 영위하는 중요한 방법이며, 이를 통해 인간은 내적 평화를 얻고 외부의 유혹이나 위험에서 벗어날 수 있다고 보았다.

스토아 학파는 덕을 실천하는 삶이야말로 진정한 행복을 가져온다고 믿었다. 외부 상황에 흔들리지 않고 이성적으로 행동하는 사람만이 참된 행복을 누릴 수 있으며, 이것이 내적 평화와 연결된다고 하였다.

철학의 실천적 성격

스토아 철학은 단순한 사변적 이론을 넘어, 일상생활에서 실천 가능한 철학적 태도를 강조한다. 이는 외부 환경에 대한 태도, 감정의 절제, 덕의 실천을 통해 이루어지며, 궁극적으로 개인의 내면에서 평화를 추구하는 것이다.

스토아 철학자들은 이론을 일상에서 실천하는 것이 중요하다고 여겼다. 감정에 대한 억제, 이성적 사고, 운명의 수용을 통해 자기 삶을 개선하고자 하는 노력이 필수적이다.

스토아 철학은 이성적 삶을 통해 인간의 행복과 내적 평화를 추구하는 중요한 철학적 흐름으로, 실천적 삶에서 그 가치를 발휘하는 철학이다.

나. 안전학적 관점

스토아 철학에서 강조된 내적 평화와 이성적인 삶을 통한 안전 개념은 사업체에서의 안전 관리와 밀접한 관련이 있다.

1) 이성에 기반한 삶과 내적 안전 vs. 위험 평가와 사고 예방

스토아 학파는 감정적인 반응이 아니라 이성에 기반한 결정을 통해 내적 평화를 얻는다고 강조하고, 이성적인 판단은 불확실성과 외부 위험 속에서 개인의 안전을 보장한다고 주장하였다.

사례 산업현장에서 이성과 논리적인 판단은 위험 요소를 사전에 인식하고 예방하는 데 중요하다. 상시적인 위험성 평가와 이를 바탕으로 한 예방 조치는 사업체에서 사고를 줄이는 핵심 원칙이며, 작업장 내에서 정기적인 안전 점검을 통해 잠재적 위험 요소를 미리 파악하고 대처할 수 있다.

2) 감정의 절제와 내적 평화 vs. 위험 상황에서의 침착함

스토아 철학은 부정적인 감정을 절제하고, 외부 사건에 무관심하게 반응하는 능력을 중요시하며, 이를 통해 내적 평화를 유지한다.

사례 위험한 상황에서 작업자들은 침착함을 유지하고 적절히 대응하는 것이 매우 중요하다. 비상 상황에서의 감정적 반응은 잘못된 판단으로 이어질 수 있으며, 적절한 대응을 방해할 수 있다. 비상 대응 훈련과 같은 실습으로 작업자들은 위험 상황에서 침착하게 행동할 수 있는 능력을 기른다.

3) 통제할 수 없는 것에 대한 수용 vs. 위험 관리의 한계 인정

스토아 철학자들은 인간이 통제할 수 없는 외부 요인에 대해 운명으로 받아들이고 수용하는 태도를 가르친다.

사례 사업체에서도 모든 위험 요소를 통제할 수 없는 상황이 존재한다. 이를 수용하고, 위험 관리의 한계를 인정하는 것이 중요하다. 예를 들어, 예기치 못한 사고나 자연재해와 같은 상황에서는 비상 계획을 준비해 두고 대응해야 한다. 이를 통해 작업 환경에서의 불확실성에 대한 대비책을 마련할 수 있다.

4) 덕(Virtue)과 안전 vs. 윤리적 행동과 안전 규정 준수

스토아 철학에서 덕은 이성을 바탕으로 한 도덕적 행동을 의미하며, 덕을 실천함으로써 내적 안전을 얻을 수 있다.

사례 안전 규정을 준수하는 윤리적 행동이 산업현장에서 안전을 보장한다. 작업자들이 안전 규정을 지키고 안전 장비를 사용하는 것은 윤리적 책임이며, 사고 예방에 중요한 역할을 한다. 이를 어기면 작업자 자신과 동료의 안전이 위협받을 수 있다.

5) 현실주의적 태도와 안전 vs. 위험 요소를 객관적으로 인식

스토아 철학자들은 인생의 어려움과 고통을 현실적으로 받아들이고 이를 이성적으로 해결하려는 태도를 중요시했다.

사례 위험 요소를 과소평가하지 않고 객관적으로 인식하는 태도가 중요하다. 사업체에서 현실적인 위험 분석을 통해 잠재적인 문제를 해결하는 것이 사고를 줄이는 핵심이다. 예를 들어, 위험성 평가에서 도출된 문제를 즉각적으로 해결하는 것이 중요하다.

6) 우주적 연대와 안전 vs. 협력적 안전 문화

스토아 철학자들은 모든 인간이 우주적 연대를 통해 상호 연결되어 있으며, 이를 통해 안전을 얻는다고 주장했다.

사례 산업현장에서는 협력적 안전 문화가 사고 예방에 중요한 역할을 한다. 안전 관리자와 작업자, 부서 간의 협력을 통해 위험 요소를 신속하게 해결하고 안전 문화를 정착시킬 때, 작업장의 안전성이 높아진다.

7) 운명과 죽음에 대한 담담한 수용 vs. 비상사태에 대한 대비

죽음을 수용하고 담담히 받아들이는 태도는 스토아 철학에서 불필요한 두려움을 제거하는 중요한 방식이다.

사례 산업현장에서 비상사태에 대비하는 것은 사고 발생 시 신속하게 대처하기 위한 중요한 요소이다. 예를 들어, 화재나 기계 고장과 같은 상황에서 미리 훈련된 절차를 따라 대처함으로써 큰 사고를 예방할 수 있다.

다. 시사점

　스토아 철학의 이성적 삶과 감정 절제, 덕 실천은 사업체에서의 안전 관리 원리와 일맥상통한다. 위험 평가, 윤리적 행동, 감정 절제는 모두 사업체에서 사고를 예방하고 안전한 작업 환경을 유지하는 데 중요한 역할을 하며, 사업체에서도 협력적 안전 문화와 비상사태 대비를 통해 스토아 철학에서 말하는 내적 평화와 안정을 이룰 수 있다.

12. 에피쿠로스(Epicurus, BC 341-270)

에피쿠로스(Epicurus, BC 341-270)의 철학은 쾌락주의에 기반한 윤리적 철학으로, 인간의 행복과 평화로운 삶을 추구하는 데 중점을 둔다. 그는 감각적 경험을 중시하며, 궁극적으로 고통의 회피와 쾌락의 추구를 통해 정신적 평온(아타락시아, ataraxia)을 달성하는 것을 목표로 삼았다.

가. 철학적 관점

쾌락주의(Hedonism)

에피쿠로스 철학의 핵심은 쾌락주의이다. 그는 인간이 추구하는 궁극적인 선은 쾌락이며, 고통의 회피와 쾌락의 추구가 행복을 가져온다고 주장하였다.

에피쿠로스는 쾌락을 단순한 육체적 즐거움이 아닌, 정신적 쾌락으로 정의하였다. 정신적 쾌락이 육체적 쾌락보다 더 지속적이고 깊이 있는 행복을 가져온다고 보았다. 쾌락을 극대화하기 위해서는 고통을 피해야 하며, 불필요한 욕망을 절제하고 자연적이고 필수적인 욕구를 만족시키는 것이 중요하다고 강조하였다.

아타락시아(Ataraxia): 정신적 평온

에피쿠로스 철학에서 가장 중요한 목표는 아타락시아(정신적 평온)의 상태에 도달하는 것이다. 이는 외부의 방해나 불안에서 벗어나 마음의 평화를 유지하는 것을 뜻하며 인간이 두려움에서 벗어나기 위해선 죽음과 신에 대한 공포를 없애야 한다고 주장하였다. 그는 죽음이란 단순히 의식의 소멸이므로 두려워할 필요가 없으며, 신들은 인간의 삶에 영향을 주지 않는다고 믿었다. 정신적 평온을 얻기 위해서는 불필요한 욕망을 줄이고, 소박하고 자족적인 삶을 추구해야 한다고 강조하였다.

자연적이고 필수적인 욕구

에피쿠로스는 욕망을 세 가지 범주로 구분하였다. 자연적이고 필수적인 욕구, 자연적이지만 필수적이지 않은 욕구, 자연적이지 않고 필수적이지 않은 욕구, 자연적이고 필수적인 욕구, 물과 음식, 안락한 주거지 그리고 우정과 같은 기본적인 필요를 충족시키는 것이 중요하다고 보았다. 이러한 욕구가 충족될 때 인간은 고통에서 벗어나 행복에 도달할 수 있다고 여겼다. 자연적이지만 필수적이지 않은 욕구와 자연적이지 않고 필수적이지 않은 욕구는 불필요한 고통과 혼란을 야기하므로 절제해야 한다고 주장하였다.

쾌락의 계산(Pleasure Calculation)

에피쿠로스는 모든 쾌락이 무조건 좋은 것은 아니며, 쾌락을 얻기 위해서는 이성적으로 판단해야 한다고 보았다. 쾌락의 계산이란 쾌락과 고통을 비교하여 장기적으로 더 큰 쾌락을 주는 행동을 선택하는 것이다. 순간적인 쾌락보다는 장기적인 행복을 가져다주는 쾌락을 추구해야 한다고 주장하였다. 즉, 장기적으로 더 큰 고통을 피하기 위해 단기적인 쾌락을 포기하는 것이 더 나을 수 있다. 때로는 더 큰 쾌락을 위해 단기적인 고통을 허용해야 하며, 고통도 쾌락을 달성하는 수단이 될 수 있다고 보았다.

우정의 중요성

에피쿠로스는 우정을 매우 중시하였다. 그는 인간의 행복과 정신적 평온을 유지하기 위해서는 우정이 필수적이라고 보았으며, 우정은 불안과 외로움을 해소하는 데 중요한 역할을 한다고 주장하였다. 우정과 같은 인간관계가 안전과 평온을 가져다주며, 사회적 유대는 인간이 자족적인 삶을 살 수 있도록 돕는다고 강조하였다.

죽음에 대한 관점

에피쿠로스는 죽음을 두려워할 필요가 없다고 주장하였다. 그에게 죽음은 단순히 의식의 소멸일 뿐이므로 고통이나 쾌락을 경험할 수 없기에 두려워할 이유가 없다고 보았다. 죽음은 자연스러운 과정이며, 살아 있는 동안 죽음이 우리에게 영향을 미치지 않으므로 이를 걱정할 필요가 없다고 주장하였다. 유명한 문구 중 하나는 "죽음은 우리와 아무 관련이 없다. 우리가 존재하는 동안에는 죽음이 없고, 죽음이 있으면 우리는 존재하지 않는다"는 것이다.

신에 대한 관점

에피쿠로스는 신의 존재를 인정했으나, 그들이 인간의 삶에 영향을 미치지 않는다고 믿었다. 그는 신들이 우주를 창조하거나 개입하지 않는 존재들이라고 보았다. 따라서 인간은 신을 두려워할 필요가 없다고 주장하였다. 종교적인 두려움과 미신에서 벗어나면 인간은 더 자유롭게 살 수 있으며, 이로 인해 정신적 평온을 유지할 수 있다고 주장하였다.

에피쿠로스의 철학적 목표

에피쿠로스 철학의 궁극적인 목표는 고통에서 벗어나 쾌락을 추구함으로써 정신적 평온(아타락시아)을 얻는 것이다. 이를 위해 그는 이성적으로 쾌락을 추구하고, 불필요한 욕망을 절제하며, 죽음과 신에 대한 공포에서 벗어날 것을 강조하였다. 우정과 소박한 삶 역시 에피쿠로스 철학에서 중요한 역할을 하며, 이를 통해 인간은 행복하고 평화로운 삶을 영위할 수 있다.

나. 안전학적 관점

에피쿠로스의 철학을 사업체에서 발생할 수 있는 사고와 연관시켜 보면 다양한 유사점을 도출할 수 있다.

1) 고통의 부재와 쾌락주의 vs. 산업현장에서의 사고 예방

에피쿠로스는 육체적, 정신적 고통이 없는 상태가 가장 안전하고 이상적인 상태라고 주장하였다.

사례 산업현장에서도 사고를 예방하여 작업자들에게 신체적 고통을 주지 않는 것이 가장 중요하다. 예를 들어, 기계 작업 중에 안전 장비를 착용하지 않거나 안전 절차를 무시할 경우, 신체적 손상이나 사고로 이어질 수 있다. 이러한 사고를 예방하는 것이 에피쿠로스가 강조한 고통의 부재와 같은 맥락에서 안전을 보장하는 방법이다.

2) 단순 검소한 생활 vs. 과도한 목표 설정과 업무 부담의 감소

욕망을 절제하고, 단순한 생활을 추구하는 것이 안전과 평온을 유지하는 방법이라고 강조했다.

사례 과도한 업무 목표 설정이나 불필요한 생산성 압박은 작업자들에게 정신적 불안과 스트레스를 초래할 수 있다. 이를 방지하기 위해 적정한 업무 분담과 휴식 시간을 제공하는 것이 필요하다. 과도한 목표가 안전을 위협할 수 있듯이, 검소하고 균형 잡힌 업무 환경이 정신적 안전과 생산성을 높이는 방법이다.

3) 죽음에 대한 두려움 극복 vs. 위험 요소에 대한 두려움 극복

죽음을 두려워하지 말고, 현재의 삶을 즐기는 것이 중요하다고 보았다.

4) 현재의 삶을 즐기는 것 vs. 현재의 작업 환경을 안전하게 유지

현재의 삶을 즐기고 불안과 두려움 없이 사는 것이 중요하다.

5) 우정과 공동체의 중요성 vs. 팀워크와 협력적 안전 문화

우정과 공동체는 정신적 안전과 평온을 제공한다.

6) 자연적인 필요와 인위적인 욕망의 구분 vs. 불필요한 장비와 절차의 제거

자연적이고 필요한 욕망만을 충족하는 것이 안전과 평온을 유지하는 방법이다.

사례 작업장에서 불필요한 장비나 복잡한 절차는 오히려 작업자의 혼란을 초래할 수 있다. 필요한 절차만을 유지하고, 불필요한 요소를 제거하는 것이 작업자의 안전을 보장하는 방법이다. 예를 들어, 복잡한 작업 절차나 중복된 안전장치는 오히려 혼란을 초래하여 사고를 유발할 수 있다.

7) 철학적 명상과 안전 vs. 정기적인 안전 교육과 점검

철학적 명상을 통해 정신적 평온과 안전을 얻을 수 있다.

사례 산업현장에서는 정기적인 안전 교육과 점검을 통해 작업자들이 위험 요소를 인식하고 사고를 예방할 수 있으며, 작업자들이 정기적으로 훈련받고 위험 요소를 명확히 인식할 때, 보다 안전한 작업 환경을 유지할 수 있다.

다. 시사점

에피쿠로스의 철학에서 강조된 고통의 부재, 단순함, 우정 등의 개념은 현대 산업현장에서의 사고 예방과 안전 관리에 중요한 시사점을 제공한다. 안전 절차 준수, 팀워크, 불필요한 절차의 제거 등은 모두 작업자의 안전과 정신적 평온을 보장하는 요소로, 사고를 예방하고 작업 환경을 개선하는 데 핵심적인 역할을 한다.

13. 피론(Pyrrho, BC 360-270)

피론(Pyrrho, BC 360-270)은 고대 그리스의 철학자이며, 회의주의 철학의 창시자로 알려져 있다. 그의 철학적 사상은 우리가 진리를 알 수 없다는 인식에 기반한 철저한 회의주의로 요약된다. 피론의 철학 사상을 논리적으로 설명하면 다음과 같은 핵심 요소로 나눌 수 있다.

가. 철학적 관점

인식 불가능성의 주장

피론은 인간이 어떤 대상이나 사건에 대한 진리나 확실한 지식을 가질 수 없다고 주장하였다. 우리가 경험하는 세상은 감각과 지각을 통해 받아들이는 것이지만, 이 감각 자체가 왜곡될 수 있기에 진리라고 확신할 수 없다는 것이다. 이는 그가 "사물의 본질은 알 수 없다"는 인식론적 회의주의의 출발점이다.

판단 유보(에포케, Epoché)

피론의 철학에서 중요한 개념 중 하나는 판단의 유보이다. 그는 어떤 주장에 대해 찬성하거나 반대하는 판단을 내리는 것을 피해야 한다고 말한다. 이는 어떤 것에 대해 확정적인 결론을 내리는 것이 불가능하다는 인식에서 비롯된 것으로, 모든 판단을 보류하는 것이 철학적 태도로 적합하다는 주장이다.

정신적 평온(아타락시아, Ataraxia)

피론은 확실한 지식에 대한 집착을 버리고 판단을 유보할 때, 마음의 평온함(아타락시아)을 얻을 수 있다고 믿었다. 의심과 불확실성을 받아들이고, 어떤 것도 절대적이지 않다는 점을 인정하면 인간은 불안이나 걱정에서 벗어나게 된다는 것이다.

현상에 의존하는 삶

피론은 인간이 감각적 경험과 현상을 완전히 무시할 수 없다는 점도 인정하였다. 따라서 그는 사람들에게 경험적인 현상에 따르는 실용적인 삶을 살도록 권장했으며, 단지 그 현상에 대한 확실한 진리를 주장하지 말라고 충고하였다. 그리고 확실한 지식을 주장할 수 없는 세계에서 판단을 유보하고, 그 결과 정신적 평온을 얻는 것이 인간에게 적합한 삶의 방식이라고 강조하였다.

나. 안전학적 관점

피론의 철학에서 강조된 불확실성 수용, 중립적 태도, 마음의 평온은 산업현장에서 위험 관리와 사고 예방에 적용할 수 있다. 산업 환경에서는 예측할 수 없는 위험 요소가 존재하기 때문에 이러한 불확실성을 인정하고 대비하는 것이 중요하다.

1) 절대적 진리의 부재 vs. 예측 불가능한 사고와 안전 대책

피론은 절대적인 진리를 알 수 없다고 주장하며, 어떤 판단도 절대적일 수 없다고 보았다. 산업현장에서도 모든 사고를 100% 예방할 수 없다는 점을 인정하고 준비하는 것이 중요하다.

사례 사업체에서도 모든 사고를 100% 예방할 수 없는 현실이다. 기계 고장이나 인재 사고는 항상 예기치 않게 발생할 수 있다. 그러나 위험 요소를 지속적으로 파악하고 개선하려는 노력은 사고를 줄이는 데 중요한 역할을 한다. 완벽한 예방은 불가능하므로, 유연한 대응 체계를 마련하고 지속적인 위험 요소 점검이 필요하다.

2) 중립적 태도(Epoché) vs. 열린 태도와 문제 해결

피론의 중립적 태도와 안전은 어떤 주장에 대해 판단을 보류하고 중립적인 입장을 유지하는 것이 불안을 피하는 방법이라고 보았다. 이는 산업 안전에서도 다양한 가능성에 열린 태도가 필요함을 시사한다.

> **사례** 작업 절차 변경과 새로운 장비 도입 시, 무조건 긍정하거나 부정하지 않고 객관적인 위험 평가를 통해 문제를 해결해야 하며, 중립적 태도를 유지하고 객관적 데이터에 기반해 문제를 해결하는 것이 안전을 보장한다.

3) 아타락시아(Ataraxia) vs. 위험 상황에서의 침착한 대응

피론의 마음의 평온(아타락시아)과 안전은 마음의 평온을 유지함으로써 불확실성 속에서도 침착하게 대응하는 것이 중요하다.

> **사례** 화재 발생, 전기 사고 등 비상사태 시 작업자들이 훈련된 대로 침착하게 대처하여 큰 사고를 막을 수 있다. 정기적인 훈련을 통해 위험을 관리하면 작업자는 불안 대신 평정심을 유지할 수 있다. 위험 상황에서의 침착한 대응은 정기적인 훈련을 통해 가능해지며, 평정심을 유지하는 것이 사고 예방의 핵심이다.

4) 불안과 위험의 회피 vs. 불확실성에 대한 사전 대비

피론의 불안 회피와 안전은 불확실성으로 인한 불안을 인정하고 이에 대비하는 것이 내적 평온을 보장한다.

5) 감각과 인식의 불확실성 vs. 정확한 데이터와 객관적 평가

피론의 감각과 인식의 불확실성과 안전은 감각과 인식은 주관적이기 때문에 절대적인 신뢰를 피해야 하며, 이는 작업 현장에서 주관적 판단 대신 객관적인 데이터에 기반해야 함을 의미한다.

6) 회의주의와 윤리 vs. 안전 관리의 유연성과 윤리적 의사결정

피론의 회의주의와 윤리적 태도는 다양한 관점을 고려하고, 절대적인 도덕적 판단을 피하는 것이 중요하다.

7) 피론주의와 실천적 안전 vs. 비상 대응 시스템과 지속적인 점검

피론의 판단 보류와 실천적 안전은 판단을 보류하고 모든 가능성에 대비하는 것이 안전을 유지하는 방법이다.

다. 시사점

피론의 철학에서 강조된 불확실성 수용, 중립적 태도, 내적 평온은 현대 산업현장의 위험 관리 원리와 긴밀하게 연결된다. 불확실성을 인정하고 대비책을 마련하는 태도는 산업현장에서 사고를 예방하고 안전을 보장하는 데 중요한 역할을 한다. 이를 통해 산업현장에서의 예측 불가능한 위험 요소에 대비하며, 평온하고 안전한 작업 환경을 유지하는 것이 중요하다.

14. 신플라톤주의(Neoplatonism)

신플라톤주의자들은 물질 세계의 불안전성을 강조하고, 영혼이 일자와 통합됨으로써 진정한 안전과 평온을 얻을 수 있다고 보았다. 이들은 철학적 수련과 명상을 통해 영혼이 일자로부터 떨어진 상태에서 벗어나 다시 일자와 통합되려는 노력이 필요하다고 주장하였다.

가. 철학적 관점

신플라톤주의(Neoplatonism)는 플라톤의 철학을 발전시키고 변형한 고대 후기의 철학적 사조로, 3세기경 플로티노스(Plotinus, AD 204-270)에 의해 체계화되었다. 신플라톤주의의 철학적 핵심을 논리적으로 설명하면 다음과 같은 주요 개념으로 나눌 수 있다.

일자(The One)

신플라톤주의의 중심 개념은 '일자(The One)'이다. 일자는 모든 존재의 근원이며, 완전한 존재 자체로서 모든 것의 근본 원리이다. 일자는 무한하고 절대적으로 단순하며, 물리적 세계에서 발견되는 다양성과 구체성을 초월하는 초월적인 존재이다. 일자는 지식이나 언어로 설명할 수 없는 무한한 본질로 간주된다.

발출(Emanation)

신플라톤주의는 창조를 발출(Emission) 또는 발산(Emanation)의 개념으로 설명한다. 일자는 자신을 넘쳐흐르듯 발출하여 존재하는 모든 것을 창조한다. 그러나 이 창조 과정은 물질적이거나 시간적인 것이 아니라, 일자에서 자연스럽게 흘러나오는 과정으로 이해된다. 이 발출의 첫 단계는 누스(Nous, 지성), 즉 순수한 지성과 형이상학적 세계이다. 두 번째 단계는 혼(Soul)으로, 이는 물질세계와 연결되어 있지만 여전히 영적인 성격을 띤다. 마지막으로 가장 낮은 단계는 물질세계이다. 이는 발출 과정에서 가장 멀리 떨어져 있어 불완전하고 변화하는 세계이다.

회귀(Return)

신플라톤주의의 중요한 목표 중 하나는 모든 존재가 일자로 돌아가야 한다는 회귀 개념이다. 인간의 영혼은 물질세계에서 타락했지만, 그 근원은 일자에 있기 때문에 다시 일자로 돌아가는 것이 궁극적인 목적이다. 이 회귀는 지성과 영적인 성찰을 통해 가능하며, 물질세계의 유혹과 한계를 초월하는 정신적 여정을 통해 이루어진다.

존재의 위계(Hierarchy of Being)

신플라톤주의는 존재의 위계를 중시한다. 가장 높은 차원에 일자가 있고, 그 아래에 누스(지성), 그다음에 혼(영혼)이 있으며, 가장 낮은 단계에 물질세계가 있다. 이 위계는 일자로부터 발출된 존재의 순서이며, 인간은 이 위계 속에서 자신을 인식하고 더 높은 차원으로 상승하려는 노력을 해야 한다.

악의 개념

신플라톤주의에서 악은 독립된 실체가 아니라, 일자로부터 가장 멀리 떨어진 상태, 즉 부재(결핍)로 이해된다. 물질세계는 일자의 완전성에서 멀어졌기 때문에 악과 결핍이 존재할 수 있다. 악은 일자의 선함이 결여된 상태일 뿐이며, 그 자체로 고유한 실체가 아니다.

종교적·신비적 성격

신플라톤주의는 철학적 사유뿐만 아니라 종교적·신비적 성격을 지니고 있다. 인간의 영혼이 신적 존재로 회귀하는 과정은 철학적 명상과 지성적 사유만으로 완성되는 것이 아니라, 신비적 통찰과 영적 체험을 통해 이루어진다고 보았다.

신플라톤주의는 일자를 중심으로 한 발출과 회귀의 철학적 체계를 바탕으로, 모든 존재가 궁극적으로 일자로 돌아가는 여정을 추구한다. 이 철학은 플라톤의 이데아론을 확장하여, 인간의 영혼이 물질세계에서 벗어나 영적 세계로 상승하는 것을 철학적 목표로 설정하며, 철학과 신비주의를 결합한 독특한 철학적 전통을 형성하였다.

나. 안전학적 관점

신플라톤주의 철학에서 강조하는 영혼의 정화, 영적인 상승, 일자와의 통합과 같은 개념은 산업 안전에서도 유사하게 적용될 수 있다. 이 철학적 원리는 지속적인 개선, 위험 요소 제거, 윤리적 작업 문화 조성과 연결되며, 두 접근법 모두 물질적 한계를 극복하고 내적 평온과 안전을 확보하는 데 중점을 두고 있다.

1) 일자(The One)와의 통합 vs. 모든 부서와 기능의 통합적 안전 시스템 구축

신플라톤주의의 일자와의 통합 사상과 안전: 영혼이 일자와 통합될 때 진정한 안전과 평온을 얻을 수 있다. 이는 산업현장에서 부서 간의 협력이 필수적인 것과 유사하다.

사례 모든 부서와 기능이 협력하여 통합적 안전 관리 시스템을 구축할 때, 전체 작업 환경에서 안전이 확보된다. 예를 들어, 생산, 관리, 안전 부서가 유기적으로 협력할 때 사고를 줄이고 작업자들에게 평온한 환경을 제공한다. 부서 간 협력과 통합적 시스템은 작업 환경의 안전을 보장하는 핵심이다.

2) 물질세계의 불안전성 vs. 작업 환경의 위험 요소 평가

신플라톤주의의 물질세계 불안정성과 안전: 물질세계는 불안정하며 진정한 안전을 제공하지 못한다. 산업현장에서도 불안전한 위험 요소는 항상 존재한다.

사례 정기적인 위험성 평가를 통해 작업 환경의 불안정한 요소를 식별하고 개선함으로써 사고를 예방할 수 있다. 위험 요소를 인식하는 것은 신플라톤주의자들이 물질세계의 한계를 인식하는 것과 유사하다. 정기적이고 체계적인 위험 평가는 불안정한 요소를 제거하고 안전을 보장하는 중요한 활동이다.

3) 영혼의 여정 vs. 작업자의 성장과 안전 교육 과정

신플라톤주의의 영혼의 여정과 안전: 영혼은 물질세계의 속박에서 벗어나기 위해 일자로 향하는 여정을 시작한다. 산업현장에서도 작업자들은 성장을 통해 안전을 실천한다.

사례 작업자들은 지속적인 교육과 훈련을 통해 안전을 실천하며 성장한다. 정기적인 교육은 작업자들이 더 나은 작업 환경을 만들고 안전한 작업 수행 능력을 키우는 여정과도 같다. 지속적인 교육과 훈련은 작업자의 성장을 도모하고, 안전한 환경을 구축하는 데 필수적이다.

4) 철학적 수련과 명상 vs. 정기적인 안전 점검과 개선 활동

신플라톤주의의 철학적 수련과 안전: 철학적 수련과 명상을 통해 영혼이 일자와 통합되는 준비를 한다.

> **사례** 정기적인 안전 점검과 개선 활동을 통해 작업 환경의 위험 요소를 개선하고 사고를 예방한다. 이러한 노력은 작업 환경을 정화하고 안전을 강화하는 과정과 유사하다. 정기적인 안전 점검과 개선은 작업 환경을 지속적으로 정화하고 안전성을 높이는 데 기여한다.

5) 이성과 직관을 통한 진리의 인식 vs. 데이터 기반의 위험 분석과 직관적 의사결정

신플라톤주의의 이성 및 직관 사상과 안전: 이성과 직관을 통해 더 높은 진리에 도달하듯, 산업현장에서도 데이터와 직관을 결합하여 위험 요소를 분석할 수 있다.

> **사례** 데이터 분석과 직관적 의사결정을 통해 잠재적 위험을 파악하고 조치를 취한다. 데이터를 통한 분석과 직관은 안전성을 높이는 중요한 도구이다. 데이터 기반 분석과 직관적 결정을 결합해 잠재적 위험을 미리 인식하고 대비할 수 있다.

6) 악의 문제와 영혼의 안전 vs. 사고 예방과 윤리적 작업 문화 조성

신플라톤주의의 악의 문제와 안전: 악은 일자로부터 멀어진 상태에서 발생하며, 이는 작업 현장에서의 위험 요소와 유사하다.

> **사례** 사고를 예방하고 윤리적인 작업 문화를 조성할 때, 작업 환경에서 불필요한 위험을 줄일 수 있다. 윤리적 작업 문화와 사고 예방은 안전한 작업 환경을 조성하는 데 중요한 역할을 한다.

7) 영적인 상승 vs. 지속적인 안전 개선 활동

신플라톤주의의 영적인 상승과 안선: 영혼은 물질 세계를 초월하여 일자와 통합되는 상승 과정을 거친다.

사례 지속적인 안전 개선 활동은 작업자와 조직이 더 안전한 환경으로 나아가는 과정이다. 지속적인 안전 개선은 산업현장의 안전 문화를 성숙하게 만드는 핵심 과정이다.

8) 영혼의 정화 vs. 불필요한 절차와 위험 요소 제거

신플라톤주의의 영혼 정화와 안전: 영혼은 물질적 속박에서 벗어나기 위해 정화가 필요하다.

사례 불필요한 절차와 장비를 제거하여 작업 환경의 효율성을 높이고 안전을 강화한다. 불필요한 절차와 위험 요소 제거는 효율적이고 안전한 작업 환경을 구축하는 핵심이다.

9) 명상과 관조 vs. 심리적 안정 프로그램과 스트레스 관리

신플라톤주의의 명상과 안전: 명상과 관조를 통해 영혼은 내적 평온을 얻는다.

사례 심리적 안정 프로그램과 스트레스 관리 교육을 통해 작업자의 정신적 건강과 안정성을 유지한다. 심리적 안정과 스트레스 관리는 작업자의 정신 건강과 안전성을 높이는 중요한 요소이다.

10) 도덕적 삶과 안전 vs. 윤리적 작업 환경 조성

신플라톤주의의 도덕적 삶과 안전: 도덕적 삶을 통해 영혼은 일자와 가까워지고 안전을 얻는다.

사례 윤리적인 작업 환경을 조성하는 것이 작업자와 조직의 안전을 보장하는 중요한 요소이다. 윤리적 환경은 작업자들이 안전하게 일할 수 있는 문화를 만든다.

다. 시사점

신플라톤주의 철학에서 강조하는 영혼의 정화, 영적인 상승, 일자와의 통합과 같은 개념은 산업 안전 관리에서의 지속적인 개선, 위험 요소 제거, 윤리적 작업 문화 조성과 유사하다. 두 접근법 모두 물질적 한계를 극복하고 내적 평온과 안전을 확보하는 데 중점을 두고 있다. 안전 교육과 점검은 영적인 상승과 정화 과정처럼 산업 안전을 유지하고 강화하는 중요한 역할을 한다.

15. 고대 철학자들의 안전학적인 관점 요약

고대 철학자들은 물리적 안전뿐만 아니라 도덕적, 정신적 안전을 강조하며, 다양한 방식으로 인간이 안전하고 안정된 삶을 추구할 수 있는 방법을 탐구하였다.

이들은 인간이 안전하고 안정된 삶을 영위할 수 있는 다양한 방법을 철학적, 윤리적, 사회적 관점에서 탐구하였다. 각 철학자의 사상에서 나타나는 안전의 개념과 그것을 달성하기 위한 방법들을 상세히 열거하면 다음과 같다.

탈레스(Thales)

탈레스는 만물의 근원을 물로 보았으며, 자연현상을 합리적으로 이해하려 하였다. 그는 자연의 질서를 탐구함으로써 인간이 자연과 조화를 이루어 살아가는 것이 안전한 삶의 기초라고 보았다. 자연법칙에 대한 이해는 자연재해나 환경적 위험을 예측하고 대비할 수 있는 토대를 마련하였다.

소크라테스(Socrates)

소크라테스는 "자기 자신을 알라"는 명제를 통해 인간이 도덕적으로 올바르게 사는 것이 가장 안전한 길이라고 주장하였다. 그는 물리적 안전보다는 정신적 안전, 즉 도덕적 안전을 중요시하며, 올바른 삶을 통해 인간이 진정한 행복과 안전을 누릴 수 있다고 보았다.

플라톤(Plato)

플라톤은 이데아론을 통해 현실 세계의 불완전성을 강조했으며, 철학자가 통치하는 정의로운 국가가 시민들의 안전을 보장할 수 있다고 보았다. 그는 정의와 질서를 유지하는 것이 국가와 시민들의 안전에 필수적이라고 주장하며, 이상적인 사회 구조를 통해 물리적 및 도덕적 안전을 확보하려 하였다.

아리스토텔레스(Aristotle)

아리스토텔레스는 중용(중도)의 덕을 통해 개인이 균형 잡힌 삶을 영위할 수 있다고 보았다. 그는 극단을 피하고 중용을 추구하는 것이 개인의 도덕적, 정신적 안전을 보장한다고 강조하였다. 또한, 정치적 안전을 위해 중산층이 주도하는 안정적인 사회 구조를 옹호하였다.

스토아 학파(Stoicism)

스토아 학파는 감정의 억제와 이성에 기반한 삶을 통해 내적 평온을 유지하는 것이 인간의 안전을 위한 최선의 방법이라고 보았다. 이들은 외부 세계의 불확실성이나 위험에 휘둘리지 않고, 자신이 통제할 수 있는 내적 상태를 안정되게 유지하는 것이 중요하다고 주장하였다.

에피쿠로스(Epicurus)

에피쿠로스는 안전을 고통의 부재와 평온한 삶을 통해 얻을 수 있다고 보았다. 그는 과도한 욕망이나 두려움이 인간의 안전을 위협한다고 보며, 단순하고 검소한 생활을 통해 정신적 평온을 유지하는 것이 가장 안전한 삶의 방식이라고 강조하였다. 또한 죽음에 대한 두려움을 극복함으로써 진정한 안전을 추구하였다.

피론(Pyrrho)

피론의 회의주의에서는 절대적인 신리를 알 수 없다는 점에서 불확실한 세상에서 안전을 유지하기 위해 중립적 태도를 취할 것을 주장하였다. 이는 모든 주장에 대해 중립적 입장을 유지함으로써 불확실성과 위험으로부터 오는 불안을 피하고 내적 안정성을 확보하려는 시도이다.

신플라톤주의(Neoplatonism)

신플라톤주의자들은 물질세계의 불안전성을 강조하고, 영혼이 일자(The One)와 통합됨으로써 진정한 안전과 평온을 얻을 수 있다고 주장하였다. 철학적 수련과 명상을 통해 영혼이 물질세계의 혼란에서 벗어나, 일자와 통합되어 완전한 안전을 달성할 수 있다고 보았다.

종합적 분석

고대 철학자들은 물리적 안전뿐만 아니라 도덕적, 정신적 안전에 큰 관심을 기울였다. 이들은 인간이 안전하고 안정된 삶을 추구하기 위해 다음과 같은 각각의 방식으로 안전을 확보하고자 하였다.

- 자연 법칙의 이해(탈레스)
- 도덕적 성찰(소크라테스)
- 정의로운 사회 구조(플라톤)
- 중용과 균형(아리스토텔레스)
- 내적 평온 유지(스토아 학파)
- 단순한 삶과 두려움 극복(에피쿠로스)
- 불확실성에 대한 중립적 태도(피론)
- 영적 수련과 통합(신플라톤주의)

이들은 각기 다른 접근법을 통해 물리적 안전뿐만 아니라 인간의 정신적 안정성을 중요시하며, 이를 달성하기 위한 철학적 방법론을 제시하였다. 이와 같이 고대 철학자들은 각기 다른 방식으로 세계의 본질을 탐구했으며, 이들의 사상은 서양 철학의 기초를 닦는 데 큰 역할을 하였다.

　그리고 이들은 자연, 존재, 변화, 수학적 원리 그리고 인간의 본질에 대한 깊은 질문을 던졌으며, 이러한 질문들에 대한 답을 찾기 위해 독창적인 철학적 체계를 구축하였다. 탈레스부터 파르메니데스, 헤라클레이토스, 피타고라스, 제논에 이르기까지 이들 철학자들은 만물의 근원, 존재의 불변성, 변화와 대립, 수학적 조화 그리고 논리적 역설 등을 통해 서양 철학의 기초를 닦았다.

　또한 이들의 사상은 단순히 철학적 이론으로 그치는 것이 아니라, 후대 철학자들과 학자들에게 깊은 영향을 미쳐, 철학적 사고의 틀을 형성하고 발전시키는 데 중요한 역할을 하였다. 이로 인해 고대 철학은 서양 철학의 출발점이자, 오늘날까지도 철학적 탐구와 논의의 중요한 기반을 제공하고 있다.

Ⅲ
중세 철학 관념

중세 철학 관념

중세 철학은 약 5세기부터 15세기까지 이어졌으며, 고대 그리스 철학의 전통과 기독교 신학이 결합된 철학적 사유이다. 중세 철학은 주로 유럽에서 발전하였으며, 종교적 배경을 바탕으로 한 신학적 문제를 중심으로 전개되었다. 중세 철학은 이후 르네상스와 근대 철학의 출현에 중요한 영향을 미쳤으며, 특히 서양 기독교 사상과 밀접한 관련이 있는 철학적 전통을 형성하였다.

신과 이성의 관계

중세 철학의 핵심 주제는 신과 이성의 조화이다. 중세 철학자들은 인간 이성을 통해 신을 이해할 수 있다고 믿었으며, 이성을 통해 신학적 진리를 탐구하는 것을 중요하게 여겼다. 대표적인 인물로는 아우구스티누스와 토마스 아퀴나스가 있다. 아우구스티누스는 플라톤주의를 기독교 신학에 연결하여, 신의 존재와 인간 영혼의 구원에 대해 철학적으로 탐구하였다. 토마스 아퀴나스는 아리스토텔레스 철학을 기독교 신학과 결합하여 신학적 논증을 체계화하였다.

신앙과 이성의 조화

중세 철학자들은 신앙과 이성이 상호 배타적이지 않다고 보았으며, 신앙을 통해 계시 된 진리를 이성으로 해석하고 이해할 수 있다고 생각하였다. 신앙은 신적 진리를 제공하고, 이성은 그 진리를 탐구하고 설명하는 역할을 하였다.

존재론과 형이상학

중세 철학은 존재의 위계를 강조하였다. 신이 모든 존재의 근원이자 최고 존재이며, 그 아래에 천사, 인간, 동물, 무생물의 존재들이 있다고 보았다. 아우구스티누스는 신을 최고선으로 보고, 인간이 신에게로 돌아가는 여정을 철학적으로 설명하였다. 토마스 아퀴나스는 아리스토텔레스의 실체와 형상을 바탕으로 존재론을 발전시켰으며, 그는 모든 존재가 실체와 본질로 이루어져 있으며, 신은 완전한 실체로서 모든 존재의 원인이라고 주장하였다.

신의 존재 증명

중세 철학자들은 신의 존재를 논리적으로 증명하려는 시도를 하였다. 대표적으로 안셀무스의 존재론적 증명과 토마스 아퀴나스의 5가지 길(신 존재 증명의 5가지 방식)이 있다. 이들은 신의 존재를 철학적 논증을 통해 이성적으로 증명하고자 하였다.

보편 논쟁(Universals)

중세 철학에서는 보편자(Universals)의 존재에 대한 논쟁이 있었다. 보편자는 개별 사물들이 공유하는 일반적 개념을 의미한다. 보편자 논쟁은 실재론자와 유명론자 사이에서 벌어졌다. 실재론자들은 보편자가 실제로 존재한다고 주장했으며, 보편자는 신의 마음에 실재하는 것이라고 보았다. 반면, 유명론자들은 보편자는 이름에 불과하며 개별 사물들만이 실제로 존재한다고 주장하였다.

정치철학

중세 철학은 정치철학에서도 중요한 사상을 제공하였다. 교회와 국가의 관계, 신적 권위와 세속적 권위의 조화를 고민하는 논의가 이루어졌다. 아우구스티누스는 신국론에서 신의 도시(신국)와 인간의 도시(지상국)의 대립을 설명하며, 신의 계획이 궁극적으로 역사의 목적이라고 주장하였다.

중세 철학은 신과 이성의 조화를 추구하며, 신학적 문제와 철학적 사유를 결합하여 발전하였다. 신의 존재 증명, 보편자 논쟁, 존재론, 정치철학 등 다양한 주제를 다루었으며, 이성의 힘을 통해 신앙적 진리를 해명하려는 철학적 노력이 특징이다. 이 시기의 철학은 이후 근대 철학의 기초를 마련하는 중요한 역할을 하였다.

16. 아우구스티누스(Augustinus, 354-430)

아우구스티누스(Augustinus, 354-430)는 중세 기독교 철학의 가장 중요한 사상가 중 한 명으로, 그의 사상은 기독교 신학과 철학의 기초를 다졌다. 기독교의 형성과 로마 제국에서의 확산 그리고 사도 바울의 역할을 중심으로 논의된다. 이 시기 교부철학은 플라톤주의와 그리스 철학의 영향을 받으며, 초기 기독교 신학의 형성에 기여하였다. 사도 바울과 로마 기독교의 이념 구축은 신학적, 도덕적 원리를 바탕으로 한 공동체의 형성과 신앙 체계의 발전을 설명한다.

아우구스티누스의 생애와 배경은 그의 철학과 신학 형성에 중요한 요소로 작용하였다. 특히 그의 저서 『고백록』과 『신국론』은 그가 가진 신학적 신념을 잘 보여준다.

아우구스티누스의 정의는 철학적으로는 플라톤주의에 뿌리를 두고 있으며, 신학적으로는 기독교적 도덕성과 구원의 개념과 밀접하게 연결된다. 그의 철학은 신앙과 이성의 조화를 추구하면서 플라톤주의적 전통을 기독교 사상과 결합한 것이 특징이다.

가. 철학적 관점

신과 창조론

아우구스티누스는 신을 모든 존재의 창조주이자 절대적인 선으로 보았다. 신은 무한하고 변하지 않는 존재로, 시간을 초월하는 영원한 존재이다. 신은 모든 것을 창조했으며, 창조는 시간을 초월한 '한순간의 행위'로 이루어졌다는 주장과 신은 무로부터의 창조(Creatio ex nihilo)를 통해 우주를 창조했으며, 물질 세계와 영적 세계를 모두 포괄하는 절대적 창조주로서, 이 세계에 질서와 목적을 부여하였다.

인간과 원죄

아우구스티누스의 중요한 교리 중 하나는 원죄론이다. 그는 아담과 이브의 타락 이후 모든 인간이 원죄를 물려받아, 타락한 본성으로 인해 신의 은총 없이 스스로 구원받을 수 없다고 주장하였다. 인간은 이 원죄로 인해 의지와 이성이 약화되었으며, 세속적 욕망과 유혹에 쉽게 빠진다. 인간의 상태에서 구원은 오로지 신의 은총(gratia)으로만 가능하다고 보았으며, 인간의 자유 의지는 원죄로 인해 약화되었지만, 신의 은총을 통해 다시 자유로워질 수 있다고 생각하였다.

신과 악의 문제

아우구스티누스는 악의 문제에 대해 독창적인 설명을 제시하였다. 그는 악을 실체로 간주하지 않고, 선의 결여 또는 결핍이라고 보았다. 즉, 악은 신이 창조한 것이 아니라, 피조물들이 선에서 멀어지거나 그 본질적인 목적에서 벗어날 때 생기는 부재 상태라고 주장하였다. 이러한 악의 개념은 자유 의지와 연결된다. 인간과 천사는 자유 의지가 있기 때문에 그들이 신의 뜻을 거스르고 잘못된 선택을 할 때 악이 발생한다고 보았다. 그러나 이는 신의 선함에 대한 부정이 아니며, 악은 피조물의 자유 선택에서 비롯된 것이다.

신앙과 이성의 조화

아우구스티누스는 신앙과 이성을 상호 보완적인 것으로 보았다. 그는 "이해하기 위해 믿는다(Credo ut intelligam)"와 "믿기 위해 이해한다(Intelligo ut credam)"라는 개념을 통해, 이성적 탐구와 신앙의 조화로운 관계를 강조하였다. 이성은 신앙을 더 깊이 이해하게 도와주며, 신앙은 이성을 바르게 인도하는 역할을 한다고 보았다. 이러한 조화는 중세 기독교 철학의 중요한 주제로 자리 잡았다.

시간과 영원

아우구스티누스는 시간에 대한 독특한 개념을 제시하였다. 그는 시간을 창조된 세계의 일부로 보았으며, 시간은 신이 창조한 세계 안에서만 존재한다고 주장하였다. 신 자신은 시간 밖에 있는 존재이므로 신은 영원한 현재에 존재한다고 보았다. 그는 시간의 본질을 인간의 의식과 관련지어 설명하였다. 과거와 미래는 실제로 존재하지 않으며, 현재의 의식 속에서만 과거가 기억되고 미래가 예견된다고 주장하였다.

신국론과 정치철학

아우구스티누스의 대표적인 저서인 『신국론(De Civitate Dei)』에서 그는 두 개의 도시 개념을 제시하였다. 하나님의 도시(신국)와 인간의 도시(지상국). 신국은 신의 뜻에 따라 살아가는 이들의 공동체이며, 지상국은 인간의 이기심과 욕망에 기반한 공동체이다.

아우구스티누스는 역사 속에서 이 두 도시는 항상 대립하지만, 궁극적으로 신국이 승리할 것이며, 인간의 역사는 신의 구속 계획 속에서 전개된다고 보았다. 그의 역사관은 신적 계획이 역사의 본질적 동력이라는 신정론적 역사관이다.

영혼과 구원

아우구스티누스는 인간 영혼을 신과 연결된 불멸의 존재로 보았다. 그는 영혼이 물질세계의 유혹에서 벗어나 신에게로 돌아가야 한다고 주장했으며, 이는 플라톤주의적 사유를 반영한 것이다.

구원은 오로지 신의 은총을 통해 이루어지며, 인간은 자신의 힘만으로는 구원에 도달할 수 없다고 보았다. 구원은 선택받은 자에게 주어지는 신의 선물이었으며, 아우구스티누스는 예정론의 기초를 마련하였다.

지식과 인식론

아우구스티누스는 지식의 기원을 신적 조명 이론을 통해 설명하였다. 그는 인간이 참된 지식을 얻는 것은 신적 빛의 조명을 받을 때만 가능하다고 보았다. 이 이론은 플라톤의 이데아론을 변형한 형태로, 신적 조명 없이는 인간의 인식이 완전하지 않다고 보았다.

아우구스티누스의 철학은 플라톤주의와 기독교 신학을 결합한 형태로, 신과 인간, 창조, 악, 구원 등의 문제를 신학적으로 풀어내면서도 철학적 깊이를 더하였다. 그는 신의 절대성과 은총, 인간의 자유 의지와 타락 그리고 구원의 필연성을 체계적으로 설명하며 중세 철학과 신학에 지대한 영향을 끼쳤다.

나. 안전학적 관점

아우구스티누스의 철학에서 강조된 인간의 불안정성, 신앙, 악의 문제는 산업 안전 관리에서 잠재적 위험 요소, 예방 조치, 팀워크와 책임으로 연결될 수 있다. 이를 통해 작업장에서의 안전 확보와 사고 예방을 위한 중요한 교훈을 도출할 수 있다.

1) 인간의 본질적 불안정성 vs. 작업장의 잠재적 위험성

아우구스티누스의 인간 불안정성 사상과 안전: 인간은 본성적으로 불안정하며, 타락과 원죄로 인해 위험과 혼란에 시달린다고 보았다. 이는 작업장에서의 잠재적 위험 요소와 연결될 수 있다.

사례 작업장에서는 장비 고장, 인프라 결함, 교육 부족과 같은 잠재적 위험이 사고로 이어질 수 있다. 정기적인 안전 점검과 위험 요소 인식은 이러한 불안정성을 관리하는 핵심이다. 작업장의 정기적인 점검과 위험 요소의 인식이 불안정한 작업 환경을 개선하고 안전을 보장한다.

2) 신앙을 통한 안전 확보 vs. 안전 규정 준수와 예방 조치

아우구스티누스의 신앙과 안전: 신앙은 인간이 불안정성을 극복하고 안전을 찾는 방법이다. 산업현장에서도 신앙처럼 규정 준수와 예방 조치가 안전을 보장하는 역할을 한다.

사례 작업자들은 안전 규정을 철저히 준수하고 예방 조치를 시행해야만 위험 요소를 줄이고 사고를 예방할 수 있다. 안전 규정과 예방 조치 준수는 작업장에서의 사고를 예방하고 작업자의 안전을 확보하는 중요한 원칙이다.

3) 악과 유혹으로부터의 보호 vs. 작업 환경에서의 유해 요소 통제

아우구스티누스의 악과 유혹 사상과 안전: 인간은 세속적인 유혹에서 벗어나야 영적 안전을 얻을 수 있다고 보았다. 이는 산업현장에서 유해 요소 통제와 연관된다.

사례 유해한 물질, 과중한 업무나 무리한 생산 목표는 작업자의 정신적·신체적 안전을 위협한다. 안전 장비 제공과 적절한 업무 배분은 필수적이다. 작업자의 정신적·신체적 안전을 보장하려면 유해 요소를 통제하고, 적절한 작업 환경을 조성하는 것이 중요하다.

4) 신앙 공동체와 안전 vs. 팀워크와 협력적 안전 문화

아우구스티누스의 신앙 공동체 사상과 안전: 교회 공동체는 신자들이 서로 지지하며 영적 안전을 지키는 장소로 보았다. 이는 작업장에서의 팀워크와 협력으로 전환된다.

사례 작업 현장에서 팀워크와 협력적 안전 문화는 사고 예방에 필수적이다. 협력과 소통은 작업장의 안전을 높이는 핵심 요소이다. 팀워크와 협력적인 문화는 안전한 작업 환경을 만들고 사고를 예방하는 중요한 요소이다.

5) 악의 문제와 인간의 선택 vs. 작업자의 책임과 의사결정

아우구스티누스의 악의 문제와 안전: 인간의 잘못된 선택이 악과 불안을 초래한다고 보았다. 산업현장에서도 작업자의 선택은 사고 예방에 중요한 역할을 한다.

사례 작업자들은 안전 규정을 준수하고 책임 있는 선택을 해야만 자신과 동료의 안전을 보장할 수 있다. 책임 있는 선택과 규정 준수는 작업자의 안전을 보장하고, 사고를 방지하는 중요한 의사결정 요소이다.

다. 시사점

아우구스티누스의 철학에서 강조한 인간의 불안정성, 신앙, 악의 문제는 산업 안전 관리에서 잠재적 위험 요소 평가, 예방 조치, 팀워크와 책임으로 전환된다. 각각 신앙 공동체와 작업자들이 협력하여 안전과 사고 예방을 실현하는 모습은 공동체적 지원과 협력의 중요성을 강조한다.

17. 안셀무스(Anselmus, 1033-1109)

안셀무스(Anselmus, 1033-1109)는 중세 기독교 철학자이자 신학자로, 특히 존재론적 신 존재 증명으로 유명하다. 그는 신앙과 이성의 관계를 중시하며, 이성을 통해 신앙의 진리를 논리적으로 설명하려고 노력하였다. 안셀무스의 철학 사상을 요약하면 다음과 같은 핵심 개념으로 나눌 수 있다.

가. 철학적 관점

존재론적 신 존재 증명

안셀무스의 가장 유명한 철학적 업적은 존재론적 증명(Ontological Argument)이다. 그의 증명은 순수한 이성적 사고를 통해 신의 존재를 증명하려는 논증이다. 이 논증은 그의 저서 『프로슬로기온(Proslogion)』에서 제시되었다.

신의 정의

안셀무스는 신을 "더 위대한 것이 있을 수 없는 존재(That than which nothing greater can be conceived)"라고 정의하였다.

사유 속의 신

이 정의에 따르면, 신은 인간의 마음속에서 그려지는 개념으로 존재할 수 있다.

현실 속의 신

더 위대한 것이 있을 수 없는 존재는 개념 속에서만 존재하는 것이 아니라, 실제로도 존재해야 한다. 왜냐하면 실제로 존재하는 것이 더 위대하기 때문이다. 따라서 신은 개념 속뿐만 아니라 실제로도 존재해야만 한다고 안셀무스는 주장하였다. 안셀무스의 존재론적 신 존재 증명은 순수한 이성에 기초한 논증으로, 후대의 철학자들(특히 칸트와 같은 비판적 철학자들)에게 많은 논쟁을 불러일으켰다.

신앙과 이성의 조화

안셀무스는 신앙이 이성보다 앞선다는 입장을 취했으나, 신앙을 이해하기 위해 이성의 역할이 중요하다고 보았다. 그의 신조 중 하나는 "이해하기 위해 믿는다(Credo ut intelligam)"이다. 이는 신앙이 이성적 탐구의 기초가 되어야 하며, 이성은 신앙을 뒷받침하는 도구로 사용된다는 의미이다. 그는 신앙을 단순한 감정적 경험이 아니라, 이성적이고 논리적인 탐구를 통해 신을 더 깊이 이해할 수 있다고 주장하였다. 이는 중세 신학자들의 중요한 문제였던 신앙과 이성의 관계를 더욱 발전시킨 것이며, "스콜라 철학"의 전통을 확립하는 데 중요한 기여를 하였다.

속죄론(대속론)

안셀무스의 또 다른 중요한 사상은 속죄론(Atonement Theory)이다. 그의 저서 『쿠르 데우스 호모(Cur Deus Homo, 왜 하나님은 인간이 되었는가?)』에서 그는 인간의 죄에 대한 하나님의 용서와 구속의 필요성을 논의한다. 안셀무스는 인간의 죄가 신에 대한 모독이므로, 인간 스스로는 이 죄를 속죄할 수 없다고 보았다.

따라서 신은 인간을 대신하여 속죄할 수 있는 존재, 즉 신이면서 동시에 인간인 예수 그리스도를 보내어 인간의 죄를 대신 속죄하게 하였다고 설명하였다. 이 이론은 대속적 속죄론(Satisfaction Theory of Atonement)으로 불리며, 이후 기독교 신학의 중요한 기반이 되었다.

필연적 존재로서의 신

안셀무스는 신을 필연적 존재로 설명하였다. 즉, 신은 우주의 존재에 필수적인 존재로, 그 존재를 부정할 수 없는 필연성을 지닌다고 보았다. 이러한 개념은 그의 존재론적 논증과도 연결되며, 신은 단순히 인간의 사고 속에만 존재하는 것이 아니라, 반드시 존재해야만 하는 본질을 가지고 있다는 주장이다.

진리와 정의의 개념

안셀무스는 진리와 정의를 신과 밀접하게 연관 지었다. 그는 신을 궁극적인 진리로 간주했으며, 모든 진리와 정의는 신의 본질에서 비롯된다고 보았다. 따라서 신은 절대적인 진리이자 최고의 정의로, 인간은 이 진리와 정의를 추구하면서 신의 뜻에 따르는 삶을 살아야 한다고 주장하였다.

중세 철학에서의 영향

안셀무스는 중세 철학과 신학의 주요 인물로, 그의 사상은 이후 토마스 아퀴나스, 스콜라 철학자들 그리고 근세 철학자들에 이르기까지 큰 영향을 미쳤다. 특히 그의 존재론적 신 존재 증명은 중세 이후 철학자들에게 많은 논쟁을 불러일으켰으며, 철학적 신학의 기초를 마련하는 데 중요한 역할을 하였다.

안셀무스는 신앙과 이성의 조화를 강조하면서, 신의 존재를 이성적으로 증명하려 했고, 존재론적 증명을 통해 신학적 논의를 철학적 방식으로 발전시켰다. 또한 속죄론과 필연적 존재로서의 신 개념을 통해 중세 기독교 신학의 틀을 확립하는 데 중요한 역할을 하였다. 안셀무스의 사상은 이후 중세 철학의 발전에 중요한 초석이 되었으며, 신학과 철학의 경계를 넘어서는 통합적 접근을 보여주었다.

나. 안전학적 관점

1) 신에 대한 믿음과 인간의 불안정성 극복 vs. 안전 절차 준수와 사고 예방

안셀무스의 신에 대한 믿음은 인간이 불안정한 상황을 극복하고, 신의 보호 아래 평안과 안전을 누리도록 한다. 이는 산업현장에서 안전 절차를 준수함으로써 작업자들이 불안정한 환경 속에서도 사고를 예방하고 안전하게 작업을 수행할 수 있는 상황과 유사하다. 신앙이 불안정성을 극복하는 것처럼, 안전 절차의 준수는 불확실한 작업 환경에서 작업자의 불안과 위험을 줄이고 사고를 예방한다.

사례 기계 작업 시 안전 매뉴얼을 준수하는 것은 작업자가 불안정한 상황에서 벗어나 사고를 방지하는 중요한 요소이다. 작업자는 안전 절차에 따라 작업을 수행함으로써 신뢰감을 가지며, 불안과 위험을 줄일 수 있다. 신에 대한 믿음이 인간의 불안정한 상황을 극복하도록 돕는 것처럼, 안전 절차를 준수하는 것은 작업자가 사고를 예방하고 안전한 환경에서 작업할 수 있게 한다. 이는 불확실한 환경에서 안정성을 확보하는 핵심 요소이다.

2) 신앙과 이성의 조화 vs. 이성과 규칙을 통한 사고 예방

안셀무스는 신앙과 이성이 조화를 통해 인간이 신의 보호 아래 확신을 가지도록 한다. 이와 마찬가지로, 산업현장에서 이성과 규칙을 통한 사고 예방은 중요한 역할을 한다. 작업자가 이성적인 판단에 따라 안전 규칙을 준수할 때, 사고를 방지하고 작업의 안정성을 보장할 수 있다.

작업자들이 안전 교육을 받고 매뉴얼을 준수할 때, 이는 이성적인 판단을 바탕으로 안전한 작업을 수행할 수 있게 하며, 이를 통해 사고를 예방하고 작업자의 안정성을 높이는 데 기여한다. 신앙과 이성의 조화가 인간의 안전을 확보하는 것처럼, 산업현장에서 이성과 규칙을 조화롭게 적용하는 것은 사고 예방과 안전 관리에 필수적이다. 이성적인 판단을 바탕으로 규칙을 준수하는 것은 작업 환경에서 안정성을 강화하는 요인이 된다.

3) 신의 은총과 인간의 안전 vs. 작업 환경 개선과 안전 보장

신의 은총을 통해 인간은 불안정한 상황을 극복하고 영적인 안전을 확보할 수 있다. 이는 작업 환경 개선을 통해 물리적, 정신적 안전을 보장하는 것과 유사하다. 작업 환경이 개선되면, 작업자들은 더욱 안전한 환경에서 작업을 수행할 수 있으며, 불안과 위험이 감소한다.

정기적인 안전 점검과 환경 개선은 작업자들에게 신뢰감을 주고, 사고를 방지하는 데 기여한다. 안전한 작업 환경은 작업자들이 물리적 불안에서 벗어나 효율적으로 일할 수 있도록 돕는다. 신의 은총이 인간의 영적 안전을 보장하는 것처럼, 작업 환경 개선은 작업자의 물리적 안전을 보장한다. 정기적인 점검과 환경 개선은 작업자들의 불안을 덜어주며, 안전한 작업 환경을 구축하는 데 중요한 역할을 한다.

4) 철학 신앙과 안전의 보장 vs. 정기적인 안전 교육과 인식 제고

안셀무스의 철학적 신앙은 인간이 신에 대한 확고한 믿음을 가지도록 하며, 이를 통해 불안을 극복하고 안전을 확보할 수 있도록 돕는다. 이와 유사하게, 정기적인 안전 교육과 인식 제고는 작업자들이 위험을 인식하고 사고를 예방할 수 있는 능력을 키우는 데 중요한 역할을 한다.

다. 시사점

안셀무스의 신앙과 이성의 조화 그리고 신에 대한 믿음을 통한 안전 확보는 산업현장에서의 안전 절차 준수와 사고 예방 원리와 유사한 면이 있다. 신앙이 불안정한 상황을 극복하게 하듯이, 안전 교육과 절차의 준수는 작업자가 불안과 위험을 이겨내고, 안정된 환경에서 사고를 예방할 수 있도록 돕는다.

이러한 철학적 개념은 산업 안전 관리의 원리와 접목될 수 있으며, 작업자의 안전과 생명 보호에 중요한 기여를 할 수 있다.

18. 토마스 아퀴나스(Thomas Aquinas, 1225-1274)

토마스 아퀴나스(Thomas Aquinas, 1225-1274)는 중세 스콜라 철학의 가장 중요한 인물 중 한 명으로, 아리스토텔레스 철학과 기독교 신학을 융합하여 독자적인 체계를 세웠다. 그의 철학은 신앙과 이성의 조화, 신 존재 증명, 자연법, 윤리학 등에서 중요한 기여를 했으며, 토미즘(Thomism)이라 불리는 철학적 전통을 형성하였다.

가. 철학적 관점

신앙과 이성의 조화

토마스 아퀴나스는 신앙과 이성이 상호 보완적이라고 보았다. 그는 이성을 통해 자연세계를 이해하고, 신앙을 통해 초자연적 진리를 받아들이는 것이 인간에게 적합한 인식 방식이라고 주장하였다. 신의 계시를 통해 알 수 있는 진리는 이성으로 이해할 수 없는 것이 있지만, 이성은 그러한 진리와 충돌하지 않으며 신앙을 통해 완성된다고 보았다. 이 사상은 아퀴나스의 이중 진리론으로 요약된다.

철학과 신학

아퀴나스는 철학이 신학의 하위에 있기는 하지만, 신학의 진리를 더 깊이 이해하는 데 중요한 도구라고 보았다. 이성적 탐구는 신앙의 진리를 논리적으로 설명하고 방어하는 역할을 하였다.

신 존재 증명(5가지 길)

아퀴나스는 신의 존재를 증명하기 위한 다섯 가지 논증인 5가지 길(quinque viae)을 제시하였다. 이들은 모두 경험적 관찰에서 출발하여 신의 존재를 논리적으로 증명하려는 시도였다. 5가지 길은 다음과 같다.

▶ 운동에 의한 증명

모든 운동에는 그 운동을 일으킨 원인이 있으며, 모든 운동의 근원은 스스로 움직이는 첫 번째 원동자인 신이다.

▶ 인과관계에 의한 증명

모든 결과는 원인에 의해 발생하며, 모든 인과관계의 궁극적인 첫 원인은 신이다.

▶ 우연성과 필연성에 의한 증명

세상에 존재하는 우연한 것들은 존재하지 않을 수 있지만, 필연적인 존재가 있어야 모든 것이 존재할 수 있는데, 이 필연적 존재가 신이다.

▶ 정도의 증명

세상에는 다양한 정도의 선과 완전함이 존재하며, 이 모든 것의 최상급이자 완전함의 기준은 신이다.

▶ 목적론적 증명

자연에서 일어나는 모든 질서와 목적은 지성적 존재에 의해 이루어지는데, 이 지성적 존재는 신이다.

형이상학과 존재론

아퀴나스는 아리스토텔레스의 형이상학을 바탕으로 존재의 위계를 제시하였다. 그는 신을 존재의 근원으로 보고, 모든 피조물은 그 존재를 신으로부터 받은 것이라고 보았다. 아퀴나스는 실체와 본질 개념을 통해 사물의 본질을 설명했고, 실체와 본질이 구분되어야 한다는 점에서 아리스토텔레스의 영향을 받았다.

실체(esse)와 본질(essentia)

아퀴나스는 존재의 실제성을 실체로 보고, 그 존재를 특정하게 하는 것을 본질로 설명하였다. 모든 사물의 존재는 본질을 통해 실현되며, 신은 그 자체로 실체이자 본질이다.

윤리학과 자연법

아퀴나스의 윤리학은 자연법 개념에 근거한다. 그는 인간이 본성적으로 선을 추구하고 악을 피하며, 자연법에 따라 행동한다고 보았다. 자연법은 신이 인간에게 부여한 이성적 질서로, 인간은 이를 통해 옳고 그름을 분별할 수 있다.

자연법

자연법은 인간이 본성적으로 이성을 통해 깨닫는 보편적 도덕법이다. 이는 모든 인간이 선을 추구하고 악을 피하려는 경향을 지닌다는 점에서 보편적이다. 자연법은 영원법(신의 질서)의 한 부분으로, 인간이 이성을 통해 알 수 있는 도덕적 법칙이다.

덕 윤리

아퀴나스는 아리스토텔레스의 덕 윤리를 수용하여, 인간의 궁극적인 목적은 행복(유덕한 삶)이라고 보았다. 그러나 그는 이 행복을 신과의 연합을 통해 완전히 실현할 수 있다고 주장하였다. 덕을 실천함으로써 인간은 자연적이고 초자연적인 선에 도달할 수 있다.

정치철학

아퀴나스의 정치철학은 자연법을 바탕으로 하고 있으며, 정의로운 정부와 정의로운 법의 중요성을 강조한다. 그는 인간 사회가 질서와 정의를 유지하기 위해 인간법이 필요하다고 주장했으며, 이 인간법은 자연법에 기반해야 한다고 보았다.

정의로운 정부

아퀴나스는 군주제가 가장 바람직한 정치체제라고 보았지만, 군주의 권력은 자연법과 신의 법에 기초하여 행사되어야 한다고 강조하였다. 정부의 목적은 공동선(공익)을 실현하는 것이며, 정치적 질서는 신의 법을 반영해야 한다고 보았다.

구원과 은총

아퀴나스는 인간의 구원에 있어 신의 은총(gratia)이 필수적이라고 보았다. 인간은 타락한 본성을 가지고 있기 때문에 스스로의 능력만으로는 구원에 도달할 수 없으며, 신의 은총이 인간의 자유 의지와 협력하여 구원을 이루어야 한다고 주장하였다. 이는 아우구스티누스의 사상을 계승한 것이며, 자유 의지와 은총이 협력하는 과정을 중요하게 여겼다.

영혼과 신체의 관계

아퀴나스는 인간을 신체와 영혼의 결합체로 보았다. 아리스토텔레스의 영향을 받아 영혼을 인간의 본질적 형상으로 보았으며, 영혼은 신체를 떠나 존재할 수 있지만 신체와 결합하여 인간의 본성을 완성한다고 보았다. 이로 인해, 그는 부활과 영원한 삶을 강조하였다.

아퀴나스는 아리스토텔레스 철학을 기독교 신학에 통합한 독창적인 철학적 체계를 구축하였다. 신앙과 이성의 조화, 신 존재 증명, 자연법과 윤리학, 구원과 은총에 대한 그의 사상은 중세 철학의 정점으로 평가받는다. 아퀴나스의 철학은 이후 서구 철학과 신학에 깊은 영향을 미쳤으며, 토미즘이라는 학파로 이어져 오늘날에도 중요한 철학적 유산으로 남아 있다.

나. 안전학적 관점

토마스 아퀴나스의 철학은 신의 질서와 자연법을 통해 인간의 안전을 설명하며, 이는 현대 산업안전 관리와 긴밀하게 연결될 수 있다. 아퀴나스의 철학적 개념을 산업현장에 적용하면 안전 절차 준수, 도덕적 책임 그리고 협력과 소통의 중요성을 이해할 수 있다.

1) 신의 질서와 우주의 안전 vs. 작업 절차 준수와 안전 유지

아퀴나스는 우주가 신의 질서에 따라 운영되며, 이를 따르는 것이 안전을 보장한다고 주장했다. 이는 작업장에서 정해진 절차와 규칙을 따를 때 작업자가 사고로부터 안전을 확보할 수 있다는 원리와 유사하다.

> **사례** 한 대형 건설 현장에서 작업자가 크레인을 사용할 때, 안전 매뉴얼에 따라 절차를 철저히 준수해야 했다. 하지만 한 작업자가 정해진 절차를 무시하고 크레인을 운전하다가 사고가 발생해 기계 오작동으로 이어졌다. 이 사고는 절차를 무시한 결과로 발생한 것이며, 반대로 절차를 준수했더라면 사고를 예방할 수 있었다. 신의 질서가 우주를 안전하게 유지하듯이, 산업현장에서는 절차 준수가 사고를 예방하고 작업자의 안전을 보장한다.

2) 자연법 준수와 도덕적 안전 vs. 안전 규정 준수와 사고 예방

아퀴나스의 자연법 개념은 인간이 도덕적 안전을 지키기 위해 본성에 맞는 법을 따라야 한다는 원리를 제시했다. 이는 산업현장에서 작업자가 안전 규정을 준수함으로써 자신의 안전을 도덕적 책임으로 보호하는 것과 유사하다.

3) 신의 법과 사회적 안전 vs. 부서 간 협력과 안전 문화

아퀴나스는 신의 법과 자연법이 조화를 이루어야 사회적 안전이 확보된다고 주장했다. 이는 산업현장에서 부서 간 협력이 잘 이루어질 때 더 안전한 작업 환경을 조성할 수 있다는 원리와 유사하다.

다. 시사점

토마스 아퀴나스의 철학적 개념을 현대 산업안전 관리에 적용하면, 작업 절차 준수, 도덕적 책임 그리고 부서 간 협력의 중요성이 명확하게 드러난다. 철저한 절차 준수는 사고 예방의 기본 원칙이며, 이는 도덕적 책임으로 인식될 수 있다. 또한 부서 간 협력과 소통은 산업현장의 안전 문화를 강화하는 중요한 요소로 작용한다.

사례를 통해 분석한 이러한 시사점들은 작업장에서의 사고를 예방하고 안전한 환경을 구축하는 데 중요한 기여를 할 수 있다.

철학자가 본 안전행동

19. 둔스 스코투스(Duns Scotus, 1266-1308)

둔스 스코투스(Duns Scotus, 1266-1308)는 중세 후기에 활동한 중요한 스콜라 철학자이자 신학자로, 그의 철학 사상은 형이상학, 인식론, 신학에서 깊이 있는 논의를 전개하였다. 스코투스는 특히 보편자 문제, 개별자의 본질, 의지의 우위성, 신의 존재 증명 등의 주제에서 독창적인 사유를 펼쳤다. 그의 철학은 스코투스주의(Scotism)라는 독자적인 학파를 형성했으며, 중세 철학의 핵심적 흐름을 이루는 사상 중 하나로 평가받는다.

가. 철학적 관점

개체성 원리(하케이티타스, Haecceitas)

둔스 스코투스의 철학에서 가장 중요한 개념 중 하나는 하케이티타스(Haecceitas), 즉 "이것다움" 또는 "개체성"이다. 이는 개별자(individual)를 특정하는 본질을 의미한다. 스코투스는 보편자가 아닌 개별자가 현실적으로 중요한 존재라고 주장하였다. 모든 사물은 동일한 본질을 가질 수 있지만, 각 개별자는 고유한 개체성을 가지고 있으며, 이로 인해 다른 사물과 구별된다.

하케이티타스는 모든 개체를 독특하게 만드는 요소로, 어떤 존재가 다른 존재와 구별되는 본질적인 이유이다. 스코투스는 아리스도텔레스니 토미스 아키나스와 달리, 보편자가 아닌 개별자의 독특성을 강조하였다.

의지의 우위성(Voluntarism)

스코투스는 의지(Voluntas)가 인간의 인식이나 이성보다 더 우월하다고 주장하였다. 그는 이성을 강조한 아리스토텔레스적 전통을 넘어서, 인간의 의지와 자유가 더 근본적이며 결정적인 역할을 한다고 보았다

스코투스는 인간 의지가 자율적이며, 자유로운 선택을 할 수 있다고 믿었다. 이는 인간이 선과 악을 구분할 수 있는 능력을 가지고 있으며, 선을 선택하는 것이 인간의 자유의지에서 나온다고 보았다.

신 존재 증명(형이상학적 논증)

스코투스는 신의 존재 증명에 대한 독창적인 논증을 제시하였다. 그는 신의 존재를 증명하기 위해 형이상학적 논증을 사용했으며, 이는 첫 원인과 필연적 존재에 관한 논증으로 요약된다. 스코투스는 모든 것이 존재할 수 있게 만드는 필연적 존재가 있어야 하며, 그 존재가 신이라고 주장하였다.

그는 세계에 존재하는 모든 것은 다른 원인에 의존하지만, 이러한 원인 사슬의 끝에는 자존하는 첫 원인이 있어야 한다고 보았다. 이 첫 원인이 신이며, 이로부터 모든 것이 존재하게 된다고 설명하였다.

보편자 논쟁

보편자 논쟁에서 스코투스는 실재론적 입장을 취하였다. 그는 보편자가 실제로 존재한다고 믿었으며, 보편자는 인간의 정신 속에서만 존재하는 것이 아니라, 사물 안에서도 실재적으로 존재한다고 보았다. 하지만 그는 개체성 원리를 중시함으로써 보편자와 개별자 모두에 중요한 위치를 부여하였다.

신학적 논의와 마리아 무염시태 교리

스코투스는 신학적으로도 중요한 논의를 전개했으며, 특히 마리아의 무염시태 교리를 변호한 것으로 유명하다. 이는 마리아가 원죄의 영향 없이 태어났다는 교리로, 스코투스는 이를 논리적으로 정당화하는 데 중요한 기여를 하였다. 그는 신의 무한한 은총이 마리아에게 주어져 원죄 없이 태어나게 하였다고 주장하였다.

형이상학에서 본질과 실존의 구분

스코투스는 아퀴나스가 강조한 본질과 실존의 구분을 비판하면서도, 신에게는 본질과 실존의 구분이 적용되지 않는다고 주장하였다. 신은 그 본질 자체로 존재하며, 신의 실존은 본질과 다르지 않다고 보았다. 그는 존재의 실재성을 강조하면서, 모든 피조물은 존재의 본질에 따라 존재하며, 신만이 본질과 실존이 동일한 존재라고 설명하였다.

인식론과 경험주의적 경향

스코투스는 인식론에서도 독특한 관점을 가졌다. 그는 인간이 사물의 본질을 인식하는 과정에서 경험의 중요성을 강조했으며, 이를 통해 보편적 진리를 파악할 수 있다고 보았다. 그는 인간의 인식이 이성과 직관의 결합을 통해 이루어진다고 주장했으며, 감각적 경험을 통해 세계를 이해할 수 있다고 믿었다.

철학과 신학의 관계

스코투스는 철학과 신학의 관계에 대해 토마스 아퀴나스와 달리 다소 분리된 입장을 취하였다. 아퀴나스가 신학과 철학을 상호 보완적이고 일치하는 학문으로 본 데 비해, 스코투스는 철학이 신학을 완전히 설명할 수 없으며, 신앙의 영역은 이성으로 온전히 이해할 수 없다고 주장하였다. 그는 신앙의 우위성을 강조하며, 철학이 신학을 넘어서는 수단이 아니라고 보았다.

스코투스는 중세 스콜라 철학에서 중요한 인물로, 개체성 원리, 의지의 우위성, 신 존재 증명을 통해 독창적인 철학적 사유를 발전시켰다. 그는 형이상학과 신학을 결합하여, 신의 존재와 인간의 자유 의지 그리고 개별자의 독특성을 설명하는 데 기여하였다. 그의 사상은 후에 스코투스주의라는 학파를 형성했으며, 중세 철학의 중요한 전통을 이어나가는 데 기여하였다.

나. 안전학적 관점

둔스 스코투스는 신앙과 이성, 자유의지와 신의 보호 등을 철학적 논의의 중심에 두었으며, 이는 현대 산업안전 관리 원칙과 유사한 측면이 있다. 그의 철학적 개념은 작업 현장에서 안전 절차 준수, 자율적인 선택 그리고 관리자와 작업자 간 협력의 중요성을 설명하는 데 유용하다.

1) 신앙과 이성의 조화 vs. 안전 절차와 직관의 조화

스코투스는 신앙과 이성이 상호보완적 관계임을 강조하며, 이성이 신앙을 강화하는 도구로 작용해 인간이 신의 보호 아래 안전을 확보할 수 있다고 주장했다. 이와 마찬가지로, 산업현장에서도 안전 절차(이성)와 현장 경험 및 직관(신뢰)이 조화를 이루어야 한다. 표준 절차를 따르는 것뿐만 아니라 작업자의 경험과 직감을 신뢰할 때 사고를 예방할 수 있다.

> **사례** 기계 조작 중에 작업자가 표준 절차를 따르면서도, 이전 경험을 바탕으로 기계의 이상 징후를 감지하여 사고를 예방한 사례는 직관과 절차의 조화가 사고를 막는 중요한 요소임을 보여준다. 신앙과 이성의 조화가 인간의 안전을 보장하듯, 산업현장에서도 표준 절차와 작업자의 직관이 상호보완되어야 사고를 예방할 수 있다.

2) 개인의 의지와 자유 vs. 위험 상황에서의 자율적 선택

스코투스는 자유의지가 도덕적 결정을 내리는 중요한 요소라고 보았으며, 인간이 신의 법을 따를 자유로운 선택을 통해 안전을 확보할 수 있다고 주장했다. 이는 산업현장에서 작업자가 위험을 감지했을 때 자율적으로 올바른 선택을 해야 함을 시사한다. 보호 장구를 착용하거나, 위험을 감지하고 작업을 중단하는 자율성이 중요하다.
할 수 있다.

한 작업자가 기계 이상을 발견했지만 이를 무시하고 작업을 계속하다가 사고가 발생한 사례는 자율적 판단의 중요성을 강조한다. 작업자가 절차에 따라 작업을 중단하고 보고했더라면 사고를 예방할 수 있었을 것이다. 자유로운 의지를 바탕으로 도덕적 결정을 내리듯, 산업현장에서는 작업자들이 자율적으로 올바른 판단을 통해 사고를 방지할 수 있어야 한다.

3) 신의 보호와 안전 vs. 관리자의 지원과 현장 보호

스코투스는 신의 절대적 보호가 인간의 안전을 보장하는 중요한 요소라고 주장했다. 산업현장에서는 관리자의 적극적인 지원과 현장 보호가 작업자의 안전을 보장하는 중요한 역할을 한다. 안전 점검을 강화하고, 문제가 발생하면 신속하게 대응하는 관리자의 역할이 필수적이다.

관리자가 정기적인 안전 점검을 통해 문제를 사전에 파악하고, 이를 즉시 해결하여 사고를 예방한 사례는 관리자의 적극적인 개입이 안전에 중요한 역할을 한다는 점을 보여준다. 신의 보호가 인간의 안전을 보장하듯, 관리자의 지원과 현장 보호는 산업현장에서 작업자의 안전을 보장하는 핵심 요소이다.

4) 이성적 신 존재 증명 vs. 안전 절차의 논리적 분석

스코투스는 신의 존재를 논리적으로 증명하는 것이 신앙을 강화하는 중요한 방법이라고 보았다. 이는 산업현장에서 사고가 발생했을 때 원인을 논리적으로 분석하고 절차를 개선하는 것와 유사아나. 사고가 발생한 후에는 근본적인 원인을 찾아내어 재발 방지책을 마련해야 한다.

기계 고장으로 인한 사고 이후, 사고의 근본 원인을 분석하고 안전 절차를 개선하여 반복적인 사고를 예방한 사례는 논리적 분석이 사고 예방에 얼마나 중요한 역할을 하는지 보여준다. 논리적으로 신의 존재를 증명하듯, 산업현장에서는 사고의 원인을 분석하고 절차를 개선함으로써 안전을 강화할 수 있다.

5) 초월적 안전의 개념 vs. 전사적 안전 문화

스코투스는 신의 초월적 본질에 의존할 때 진정한 안전을 누릴 수 있다고 보았다. 이는 전사적 안전 문화가 모든 직원이 안전을 최우선으로 생각하며 협력할 때 형성된다는 것과 유사하다. 안전 리더십과 전사적 협력은 조직 내 안전 문화를 구축하는 데 중요한 역할을 한다.

한 회사에서 안전을 최우선으로 두고, 전 직원이 협력하여 사고를 예방하는 안전 캠페인을 지속적으로 실시한 결과, 사고율이 현저히 줄어든 사례는 전사적 안전 문화의 중요성을 보여준다. 초월적 안전이 신의 보호 아래서 이루어지듯, 전사적 안전 문화는 모든 직원이 협력하고 안전을 최우선으로 할 때 달성된다.

다. 시사점

둔스 스코투스의 철학적 개념은 산업 안전 관리와 밀접하게 연결될 수 있다. 신앙과 이성의 조화처럼, 산업현장에서도 절차와 경험이 조화를 이뤄야 하며, 자율적인 선택이 안전을 보장한다. 또한, 관리자의 지원과 현장 보호가 필수적이며, 사고 예방을 위한 논리적 분석과 절차 개선이 필요하다. 궁극적으로 전사적 안전 문화가 구축될 때 진정한 안전이 보장될 수 있다.

20. 윌리엄 오컴(William of Ockham, 1287-1347)

윌리엄 오컴(William of Ockham, 1287-1347)은 중세 후기의 철학자이자 신학자로, 그의 사상은 특히 오컴의 면도날(Ockham's Razor) 원칙으로 잘 알려져 있다. 그는 주로 스콜라 철학과 논리학의 영역에서 활동하며, 복잡한 문제를 명쾌하게 정리하는 방법론을 제시하였다.

가. 철학적 관점

오컴의 면도날(Ockham's Razor)

오컴의 면도날이라는 설명은 가능한 한 단순하게 해야 한다는 원칙이다. 즉, 어떤 현상에 대한 설명에서 불필요하게 많은 가정을 하지 않고, 가장 단순한 설명을 선택해야 한다는 것이다. 이를 통해 이론들이 지나치게 복잡해지지 않고, 실체적 진리와 더 가까워질 수 있다고 보았다.

이 원칙은 논리적 절약 원칙이라고도 불리며, 오늘날 과학과 철학에서 폭넓게 사용되고 있다. 오컴은 불필요한 존재를 도입하거나 복잡한 구조를 형성하는 것보다 가능한 한 단순하게 설명할 것을 강조하였다.

명목론(Nominalism)

오컴은 명목론의 대표적인 철학자로, 보편자(universals)의 실재성을 부정하였다. 보편자는 여러 개별 사물들이 공통적으로 가지고 있다고 여겨지는 일반적인 개념(예: 사람, 동물)을 의미한다.

명목론에 따르면, 보편자는 단지 이름일 뿐이며, 실제로는 개별적인 사물들만이 존재한다. 오컴은 개념이 우리의 생각 속에만 존재한다고 주장했고, 실제 세계에는 개별 사물만이 존재한다고 보았다. 이는 보편자가 실제로 독립적으로 존재한다고 여기는 실재론(Realism)과 대립되는 입장이다.

신과 인간 이성의 관계

오컴은 신과 인간 이성의 관계에 대해 깊이 탐구하였다. 그는 이성적 논증만으로 신의 존재를 완전히 증명할 수 없다고 주장했으며, 신앙과 이성은 구별되어야 한다고 보았다.

이 때문에 오컴은 신앙의 영역에서는 이성적 설명이 한계를 가지며, 오직 신의 의지와 전능성만이 절대적이라고 강조하였다. 이러한 사고방식은 중세 스콜라 철학에서 중요한 위치를 차지했던 이성 중심적 신학에 도전하는 것이었다.

정치 철학과 교황권 비판

오컴은 당대 교회의 권위에 대해 비판적 입장을 취하였다. 그는 교황의 세속적 권력을 반대하며, 교회와 국가의 분리를 주장하였다. 특히 교황권이 세속적 정치 권력에 개입하는 것을 강하게 비판했고, 이는 이후의 정치적, 종교적 논쟁에 큰 영향을 미쳤다.

오컴의 철학은 중세 스콜라 철학의 주요 흐름을 반영하면서도, 합리주의적이고 비판적인 사고방식을 강화한 중요한 사상이다. 그의 명목론과 단순성의 원칙은 이후 과학과 철학 발전에 깊은 영향을 미쳤다.

ㅣㅏ. 안전하적 관점

오컴의 면도날 원칙은 복잡한 설명이나 불필요한 가정을 제거하고, 가장 단순한 해결책을 추구하는 것을 강조한다. 이러한 철학적 원리는 산업 안전 관리에서도 유사하게 적용될 수 있다. 산업현장에서 복잡한 절차와 규정을 단순화함으로써 작업자들이 더 쉽게 이해하고 따를 수 있으며, 이는 사고 예방에 기여할 수 있다.

1) 오컴의 면도날 원칙과 복잡성 제거 vs. 안전 절차 단순화

오컴은 복잡한 설명을 피하고 단순한 해결책을 찾는 것이 명확성을 보장한다고 보았다. 이는 산업현장에서 안전 절차를 간소화하는 것과 유사하다. 복잡한 절차나 중복된 규정은 작업자들에게 혼란을 주고, 이로 인해 사고가 발생할 가능성이 높아질 수 있다. 단순하고 직관적인 절차는 작업자들이 쉽게 이해하고 따를 수 있어, 사고 위험을 줄여준다.

사례 한 제조 공장에서 다양한 안전 규정이 너무 복잡하게 얽혀 있어 작업자들이 이를 준수하는 데 어려움을 겪고 있었다. 결국 한 작업자가 복잡한 지침을 혼동해 기계 작동 중 부상을 입는 사고가 발생했다. 이 사고 이후 회사는 안전 절차를 단순화하여 작업자들이 보다 쉽게 규정을 따르도록 개선한 결과, 사고율이 크게 줄어들었다. 오컴의 면도날 원칙이 복잡성을 제거하고 단순성을 추구하는 것처럼, 산업현장에서는 불필요한 절차를 제거하고 간소화된 안전 절차를 도입하는 것이 사고 예방에 효과적이다.

2) 단순한 도덕적 원칙 vs. 작업장 규정 준수

오컴은 단순한 도덕적 원칙에 따라 행동하는 것이 도덕적 안정성을 보장한다고 주장했다. 이와 유사하게, 산업현장에서 안전 규정을 준수하는 단순한 행동은 작업자들의 생명을 보호하고 안전을 도모하는 핵심이 된다. 헬멧 착용, 안전 구역 준수 등 기본적인 규정을 따르는 것은 매우 단순한 행동이지만, 이로 인해 많은 사고를 예방할 수 있다.

사례 한 건설 현장에서 작업자들이 기본적인 헬멧 착용 규정을 무시하는 일이 잦아, 크고 작은 사고가 빈번하게 발생했다. 이후 회사는 모든 작업자에게 헬멧 착용 의무화를 엄격하게 적용하였고, 단순한 이 규정 준수만으로도 작업장에서의 사고 발생률이 급격히 감소했다. 단순한 도덕적 원칙이 도덕적 안정성을 보장하듯, 작업장에서 기본적인 안전 규정을 철저히 준수하는 것이 작업자의 생명과 안전을 보장하는 핵심적인 방법이다.

3) 정치적 결정과 단순성 vs. 명확한 안전 규정

오컴은 복잡한 정치 체계가 사회적 안전을 위협할 수 있다고 경고했다. 이는 산업현장에서 복잡한 규정이 작업자들에게 혼란을 줄 수 있다는 점과 일맥상통한다. 안전 규정이 복잡할수록 작업자들은 이를 정확히 따르기 어렵고, 이로 인해 사고 발생 가능성이 높아질 수 있다. 따라서 명확하고 단순한 안전 규정을 마련하는 것이 중요하다.

사례 한 제조업체에서 안전 규정이 너무 복잡해 작업자들이 이를 모두 이해하지 못한 채 작업에 임하는 일이 발생했다. 결국 복잡한 규정 속에서 중요한 안전 수칙을 놓치는 일이 빈번해졌고, 그로 인해 여러 차례 사고가 발생했다. 회사는 복잡한 절차를 단순화하고, 핵심 안전 규정만을 명확하게 전달하여 사고를 예방하는 데 성공했다. 정치 체계의 복잡성이 사회적 안전을 위협하듯, 복잡한 안전 절차는 작업장에서 사고를 초래할 수 있다. 따라서 명확하고 단순한 안전 규정이 작업자의 혼란을 줄이고 사고를 예방하는 데 효과적이다.

다. 시사점

오컴의 면도날 원칙은 산업 안전 관리에서도 적용 가능하다. 복잡성을 줄이고 단순화된 절차를 도입함으로써 작업자들이 더 쉽게 이해하고 따를 수 있게 되며, 이는 사고를 예방하는 중요한 역할을 한다. 단순한 도덕적 원칙이 도덕적 안전을 보장하는 것처럼, 작업장에서의 기본적인 안전 규정 준수는 작업자들의 생명과 건강을 보호하는 핵심적인 방법이다. 또한, 불필요하게 복잡한 절차를 단순화하여 명확하게 규정하는 것은 작업 환경을 더욱 안전하게 만드는 중요한 방법이다.

21. 조르다노 브루노(Giordano Bruno, 1548-1600)

조르다노 브루노(Giordano Bruno, 1548-1600)는 르네상스 시기의 이탈리아 철학자, 천문학자 그리고 신비주의자로, 그의 철학은 우주에 대한 혁신적인 개념과 신학적 관점을 포함하며, 당대의 종교적, 과학적 권위에 도전하는 사상으로 유명하다. 브루노는 특히 무한한 우주와 범신론적 세계관으로 알려져 있으며, 그의 혁명적인 생각은 후대 철학과 과학에 큰 영향을 미쳤다. 그러나 그의 사상은 종교적 당국과 충돌하여 결국 이단으로 처형되는 비극적인 결말을 맞았다.

가. 철학적 관점

1) 무한한 우주와 다중 세계

브루노의 가장 중요한 철학적 기여 중 하나는 우주의 무한성에 대한 개념이다. 그는 당시 코페르니쿠스의 지동설을 발전시키며, 우주는 유한하지 않고 무한하다고 주장하였다. 브루노는 지구뿐만 아니라 태양과 다른 별들이 무한한 우주 속에서 단지 하나의 중심이 아니라 무한히 많은 중심 중 하나에 불과하다고 보았다. 이는 당시의 우주론, 특히 아리스토텔레스의 지구 중심적 세계관에 강력한 도전이었다.

또한 그는 우주가 무한하기 때문에 다중 세계(multiverse)의 가능성을 주장하였다. 즉, 우리 세계와 유사하거나 다른 특징을 가진 무한한 수의 세계가 존재할 수 있다는 것이다. 이 사상은 근대 우주론의 기초를 마련하는 중요한 통찰로 평가된다.

2) 범신론(Pantheism)

브루노는 범신론적 철학을 발전시켰다. 그는 신이 우주를 초월한 존재일 뿐만 아니라, 우주 자체가 곧 신이라고 주장하였다. 즉, 신은 우주 전체에 내재하며, 모든 사물과 사건 안에 존재한다고 보았다. 이러한 생각은 신을 초월적이고 별개의 존재로 여겼던 당시 기독교의 전통적 신관과는 대조적이다.

브루노의 범신론은 우주와 자연에 대한 새로운 신성한 이해를 제시하며, 인간이 우주와 자연을 더 신성하고 통합된 존재로 바라보도록 하였다. 이는 당시 교회 교리와 충돌을 일으켰고, 결국 그가 이단자로 낙인찍히는 원인이 되기도 하였다.

3) 인간 정신과 무한한 가능성

브루노는 인간의 정신과 지성에 대한 무한한 가능성을 강조하였다. 그는 인간이 이성과 탐구를 통해 신성과 우주의 본질을 이해할 수 있다고 믿었고, 자유로운 사유와 개인의 정신적 해방을 주장하였다. 이는 고정된 진리나 권위에 의존하기보다, 개인의 탐구와 경험을 통한 진리 발견을 중시하는 입장이었다.

그는 인간이 자유롭고 개방된 사고를 통해 자신을 발전시킬 수 있으며, 이는 우주와 일체가 되는 경험으로 나아갈 수 있는 길이라고 보았다.

4) 신비주의와 마법

브루노의 사상에는 신비주의와 마법에 대한 요소도 강하게 드러난다. 그는 플라톤과 신플라톤주의 사상에 영향을 받아, 우주의 신비와 조화 속에서 존재하는 힘들에 대해 탐구하였다. 또한, 마법과 연금술에 대한 연구는 그가 우주와 인간의 영적 연관성을 추구하는 데 중요한 역할을 하였다.

브루노는 마법이 자연과 신의 내재적 힘을 발견하고 통합하는 과정이라고 보았으며, 이를 통해 인간은 신성한 질서에 참여할 수 있다고 주장하였다.

5) 종교적 권위에 대한 도전

브루노의 철학은 당대 종교적 권위, 특히 로마 가톨릭 교회의 교리와 충돌하였다. 그는 교회의 교리를 비판하며, 인간의 자유로운 탐구와 신앙의 개혁을 요구하였다. 이러한 그의 사상은 이단으로 규정되었고, 결국 그는 1600년에 화형을 당하였다. 브루노는 신앙과 이성의 조화를 추구했으나, 교회는 그의 사상을 받아들이지 않았고, 이는 그가 종교 재판을 받고 처형되는 결과로 이어졌다.

6) 브루노 사상의 영향

브루노의 사상은 당시에는 받아들여지지 않았지만, 근대 과학과 철학의 발전에 중요한 영향을 미쳤다. 그의 우주의 무한성과 다중 세계에 대한 생각은 후대의 천문학과 우주론에서 다시 평가받았고, 범신론적 세계관은 자연과 인간의 통합된 관계에 대한 새로운 시각을 제공하였다. 또한, 브루노의 개인의 자유로운 사유에 대한 강조는 계몽주의 철학과 자유 사상의 발전에 기여하였다.

브루노는 무한한 우주와 범신론적 관점 그리고 인간의 자유로운 사유를 통해, 인간이 우주와 신성에 대한 새로운 이해를 얻을 수 있다고 주장한 철학자이다. 그의 사상은 당시의 종교적, 과학적 권위에 도전하면서도, 오늘날 과학과 철학 발전에 중요한 기초를 마련한 혁신적인 통찰로 남아 있다.

나. 안전학적 관점

조르다노 브루노는 혁신적인 사상과 자유를 주장하면서 당시 교회의 권위와 충돌하였고, 이는 극단적인 희생을 초래했다. 그의 철학적 도전과 자유의 추구는 오늘날 산업 현장에서의 혁신적인 안전 조치 도입과 기존 시스템과의 충돌을 떠올리게 한다. 산업 현장에서도 새로운 아이디어나 안전 절차의 도입이 전통적 권위와 충돌하면서 위험을 감수하게 되는 상황이 발생할 수 있다.

1) 혁신적인 안전 조치 도입과 기존 시스템과의 충돌

브루노는 우주의 무한성과 다중 세계 이론을 주장하며 당시의 지배적인 지구 중심 우주론을 도전했다. 그의 혁신적인 사상은 교회의 권위와 충돌했고, 결국 화형이라는 극단적인 희생을 겪게 되었다. 이는 오늘날 산업현장에서 새로운 안전 장비나 절차를 도입하려는 시도가 기존 시스템과 충돌하면서 발생하는 저항과 유사하다.

사례 한 건설 현장에서 더 안전한 고소 작업 장비를 도입하려는 시도가 비용 문제나 기존 절차와 맞지 않는다는 이유로 경영진의 반대에 부딪혔다. 이로 인해 작업자는 기존의 불편하고 위험한 장비를 계속 사용해야 했다. 이 과정에서 새로운 아이디어가 무시되었고, 작업자의 물리적 안전도 위협받았다. 브루노의 혁신적 사상처럼, 산업현장에서 새로운 안전 조치를 도입하려는 시도가 기존 시스템과 충돌할 때 저항이 발생할 수 있다. 혁신적인 사고를 통해 더 안전한 환경을 만들려는 시도가 무시되거나 배척되지 않도록 조직적 수용성과 열린 사고가 필요하다.

2) 위험을 감수하는 혁신과 전통적 권위

브루노는 교회의 지배적인 교리와 우주론을 거부하고, 자신의 혁신적인 사고방식을 고수했다. 이는 물리적 안전을 희생하는 결과를 낳았지만, 지적 자유와 혁신을 추구했다. 이와 유사하게, 현대의 산업현장에서도 혁신적인 사고를 가진 직원이 전통적 조직 구조나 권위에 도전하면서 직업적 안전을 위협받을 수 있다.

사례 한 제조업체에서 위험 평가 절차를 혁신하려는 직원이 상사의 보수적인 태도로 인해 그 아이디어가 무시되고, 결과적으로 직업적 불이익을 낳은 사례가 있었다. 직원은 새로운 절차를 제안하면서 직업적 위험을 감수해야 했으며, 이를 통해 얻은 혁신적 개선도 충분히 반영되지 못했다. 혁신적인 사고가 기존의 전통적 권위와 충돌할 때, 산업현장에서는 개인이 직업적 위험을 감수해야 할 수 있다. 새로운 아이디어와 개선된 절차를 통해 더 나은 안전 환경을 조성하기 위해서는 조직 내 권위와 충돌하지 않고 수용할 수 있는 방법이 필요하다.

3) 사상적 자유와 안전

브루노는 사상적 자유를 추구하며 물리적 안전을 희생하는 극단적인 선택을 했다. 이는 현대 산업현장에서 개인의 직업적 자유와 안전의 관계를 상징적으로 보여준다. 새로운 아이디어를 도입하려는 직원이 기존의 체계와 충돌하면서 직업적 안전을 위협받을 수 있으며, 때로는 자신의 아이디어를 지키기 위해 위험한 환경에 놓일 수 있다.

사례 한 연구소에서 새로운 화학 물질 처리 방식을 도입하려는 시도가 상급 관리자와의 갈등으로 인해 거부되었다. 직원은 자신의 아이디어가 받아들여지지 않으면서 기존의 위험한 처리 방식을 계속 사용해야 하는 상황에 놓였다. 이로 인해 물리적 위험뿐 아니라 정신적 스트레스도 겪었다. 브루노의 사상적 자유와 진리 추구 과정에서의 위험 감수는 현대의 산업현장에서도 유사한 방식으로 나타난다. 새로운 안전 절차나 아이디어를 도입하려는 과정에서 직원이 물리적 또는 정신적 위험을 감수하지 않도록 조직은 열린 대화와 수용적인 태도를 유지해야 한다.

다. 시사점

조르다노 브루노의 철학적 도전과 희생은 현대 산업안전 관리에서 발생할 수 있는 여러 갈등과 위험을 반영한다. 혁신적인 안전 조치의 도입이 기존 시스템과 충돌할 때, 새로운 아이디어가 저항을 받거나 무시될 수 있다. 또한, 전통적 권위에 도전하려는 시도는 직업적 위험을 감수하게 하며, 사상적 자유와 물리적 안전의 관계를 고민하게 만든다. 브루노의 사례는 산업현장에서 혁신적인 아이디어가 안전하게 반영될 수 있도록 조직의 수용성과 개방적인 태도가 필요하다는 점을 시사한다.

22. 중세 철학자들의 안전학적인 관점 요약

앞에서 제시한 철학자들의 사상은 중세 철학의 맥락에서 안전에 대한 다양한 접근을 보여준다. 신앙과 이성의 조화, 신의 존재에 대한 확신 그리고 철학적 논증을 통해 인간의 안전을 확보하려는 노력이 두드러진다. 중세 철학에서 안전에 대한 다양한 접근은 신앙, 이성 그리고 신의 존재에 대한 확신을 중심으로 전개되었다. 철학자들은 인간이 불안정하고 불확실한 세상에서 어떻게 안전을 확보할 수 있는지에 대한 깊은 고민을 이어갔으며, 그 과정에서 신학적, 철학적 논증을 통해 안전의 개념을 정립하고자 하였다. 이들의 사상은 중세의 종교적 배경과 철학적 전통을 반영하면서, 인간 존재의 안전을 다각도로 탐구하였다.

가. 신앙과 이성의 조화

안셀무스와 신앙의 역할

안셀무스는 "이해를 구하는 신앙"이라는 개념을 통해 신앙이 이성보다 우위에 있으면서도, 이성이 신앙을 이해하는 도구로 사용될 수 있음을 강조하였다. 그는 신에 대한 믿음이 인간에게 궁극적인 안전을 제공하며, 이성적 사고를 통해 그 믿음을 강화할 수 있다고 주장하였다. 안셀무스의 존재론적 신존재 증명은 인간이 신의 존재를 논리적으로 이해하려는 시도로, 이러한 이해가 인간에게 정신적, 영적 안전을 보장한다고 보았다.

아퀴나스와 자연법

토마스 아퀴나스는 신의 존재를 다섯 가지 증명을 통해 논증하며, 인간이 신의 질서와 자연법에 따라 살아갈 때 자연스러운 안전을 확보할 수 있다고 주장하였다. 그는 이성을 통해 신의 법칙을 이해하고, 그것을 따르는 것이 인간에게 가장 안전한 삶을 제공한다고 보았다. 아퀴나스는 신앙과 이성을 조화시키려는 노력을 통해, 신의 법에 따른 윤리적 삶이 사회적 질서와 개인적 안전을 유지하는 데 필수적임을 강조하였다.

나. 신의 존재에 대한 확신

아우구스티누스의 신앙 중심적 안전관

아우구스티누스는 인간이 원죄로 인해 근본적으로 불안정하다고 보았다. 그는 인간이 이 불안정성에서 벗어나기 위해서는 신의 은총에 의지해야 한다고 주장하였다. 그의 사상에서 안전은 인간의 노력이나 이성적 사고로 달성되는 것이 아니라, 오직 신의 보호와 은총을 통해서만 얻을 수 있다고 여겼다. 아우구스티누스는 신에 대한 확신과 신앙이야말로 인간이 이 세상의 유혹과 악으로부터 보호받을 수 있는 유일한 길이라고 보았다.

스코투스의 신에 대한 이해와 안전

둔스 스코투스는 신의 본질을 이해하는 것이 인간의 이성과 신앙을 결합한 최고의 지적 활동이라고 주장하였다. 그는 이성을 통해 신의 존재를 인식하고, 그에 따른 행동을 통해 안전을 확보할 수 있다고 보았다. 스코투스는 신앙의 절대성을 강조하면서도, 인간의 이성적 사고가 신의 법을 이해하고 따르는 데 중요하다고 보았으며, 이를 통해 진정한 안전을 확보할 수 있다고 주장하였다.

다. 철학적 논증을 통한 안전의 확보

오컴과 단순성의 원칙

윌리엄 오컴은 오컴의 면도날 원칙을 통해 불필요한 복잡성을 제거하고, 단순한 설명을 선호하는 것이 인간의 안전을 확보하는 방법이라고 보았다. 그는 보편자에 대한 불필요한 논쟁을 피하고, 개별 사물들에 대한 실질적 지식을 통해 인간이 불확실성을 줄이고 안전을 확보할 수 있다고 주장하였다. 오컴의 사상은 지식의 명확성을 높이고, 실질적인 이해를 통해 안전을 도모하는 방향으로 나아갔다.

브루노와 사상적 자유의 위험

조르다노 브루노는 우주의 무한성과 다중 세계에 대한 혁신적인 사상을 펼쳤지만, 이는 당시 교회의 권위와 충돌하게 되었다. 그의 경우는 철학적 논증을 통해 인간의 안전을 확보하려는 시도가 얼마나 큰 위험을 수반할 수 있는지를 상징적으로 보여준다. 브루노는 진리를 탐구하기 위한 사상적 자유가 기존의 권위와 맞서면서 물리적인 안전을 위협받는 상황에 놓였다. 그의 죽음은 사상적 혁신이 어떻게 안전의 개념을 확장하고 재정의하는지를 잘 보여준다.

라. 중세 철학의 맥락에서의 안전

중세 철학에서 안전은 물리적, 정신적, 영적 차원에서 다각도로 접근되었다. 철학자들은 신에 대한 믿음이 인간의 궁극적인 안전을 제공한다고 보았으며, 이성과 신앙을 조화시켜 신의 존재와 법칙을 이해함으로써 안전을 확보하려 하였다. 신의 존재에 대한 확신은 인간의 불안정성을 극복하고, 궁극적인 안식과 보호를 얻기 위한 필수적인 요소로 여겨졌다.

또한 중세 철학자들은 철학적 논증과 이성적 탐구를 통해 신의 법칙을 이해하고, 이를 실천함으로써 사회적 질서와 개인적 안전을 유지할 수 있다고 보았다. 이는 개인의 도덕적 안전뿐만 아니라 사회 전체의 안정성과 조화에 기여하는 중요한 방법으로 간주되었다.

마지막으로, 철학적 혁신이 기존의 권위와 충돌하면서 발생하는 위험을 통해, 중세 철학자들은 안전의 개념이 단순히 물리적 생존에 국한되지 않으며, 사상적 자유와 진리 추구 과정에서 필연적으로 발생하는 위험을 포함하는 복합적인 개념임을 인식하게 되었다.

마. 시사점

중세 철학자들은 신앙과 이성의 조화, 신의 존재에 대한 확신, 철학적 논증을 통해 인간의 안전을 확보하려는 노력을 기울였다. 이들은 인간의 삶에서 안전을 물리적 측면뿐만 아니라 정신적, 영적 측면에서도 중요한 개념으로 보았으며, 이를 통해 인간이 불안정한 세상에서 안정된 삶을 영위할 수 있는 방안을 모색하였다. 이러한 사상적 전통은 후대의 철학과 신학에 깊은 영향을 미쳤으며, 인간 존재의 본질적 안전에 대한 지속적인 탐구의 기초가 되었다.

IV

근대 철학 관념

IV

근대 철학 관념

근대 철학의 주요 개념들은 17세기에서 19세기 사이에 서양 철학의 역사에서 중요한 전환을 가져왔다. 이 시기는 르네상스 이후 과학혁명, 계몽주의, 산업혁명 등 여러 사회적 변화와 맞물려 인간 중심적 사고의 부상을 특징으로 한다. 철학자들은 중세의 신 중심적 세계관에서 벗어나 인간의 이성과 경험을 강조하며 철학적 탐구의 새로운 방향을 제시하였다.

이성 중심주의(Rationalism)

근대 철학의 중요한 한 축은 이성 중심주의이다. 이성 중심주의는 모든 진리는 인간의 이성에 의해 이해되고 논리적으로 탐구될 수 있다는 신념을 강조한다.

- 르네 데카르트(René Descartes): "나는 생각한다, 고로 존재한다"라는 유명한 명제에서 보듯이, 데카르트는 의심할 수 없는 확실한 진리를 찾고자 하였다. 그는 이성을 통한 확실한 지식의 가능성을 주장했고, 물질과 정신을 이원적으로 구분한 이원론을 제시하였다.
- 바뤼흐 스피노자(Baruch Spinoza): 스피노자는 이성의 힘을 통해 세계와 신의 본질을 이해할 수 있다고 보았다. 그는 만물이 하나의 실체로 존재하며 신과 자연은 동일하다는 범신론을 주장하였다.

151

- 고트프리트 라이프니츠(Gottfried Leibniz): 라이프니츠는 우주가 무한히 작은 '모나드'라는 존재로 이루어져 있고, 이들 간의 관계는 신의 계획에 의해 이성적으로 조화롭게 유지된다고 주장하였다.

경험론(Empiricism)

경험론은 지식의 근원이 이성보다는 감각적 경험에 있다고 주장한다. 철학자들은 인간의 감각을 통해 획득한 경험이 지식의 주요한 원천이라고 보았다.

- 존 로크(John Locke): 그는 인간의 마음이 본래 백지 상태(타불라 라사)이며, 모든 지식은 경험을 통해 획득된다고 주장하였다. 로크는 자연 상태에서 인간은 자유롭고 평등하며 자연권을 소유한다고 보았고, 이 생각은 후에 자유주의와 민주주의 사상에 큰 영향을 주었다.
- 조지 버클리(George Berkeley): 그는 모든 존재는 인식될 때에만 존재한다는 '존재는 지각됨이다(Esse est percipi)'라는 개념을 주장하며, 물질 세계의 존재 자체를 부정하였다.
- 데이비드 흄(David Hume): 흄은 경험적 지식의 한계를 강조하였다. 그는 인간의 인식은 경험을 통해 이루어지지만, 이성만으로는 절대적 진리를 도출할 수 없다고 주장하였다. 또한 그는 인과관계에 대한 회의적인 시각을 제시하여 이성 중심 철학에 도전하였다.

사회 계약론(Social Contract Theory)

근대 철학에서 개인의 권리와 정치 권력의 정당성 문제는 중요한 주제였다. 사회 계약론은 개인이 자신의 권리를 보장받기 위해 국가와의 계약을 통해 정부를 구성한다고 본다.

- 토마스 홉스(Thomas Hobbes): 홉스는 자연 상태에서 인간은 끊임없는 투쟁 상태에 있다고 보았고, 이를 벗어나기 위해 개인이 절대적인 권력을 가진 정부에 권리를 위임하는 계약을 맺는다고 주장하였다. 그의 저서 리바이어던에서 절대 군주제

를 옹호하였다.

- 존 로크(John Locke): 로크는 홉스와 달리, 자연 상태에서 인간은 자유롭고 평등하다고 보았다. 그는 생명, 자유, 재산을 보호하기 위해 정부가 필요하며, 만약 정부가 그 역할을 다하지 못할 경우 시민들이 저항할 권리가 있다고 주장하였다.
- 장 자크 루소(Jean-Jacques Rousseau): 루소는 사회 계약을 통해 인간이 자유롭고 평등한 상태로 돌아가야 한다고 주장하였다. 그의 이론은 민주주의의 근간이 되었으며, 특히 프랑스 혁명에 큰 영향을 미쳤다.

관념론(Idealism)

관념론은 현실의 본질이 물질보다는 정신이나 관념에 있다고 주장하는 철학적 입장이다. 근대 철학에서의 관념론은 세계를 인식하는 인간의 주관적 경험을 강조한다.

- 이마누엘 칸트(Immanuel Kant): 칸트는 이성과 경험의 조화를 중시하며, 인간이 외부 세계를 인식할 때 그 인식은 주관적인 틀 안에서 이루어진다고 주장하였다. 그는 순수 이성 비판에서 인간이 경험하지 못하는 '물자체'는 알 수 없지만, 우리가 세계를 인식하는 방식은 이성의 구조에 따라 결정된다고 보았다. 그의 철학은 이후 독일 관념론에 큰 영향을 미쳤다.
- 게오르크 헤겔(Georg Wilhelm Friedrich Hegel): 헤겔은 정반합의 변증법을 통해 역사의 발전을 설명하였다. 그는 모든 것은 끊임없이 변화하고 발전하며, 절대 정신(정신의 완전한 형태)을 향해 나아간다고 보았다. 그의 이론은 사회와 역사에 대한 철학적 이해에 깊은 영향을 미쳤다.

개인주의와 자유(Individualism and Liberty)

근대 철학에서 중요한 또 다른 주제는 개인의 자유와 권리이다. 철학자들은 개인이 어떻게 자유롭게 살 수 있는지 그리고 그 자유가 사회적 계약 속에서 어떻게 보장되는지에 대해 탐구하였다.

- 존 스튜어트 밀(John Stuart Mill): 밀은 자유에 대한 논의를 심화시켰다. 그는 개인의 자유가 타인의 해를 끼치지 않는 한 최대한 보장되어야 한다고 주장하며, 자유론에서 사회적 자유와 개인적 자유의 경계를 설정하였다. 그의 사상은 자유주의 정치 철학의 발전에 크게 기여하였다.

실존주의의 전초(Precursors to Existentialism)

근대 철학의 말기에는 인간의 존재와 자유 그리고 본질적인 고뇌에 대한 문제들이 대두되었다. 이 시기의 철학적 논의는 이후 실존주의로 발전하였다.

근대 철학은 이성의 중요성을 강조한 이성주의, 경험을 통한 지식 획득을 주장한 경험주의 그리고 사회 계약을 통해 개인의 권리와 자유를 보호하고자 했던 사상들로 이루어져 있다. 또한, 인간의 인식과 존재에 대한 심화된 탐구와 더불어, 이후 현대 철학의 기초를 닦은 중요한 철학적 운동들이었다.

23. 르네 데카르트(René Descartes, 1596-1650)

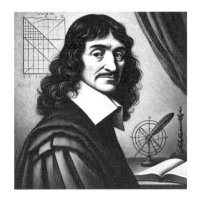

르네 데카르트(René Descartes, 1596-1650)는 프랑스의 철학자, 수학자, 과학자이며, 근대 철학의 아버지로 불린다. 그는 합리주의 철학을 확립한 인물로, "나는 생각한다, 고로 존재한다(Cogito, ergo sum)"라는 명제로 유명하다. 이 명제는 그의 저서 『성찰(Meditationes de Prima Philosophia)』에서 등장하며, 인간의 존재를 증명하는 데 이성적 사고의 중요성을 강조한 것이다.

데카르트는 모든 지식을 의심하는 방법론적 회의를 통해, 확실한 지식에 도달하려 하였다. 이 과정에서 감각적 경험을 신뢰할 수 없다고 주장하며, 이성적 사고만이 참된 지식을 제공한다고 보았다.

또한 데카르트는 신체와 정신을 구분하는 이원론(dualism)을 제시하였다. 그는 물질적 세계는 기계적인 법칙에 따라 움직이며, 인간의 정신은 이러한 물질 세계와 독립적으로 존재한다고 보았다. 이 철학적 입장은 신체와 정신의 관계에 대한 많은 논의의 출발점이 되었다. 수학에서는 좌표 평면을 도입하여 해석 기하학을 창시한 것으로도 유명하다.

가. 철학적 관점

르네 데카르트(René Descartes)의 철학은 근대 철학의 시작을 알리는 중요한 사상 체계로, 합리주의 철학과 이원론을 중심으로 전개된다. 그의 사상은 주로 방법론적 회의, 이성주의 그리고 신체와 정신의 이원론을 포함한 철학적 개념들로 정리할 수 있다.

방법론적 회의(Methodical Doubt)

데카르트는 자신의 철학적 탐구를 시작할 때, 모든 기존의 지식과 믿음을 의심하는 데에서 출발한다. 이 방법론적 회의는 지식의 확실한 기초를 찾기 위한 도구로, 모든 것을 의심할 수 있더라도 의심하고 있는 자신은 의심할 수 없다는 결론에 이른다. 이것이 바로 유명한 "나는 생각한다, 고로 존재한다(Cogito, ergo sum)"이다. 이 명제는 데카르트가 절대적으로 확실한 진리로 여긴 것으로, 모든 회의 속에서도 자신이 의식적으로 존재한다는 사실만은 부정할 수 없다는 논리이다.

합리주의(Rationalism)

데카르트는 합리주의의 대표적인 철학자로, 진정한 지식은 감각적 경험에 의존하지 않고 이성에 의해 얻어질 수 있다고 주장하였다. 그는 감각이 때로는 우리를 속일 수 있기 때문에, 확실한 지식은 감각적 경험보다는 이성적 사고를 통해 얻어져야 한다고 보았다. 데카르트의 합리주의 철학은 '연역적 추론'을 강조하며, 이는 명제에서 이성적 사고로부터 결론을 도출하는 방식이다. 그는 수학적 사고방식처럼 명확하고 확실한 지식에 도달할 수 있다고 믿었다.

이원론(Dualism)

데카르트의 또 다른 중요한 철학적 기여는 정신과 신체의 이원론이다. 그는 인간을 정신과 물질로 나누어 설명하였다. 물질은 연장성(공간적으로 존재하는 성질)을 가지며, 물리적인 법칙에 따라 작동하지만, 정신은 생각, 의식, 감정 등을 포함하는 비물질적인 실체로서 물리적 법칙에 속하지 않는다고 보았다. 이러한 이원론은 철학에서 신체와 정신, 물질과 비물질의 관계에 대한 논의를 촉발했으며, '심신 문제(mind-body problem)'의 기초가 되었다.

데카르트는 신체와 정신이 상호작용할 수 있다고 보았으나, 그 상호작용이 어떻게 이루어지는지에 대해서는 뚜렷한 설명을 하지 못하였다. 그는 송과선(pineal gland)을 신체와 정신의 연결 지점으로 제시했지만, 후대 철학자들은 이에 대해 다양한 비판을 제기하였다.

신 존재 증명(Proof of God's Existence)

데카르트는 신의 존재를 철학적으로 증명하려 하였다. 그의 논증 중 하나는 '완전한 존재론적 논증(ontological argument)'으로, 인간은 불완전한 존재이며 완전한 존재의 개념을 가지고 있다는 점에서 신의 존재를 증명할 수 있다고 주장하였다. 즉, 완전한 존재인 신이 존재하지 않는다면 우리는 그 완전한 개념을 가질 수 없다는 논리이다. 또 다른 논증으로 원인론적 증명(causal proof)이 있는데, 이는 우리가 신의 개념을 갖는 것은 우리 자신이 그 개념을 만들어 낼 수 없기 때문에 반드시 그 개념을 주입한 완전한 존재가 있어야 한다는 것이다.

실체 이론(Theory of Substance)

데카르트는 실체(substance)를 독립적으로 존재할 수 있는 것으로 정의하였다. 그는 두 가지 실체를 구분하였다.
- 사고하는 실체(Res Cogitans): 생각하고 의식할 수 있는 정신적인 존재
- 연장된 실체(Res Extensa): 물리적이며 공간적으로 존재하는 물질적인 존재

이 실체 이론은 정신과 물질의 이원론과 연결되며, 각각 독립적으로 존재하지만 상호작용할 수 있다는 개념을 포함하고 있다.

데카르트의 과학적 방법론

데카르트는 철학뿐만 아니라 과학적 방법론에서도 중요한 영향을 미쳤다. 그는 모든 과학적 탐구는 이성적 추론과 논리적 과정에 기반해야 한다고 주장했으며, 자연 세계를 기계적인 법칙에 따라 작동하는 시스템으로 보았다. 이는 뉴턴의 물리학과 같은 이후 과학적 발전에 큰 영향을 미쳤다.

그의 '기계론적 세계관(mechanistic worldview)'은 자연 세계를 수학적 원칙으로 설명할 수 있다는 믿음에 기초하며, 이는 이후 과학 혁명과 근대 과학의 출현에 중요한 토대가 되었다.

자유 의지와 윤리학

데카르트는 인간에게 자유 의지가 있다고 주장하였다. 그는 자유 의지가 이성의 명령을 따를 때 진리와 도덕적 가치를 실현할 수 있다고 보았다. 윤리적으로 그는 덕(virtue)을 지식에 기반한 행위로 정의했으며, 이성적 사고에 따라 올바른 행동을 선택하는 것이 중요하다고 강조하였다.

그는 철학적 탐구의 궁극적 목표는 인간이 지혜를 얻고, 그 지혜를 통해 더 나은 삶을 영위하는 것이라고 보았으며, 이를 통해 평정심과 행복을 얻을 수 있다고 믿었다.

데카르트는 방법론적 회의를 통해 이성적 사고의 중요성을 강조하고, 인간의 존재를 "나는 생각한다, 고로 존재한다"는 명제를 통해 증명하였다. 그의 합리주의와 이원론은 철학사의 중요한 전환점을 마련하였으며, 정신과 물질, 이성과 감각, 신체와 정신 간의 관계를 탐구하는 현대 철학에 큰 영향을 미쳤다.

나. 안전학적 관점

르네 데카르트는 철저한 회의를 통해 절대적 확실성을 추구하는 철학을 전개했으며, 이는 현대 산업안전 관리에서 리스크 평가와 안전 절차의 확립에 중요한 시사점을 제공한다. 데카르트의 철학적 개념은 산업현장에서 안전성을 확보하고 사고를 예방하는 데 중요한 원리로 적용될 수 있다.

1) 방법적 회의와 리스크 평가

데카르트는 모든 것을 의심하며 확실한 진리를 찾기 위해 방법적 회의를 강조했다. 이는 산업현장에서의 리스크 평가와 유사하다. 모든 위험 요소를 의심하고 철저히 평가하지 않는다면 예상치 못한 사고가 발생할 수 있다. 확실성을 확보하기 위해 잠재적 위험을 미리 분석하고 철저히 점검하는 것이 중요하다.

사례 한 기계 공장에서 새로운 장비를 도입한 후 초기 점검 없이 사용한 결과, 기계 오작동으로 인해 작업자가 부상을 입었다. 데카르트의 방법적 회의를 적용하여 초기 단계에서 철저한 점검을 했더라면 사고를 예방할 수 있었을 것이다. 데카르트의 회의적 방법처럼, 산업현장에서는 잠재적 위험을 철저히 의심하고 평가해야만 사고를 예방할 수 있다. 철저한 리스크 평가가 확실한 안전을 보장하는 핵심이다.

2) 코기토와 작업자 존재의 중요성

데카르트의 '코기토, 에르고 숨(나는 생각한다, 고로 존재한다)'은 인간의 존재와 사고의 중요성을 강조한다. 이는 산업현장에서 작업자의 존재와 참여가 사고 예방의 필수 요소임을 상기시킨다. 작업자는 자신의 판단과 인식을 통해 위험을 발견하고 대처할 수 있어야 하며, 이를 통해 작업장의 안전성을 높일 수 있다.

한 건설 현장에서 작업자가 위험한 구조물을 발견하고 즉각 작업을 중단하며 보고하여 큰 사고를 예방한 사례가 있다. 작업자가 자신의 판단을 통해 위험을 인식하고 대처함으로써 존재의 중요성을 드러냈다. 데카르트의 사고가 존재를 증명하듯, 작업자가 스스로 안전 절차에 참여하고 판단하는 것이 작업장의 안전을 보장하는 핵심이다.

3) 이성적 사고와 안전 절차

데카르트는 이성과 논리를 통해 명확하고 확실한 지식을 구축할 수 있다고 보았다. 이는 산업현장에서의 안전 절차와 매뉴얼에 적용될 수 있다. 명확하고 논리적인 절차는 작업자들이 쉽게 이해하고 따를 수 있으며, 불분명한 절차는 사고를 유발할 수 있다.

사례 한 제조업체에서 복잡한 매뉴얼로 인해 작업자가 실수를 저질러 사고가 발생했다. 이후 회사는 명확하고 단순한 매뉴얼을 제공하여 작업자의 실수를 줄이고 사고를 예방했다. 데카르트의 이성적 사고처럼, 산업현장에서의 안전 절차는 명확하고 논리적이어야 한다. 명확한 절차가 작업자의 실수를 줄이고 안전성을 높인다.

4) 신의 존재와 시스템 신뢰

데카르트는 신의 완전성을 통해 확실성을 확보할 수 있다고 주장했다. 이는 산업현장에서 자동화된 안전 시스템과 경고 체계를 통해 작업자에게 신뢰를 제공하는 것과 유사하다. 신뢰할 수 있는 시스템이 있을 때 작업자는 안전하게 작업을 수행할 수 있다.

사례 한 화학 공장에서 경고 시스템이 작동하지 않아 유해 물질이 유출되는 사고가 발생했다. 시스템이 제대로 유지되고 신뢰할 수 있었다면, 작업자는 빠르게 대응하여 사고를 방지할 수 있었을 것이다. 데카르트의 신이 확실성을 보장하듯, 신뢰할 수 있는 시스템은 산업현장에서 작업자의 안전을 보장한다. 신뢰성 있는 시스템이 안전의 핵심이다.

5) 악마의 속임수와 사고 예방 훈련

데카르트의 '악마의 속임수' 가설은 인식의 오류 가능성을 경고하며, 이를 극복하기 위한 신의 선함을 강조했다. 산업현장에서도 인식 오류로 인해 사고가 발생할 수 있으며, 이를 예방하기 위한 정기적인 훈련과 시뮬레이션이 필요하다.

사례 한 물류 창고에서 화재 대피 훈련을 미리 받은 작업자들이 실제 화재 발생 시 신속하게 대처하여 인명 피해를 줄인 사례가 있다. 정기적인 훈련은 인식 오류를 줄이고 사고를 예방하는 중요한 요소다. 데카르트가 악마의 속임수를 경계했듯이, 산업현장에서는 작업자의 인식 오류를 줄이기 위해 사고 예방 훈련과 시뮬레이션이 필수적이다.

다. 시사점

　르네 네카르트의 철학에서 강조된 이성적 회의와 명확성 추구는 현대 산업안전 관리와 긴밀하게 연결된다. 산업현장에서의 리스크 평가, 명확한 절차 수립, 작업자의 참여, 신뢰할 수 있는 시스템 그리고 정기적인 사고 예방 훈련은 모두 데카르트의 철학적 원칙과 일치하는 접근법이다. 이러한 철학적 개념을 바탕으로, 산업현장은 사고를 예방하고 안전성을 강화할 수 있다.

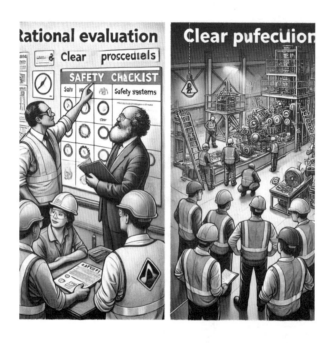

24. 바뤼흐 스피노자(Baruch Spinoza, 1632-1677)

 바뤼흐 스피노자(Baruch Spinoza, 1632-1677)는 네덜란드의 철학자로, 그의 사상은 범신론, 실체의 일원론, 자유와 필연성, 윤리학에 기반하고 있다. 스피노자는 이성, 자연, 신, 자유의 개념을 통합하여 근대 철학에 중요한 영향을 미친 인물로, 그의 철학은 주로 저서 『윤리학(Ethica)』에 잘 드러나 있다.

가. 철학적 관점

실체의 일원론(Monism of Substance)

스피노자의 철학에서 가장 중요한 개념은 실체(substance)이다. 스피노자는 실체를 그것 자체로 존재하며, 다른 어떤 것에도 의존하지 않는 독립적인 존재라고 정의하였다. 그는 오직 하나의 실체만이 존재한다고 주장했으며, 이를 신 또는 자연(Deus sive Natura)라고 불렀다. 여기서 신과 자연은 동일한 개념으로, 세계의 모든 것은 신의 표현이며, 신은 무한하고 자존적인 실체로서 모든 존재의 원인이 된다.

이러한 일원론은 데카르트의 이원론(신체와 정신을 별개의 실체로 구분)에 대한 반박으로 이해할 수 있다. 스피노자는 신과 세계, 신과 인간의 정신, 물질은 분리될 수 없으며, 모두 하나의 실체의 다른 양태(모드, modes)로 나타난다고 주장하였다.

범신론(Pantheism)

스피노자의 실체 일원론은 범신론으로 이어진다. 범신론은 신과 자연이 동일하다는 철학적 입장으로, 스피노자는 신이 우주의 모든 것에 내재하며, 우주는 곧 신의 표현이라고 주장하였다. 그는 초월적인 신 개념을 거부하고, 신이 세계의 모든 곳에 내재한다고 보았다. 스피노자에게 신은 자연 법칙과 동일하며, 모든 것이 신의 필연성에 따라 존재하고 작용한다고 보았다. 이 개념은 이후 합리적 자연주의로 발전하게 된다.

자유와 필연성(Freedom and Necessity)

스피노자의 철학에서 중요한 또 다른 주제는 자유와 필연성의 문제이다. 스피노자는 우주가 필연적인 법칙에 따라 작동한다고 보았으며, 모든 것은 원인과 결과의 사슬로 설명할 수 있다고 주장하였다. 인간 역시 자연의 일부로서 필연성의 법칙을 따르게 된다. 스피노자에게 있어서 자유란 필연성을 이해하는 것이다. 즉, 우리가 필연적 법칙을 이해하고 그에 따라 사유하고 행동할 때, 우리는 자유로울 수 있다.

스피노자는 의지의 자유를 전통적으로 이해하는 방식과 달리, 인간의 모든 행동은 자연의 필연성에 의해 결정된다고 주장하였다. 우리가 스스로 자유롭게 행동한다고 느낄 수 있지만, 이는 우리의 무지 때문이며, 참된 자유는 자연의 필연적 법칙을 이해하는 데서 비롯된다. 따라서 진정한 자유는 자연과 신의 질서를 이해하는 이성적 사고에서 오는 것이다.

인식론: 이성적 인식과 직관적 인식(Theory of Knowledge)

스피노자는 인간의 인식 능력을 세 단계로 나누어 설명하였다.

▲ 상상적 인식(Imaginary Knowledge): 감각 경험과 외부 세계로부터 얻은 피상적이고 불완전한 지식이다. 이는 신뢰할 수 없고 혼란스럽기 때문에, 참된 지식에 이르지 못한다.

▲ 이성적 인식(Rational Knowledge): 사물의 본질과 원리를 논리적으로 이해하는 지식이다. 이성적 인식은 참된 지식을 향한 중요한 단계로, 인간이 이성에 따라 자연과 신의 필연성을 이해하게 해 준다.

▲ 직관적 인식(Intuitive Knowledge): 가장 높은 단계의 인식으로, 사물의 본질을 직관적으로 파악하는 지식이다. 직관적 인식은 자연의 전체 구조와 신의 본질을 직

접적으로 이해하는 능력을 의미하며, 스피노자는 이를 통해 신의 필연성을 완전하게 깨달을 수 있다고 보았다.

윤리학: 감정과 이성의 조화(Ethics: Emotions and Reason)

스피노자는 인간의 삶에서 이성의 역할을 강조했으며, 이성에 따라 행동하는 것이 인간의 행복을 가져다준다고 보았다. 그는 인간이 정념(passions)에 의해 흔들리기보다는 이성에 의해 자신의 욕망을 통제해야 한다고 주장하였다. 정념은 우리를 외부 환경에 종속시켜 혼란스럽게 만드는 반면, 이성은 우리의 내면적 자유와 평온을 가져다줄 수 있다.

스피노자의 윤리학에서 행복은 필연성의 인식을 통해 얻어지는 마음의 평온이다. 인간은 자연의 필연성에 대한 이해를 통해 자신의 위치를 파악하고, 자신을 이끌어 가는 정념을 이성적으로 통제할 수 있어야 한다. 이성적인 삶을 통해 우리는 자기 보존(conatus)의 원리를 따르게 되며, 이는 스피노자의 윤리학에서 중요한 개념이다. 자기 보존은 모든 존재가 자신의 존재를 유지하고 확장하려는 내재적 성향으로, 이를 이성적으로 인식하고 따르는 것이 선한 삶으로 이어진다고 보았다.

사회와 정치 철학(Political Philosophy)

스피노자의 정치 철학은 자유주의적 민주주의에 대한 옹호로 요약할 수 있다. 그는 국가의 목적이 개인의 자유를 보장하는 데 있다고 보았으며, 이때의 자유는 단순한 행동의 자유가 아닌 이성적 자율성을 의미하였다. 스피노자는 사람들은 각자의 이성을 통해 자연을 이해하고, 필연성을 깨달을 때 서로 조화를 이룰 수 있다고 보았다.

그는 자연 상태(state of nature)에서는 인간이 이성보다 정념에 의해 지배당해 살능과 혼란이 일어나기 때문에, 질서와 평화를 유지하기 위해서는 사회적 계약을 통해 법과 질서가 필요하다고 주장하였다. 하지만 이러한 법과 질서는 개인의 이성적 자유를 침해하지 않는 것이 중요하다고 보았다.

스피노자는 신과 자연을 동일시하는 범신론과 실체 일원론을 통해 인간과 자연, 신의 관계를 통합적으로 설명하고자 하였다. 그의 철학에서 모든 존재는 하나의 실체에서 비롯되며, 인간은 자연의 필연적 법칙을 이해하고 이에 따라 이성적으로 행동할 때 진정한 자유와 행복을 얻을 수 있다고 주장하였다. 스피노자의 철학은 근대 합리주의 철학의 중요한 기초를 제공했으며, 이후의 철학적 논의에 깊은 영향을 미쳤다.

나. 안전학적 관점

스피노자는 자연법칙을 이해하고 이를 따르는 것이 안전을 보장하는 길이라고 주장했다. 이는 현대 산업안전 관리와도 밀접하게 연결될 수 있다. 산업현장에서는 작업자와 관리자 모두가 안전 절차와 규정을 철저히 이해하고 이성적 판단을 통해 사고를 예방하는 것이 중요하다.

1) 자연 법칙과 안전 절차

스피노자는 자연의 필연성을 따를 때 진정한 안전이 보장된다고 보았다. 이는 산업현장에서의 안전 절차와 규정에도 적용될 수 있다. 안전 절차는 작업 현장의 자연 법칙과 같으며, 이를 무시하면 사고 위험이 증가한다.

사례 한 제조업체에서 정기적인 안전 점검을 무시하고 작업을 강행하다가 장비 고장으로 인해 사고가 발생했다. 만약 안전 절차를 철저히 따랐다면 사고를 피할 수 있었을 것이다. 스피노자가 자연의 필연성을 따르라고 주장한 것처럼, 산업현장에서는 안전 절차를 필수적 규정으로 인식하고 준수하는 것이 사고 예방의 핵심이다.

2) 이성적 인식과 매뉴얼 준수

스피노자는 이성을 통해 자연을 이해하고 그에 맞게 행동할 때 안전과 행복을 누릴 수 있다고 보았다. 마찬가지로, 작업자는 명확한 안전 매뉴얼을 숙지하고 이를 준수해야 하며, 감정에 휘둘리지 않고 이성적으로 판단해야 한다.

사례 한 건설 현장에서 작업자가 매뉴얼을 무시하고 보호 장비를 착용하지 않아 추락 사고가 발생했다. 이성적 판단으로 매뉴얼을 준수하는 습관이 있었다면 사고를 방지할 수 있었을 것이다. 스피노자의 이성적 행동 원칙처럼, 작업자는 감정적 반응을 자제하고 매뉴얼에 따른 이성적 판단을 통해 사고를 예방할 수 있어야 한다.

3) 감정의 통제와 사고 예방

스피노자는 감정에 사로잡히지 않고 이성적으로 행동할 때 안전을 얻을 수 있다고 주장했다. 이는 산업현장에서 작업자들이 스트레스나 공포 등 감정적인 상태에서 올바른 판단을 내리지 못해 사고가 발생할 수 있다는 점과 일맥상통한다.

사례 한 물류 창고에서 화재 경보가 울리자 일부 작업자들이 공황 상태에 빠져 비효율적으로 대피했고, 이로 인해 사고가 발생했다. 정기적인 훈련을 통해 작업자들이 이성적 대처를 할 수 있는 능력을 키웠다면 사고를 피할 수 있었을 것이다. 스피노자가 감정적 판단을 경계했듯이, 산업현장에서도 감정을 통제하고 이성적 대처를 훈련하는 것이 사고 예방에 필수적이다.

4) 사회계약과 협력적 안전 문화

스피노자는 사회적 협력을 통해 개인의 인진이 보장된다고 주장했다. 이는 산입현장에서 관리자와 작업자가 협력하여 안전한 환경을 조성하는 것과 같다. 협력적 문화가 형성되지 않으면 사고 위험이 높아진다.

사례 한 공장에서 관리자와 작업자 간의 소통 부재로 장비 결함이 제때 보고되지 않아 사고가 발생했다. 만약 협력적 안전 문화가 잘 형성되어 있었다면 사고를 예방할 수 있었다. 스피노자의 협력 원리처럼, 산업현장에서 관리자와 작업자 간의 협력과 소통이 안전을 보장하는 중요한 요소이다.

5) 시스템 신뢰와 예방적 유지보수

스피노자는 자연 법칙에 대한 신뢰를 강조하며, 이를 통해 인간이 안전을 확보할 수 있다고 주장했다. 이는 산업현장에서 자동화된 경고 시스템과 장비가 신뢰를 제공할 때 작업자가 안전을 확신할 수 있는 것과 같다.

사례 한 화학 공장에서 경고 시스템이 고장 나 경미한 유해 물질 유출이 발생했지만, 이를 제때 인식하지 못해 큰 사고로 이어졌다. 시스템 신뢰성이 보장되었더라면 작업자는 유해 상황에 더 신속히 대응할 수 있었을 것이다. 스피노자가 자연 법칙의 신뢰성을 강조했듯, 산업현장에서의 시스템 신뢰성과 예방적 유지보수는 작업자의 안전을 보장하는 핵심이다.

다. 시사점

스피노자의 철학은 산업 안전 관리에서 명확한 절차 준수, 이성적 판단, 감정 통제, 협력 그리고 시스템 신뢰의 중요성을 강조한다. 작업자와 관리자가 이성적으로 행동하고 협력하며, 안전 절차를 필연적 원칙으로 인식하는 것이 사고 예방의 핵심이다. 또한, 정기적인 유지보수와 시스템 신뢰성을 통해 예방적 안전을 강화할 필요가 있다. 스피노자의 철학적 개념은 산업현장에서 안전을 확보하는 유용한 접근법으로 적용될 수 있다.

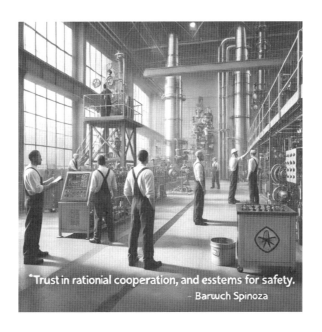

25. 고트프리트 빌헬름 라이프니츠 (Gottfried Wilhelm Leibniz, 1646-1716)

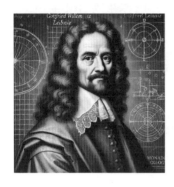

고트프리트 빌헬름 라이프니츠(Gottfried Wilhelm Leibniz, 1646-1716)는 독일의 철학자, 수학자, 과학자이다. 그의 철학은 단자론(monadology), 최선의 세계론(theodicy), 논리적 일관성 그리고 이성적 낙관주의로 요약될 수 있다. 라이프니츠는 다방면에 걸친 학문적 업적을 남겼으며, 수학에서는 미적분을 독립적으로 발견한 인물 중 한 명으로도 유명하다. 철학에서는 단자론을 통해 우주의 본질을 설명하고, 신과 세계의 관계에 대해 독창적인 해석을 제시하였다.

가. 철학적 관점

단자론(Monadology)

라이프니츠의 철학에서 가장 중요한 개념은 단자(monad)이다. 단자는 더 이상 나눌 수 없는 기본적이고 독립적인 실체로서, 우주를 구성하는 기본 단위이다. 라이프니츠는 단자를 정신적 실체로 보았으며, 단자는 외부와 물리적으로 상호작용하지 않고, 각 단자는 고유한 속성을 가지고 자신의 상태를 스스로 변화시킨다고 주장하였다.

단자는 일종의 거울처럼 우주의 모든 상태를 반영하지만, 다른 단자들과는 직접적으로 작용하지 않는 독립적인 존재이다. 대신 모든 단자는 신에 의해 조화롭게 설계된 선조적 조화(pre-established harmony)에 따라 움직인다. 이는 각각의 단자가 서로 영향을 주고받는 것이 아니라, 신의 설계에 따라 각 단자가 미리 조화된 방식으로 작동하는 것을 의미한다.

최선의 세계론(Theodicy)

라이프니츠는 신학적 문제인 악의 문제에 대해 해결책을 제시하였다. 그가 쓴 『변신론(Theodicy)』에서 그는 신이 전지전능하고 선하신데도 왜 세상에 악이 존재하는지에 대해 설명하려 하였다. 라이프니츠의 답은 우리는 최선의 세계에 살고 있다는 주장이었다.

그는 신이 무한한 지혜와 선함으로 가능한 모든 세계 중 가장 최선의 세계를 선택하여 창조하였다고 주장하였다. 즉, 세상에 존재하는 악조차도 더 큰 선을 이루기 위한 일부이며, 신이 창조할 수 있는 여러 세계 중에서 지금의 세계가 가능한 한 최선의 선택이라는 것이다. 이 이론은 당시 많은 논란을 불러일으켰으며, 특히 볼테르의 『캉디드』에서 조롱의 대상이 되기도 하였다.

선조적 조화(Pre-established Harmony)

라이프니츠의 선조적 조화 개념은 우주가 신에 의해 미리 설정된 조화로운 상태로 작동한다는 사상이다. 이는 정신과 물질의 상호작용 문제를 해결하려는 시도로 볼 수 있다. 데카르트는 신체와 정신을 구분한 이원론을 제시했지만, 이 둘이 어떻게 상호작용하는지는 명확히 설명하지 못하였다. 라이프니츠는 정신적 실체(단자)와 물질적 세계가 신에 의해 미리 조화롭게 설정되었기 때문에 직접적인 상호작용이 없어도 일치한다고 주장하였다.

이러한 사상은 인간의 자유 의지와 결정론 사이의 문제를 해결하려는 시도로, 모든 사건이 신의 계획에 따라 필연적으로 일어나지만, 각 단자는 자신의 고유한 법칙에 따라 자율적으로 움직인다는 것이다. 즉, 우리는 자유롭게 선택하는 것처럼 느끼지만, 사실 이는 신의 계획 속에서 미리 조화된 상태라는 것이다.

인식론: 합리적 낙관주의(Rational Optimism)

라이프니츠는 합리적 낙관주의를 주장하며, 이성에 의해 세상을 이해하고 개선할 수 있다고 믿었다. 그는 이성적 진리(necessary truths)와 사실적 진리(contingent truths)를 구분하였다. 이성적 진리는 논리적으로 반드시 참인 진리들로, 예를 들어 "삼각형 내각의 합이 180°" 같은 수학적 진리들이 해당된다. 반면, 사실적 진리는 경험을 통해 알아낼 수 있는 진리들로, 이는 세상에서 우연히 일어난 일들에 대한 진리이다.

라이프니츠는 인간이 이성적 사고를 통해 세상을 더 잘 이해하고, 합리적 결정을 내릴 수 있다고 보았다. 또한 그는 사유와 판단의 명료성을 중요하게 여겼으며, 이성적 사고는 인간이 진리에 도달하는 중요한 도구라고 생각하였다. 그는 이를 바탕으로 사회의 발전과 개인의 도덕적 향상을 낙관적으로 전망하였다.

연속성의 법칙(Principle of Continuity)

라이프니츠는 연속성의 법칙(Principle of Continuity)을 주장하였다. 이 법칙에 따르면 자연은 불연속적인 도약 없이 연속적으로 변화한다. 이는 수학에서의 연속성 개념과 일치하며, 그는 자연 세계에서 일어나는 모든 변화가 끊임없는 연속성을 따른다고 믿었다. 이 법칙은 물리적 세계뿐만 아니라, 정신적 세계에서도 적용된다고 보았다. 따라서 세계의 모든 변화는 작은 차이들로 이루어져 있으며, 극적인 변형은 없다는 것이다.

개별화의 원리(Principle of Individuation)

라이프니츠는 개별화의 원리를 통해 세상에 존재하는 모든 것들이 고유한 개체로 존재할 수 있는 이유를 설명하려 하였다. 그는 모든 단자가 자신만의 고유한 내적 특성을 가지고 있기 때문에, 각각의 단자는 서로 구분된다고 주장하였다. 비록 단자들이 모두 동일한 구조를 가지고 있을지라도, 그들의 관점과 표현은 고유하므로, 모든 개체는 본질적으로 독특한 존재라고 보았다. 이러한 생각은 라이프니츠의 단자론에서 비롯된 것으로, 모든 단자는 우주의 다른 부분을 반영하면서도 독립적으로 존재한다는 사상과 연결된다.

계산 가능한 세계관(Calculable Worldview)

라이프니츠는 철학뿐만 아니라 수학적 사고와 과학적 사고를 통해 세상을 설명하려 하였다. 그는 논리와 수학이 철학적 문제들을 해결하는 데 중요한 역할을 한다고 보았다. 라이프니츠는 이진법(binary system)을 창안하여 계산 기계와 컴퓨터 과학의 기초를 닦았으며, 이는 오늘날 디지털 시대의 기초가 되었다. 또한, 그는 미적분학을 뉴턴과 독립적으로 발견한 것으로도 유명하다.

그는 모든 자연 현상이 수학적으로 설명될 수 있다는 계산 가능한 세계관을 지지하였다. 즉, 자연의 법칙은 논리와 수학을 통해 설명할 수 있으며, 이성을 통해 세계를 더 깊이 이해할 수 있다는 사상을 발전시켰다. 라이프니츠의 이러한 과학적 접근은 후대 과학자들에게 큰 영향을 주었다.

라이프니츠는 철학과 수학, 과학의 경계를 넘나들며 중요한 업적을 남긴 사상가이다. 그의 단자론과 선조적 조화 개념은 신과 자연, 인간의 자유와 필연성 문제를 독창적으로 해결하려 하였다. 또한 최선의 세계론을 통해 신과 악의 문제에 대한 철학적 답변을 시도했고, 그의 합리적 낙관주의는 이성을 통해 세상을 이해하고 개선할 수 있다는 신념을 바탕으로 발전하였다.

라이프니츠의 철학은 논리와 이성을 중시하면서도 신학적 요소를 통합하려는 시도로써, 근대 철학의 중요한 전환점을 이루었으며, 그의 사상은 이후 계몽주의와 현대 철학에 큰 영향을 미쳤다.

나. 안전학적 관점

라이프니츠는 모나드와 예정 조화 이론을 통해 세계가 신의 조회 속에서 안벽하게 운영된다고 주장했다. 이는 현대 산업안전 관리에도 적용될 수 있는 중요한 개념이다. 산업현장에서 안전 시스템과 규정이 조화롭게 작동해야 사고를 예방할 수 있으며, 이를 통해 작업 환경의 안전성을 강화할 수 있다.

1) 모나드의 조화와 부서 간 협력

라이프니츠의 철학에서 모나드는 독립적으로 존재하면서도 신의 조화 속에서 상호 작용한다. 이와 마찬가지로, 산업현장에서도 각 부서가 독립적으로 운영되지만, 부서 간 협력이 원활하게 이루어져야 안전한 작업 환경을 유지할 수 있다.

사례 한 공장에서 생산팀과 안전팀 간의 소통 부족으로 인해 장비 결함을 미리 발견하지 못해 사고가 발생했다. 부서 간 긴밀한 협력이 있었다면 사고를 예방할 수 있었다. 라이프니츠의 조화 개념처럼, 부서 간 협력과 소통이 원활할 때 작업 현장의 안전성이 확보될 수 있다. 조화로운 협력이 사고 예방의 필수 요소이다.

2) 최선의 상태와 안전 점검 절차 준수

라이프니츠는 이 세계가 가능한 세계 중 최선의 상태로 유지된다고 주장했다. 이는 산업현장에서 예방적 점검과 유지보수를 통해 시스템이 항상 최적의 상태로 유지될 때 사고를 방지할 수 있음을 시사한다.

사례 한 화학 공장에서 경고 시스템이 제대로 점검되지 않아 유해 물질이 유출되는 작은 사고가 발생했다. 정기적인 점검이 이루어졌다면 시스템을 최선의 상태로 유지할 수 있었을 것이다. 최선의 상태를 유지하려면, 정기적인 예방 점검과 유지보수가 필수적이다. 이를 통해 시스템의 완벽한 운영을 보장하고 사고를 예방할 수 있다.

3) 악의 문제와 리스크 관리

라이프니츠는 악이 더 큰 선을 이루기 위한 필수적 요소로 이해되며, 이를 통해 세계가 조화를 이루고 발전한다고 주장했다. 산업현장에서도 작은 문제나 결함을 빠르게 인식하고 개선하면 더 큰 사고를 예방할 수 있다.

사례 제조업체에서 작은 장비 결함을 무시한 결과, 결국 더 큰 사고로 이어졌다. 작은 리스크를 무시하지 않고 빠르게 해결하는 것이 중요하다. 작은 문제라도 빠르게 인식하고 개선하는 것이 중요하다. 이를 통해 더 큰 사고를 예방하고 작업 현장의 안전성을 높일 수 있다.

4) 이성적 인식과 매뉴얼 준수

라이프니츠는 이성을 통해 신의 조화를 이해하고 이를 따를 때 안전을 보장할 수 있다고 보았다. 이는 산업현장에서 작업자가 매뉴얼과 안전 절차를 이성적으로 판단하고 따를 때 사고를 예방할 수 있음을 시사한다.

사례 한 작업자가 매뉴얼을 무시하고 보호 장비를 착용하지 않은 상태에서 작업하다가 부상을 입었다. 이성적 판단으로 매뉴얼을 준수하는 것이 사고 예방의 핵심이었다. 이성적으로 규정을 준수하는 습관이 사고를 예방하는 중요한 요소다. 명확한 매뉴얼을 따르는 것이 작업 현장에서의 안전을 보장한다.

5) 정치적 안정과 조직의 안전 문화

라이프니츠는 정의로운 법과 제도가 사회적 안전을 보장한다고 보았다. 이는 산업 현장에서 안전 규정과 교육이 명확하게 정착되어야만 작업 환경이 안전할 수 있음을 의미한다.

사례 한 건설 현장에서 안전 교육이 제대로 이루어지지 않아 규정 미준수로 사고가 발생했다. 명확한 규정과 교육을 통해 사고를 예방할 수 있다. 명확한 규정과 교육을 통해 안전 문화를 정착시키는 것이 사고 예방에 필수적이다. 조직 내 안전 문화를 강화해야 작업 환경의 안전성이 유지될 수 있다.

다. 시사점

라이프니츠의 철학에서 신의 조화와 이성적 판단을 통해 세계가 안전하게 운영되는 것처럼, 산업현장에서도 부서 간 협력과 예방적 점검, 규정 준수를 통해 안전을 확보할 수 있다. 부서 간 조화로운 협력과 정기적인 점검을 통해 시스템을 최선의 상태로 유지해야 하며, 작은 리스크도 빠르게 인식하고 개선해야 한다. 또한, 안전 문화와 규정 준수를 통해 조직 전체의 안전성을 강화할 수 있다. 라이프니츠의 철학적 개념은 산업 안전 관리에서 사고를 예방하고 작업 환경의 안전성을 유지하는 데 유용한 접근법을 제공한다.

26. 프랜시스 베이컨(Francis Bacon, 1561-1626)

 프랜시스 베이컨(Francis Bacon, 1561-1626)은 영국의 철학자이자 정치가, 법률가 그리고 근대 과학적 방법론의 기초를 마련한 인물로, 그의 철학적 사상은 주로 경험주의, 귀납적 추론 그리고 과학적 방법론에 중심을 둔다. 그는 지식의 실용성과 인간의 발전을 위한 지식의 역할을 강조하면서, 후대의 과학적 사고와 연구에 큰 영향을 미쳤다.

가. 철학적 관점

경험주의(Empiricism)

베이컨은 경험주의 철학의 창시자로 불린다. 그는 지식이 감각적 경험을 통해서만 얻어질 수 있다고 주장하며, 인간이 자연을 이해하려면 관찰과 실험에 의존해야 한다고 보았다. 당시 많은 철학자들이 아리스토텔레스식의 연역적 추론과 추상적인 사고에 의존했으나, 베이컨은 이를 비판하고, 경험과 관찰을 통해 지식을 확장해야 한다고 역설하였다.

베이컨은 인간이 자연을 제대로 이해하려면 감각적 경험을 통해 자연의 원리와 법칙을 발견해야 하며, 이를 통해 신뢰할 수 있는 지식에 도달할 수 있다고 보았다. 그는 이성적 사고보다 경험적 관찰과 실험을 더 중요하게 여겼으며, 이는 이후 근대 과학의 발달에 크게 기여하였다.

귀납적 추론(Inductive Reasoning)

베이컨의 가장 큰 철학적 기여 중 하나는 귀납적 추론에 대한 강조이다. 그는 아리스토텔레스의 연역적 추론(특한 법칙에서 개별 사례를 도출하는 방식)을 비판하며, 과학적 연구는 개별적이고 구체적인 관찰에서부터 일반적인 법칙을 도출하는 귀납적 추론(Induction)에 기초해야 한다고 주장하였다.

이전까지 과학적 탐구는 보통 가설을 세우고 이를 입증하는 방식인 연역법에 의존했으나, 베이컨은 이를 경험적 데이터에 근거한 귀납법으로 대체해야 한다고 보았다. 그의 귀납적 방법은 개별적인 관찰에서 출발하여 반복적인 실험과 경험을 통해 더 넓은 법칙을 발견하는 방식으로, 이는 현대 과학적 방법론의 근간이 되었다.

과학적 방법론(The Scientific Method)

베이컨은 과학적 방법을 정립하는 데 중요한 기여를 하였다. 그는 『신기관(Novum Organum, 1620)』에서 과학적 탐구의 새로운 도구와 방법을 제시하며, 이를 통해 자연현상을 더 정확하게 이해할 수 있다고 주장하였다. 그는 과학적 연구가 체계적이고 철저한 방법으로 이루어져야 하며, 특히 다음의 원칙을 따를 것을 강조하였다.

▲ 관찰과 실험: 과학적 연구는 관찰과 실험에 기반해야 하며, 이를 통해 자연의 법칙을 발견해야 한다.

▲ 편견과 오류의 제거: 그는 인간의 지식에 영향을 미치는 우상(idols)에 대해 언급하며, 이러한 우상이 지식의 발전을 방해한다고 보았다. 베이컨은 특히 네 가지 유형의 우상을 정의하였다.

▲ 종족의 우상(Idols of the Tribe): 인간 본성 자체에서 오는 오류. 인간은 감각에 의존하고, 편향된 해석을 하기 때문에 이 오류에 빠지기 쉽다.

▲ 동굴의 우상(Idols of the Cave): 개인의 경험과 배경에서 기인하는 편견

▲ 시장(place)의 우상(Idols of the Marketplace): 언어와 소통에서 발생하는 오류. 잘못된 개념이나 용어 사용이 이를 유발한다.

▲ 극장의 우상(Idols of the Theatre): 철학적 이론이나 학파에서 제기된 권위 있는 학설이 오히려 진리를 가리는 경우를 말한다.

▲ 지식의 축적과 공유: 베이컨은 과학적 탐구가 단순히 개인의 지적 탐구를 넘어,

인간 사회와 기술 발전에 기여해야 한다고 주장하였다. 그는 "지식은 힘이다 (Knowledge is Power)"라는 말을 남겼으며, 인간이 자연을 이해하고 그 법칙을 활용하여 인간의 삶을 향상시킬 수 있다고 믿었다.

자연 정복과 인간 발전

베이컨은 자연을 정복하는 것이 인간의 삶을 개선하는 핵심이라고 보았다. 그는 자연 세계를 관찰하고, 그 법칙을 이해함으로써 인간이 더 나은 기술을 개발하고, 사회를 발전시킬 수 있다고 주장하였다. 베이컨에게 있어 지식은 단순한 이론적 활동이 아니라, 실용적이고 기술적인 성과로 이어져야 한다는 것이 매우 중요하였다.

그는 이를 바탕으로 과학과 기술의 발전이 인류의 진보를 촉진할 수 있다고 믿었으며, 이러한 사상은 후에 산업 혁명과 근대 과학의 출현에 큰 영향을 미쳤다.

인식론: 방법적 회의

베이컨은 데카르트처럼 모든 것을 의심하는 방법적 회의를 주장하지는 않았지만, 기존 지식과 권위에 대한 비판적 태도를 가지고 있었다. 그는 중세 철학과 스콜라 철학에 대한 비판을 통해 기존의 권위에 의존하는 지식을 거부했으며, 이를 대체할 수 있는 새로운 과학적 방법론을 제시하였다. 그는 아리스토텔레스 철학이나 교회의 가르침에 대한 맹목적인 신뢰를 거부하고, 관찰과 경험을 통해 얻은 확실한 지식을 추구해야 한다고 보았다.

사회와 정치에 대한 사상

베이컨은 과학적 발전뿐만 아니라, 지식이 사회적 발전과 인간의 도덕적 완성을 위해 사용되어야 한다고 주장하였다. 그는 유토피아적 사회를 꿈꾸었으며, 그의 저서 『새로운 아틀란티스(New Atlantis)』에서 과학적 탐구와 지식이 사회와 정치의 발전에 어떻게 기여할 수 있는지를 상상하였다. 여기에서 베이컨은 솔로몬의 집(Solomon's House)

이라는 과학 연구 기관을 설계하고, 이를 통해 인류가 지식과 과학을 통해 더 나은 사회를 만들 수 있다고 보았다.

지식의 실용성과 기술 혁신

베이컨은 과학적 지식이 단순히 이론적 탐구에 그치지 않고, 실제적인 기술 발전으로 이어져야 한다고 믿었다. 그는 지식의 실용성을 강조하며, 과학적 탐구를 통해 새로운 발명과 발견이 이루어져 인간의 삶을 더 편리하고 윤택하게 만들 수 있다고 주장하였다. 이러한 실용적 철학은 이후 근대 과학 혁명과 기술 혁신의 중요한 이론적 기초가 되었다.

베이컨은 경험주의와 귀납적 추론을 통해 근대 과학적 방법론을 정립하고, 지식의 실용성과 과학적 탐구의 중요성을 강조한 철학자이다. 그는 과학이 단순히 이론적 탐구에 그치지 않고, 실제적인 인간의 진보와 사회적 발전을 위해 사용되어야 한다고 보았다. 그의 사상은 과학적 혁명과 현대 과학적 탐구의 발전에 깊은 영향을 미쳤으며, 경험적 방법론을 통해 인간이 자연을 이해하고 지식을 축적하는 방식에 변화를 가져왔다.

나. 안전학적 관점

베이컨은 과학적 방법론과 경험적 지식을 바탕으로 안전성을 확보하는 철학을 제시했다. 이는 산업현장에서 안전 절차 준수와 작업자 교육, 예방적 유지보수, 부서 간 협력과 소통의 중요성을 강조하는 현대의 안전 관리 원칙과 깊이 연관된다.

1) 과학적 방법론과 안전한 지식 vs. 안전 절차 준수의 중요성

베이컨은 경험과 실험에 기초한 지식만이 확실하고 안전한 지식을 제공한다고 보았다. 이와 유사하게, 산업현장에서 안전 절차와 규정에 따라 작업을 수행하는 것이 사고를 방지하고 안전을 보장하는 데 필수적이다.

한 제조 공장에서 장비 테스트 절차를 무시한 채 사용을 강행한 결과, 장비 오작동으로 인해 작업자가 부상을 입는 사고가 발생했다. 경험과 절차에 따라 철저히 안전 테스트를 수행하는 것이 사고 예방의 핵심이다. 베이컨의 과학적 방법론처럼, 산업현장에서는 규정과 매뉴얼에 따른 절차 준수가 안전성을 보장하는 기본 원칙이다.

2) 우상(Idols)과 오류 방지 vs. 작업자 편견 제거

베이컨은 인간의 인식에 내재된 오류, 즉 '우상'이 올바른 지식의 습득을 방해한다고 주장했다. 이는 작업 현장에서 경험에 의존한 잘못된 판단이나 습관이 안전을 위협할 수 있음을 상기시킨다.

사례 한 공장에서 작업자가 경험에만 의존하여 매뉴얼을 무시하고 작업을 진행하던 중 장비가 고장 나 부상을 입은 사고가 있었다. 모든 상황에서 매뉴얼을 따르는 것이 안전을 유지하는 데 필수적이다. 베이컨의 '우상' 이론처럼, 산업현장에서는 작업자의 편견과 잘못된 습관을 제거하고 매뉴얼을 준수하는 습관을 형성하는 것이 안전성을 확보하는 방법이다.

3) 실험적 방법과 자연 통제 vs. 예방적 유지보수

베이컨은 자연 법칙을 이해하고 이를 통제하는 것이 안전을 보장하는 길이라고 보앗다. 마찬가지로, 산업현장에서도 예방적 유지보수를 통해 장비와 시스템을 철저히 점검해야 한다.

사례 한 화학 공장에서 장비 점검을 소홀히 하여 경고 시스템이 작동하지 않은 상태에서 유해 물질이 누출되는 사고가 발생했다. 정기적인 유지보수와 실험적 점검이 사고 예방에 필수적이었다. 베이컨의 자연 통제 개념처럼, 산업현장에서도 예방적 유지보수를 통해 장비의 안전성을 확보하고 사고를 미연에 방지해야 한다.

4) 지식의 유용성과 사회적 안전 vs. 매뉴얼 개선과 교육

베이컨은 실용적 지식이 사회의 안전과 번영을 보장한다고 주장했다. 이는 산업현장에서 실용적인 매뉴얼 제작과 작업자 교육의 중요성을 강조하는 현대 안전 관리 원칙과 일치한다.

사례 한 물류 창고에서 작업자가 매뉴얼을 제대로 이해하지 못해 사고가 발생한 사례가 있었다. 작업자들이 이해하기 쉽고 실용적인 매뉴얼을 제작하고 정기적인 교육을 실시해야 했다. 베이컨의 실용적 지식 강조처럼, 산업현장에서는 매뉴얼의 실용성을 높이고 정기적인 교육을 통해 작업자의 안전 인식을 강화해야 한다.

5) 과학적 공동체와 협력 vs. 부서 간 협업 강화

베이컨은 지식의 안전성을 확보하기 위해서는 공동체의 협력과 정보 공유가 필수적이라고 보았다. 이는 산업현장에서 부서 간 협력과 소통이 원활하지 않을 경우 안전 문제가 발생할 수 있음을 시사한다.

사례 한 제조업체에서 생산팀과 안전팀 간의 소통 부재로 문제가 발생하여 장비의 결함이 사전에 해결되지 않아 사고로 이어졌다. 부서 간 원활한 협력이 사고 예방의 필수적인 요소였다. 베이컨의 협력 개념처럼, 산업현장에서도 부서 간 협력과 정보 공유가 원활할 때 안전성을 보장할 수 있다.

다. 시사점

프랜시스 베이컨의 철학에서 강조된 과학적 방법론과 경험적 지식은 산업안전 관리의 핵심 요소와 밀접하게 연관된다. 산업현장에서의 절차 준수, 작업자의 편견 제거, 예방적 유지보수, 실용적인 매뉴얼과 교육 그리고 부서 간 협력은 모두 베이컨의 철학적 원칙과 일치하는 중요한 안전 관리 요소다. 이를 바탕으로 작업 환경에서 사고를 예방하고 안전성을 강화할 수 있다. 베이컨의 철학적 통찰은 현대 산업안전 관리의 기반을 마련하는 데 중요한 역할을 한다.

27. 존 로크(John Locke, 1632-1704)

존 로크(John Locke, 1632-1704)는 영국의 철학자로, 경험주의, 정치 철학, 자유와 권리 그리고 교육론에서 중요한 기여를 한 인물이다. 그의 사상은 계몽주의와 근대 민주주의 발전에 큰 영향을 미쳤으며, 특히 미국 독립선언서와 헌법에 영감을 준 철학자 중 한 명이다. 로크는 인간의 이성과 경험에 의한 지식 습득을 강조하며, 개인의 자유와 소유권을 중심으로 한 사회적 계약 이론을 발전시켰다.

가. 철학적 관점

경험주의(Empiricism)

로크는 경험주의 철학의 선구자로, 모든 지식은 감각적 경험에 의해 얻어진다고 주장하였다. 그는 인간의 마음을 백지 상태(tabula rasa)로 비유하며, 태어날 때부터 내재된 관념이나 지식은 없으며, 모든 지식은 감각을 통해 획득된다고 보았다.

로크는 데카르트의 선천적 관념(innate ideas) 개념을 반박하며, 인간의 사고와 지식은 경험을 통해 형성된다고 설명하였다. 그는 감각을 통해 외부 세계를 인식하고, 그 경험을 바탕으로 단순 관념(simple ideas)을 얻고, 이러한 단순 관념들이 결합되어 복합 관념(complex ideas)을 형성한다고 보았다. 그의 경험론은 후대 철학자들, 특히 데이비드 흄과 조지 버클리에게 영향을 미쳤으며, 현대 경험주의와 과학적 탐구 방법론에 중요한 기초를 마련하였다.

정치 철학: 사회 계약론(Social Contract Theory)

로크는 정치 철학에서도 중요한 사상을 제시했으며, 특히 그의 사회 계약론은 근대 민주주의의 기초를 형성하였다. 로크의 사회 계약론은 그의 저서 『정부에 관한 두 개의 논문(Two Treatises of Government, 1689)』에 잘 나타나 있다. 그는 자연 상태(state of nature)에서 인간이 평등하고 자유롭게 살아간다고 보았으며, 이 자연 상태에서 인간은 자연법에 따라 자신의 생명, 자유, 재산을 지킬 권리를 가지고 있다고 주장하였다.

로크는 자연 상태에서 발생할 수 있는 갈등과 불확실성을 해결하기 위해 정부가 필요하다고 주장하였다. 정부는 사회 계약에 의해 인간의 권리를 보호하기 위해 형성되며, 개인은 정부에 일정한 권리를 위임하는 대신 법의 지배 아래서 자유와 권리를 보장받는다.

로크는 정부의 목적이 국민의 생명, 자유, 재산을 보호하는 데 있다고 보았으며, 만약 정부가 이러한 목적을 달성하지 못하거나 국민의 권리를 침해한다면, 국민은 저항권을 행사할 수 있다고 주장하였다. 이는 후에 미국 독립 혁명과 프랑스 혁명에 큰 영향을 미쳤다.

자연권 이론(Natural Rights Theory)

로크는 자연권 개념을 강조하였다. 자연권은 인간이 태어날 때부터 가지는 생명, 자유, 재산에 대한 권리로, 이는 어떠한 정부나 권력에 의해서도 박탈될 수 없는 기본적인 권리이다. 그는 정부의 목적이 이러한 자연권을 보호하는 데 있다고 보았으며, 이 자연권 이론은 근대 헌법과 법률 체계의 중요한 기초가 되었다.

로크는 특히 소유권(property rights)에 큰 중요성을 두었는데, 그는 인간이 노동을 통해 자연을 자신의 소유로 만들 수 있다고 보았다. 소유권은 인간의 노동에서 비롯된다고 보았으며, 이는 후에 자본주의와 재산권 보호의 철학적 기초가 되었다.

제한된 정부(Limited Government)

로크는 정부의 권력은 제한되어야 한다고 주장하였다. 그는 정부의 권력이 절대적일 경우, 국민의 자유를 억압할 위험이 있다고 보았다. 따라서 로크는 입헌주의(constitutionalism)와 권력 분립의 중요성을 강조하였다.

그는 행정권(executive)과 입법권(legislative)의 구분을 통해 정부의 권력을 제한하고, 국민의 자유와 권리를 보호할 수 있다고 보았다. 특히 로크는 입법부가 정부의 핵심 기관이며, 국민의 의지를 반영해야 한다고 강조하였다. 로크의 제한된 정부 사상은 후에 미국 헌법과 영국의 민주주의 발전에 큰 영향을 미쳤다.

교육론(Theory of Education)

로크는 『교육에 관한 고찰(Some Thoughts Concerning Education)』에서 교육의 중요성을 역설하며, 인간의 성품과 지식은 교육을 통해 형성된다고 보았다. 그는 인간의 마음이 백지 상태이므로, 환경과 교육이 지식과 덕을 형성하는 데 결정적인 역할을 한다고 주장하였다.

로크는 아이들에게 이성적 사고와 도덕적 덕목을 가르치는 것이 중요하다고 강조하며, 체벌보다는 이성적 설득을 통한 교육이 더 효과적이라고 보았다. 또한 그는 경험과 실용적 지식이 중요하다고 보았으며, 아이들에게 실제적인 경험을 통해 학습하도록 권장하였다. 그의 교육론은 근대 교육 사상의 기초를 형성했으며, 그의 사상은 후대 교육자들에게 큰 영향을 미쳤다.

종교적 관용(Religious Toleration)

로크는 종교적 관용을 옹호한 철학자 중 한 명이다. 그는 『관용에 관한 편지(A Letter Concerning Toleration)』에서 종교적 자를 주장하며, 정부는 개인의 종교적 신념에 간섭해서는 안 된다고 보았다. 로크는 종교는 개인의 양심에 따른 문제이며, 국가 권력이 이를 강제하거나 억압할 수 없다고 주장하였다.

그는 종교적 신념의 다양성을 존중해야 한다고 보았으며, 다른 종교적 신념을 가진 사람들 간의 관용이 사회적 평화를 유지하는 데 중요하다고 강조하였다. 그러나 로크는 무신론자와 로마 가톨릭 신자는 관용의 대상에서 제외했는데, 이는 당시 사회적, 정치적 맥락에 기인한 것이다.

인식론: 인간 이해의 한계(Theory of Knowledge)

로크의 인식론은 그의 저서 『인간 오성론(An Essay Concerning Human Understanding)』에서 체계적으로 정리되었다. 그는 지식이 감각적 경험을 통해 습득된다고 주장했지만, 동시에 인간 지식의 한계에 대해서도 논의하였다. 로크는 인간이 모든 것을 알 수 없으며, 인간 지식은 확실한 지식과 확률적 지식으로 구분된다고 보았다.

- 확실한 지식: 직관적이고 자명한 진리, 논리적으로 증명할 수 있는 지식
- 확률적 지식: 경험에 의해 얻어진 지식으로, 완전히 확실하지는 않지만 신뢰할 수 있는 지식

로크는 인간이 확실한 지식에 도달할 수 있는 경우는 제한적이며, 대부분의 지식은 경험을 통해 얻은 확률적 지식임을 강조하였다. 이를 통해 로크는 지식의 한계를 인식하고, 인간이 이성적 사고를 통해 최대한 신뢰할 수 있는 지식을 추구해야 한다고 주장하였다.

존 로크는 경험주의 철학을 통해 모든 지식이 감각적 경험에서 비롯된다는 주장을 전개했으며, 그의 사회 계약론은 근대 민주주의와 헌정주의의 기초를 마련하였다. 그는 자연권과 정부의 역할에 대한 사상을 통해 개인의 자유와 재산권을 보호하는 제한된 정부를 주장했고, 이러한 사상은 근대 정치 이론과 법제도에 큰 영향을 미쳤다. 또한, 로크의 종교적 관용과 교육론은 현대 사회의 중요한 가치들에 대한 철학적 기초를 제공하였다.

나. 안전학적 관점

존 로크의 철학은 경험론, 자연권 보호, 사회계약 이론을 통해 개인의 안전과 권리를 강조하며, 이는 현대 산업안전 관리와 밀접하게 연결될 수 있다. 로크의 철학은 근로자의 권리 보호, 안전 교육, 작업장 규정 준수, 저항권 등 현대 안전 관리의 다양한 원칙과 일치한다.

1) 경험론과 지식의 안전성 vs. 작업 현장의 경험 기반 안전

로크는 지식이 경험과 이성적 반성을 통해 형성되며, 이러한 경험적 지식이 안전성을 보장할 수 있다고 주장했다. 이는 산업현장에서 경험을 바탕으로 한 안전 조치와 개선이 중요함을 시사한다.

사례 제조업 현장에서 근로자들이 반복적으로 전동 장비를 다루며 습득한 안전 조치가 사고를 방지했다. 작업자들은 기계의 위험성을 경험으로 이해하고, 보호 장치를 설치하거나 안전한 작업 절차를 준수함으로써 사고를 예방했다. 로크의 경험론처럼, 산업현장에서 근로자들이 경험을 통해 얻은 안전 조치를 반영하고 이를 개선하는 것이 사고 예방의 핵심이다. 비판적 사고와 경험 기반 지식 공유는 사고 위험을 최소화하는 데 필수적이다.

2) 자연 상태와 자연권 vs. 근로자의 권리와 안전보장

로크는 모든 개인이 생명, 자유, 재산의 권리를 가지며, 이는 보호받아야 한다고 주장했다. 이는 산업현장에서 근로자의 생명과 건강을 보호받을 권리가 있으며, 기업은 이를 보장해야 한다는 원칙과 연결된다.

사례 화학 공장에서 작업자들이 유해 화학물질 노출 위험에 직면했을 때, 적절한 개인 보호구(PPE)가 제공되지 않아 근로자들이 개선을 요구했다. 그 결과, 회사는 보호구를 제공하고 정기적인 건강 검진을 도입했다. 로크의 자연권 사상처럼, 근로자의 생명과 건강을 보호하기 위해 위험 요소를 제거하고, 적절한 보호 조치를 제공하는 것이 필수적이다. 근로자의 안전을 보장하지 않으면 저항권이 행사될 수 있다.

3) 사회계약과 정부의 역할 vs. 안전 규정 준수와 감독의 중요성

로크는 사회계약을 통해 정부가 시민의 자연권을 보호하고 법과 질서를 유지해야 한다고 주장했다. 이는 현대 산업에서 법과 규정을 통해 근로자의 안전을 보장하는 원칙과 유사하다.

사례 한 건설 현장에서 고위험 작업을 수행하기 전, 안전 작업 허가서(Work Permit System)를 도입하여 사전에 위험을 평가하고 작업을 승인하는 절차를 따랐다. 이를 통해 사고 위험을 최소화했다. 로크의 사회계약 이론처럼, 기업은 법적 의무를 준수하여 근로자의 안전을 보장해야 하며, 정부와 감독 기관은 이를 철저히 규제하고 감독해야 한다.

4) 저항권과 안전 vs. 위험 상황에서 근로자의 권리

로크는 정부가 시민의 자연권을 침해하면 저항할 권리가 있다고 주장했다. 산업현장에서도 근로자는 위험한 작업에 대해 작업 중지 권리를 행사할 수 있어야 한다.

사례 한 건설 현장에서 근로자들이 낙하 위험이 있는 작업을 안전망 없이 강요받자, 집단으로 문제를 제기하여 안전망 설치와 작업 조건이 개선되었다. 로크의 저항권처럼, 근로자는 위험 상황에서 작업을 중지할 권리를 행사할 수 있어야 하며, 이를 통해 자신의 안전을 보장할 수 있다.

5) 교육과 시민의 안전 vs. 안전 교육의 중요성

로크는 올바른 교육이 개인이 자신의 권리와 의무를 이해하는 데 필수적이라고 강조했다. 이는 산업현장에서 안전 교육이 근로자들에게 자신과 동료의 안전을 지킬 수 있는 능력을 제공함을 시사한다.

사례 한 자동차 제조업체에서 신입 직원 교육을 소홀히 하여 사고가 발생했다. 이후 기업은 정기적인 안전 교육과 비상 대피 훈련을 의무화하고, 교육 이수 여부를 성과 평가에 반영했다. 로크의 교육 강조처럼, 정기적인 안전 교육을 통해 근로자가 자신의 권리와 의무를 이해하고, 작업장에서 안전하게 행동할 수 있도록 해야 한다.

다. 시사점

존 로크의 철학에서 강조된 경험론, 자연권 보호, 사회계약, 저항권, 교육은 현대 산업안전 관리의 중요한 원칙과 밀접하게 연결된다. 산업현장에서도 경험 기반 지식과 비판적 사고, 근로자의 권리 보호, 안전 규정 준수, 작업 중지 권리 그리고 정기적인 교육이 사고를 예방하고 안전한 작업 환경을 유지하는 데 필수적이다. 로크의 철학적 통찰은 근로자의 권리와 안전을 보장하는 현대 안전관리 체계의 중요한 이론적 기반을 제공한다.

28. 조지 버클리(George Berkeley, 1685-1753)

 조지 버클리(George Berkeley, 1685-1753)는 아일랜드 출신의 철학자로, 주로 그의 "관념론" 또는 "이상주의"로 유명하다. 그는 우리의 모든 지각이 실제로는 신의 지각에 의해 유지된다고 보았다. 18세기 영국 경험론의 중요한 철학자로, 물질적 실체의 존재를 부정하고 오직 관념만이 존재한다고 주장한 것으로 유명하며, 그의 철학적 입장은 관념론(idealism)으로 요약될 수 있다.

가. 철학적 관점

관념론(Idealism)

버클리는 물질적 세계의 존재를 부정하고, 오로지 정신(마음)과 그 속의 관념만이 존재한다고 주장하였다. 그의 유명한 주장은 "존재하는 것은 인식되는 것이다(Esse est percipi)"이다. 즉, 사물은 누군가에 의해 인식되고 있을 때만 존재한다고 하였다.

"존재는 인식이다(Esse est percipi)"

버클리는 사물의 존재가 인식에 의존한다고 보았다. 즉, 사물은 인식되는 것에 의해만 존재하며, 인식되지 않으면 존재하지 않는다고 주장하였다. 이는 물리적 세계의 독립적 존재를 부인하는 주장이다.

신의 역할

버클리는 신이 모든 것을 인식하는 존재로서, 사물의 지속성을 보장한다고 믿었다. 즉, 신의 인식 없이는 사물의 존재가 유지될 수 없다는 것이다. 신은 모든 사물의 존재를 지속적으로 인식함으로써 이 세상의 연속성과 안정성을 제공한다고 하였다.

감각적 경험

버클리는 우리가 경험하는 모든 것은 감각적 경험에 의존한다고 주장하였다. 그는 감각적 인식이 물질 세계의 존재를 확인하는 유일한 방법이라고 믿었다. 그에 따르면, 사물은 감각적 관념으로만 인식될 수 있다.

물질적 실체의 부정

버클리는 물질적 실체가 독립적으로 존재한다고 하는 견해를 부정하였다. 그는 모든 물질적 객체가 단지 감각적 관념의 집합에 불과하며, 이러한 관념은 정신적 활동에 의존한다고 보았다.

버클리의 철학은 당시 물리주의와 실재론의 견해와 대립하였으며 현대의 관념론 및 다양한 심리 철학적 논의에 큰 영향을 미쳤다. 그의 관념론은 이후 철학자들, 특히 이마누엘 칸트와 같은 철학자들에 의해 논의되고 비판되었다.

나. 안전학적 관점

버클리는 그의 관념론에서 "존재하는 것은 지각되는 것"이라고 주장하며, 신의 무한한 지각을 통해 세상의 안정성과 일관성이 유지된다고 보았다. 이 철학적 개념은 현대 산업안전 관리에서 중요한 의미를 갖는다. 산업현장에서의 안전은 지속적인 모니터링과 일관된 관리 시스템을 통해 보장되며, 위험 요소가 끊임없이 감지되고 예방되어야 한다.

1) 버클리 철학과 사고 예방 vs. 지각과 모니터링의 중요성

버클리는 존재하는 것은 지각되는 것이라고 하며, 세계의 안정성은 신의 지속적 지각에 달려 있다고 보았다. 이와 마찬가지로, 산업현장의 안전은 모든 위험 요소가 지속적으로 인식되고 관리될 때만 보장될 수 있다.

사례 고위험 회전 장비에 센서와 카메라를 설치해 작업자가 인지하지 못할 때도 장비 상태를 모니터링하고, 비상시 자동 정지시키는 시스템을 도입했다. 이는 버클리가 말한 신의 지속적 지각이 안전을 보장하는 것과 유사하게, 작업자가 지각하지 못하는 위험을 시스템이 대신 감지하고 예방하는 사례이다. 버클리의 지각 개념처럼, 산업현장에서는 지속적인 모니터링과 자동화된 시스템을 통해 안전을 유지해야 하며, 이를 통해 작업자들이 인지하지 못하는 위험도 관리할 수 있다.

2) 지각되지 않는 위험 요소와 신의 지각 vs. 비가시적 위험 관리

버클리는 인간이 모든 것을 지각할 수 없다는 한계를 인정하며, 신의 무한한 지각이 세상의 일관성을 유지한다고 보았다. 이는 산업현장에서 보이지 않는 위험 요소를 사전에 관리하는 것이 중요하다는 점과 연결된다.

사례 공장에서 유해 가스 감지 시스템을 설치하여 작업자가 직접 지각하지 못하는 가스를 감지하고 경보를 울려 작업을 중단시킨 사례가 있다. 이는 버클리의 신의 무한한 지각이 세상을 보호하듯, 작업장에서 보이지 않는 위험을 감지하는 자동화된 시스템의 필요성을 강조한다. 버클리 철학의 핵심인 지속적인 지각처럼, 산업현장에서는 비가시적 위험을 실시간으로 감시하고 대처하는 시스템이 필수적이다.

3) 신의 무한한 지각과 안전보장 vs. 사전 예방의 철학

버클리는 신의 지각이 세상의 일관성과 안전성을 보장한다고 보았다. 이는 산업현장에서의 사전 예방 조치와 연결된다. 위험 요소를 사전에 예측하고 대비하는 시스템이 있어야 일관된 안전 환경을 유지할 수 있다.

사례 고위험 작업을 수행하기 전, 작업 허가제를 통해 작업 허가를 받아야만 작업이 진행되도록 하는 절차는 사전에 모든 위험 요소를 점검하는 시스템이다. 이는 버클리가 주장한 신의 지각처럼, 작업 시작 전 안전성을 확인하고 위험을 예방하는 체계적 접근이다. 버클리의 사전 예방적 철학은 산업현장에서 작업 허가제와 같은 절차를 통해 구현되며, 이를 통해 사고를 예방하고 작업의 안전성을 보장할 수 있다.

4) 버클리의 도덕적 안전과 기업 문화 vs. 신뢰와 윤리적 행동의 중요성

버클리는 신의 지각이 도덕적 안정성을 제공한다고 보았다. 마찬가지로, 산업현장에서는 윤리적 책임과 신뢰가 안전을 유지하는 중요한 요소이다. 모든 구성원이 도덕적 책임감과 안전 문화를 공유할 때, 안전한 작업 환경이 유지될 수 있다.

사례 기업에서 '안전 강조 주간'을 운영하여 모든 직원이 안전 교육과 캠페인에 참여하고, 회사의 안전 문화를 공유할 사례가 있다. 이는 버클리가 강조한 도덕적 안전과 유사하게, 조직 내에서 구성원들이 안전에 대한 책임과 신뢰를 공유할 때 비로소 안전이 보장될 수 있다. 버클리의 도덕적 안전 개념처럼, 산업현장에서도 윤리적 책임과 안전 문화를 통해 근로자들이 안전한 환경을 조성하는 것이 필수적이다.

5) 실용적 시사점 vs. 관념론과 안전 관리의 융합

버클리의 철학은 산업 안전 관리에서 다음과 같은 실용적 시사점을 제공한다.

- 지속적인 모니터링의 중요성: 모든 위험 요소는 항상 인지되고 관리되어야 하며, 이를 위해 센서, 카메라, AI와 같은 기술이 필수적으로 도입되어야 한다.
- 비가시적 위험에 대한 대비: 유해 가스와 같은 보이지 않는 위험을 실시간으로 감지하는 시스템이 있어야 작업 환경의 일관성과 안전성을 유지할 수 있다.
- 일관된 절차와 시스템 구축: 작업 허가제와 같은 시스템을 통해 위험 요소를 사전에 점검하고 대비하는 절차가 필요하다.
- 윤리적 책임과 안전 문화의 중요성: 도덕적 책임을 바탕으로 안전 문화를 구축하고 공유해야만 근로자들이 신뢰할 수 있는 안전한 작업 환경이 조성될 수 있다.

다. 시사점

버클리의 철학에서 강조된 신의 무한한 지각과 도덕적 안정성은 현대 산업안전 관리에서 중요한 교훈을 제공한다. 지속적인 모니터링과 비가시적 위험 요소의 관리는 작업장의 안전성을 유지하는 데 필수적이며, 윤리적 책임과 안전 문화를 통해 조직 내 안전성을 강화할 수 있다. 이러한 철학적 접근은 IoT 기반의 실시간 모니터링 시스템, 예방적 유지보수, 작업 허가제와 같은 구체적인 제도를 통해 구현되며, 이는 사고를 예방하고 안전한 작업 환경을 구축하는 데 기여한다.

29. 데이비드 흄(David Hume, 1711-1776)

데이비드 흄(David Hume, 1711-1776)은 영국 경험주의 철학의 대표적인 인물로, 그의 철학적인 사상은 경험론, 회의주의, 윤리학, 심리학 등 다양한 영역에 걸쳐 있다. 흄은 인과관계에 대해 회의적이었으며, 우리의 지식이 항상 신뢰할 수 없다는 점을 강조하였다. 그리고 그의 철학에서 안전은 인간이 경험을 통해 얻은 지식을 의심하고 검토함으로써, 불확실한 지식을 비판적으로 받아들이는 데 있다.

가. 철학적 관점

경험론(Empiricism)

흄은 지식이 경험에서 비롯된다고 주장하였다. 그는 인간의 모든 인식이 감각 경험에서 유래하며, 경험하지 않은 개념은 존재하지 않는다고 보았다. 이를 통해 흄은 인과관계나 인과법칙도 경험을 통해서만 이해할 수 있다고 설명하였다.

회의주의(Skepticism)

흄은 극단적인 회의주의를 통해 우리가 경험하는 세계에 대한 확실한 지식을 가질 수 없다고 주장하였다. 특히, 그는 인과성(causality)에 대해 회의적이었다. 인과관계는 관찰할 수 없으며, 단지 경험에 의해 반복적으로 나타나는 현상에 대한 습관적 기대일 뿐이라고 보았다.

인과 관계의 비판(Critique of Causality)

흄은 인과관계가 필연적이지 않다고 주장하였다. 우리는 A가 B를 일으킨다는 것을 경험을 통해 알 수 있지만, 그것이 절대적인 필연성을 지닌다고 주장할 수는 없다. 이러한 논리는 후에 칸트에게 큰 영향을 미쳤다.

마음의 철학(Philosophy of Mind)

흄은 마음이 인상(impression)과 관념(idea)의 두 종류로 나뉜다고 보았다. 인상은 감각이나 감정에서 직접적으로 오는 생생한 경험이고, 관념은 인상을 바탕으로 하는 희미한 생각이나 기억이다. 그는 모든 인간의 사고와 행동은 이러한 인상과 관념에서 비롯된다고 설명하였다.

정념(Emotion)과 도덕(Morality)

흄은 도덕적 판단이 이성이 아닌 정념(passions)에 의해 형성된다고 주장하였다. 그는 인간이 도덕적으로 행동하는 것은 합리적인 판단보다는 감정에서 비롯된다고 보았다. 흄은 선과 악의 구분도 이성적인 것이 아니라, 인간의 감정적 반응에서 나오는 것이라고 말하였다.

종교 비판(Critique of Religion)

흄은 종교적 믿음에 대해 비판적인 입장을 취하였다. 그는 기적(Miracle)에 대한 논의를 통해, 기적에 대한 신뢰는 합리적이지 않으며 경험적 증거로 입증할 수 없다고 주장하였다. 또한, 신의 존재를 이성으로 증명하려는 시도에 대해 회의적인 태도를 보였다.

사회와 정치철학(Social and Political Philosophy)

흄은 인간이 사회적 계약에 의해 국가를 형성하였다는 이론을 부정하였다. 그는 사회 질서는 인간 본성의 산물이자 경험적으로 발달한 것이며, 관습과 전통을 통해 유지된다고 보았다.

흄의 철학은 현대의 인식론, 윤리학, 과학철학, 종교철학 등에 깊은 영향을 미쳤으며, 특히 칸트에게 중요한 도전 과제를 제공한 것으로 유명하다.

나. 안전학적 관점

데이비드 흄은 인과관계에 대한 회의주의와 지식의 한계를 강조한 철학자로, 그의 통찰은 현대 산업안전 관리에서 중요한 교훈을 제공한다. 흄의 철학을 산업 안전에 적용하면, 불확실성을 인식하고 신중한 대처를 통해 사고를 예방하고 작업 환경을 더 안전하게 유지할 수 있다.

1) 인과관계에 대한 회의주의와 사고 예방

흄은 인과관계가 확실하지 않으며, 반복된 경험이 미래의 안전을 보장하지 못한다고 주장했다. 산업현장에서도 과거의 안전한 경험이 항상 미래를 보장하지 않으므로, 매번 위험을 점검하고 안전 절차를 준수하는 것이 중요하다.

사례 한 공장에서 작업자가 반복된 기계 유지보수 작업에서 매번 이상 없이 완료되었다는 경험에 의존해 안전 절차를 생략한 결과, 기계 오작동으로 인해 큰 사고가 발생했다. 흄의 인과관계 회의주의처럼, 과거의 경험을 지나치게 신뢰하지 말고, 매번 안전 절차를 준수하며 변수에 대비해야 사고를 예방할 수 있다.

2) 지식의 불확실성과 비판적 사고의 중요성

흄은 모든 경험에 의존한 지식이 불완전하다고 강조하며, 비판적 사고를 통해 지식을 지속적으로 수정해야 한다고 주장했다. 산업현장에서 매뉴얼이나 절차를 그대로 따르기보다는, 새로운 정보와 상황에 맞게 지속적으로 검토하고 개선하는 것이 중요하다.

공장에서 새로운 장비를 도입했을 때, 매뉴얼에만 의존해 사용한 결과 예상치 못한 결함으로 인한 사고가 발생했다. 사전 테스트와 비판적 검토가 이루어졌다면 사고를 방지할 수 있었다. 흄의 지식 불확실성 철학처럼, 매뉴얼에 의존하지 않고 비판적으로 검토하며, 작업 중 발생할 수 있는 예기치 못한 상황에 대비하는 것이 중요하다.

3) 정신적 안전과 회의주의(과신의 위험)

흄은 지나친 확신이 사고로 이어질 수 있다고 경고했다. 산업현장에서도 과도한 자신감이 사고를 초래할 수 있으므로, 항상 새로운 정보를 받아들이고 팀의 조언을 경청하는 것이 중요하다.

한 숙련된 작업자가 자신의 경험에 의존해 동료의 경고를 무시하고 위험한 작업을 강행한 결과, 사고가 발생한 사례가 있었다. 팀워크와 협업이 중요함을 간과한 것이 원인이었다. 흄의 회의주의처럼, 과신을 경계하고 항상 협업을 통해 안전성을 확보하는 것이 필수적이다.

4) 경험의 한계와 불확실성 대비

흄은 경험이 제한적이며 불완전하다고 보았으며, 절대적 확신 대신 다양한 가능성에 대비할 것을 강조했다. 이는 산업현장에서 위험 요소를 지속적으로 재평가하고 점검해야 한다는 원칙과 일치한다.

사례 공장에서 화학 물질을 취급할 때, 이전에 사고가 없었다고 해서 항상 안전하다고 가정할 수 없다. 새로운 작업 방식의 변화로 인해 사고가 발생할 수 있기 때문에 매번 위험 요소를 재평가해야 한다. 흄의 경험 한계 인식처럼, 산업현장에서는 사고를 예방하기 위해 정기적인 안전 점검과 위험 재평가가 필수적이다.

5) 자연적 믿음과 실용적 안전의 균형

흄은 회의주의를 철학적으로 활용하면서도, 실생활에서는 자연스러운 신념과 습관을 받아들여야 한다고 주장했다. 이는 산업현장에서 표준 절차를 준수하되, 유연한 대응이 필요할 때 적응할 수 있어야 한다는 원칙과 연결된다.

사례 공장에서 표준 작업 절차(SOP)를 따르는 것이 기본이지만, 예상치 못한 상황에서는 긴급 대응이 필요하다. 매뉴얼만을 맹신하지 않고 상황에 맞는 유연한 대응이 사고를 예방하는 데 중요한 역할을 한다. 흄의 실용적 철학처럼, 표준 절차를 따르되 새로운 상황에서는 적절히 대응할 수 있는 융통성을 유지하는 것이 안전을 보장하는 핵심이다.

다. 시사점

데이비드 흄의 철학에서 인과관계에 대한 회의주의와 지식의 불완전성은 산업 안전 관리에서 중요한 통찰을 제공한다. 산업현장에서 과거 경험에 의존하지 않고, 매번 안전 절차를 준수하며, 비판적 사고를 통해 지속적으로 위험을 점검하는 것이 필수적이다. 또한, 과신을 경계하고 팀워크를 중시하며, 위험 요소를 재평가하고 유연한 대응을 유지하는 것이 안전을 보장하는 핵심이다. 이러한 철학적 접근은 산업현장에서 예측적 유지보수, 실시간 모니터링 시스템, 비상 대응 프로토콜 등을 통해 구체적으로 구현될 수 있으며, 이는 안전한 작업 환경을 유지하는 데 중요한 역할을 한다.

30. 장 자크 루소
(Jean-Jacques Rousseau, 1712-1778)

장 자크 루소(Jean-Jacques Rousseau, 1712-1778)는 프랑스 계몽주의 시대의 철학자로, 그의 사상은 정치 철학, 교육 이론, 인간 본성, 도덕과 사회 계약에 관한 심오한 통찰로 알려져 있다. 그의 철학적인 사상은 개인의 자유, 자연 상태, 사회적 불평등 그리고 시민사회와의 관계에 깊이 관여하고 있다. 그리고 루소는 자연 상태에서 인간이 자유롭고 평등하게 살아가며, 사회 계약을 통해 개인의 안전을 보장하는 사회를 형성한다고 보았다. 그의 철학에서 안전은 사회계약을 통해 형성된 공동체에서 개인의 권리와 자유가 보호받는 데 있다.

가. 철학적 관점

자연 상태와 인간 본성

루소는 인간이 본래 자연 상태에서는 순수하고 선한 존재였다고 주장하였다. 그는 "자연 상태"에서 인간은 평화롭고 자유로우며, 자신과 타인에게 해를 끼치지 않고 평등한 상태에서 살아간다고 보았다. 그러나 인간이 사회를 형성하고 재산을 소유하기 시작하면서 불평등과 타락이 시작된다고 하였다. 그의 유명한 문구, "인간은 자유롭게 태어났으나, 어디에서나 사슬에 묶여 있다"는 바로 이 사회의 구조적 문제를 비판한 것이다.

사회 계약론

루소는 사회 계약론(Social Contract)에서 자유와 평등을 유지하면서도 사람들이 어떻게 사회를 형성할 수 있는지에 대해 논의하였다. 그는 "일반 의지(general will)"라는 개념을 통해 모든 구성원이 공공선을 추구할 때 개인의 자유를 보존할 수 있다고 주장하였다. 즉, 개인이 자발적으로 일반 의지에 따를 때 진정한 자유를 누릴 수 있으며, 이는 단순한 개인의 욕망을 넘어 공동체 전체의 이익을 추구하는 것과 연결된다.

정치 철학

루소는 민주주의를 옹호하면서, 통치자는 시민의 일반 의지를 따를 때에만 정당성을 가진다고 보았다. 그는 왕정이나 독재와 같은 권위주의적 정치 체제에 반대했으며, 진정한 자유는 사람들이 스스로 자신들의 법을 만들고 이를 따를 때 실현된다고 믿었다. 그의 이러한 생각은 근대 민주주의 발전에 큰 영향을 끼쳤다.

교육 이론

루소의 저서 『에밀(Émile)』은 교육 철학에서 중요한 역할을 하였다. 그는 아이들은 본래 선한 존재이며, 그들의 자연스러운 성장과 발달을 돕는 방식으로 교육해야 한다고 주장하였다. 루소는 아이들이 사회적 제약 없이 자연스럽게 자신의 경험을 통해 배우도록 하는 것이 중요하다고 생각하였다. 이 자연주의적 교육관은 이후 현대 교육 이론에 큰 영향을 주었다.

문명 비판

루소는 문명이 발달할수록 인간의 도덕성이 타락한다고 생각하였다. 특히 그는 개인의 사적 소유권이 사회적 불평등의 근원이 된다고 주장하면서, 사적 재산을 인간 불평등의 시작점으로 보았다. 문명과 기술의 발달이 필연적으로 인간을 경쟁과 탐욕으로 이끌어, 원래의 순수한 상태에서 벗어나게 만든다고 비판하였다.

자유와 평등

루소는 자유와 평등이 인간 사회의 필수 요소라고 보았다. 그는 자유는 단순히 억압이나 통제로부터의 해방이 아닌, 사회 내에서 타인의 권리를 존중하면서 자발적으로 일반 의지에 따르는 것이며, 평등은 모든 인간이 사회에서 동등하게 존중받고 권리를 누리는 상태라고 보았다.

　루소의 사상은 현대 정치 철학, 교육학, 윤리학에 깊은 영향을 미쳤으며, 특히 프랑스 혁명과 그 이후의 민주주의 운동에 중요한 철학적 기초를 제공하였다. 그의 자연 상태에 대한 이상주의적 견해는 현대에서도 여전히 논의되고 있다.

나. 안전학적 관점

　장 자크 루소는 공동체와 협력을 통한 안전 보장, 규칙 준수와 자유의 균형 그리고 불평등 해소를 통해 안전을 강화할 수 있다는 철학적 개념을 제시했다. 이는 현대 산업 안전 관리에서 중요한 교훈을 제공하며, 특히 사고 예방과 안전 관리를 위한 체계적 접근과 긴밀하게 연결된다.

1) 자연 상태와 안전 vs. 개인의 보호 책임과 한계

　루소는 자연 상태에서 개인이 자신의 안전을 스스로 책임져야 하지만, 이러한 상태가 지속되면 불안정해진다고 보았다. 이는 산업현장에서 개인의 안전 의식에만 의존하는 것의 한계를 시사하며, 공동체적 대응의 필요성을 강조한다.

사례 개인 보호 장비(PPE)를 착용한 작업자가 화재나 가스 유출과 같은 큰 사고에 직면했을 때, 개인의 대처 능력만으로는 사고를 방지하기 어려운 상황이 발생한다. 루소의 철학처럼, 산업현장에서는 공동체 차원의 협력과 비상 대피 계획이 필수적이다. 개인 보호 장비 외에도 조직 전체의 안전관리 시스템과 공동 대응이 필요하다.

2) 사회계약과 협업 vs. 공동의 규칙과 절차 준수

루소는 개인의 안전을 보장하기 위해 사회계약을 통한 협력과 규칙 준수가 필요하다고 강조했다. 이는 산업현장에서 규칙을 준수하고, 모든 구성원이 협력할 때만 안전을 확보할 수 있다는 원칙과 일치한다.

사례 고위험 작업을 진행하기 전, 작업자가 반드시 작업 허가 절차를 따르는 작업 허가제(Work Permit System)를 통해 안전을 확보한다. 이는 개인의 자유를 일부 제한하지만, 협력을 통한 안전 보장이 목적이다. 작업자는 규칙을 자율적으로 준수하며, 협력과 절차에 따라 안전을 보장받는다. 이는 개인과 조직 모두를 보호하는 중요한 시스템이다.

3) 일반의지와 개인의 권리 보호 vs. 안전 문화 형성

루소의 일반의지 개념은 공동체의 이익을 대변하며, 이는 산업 안전에서 안전 문화와 연결된다. 모든 구성원이 참여하고 의견을 반영하는 조직 내 안전 문화가 사고 예방에 중요한 역할을 한다.

사례 '안전 강조 주간'을 운영하며 모든 직원이 안전 점검과 캠페인에 참여하고, 의견을 공유하는 프로그램을 통해 안전 문화를 형성한 사례가 있다. 루소의 일반의지처럼, 모든 구성원의 의견과 참여를 반영한 안전 문화가 조직 내에서 형성될 때, 개인의 안전과 권리가 보장된다. 이는 안전에 대한 책임감을 조직 전체로 확장시키는 중요한 방법이다.

4) 불평등 해소와 안전 vs. 차별 없는 기회와 안전 확보

루소는 불평등이 사회적 갈등을 유발한다고 보았으며, 이는 산업현장에서 하청 노동자와 원청 노동자 간의 안전 불평등과도 연결된다.

사례 하청 노동자가 원청과 동일한 작업 환경에서 일하지만, 적절한 안전 교육이나 보호 장비가 제공되지 않아 사고 발생률이 높아지는 상황이 발생했다. 이후 동등한 교육과 장비가 제공됨으로써 안전 격차가 해소되었다. 모든 작업자가 동등한 안전 교육과 장비를 제공받아야 조직 전체의 안전이 보장된다. 이는 루소가 강조한 불평등 해소와 공동체 안전 강화의 원칙과 일치한다.

5) 자유와 안전의 균형 vs. 유연한 작업과 규칙 준수의 조화

루소는 사회계약을 통해 자유와 안전의 균형을 강조했다. 이는 산업현장에서 규칙을 준수하되, 예기치 못한 상황에서는 유연한 대응이 필요하다는 것과 일치한다.

사례 표준 작업 절차(SOP)를 따르던 작업자가 기계 고장이나 화재와 같은 예기치 못한 사고에 직면했을 때, 비상 대응 절차를 통해 유연하게 대처하여 사고를 방지한 사례가 있다. 루소의 철학처럼, 자유와 규칙 준수의 균형이 산업현장에서 안전을 보장하는 핵심이다. 규칙을 따르되, 유연한 대응 능력도 필수적이다.

다. 시사점

상 자크 루소의 철학은 산업 안전에서 중요한 교훈을 제공한다. 개인의 노력만으로는 불충분하므로 조직적 협력이 필수적이며, 공동체의 규칙을 준수하는 협력적 시스템이 안전을 보장한다. 또한, 모든 구성원이 참여하는 안전 문화를 통해 개인의 안전과 권리를 보호하고, 하청 및 비정규직에 대한 차별 없는 안전 조치를 제공해야 한다. 이러한 철학적 접근은 산업현장에서 작업 허가제, 안전 문화 캠페인, 정기적인 위험 평가, 비상 대응 프로토콜을 통해 구체적으로 구현될 수 있으며, 이는 조직의 안전성을 강화하고 모든 구성원의 권리와 자유를 보호하는 중요한 방법이다.

31. 볼테르(Voltaire, 1694-1778)

볼테르(Voltaire, 본명: 프랑수아 마리 아루에, 1694-1778)는 18세기 프랑스의 계몽주의 철학자로, 이성, 자유, 종교적 관용 그리고 개인의 권리를 강조하였다. 그는 종교적 독단과 미신을 강력히 비판하면서, 절대왕정의 억압과 종교적 박해에 저항하였다. 볼테르는 풍자와 비판적 사고를 통해 기존의 권위와 불합리한 사회 구조를 도전했으며, 그의 사상은 현대 자유주의와 인간 존엄성 그리고 사회적 정의를 추구하는 철학에 큰 영향을 미쳤다.

그의 철학에서 안전은 이성적 사고와 법적 보호를 통해 개인의 자유와 권리가 보장되는 사회에서 달성될 수 있다고 보았다. 볼테르는 인간의 권리를 보호하기 위해 법과 이성이 사회를 지배해야 한다고 믿었으며, 이를 통해 개인의 자유가 억압받지 않고 존중될 수 있는 사회를 이상으로 삼았다.

가. 철학적 관점

이성의 중요성

볼테르는 이성을 모든 인간 활동의 중심에 두었다. 그는 맹목적인 신념, 전통, 권위를 비판하고, 모든 문제는 이성적 사고와 비판적 분석을 통해 해결될 수 있다고 믿었다. 이를 통해 볼테르는 종교, 정치, 법률 등 나양한 영역에서 기존 체계를 비판하고, 인간이 이성의 빛 아래에서 진리를 찾고 사회를 개선할 수 있다고 주장하였다.

종교적 관용

볼테르의 가장 중요한 철학적 기여 중 하나는 종교적 관용에 대한 옹호이다. 그는 종교적 독단과 교회 권력에 반대하며, 신앙은 개인의 자유로운 선택이어야 한다고 주장하였다. 특히 볼테르는 기독교 내부의 종교적 분쟁과 박해를 비판하면서, "관용론(Traité sur la tolérance)"에서 다양한 종교가 공존하는 사회의 중요성을 역설하였다. 그는 모든 종교가 평등하게 존중받아야 하며, 종교적 박해는 인간의 기본적인 권리를 침해하는 것이라고 보았다.

자유와 정의

볼테르는 개인의 자유를 강조하며, 억압적인 권위에 대한 비판을 두려워하지 않았다. 그는 언론의 자유, 표현의 자유를 중요하게 여겼으며, 권위주의적 정부와 교회의 억압에 대해 자주 비판하였다. 특히 그는 왕정과 성직자들이 사람들의 자유와 권리를 침해한다고 보았고, 자유로운 사회를 만들기 위해서는 이러한 권위에 대한 도전이 필요하다고 주장하였다.

또한 볼테르는 사회적 정의와 법 앞에서의 평등을 옹호하였다. 그는 불공정한 법률 체계를 비판하고, 귀족 계층의 특권과 같은 사회적 불평등에 반대하였다. 그의 저서 "캉디드(Candide)"는 당대 사회의 불합리함을 풍자하면서, 인간이 겪는 고난과 불의를 이성적으로 해결해야 한다고 주장하였다.

반교권주의와 세속주의

볼테르는 반교권주의(anticlericalism)를 주장하면서, 교회가 정치와 사회에 미치는 부정적인 영향에 대해 강하게 비판하였다. 그는 교회가 사회적 권력을 남용하며, 인간의 자유와 이성을 억압한다고 보았다. 볼테르는 교회가 진리의 독점자가 아니며, 종교적 신앙과 도덕적 삶은 개인의 선택에 따라 결정되어야 한다고 주장하였다.

그는 또한 세속주의(secularism)를 주장하며, 국가와 교회는 분리되어야 한다고 보았다. 정치와 종교가 분리되지 않으면, 특정 종교가 국가 권력을 통해 자신의 이익을 추구하고 타인을 억압할 수 있다고 보았다.

낙관주의에 대한 비판

볼테르는 철학적 낙관주의를 비판하며, 세상이 "최선의 상태"에 있다고 주장한 라이프니츠(Gottfried Leibniz)와 같은 철학자들을 조롱하였다. 그의 소설 "캉디드"는 이러한 낙관주의에 대한 풍자로, 현실의 고통과 불의를 무시한 채 무조건적인 낙관주의를 유지하는 것은 어리석은 일이라고 주장하였다. 볼테르는 인류가 더 나은 세상을 만들기 위해 노력해야 하며, 불합리한 상황에 안주하지 말아야 한다고 강조하였다.

철학적 실용주의

볼테르의 철학은 추상적이기보다는 실용적이고 현실적이었다. 그는 철학이 실제로 사회 문제를 해결하고 인간의 삶을 개선하는 데 기여해야 한다고 믿었다. 따라서 그의 저술과 사상은 구체적인 사회적 문제에 대한 비판과 개혁을 목표로 하였다.

인권 옹호

볼테르는 인간의 존엄성과 권리를 옹호하였다. 그는 모든 인간이 자유롭고 평등한 권리를 가지고 태어났다고 보았으며, 이러한 권리는 어느 누구도 침해할 수 없다고 믿었다. 그는 특히 계몽주의의 핵심 가치인 자유, 평등 그리고 인권을 강조하면서, 당시의 봉건적 제도와 권위주의적 정부를 비판하였다.

볼테르는 이성, 종교적 관용, 자유, 정의를 강조한 철학자로서, 그의 사상은 현대 민주주의와 인권의 기초를 형성하는 데 큰 영향을 미쳤다. 그의 날카로운 비판과 풍자는 종교적 독단, 권위주의, 불평등에 대한 도전이었으며, 그는 인간이 스스로의 힘으로 더 나은 사회를 만들 수 있다는 낙관적인 믿음을 가지고 있었다.

나. 안전학적 관점

볼테르는 이성과 법치, 협력 그리고 교육을 통해 사회의 안전과 질서를 유지하는 것이 중요하다고 주장했다. 이러한 철학적 관점은 현대 산업안전 관리에서 중요한 교훈을 제공한다. 특히 비이성적인 관행을 배제하고, 합리적이고 체계적인 절차와 교육, 협업을 통해 사고를 예방하고 조직의 안전성을 강화할 수 있다.

1) 이성적 사고와 안전 vs. 비합리적 관행의 극복

볼테르는 이성적 사고가 안전을 확보하는 핵심 요소라고 보았다. 이는 산업현장에서 비이성적인 작업 관행을 배제하고, 합리적인 절차를 따르는 것과 연결된다.

사례 특정 작업자들이 "과거에도 이렇게 해왔으니 괜찮을 것이다"라는 생각으로 안전 규정을 무시한 결과, 사고가 발생했다. 합리적 사고와 절차 준수가 반드시 필요하다. 과거의 관행이 아니라 최신 지침에 따라 안전 절차를 준수해야 사고를 예방할 수 있다.

2) 자유와 안전의 균형 vs. 의견 수렴과 개선

볼테르는 개인의 자유와 안전의 조화가 중요하다고 강조했다. 이는 산업현장에서 작업자의 의견을 자유롭게 수렴하고, 이를 통해 절차를 개선하는 문화와 맞닿아 있다.

작업자들이 현장에서의 문제를 보고했으나 관리자가 이를 무시하고 작업을 강행하여 사고가 발생했다. 모든 작업자의 목소리를 존중하고 이를 반영하는 것이 중요하다. 자유롭게 의견을 개진할 수 있는 환경이 마련될 때, 더 안전한 작업 환경이 만들어진다.

3) 종교적 관용과 안전 vs. 다양성 수용과 협력

볼테르는 관용과 협력이 안전을 유지하는 데 중요한 역할을 한다고 보았다. 이는 산업현장에서 다양한 부서와 작업자 간의 협력을 중시하는 것과 일맥상통한다.

한 부서에서 발생한 문제를 다른 부서에 알리지 않아 작업 간 충돌이 발생해 사고로 이어진 사례가 있다. 협력과 정보 공유가 사고 예방의 핵심이다. 부서 간의 조화와 협력을 통해 조직 전체의 안전성을 높일 수 있다.

4) 정치적 자유와 법치주의 vs. 공정한 안전 규정 적용

볼테르는 법 앞에서의 평등과 공정한 법치주의를 강조했다. 이는 산업현장에서 모든 작업자에게 공정하게 안전 규정을 적용하는 것과 유사하다.

원청 직원은 충분한 보호 장비와 교육을 받지만, 하청 직원은 같은 작업 환경에서도 차별을 겪어 안전 문제가 발생한 사례가 있다. 공정한 규정 적용이 반드시 필요하다. 모든 작업자가 평등한 대우를 받아야 조직 전체의 안전이 확보될 수 있다.

5) 미신과 교육의 중요성 vs. 교육을 통한 안전 강화

볼테르는 교육이 무지와 미신을 극복하고 사회를 발전시키는 필수 요소라고 보았다. 이는 산업현장에서 안전 교육을 통해 잘못된 작업 관행을 수정하고 사고를 예방하는 것과 유사하다.

신규 직원이 안전 교육 없이 작업에 투입되어 사고가 발생했다. 이후 체계적인 교육 프로그램이 도입되어 사고를 예방할 수 있었다. 체계적인 안전 교육이 필수적이다. 작업자들에게 안전한 작업 방법을 숙지시키는 교육은 사고 예방의 가장 중요한 요소이다.

다. 시사점

볼테르의 철학에서 강조된 이성, 협력, 법치, 교육은 현대 산업인전 관리에서 중요한 교훈을 제공한다. 산업현장에서 비이성적이고 잘못된 관행을 배제하고, 합리적 사고와 절차 준수를 통해 사고를 예방해야 하며, 모든 작업자의 의견을 수렴하고 자유롭게 반영하는 안전 문화를 조성해야 한다. 또한 부서 간의 협력과 정보 공유를 통해 안전성을 강화하고, 모든 작업자에게 공정한 규정을 적용하여 안전을 확보해야 한다. 마지막으로, 체계적인 안전 교육은 사고를 예방하고 작업자들의 안전 의식을 높이는 데 필수적이다.

이와 같은 철학적 접근은 표준 작업 절차 준수, 협력적 안전 문화 형성, 정기적 안전 교육 프로그램 운영 그리고 공정한 규정 적용을 통해 산업현장에서 구체적으로 구현될 수 있으며, 이는 조직의 안전성을 강화하고 모든 구성원의 권리와 자유를 보호하는 데 필수적인 요소이다.

32. 몽테스키외(Montesquieu, 1689-1755)

몽테스키외(Charles-Louis de Secondat, Baron de Montesquieu, 1689-1755)는 18세기 계몽주의 시대의 중요한 정치 철학자로, 그의 사상은 특히 법치, 권력 분립 그리고 공화주의적 원칙에 중점을 두고 있다. 그의 철학은 현대 민주주의와 법치 국가의 기초를 놓는 데 큰 역할을 하였다.

몽테스키외는 권력의 분립을 체계화한 인물로, 정부 권력이 입법, 행정, 사법으로 분리되어 상호 견제하고 균형을 유지함으로써 권력 남용을 방지해야 한다고 주장하였다. 그는 권력의 집중이 독재와 권력 남용을 초래한다고 보았고, 이를 막기 위한 장치로서 권력 분립이 필수적이라고 강조하였다.

몽테스키외의 철학에서 안전은 바로 이 권력 분립을 통해 정치적 안전과 자유를 보장하는 법적 제도를 확립하는 데 있다. 권력의 세 가지 분립 체계가 시민들의 자유와 권리를 보호하고, 이를 통해 정치적 안전을 유지할 수 있다고 보았다. 이 제도적 안전 장치는 현대 민주주의에서 중요한 핵심 요소로 작용하며, 오늘날까지도 정치 체제 설계의 기본 원칙으로 남아 있다.

가. 철학적 관점

권력 분립

몽테스키외의 가장 유명한 이론은 권력 분립론(Separation of Powers)이다. 그의 저서 『법의 정신(De l'Esprit des Lois)』에서 그는 정부 권력이 세 가지로 나뉘어야 한다고 주장하였다. 입법권, 행정권(집행권) 그리고 사법권. 각각의 권력은 상호 견제와 균형을 통해 권력 남용을 방지하고 개인의 자유를 보호할 수 있어야 한다고 강조하였다.

몽테스키외는 절대적인 권력은 필연적으로 부패한다고 보았으며, 정부의 각 부서가 독립적으로 운영되면서도 상호 감시할 수 있을 때에만 자유가 유지될 수 있다고 믿었다. 그의 권력 분립 이론은 오늘날 많은 민주주의 국가의 정부 구조에 깊은 영향을 미쳤으며, 특히 미국 헌법에 중요한 영감을 주었다.

법의 정신

몽테스키외는 법의 본질과 역할에 대해 깊이 탐구하였다. 그는 『법의 정신』에서 사회와 국가의 법체계가 각 나라의 역사, 기후, 경제, 풍습 등 다양한 사회적, 문화적 요인에 따라 달라져야 한다고 주장하였다. 법은 보편적이지 않으며, 특정 사회에 적합한 형태로 존재해야 한다는 그의 입장은 법과 사회의 상호작용을 강조한 새로운 시각이었다.

몽테스키외는 법이 국가의 안정과 정의를 유지하기 위한 필수적인 도구라고 보았으며, 법이 개인의 권리를 보호하고 권력의 남용을 막는 중요한 역할을 해야 한다고 주장하였다.

정치 체제의 비교와 이상

몽테스키외는 다양한 정치 체제를 연구하고, 각 체제의 장단점을 비교하였다. 그는 주로 공화정, 군주정, 전제정을 구분하였고, 각 체제는 그 사회의 특성에 따라 적합하거나 부적합할 수 있다고 보았다. 특히 공화정은 덕성에 기반을 두고 있으며, 국민들이 공익을 위해 행동할 때 가장 성공적으로 운영된다고 보았다.

군주정에서는 명예가 중요한 덕목이지만, 절대 군주정에서는 권력의 집중이 자칫 부패를 초래할 수 있다고 경고하였다. 몽테스키외는 특히 절대주의 체제를 비판하며, 권력 분립과 법의 지배가 중요한 정치 체제의 원칙이라고 주장하였다.

자유와 법치

몽테스키외는 자유가 정치적 안정성과 법의 지배를 통해 실현될 수 있다고 보았다.

그는 자유란 "법에 의해 허용된 것을 할 수 있는 권리"라고 정의하면서, 개인의 자유는 법과 권력의 남용을 방지하는 제도를 통해 보호되어야 한다고 주장하였다. 그의 철학에서 법치는 자유의 기초였으며, 법 앞에서 평등한 보호를 받는 것이 모든 개인의 기본 권리라고 보았다.

기후 이론

몽테스키외는 기후 이론을 통해 기후가 인간의 성격과 사회 체제에 미치는 영향을 설명하려고 하였다. 그는 기후가 사회의 성격과 법의 형성에 큰 영향을 미친다고 믿었다. 예를 들어, 더운 기후에서 인간은 더 게으르고 복종적일 수 있으며, 추운 기후에서는 더욱 활기차고 자유에 대한 열망이 강하다고 주장하였다. 이 이론은 당대에는 중요한 사회적 이론으로 받아들여졌지만, 현대에는 논쟁의 여지가 있다.

공화주의와 민주주의

몽테스키외는 공화주의적 이상을 추구하였다. 그는 공화국이 시민들의 참여를 기반으로 하여, 법과 공익에 의해 운영될 때 가장 성공적이라고 믿었다. 그의 공화주의 사상은 고대 로마와 그리스의 전통을 계승한 것이며, 그는 시민의 덕성과 참여가 공화국의 필수적인 요소라고 보았다.

또한 몽테스키외는 대의 민주주의를 옹호하면서, 직접 민주주의는 큰 국가에서 운영되기 어렵다고 보았다. 그는 권력이 분산되어야 하며, 시민들은 대표를 선출하여 정부를 운영하게 해야 한다고 주장하였다.

몽테스키외는 법치, 권력 분립, 자유의 보호를 핵심으로 한 정치철학을 발전시켰다. 그의 사상은 특히 권력의 남용을 방지하고 개인의 자유를 보호하는 제도적 장치를 강조한 점에서 현대 민주주의 국가들의 정부 구조에 결정적인 영향을 미쳤다. 몽테스키외는 정치적 자유와 정의가 법과 권력의 견제와 균형을 통해 실현될 수 있다고 보았으며, 이러한 원칙은 여전히 오늘날의 민주주의 이념에서 중요한 기초로 남아 있다.

나. 안전학적 관점

몽테스키외는 권력의 분립과 법치주의를 통해 사회의 질서와 안전을 유지할 수 있다고 주장했다. 이는 산업 안전 관리에서도 매우 중요한 개념이다. 산업현장에서 권한과 책임의 분배, 규정 준수, 직원의 참여는 안전을 보장하는 중요한 요소로 작용하며, 이를 통해 사고 예방이 가능하다.

1) 권력 분립과 안전 관리의 비교

입법권과 안전 - 안전 규정의 제정

몽테스키외는 입법권을 통해 공정한 법이 제정되어야만 시민의 자유와 안전이 보장된다고 주장했다. 산업현장에서는 안전 규정을 제정하는 것이 입법권과 유사하다.

사례 한 건설 회사가 작업 중 추락 사고 방지를 위해 새로운 안전 지침을 제정하고, 이를 모든 현장에 적용했다. 작업자가 고소 작업 시 추락 방지 장비를 착용하지 않을 경우 작업을 중단하도록 규정한 결과, 추락 사고가 크게 줄었다. 공정하게 제정된 안전 규정이 작업자의 생명과 안전을 지키는 핵심 요소다. 규정의 제정은 위험을 사전에 방지하는 출발점이 된다.

2) 행정권과 안전 vs. 규정의 실행

몽테스키외는 법이 공정하게 집행되기 위해서는 행정권이 필요하다고 보았다. 이는 산업현장에서 관리자가 안전 규정을 집행하고 현장 감독을 통해 규정이 잘 이행되는지 확인하는 것과 유사하다.

한 생산 현장에서 기계 점검이 규정에 따라 정기적으로 이루어지지 않아 기계 오작동으로 인한 사고가 발생했다. 회사는 정기 점검과 유지 보수 시스템을 도입한 후 예상치 못한 기계 고장과 사고가 줄어들었다. 제정된 규정을 제대로 집행하는 것이 중요하다. 이를 통해 사고를 예방하고 안전성을 확보할 수 있다.

3) 사법권과 안전 vs. 사고 분석과 책임 규명

몽테스키외는 사법권을 통해 법을 해석하고 공정한 판결을 내려야 한다고 보았다. 산업현장에서 사고가 발생했을 때, 사고 원인을 분석하고 책임을 규명하는 과정이 사법권에 해당된다.

한 공장에서 화재가 발생했을 때, 조사팀이 안전 절차 미준수와 관리 부실을 원인으로 규명했다. 이에 따라 개선 조치가 시행되었고, 유사 사고를 예방할 수 있었다. 사고 원인 분석과 책임 규명은 개선 조치를 마련하는 데 필수적이며, 공정한 조사 절차가 안전성을 보장한다.

4) 법치주의와 안전 관리

법의 지배와 안전 – 규정 준수

몽테스키외는 법이 모든 사람에게 공평하게 적용될 때 자유와 안전이 보장된다고 강조했다. 이는 산업현장에서 모든 직원에게 공평하게 안전 규정을 적용하는 것과 연결된다.

> **사례** 한 제조업체에서 모든 직원이 보호 장비를 착용하도록 하고, 임원들도 동일한 규정을 준수하게 했다. 이를 통해 안전 문화가 강화되었다. 모든 직원이 동등하게 안전 규정을 준수할 때, 조직 내 안전 문화가 형성되고 사고 예방이 가능하다.

5) 공정한 규정과 안전 vs. 예방적 안전 관리

몽테스키외는 공정한 법이 개인의 권리와 자유를 보호한다고 주장했다. 이는 산업현장에서 위험 평가를 기반으로 예방적 안전 관리를 통해 공정한 안전 규정을 설정하는 것과 일치한다.

> **사례** 한 공장에서 유해 물질 노출을 줄이기 위해 실시간 공기 질 모니터링 시스템을 도입해 위험 상황이 발생하면 즉시 작업을 중단하고 직원들을 대피시켰다. 공정한 안전 규정은 사전 예방적 조치를 통해 사고를 방지하는 중요한 요소다.

6) 정치적 자유와 안진 vs. 직원 심어와 권한 부어

정치적 자유와 안전의 상관관계 – 직원의 참여와 소통

몽테스키외는 시민들이 자유롭게 권리를 행사할 때 사회가 안전해진다고 보았다. 산업현장에서도 직원들이 위험을 인식하고 이를 보고하거나 개선 제안에 적극적으로 참여할 때 안전이 강화된다.

사례 한 제조업체에서는 익명 제보 시스템을 도입하여 직원들이 안전 문제를 자유롭게 보고할 수 있도록 장려했다. 이를 통해 잠재적 위험 요소가 사전에 발견되어 사고를 예방했다. 직원들이 위험을 자유롭게 보고하고 개선 제안에 참여할 수 있는 환경을 조성하는 것이 사고 예방의 핵심이다.

7) 권력 남용 방지와 안전 vs. 권한 분산과 감시

권력 남용과 사고 방지 – 권한의 균형

몽테스키외는 권력의 집중이 부패와 위험을 초래할 수 있다고 경고했다. 산업현장에서도 권한이 한 부서에 과도하게 집중될 경우 안전 규정이 무시될 위험이 있다.

사례 한 조선소에서는 안전 관리자와 현장 감독관이 상호 감시 체계를 운영하여 고위험 작업 시 서로의 작업을 점검하고 개선 제안을 주고받았다. 그 결과 사고 발생률이 감소했다. 권한을 분산시키고 상호 감시 체계를 통해 권력 남용을 방지하는 것이 안전을 유지하는 데 중요하다.

다. 시사점

몽테스키외의 권력 분립과 법치주의 개념은 산업 안전 관리에 있어서 중요한 시사점을 제공한다. 입법권, 행정권, 사법권에 비유할 수 있는 안전 규정 제정, 실행, 사고 분석의 책임 분배는 사고를 예방하는 중요한 기초가 된다. 또한, 모든 직원이 공평하게 안전 규정을 준수하고, 권한이 집중되지 않도록 분산하여 상호 감시를 통해 안전성을

222 철학자가 본 안전행동

강화할 수 있다. 직원들의 자유로운 참여와 소통을 통해 위험을 사전에 인지하고 개선할 수 있는 체계를 마련하는 것이 산업현장의 사고 예방에 필수적이다.

　이러한 철학적 접근은 권한과 책임의 분배, 공정한 규정 준수, 예방적 안전 관리 그리고 직원의 참여와 상호 감시를 통해 구체적으로 구현될 수 있으며, 이는 산업현장의 안전성을 강화하고 사고를 예방하는 데 필수적인 요소이다.

33. 임마누엘 칸트(Immanuel Kant, 1724-1804)

 임마누엘 칸트(Immanuel Kant, 1724-1804)는 근대 철학의 중요한 전환점을 이끈 철학자로, 그의 사상에서 안전은 인식의 안전성과 도덕적 안전이라는 두 가지 차원에서 논의될 수 있다. 칸트는 인간 인식의 한계를 명확히 이해하고, 이성의 범위 내에서 확실한 지식을 추구함으로써 안전을 확보하려고 하였다. 또한, 그는 도덕적 법칙을 준수하는 것이 개인과 사회의 안전을 보장한다고 보았다.

칸트는 인간 인식의 한계를 탐구하며, 지식의 안전성을 확보하기 위해 이성의 한계를 이해하고 그 안에서 지식을 탐구해야 한다고 주장하였다. 그의 철학에서 안전은 선험적 인식을 통해 얻어진 확실한 지식과 도덕적 법칙을 따르는 데 있다.

가. 철학적 관점

비판 철학(Critical Philosophy)

칸트의 인식론은 그의 저서 『순수 이성 비판(Critique of Pure Reason)』에서 중심적으로 다뤄진다. 그는 인간의 인식이 경험적 지식과 선천적 개념을 결합하여 형성된다고 주장하였다.

선험적 인식(Transcendental Knowledge)이란 인간이 경험을 통해 알 수 없는 것, 즉 경험에 앞서 이미 존재하는 개념이나 인식 조건을 뜻한다. 칸트는 공간과 시간 그리고 인과 관계 같은 개념들이 경험 이전에 이미 인간의 인식 구조 속에 내재되어 있다고 보았다.

우리는 사물 그 자체(물자체)를 인식할 수 없으며, 우리가 인식하는 것은 오로지 우리의 감각에 의해 받아들여진 현상이다. 즉, 우리의 인식은 사물의 실제 모습을 반영하는 것이 아니라, 우리의 감각과 인식 구조에 의해 형성된다는 것이다.

의무론적 윤리학(Deontological Ethics)

칸트의 윤리학은 '실천 이성 비판(Critique of Practical Reason)'과 '윤리형이상학 기초(Groundwork of the Metaphysics of Morals)'에서 잘 드러난다. 그는 결과보다 행위의 도덕적 원칙과 의무가 더 중요하다고 주장하였다.

선의지(Good Will)

칸트는 선의지를 최고의 도덕적 가치로 보았다. 행위의 결과보다는 그 행위를 결정하는 동기가 도덕성을 평가하는 기준이 된다. 즉, 올바른 도덕적 원칙에 따라 행동하는 것이 중요하다는 것이다.

정언 명령(Categorical Imperative)은 칸트의 윤리 사상에서 가장 중요한 개념 중 하나이다. 그는 모든 사람이 보편적으로 따라야 할 도덕 법칙이 존재한다고 주장하였다. 대표적인 정언 명령은 "네 행위의 준칙이 언제나 보편적 법칙이 될 수 있도록 행위하라"는 것이다. 이는 어떤 행위가 도덕적일지 판단할 때 그 행위가 모든 사람에게 적용될 수 있는지를 기준으로 삼아야 한다는 뜻이다.

칸트는 인간을 도구로 대하는 것을 반대하고, 모든 인간은 그 자체로 목적이라고 주장하였다. 즉, 다른 사람을 이용해 자신의 목적을 이루는 것이 아니라, 각 개인을 존중하고 그 자체로 가치를 인정해야 한다는 것이다.

자유와 자율성

칸트는 인간이 자유롭고 자율적인 존재로서 자신의 도덕적 결정을 내릴 수 있어야 한다고 보았다. 그는 우리가 도덕적 법칙에 따를 때 비로소 참된 자유를 얻을 수 있다고 주장하였다. 이 자유는 단순히 하고 싶은 것을 마음대로 하는 것이 아니라, 이성적 판단과 도덕적 법칙에 따라 행동하는 것을 의미한다.

칸트의 철학은 현대 철학에 큰 영향을 미쳤으며, 그의 인식론은 근대 경험론과 합리론의 갈등을 종합하려는 시도로 평가받는다. 또한 그의 윤리학은 현대 윤리 사상과 법

철학에도 깊은 영향을 미치며, 특히 현대의 인권 사상에 중요한 기여를 하였다.

나. 안전학적 관점

칸트의 철학에서 인식의 한계와 이성적 규칙 적용은 사회적 질서와 도덕적 책임의 기초로 작용한다. 이러한 철학적 개념을 산업 안전에 적용하면, 사고 예방과 안전 유지에 중요한 교훈을 얻을 수 있다.

1) 인식의 안전성과 산업 안전 vs. 위험 인식과 예측의 중요성

선험적 인식과 안전 관리 - 사전 예방의 중요성

칸트는 선험적 인식을 통해 위험을 예측하고 대비할 수 있다고 보았다. 이는 산업현장에서 사고 발생 전에 위험을 사전에 인식하고 예방 조치를 취하는 것과 유사하다.

> **사례** 한 화학 공장에서 작업자들이 유해 물질을 다루면서 해당 물질의 위험성을 제대로 인식하지 못한 채 보호 장비 없이 작업을 진행하다 유출 사고가 발생했다. 하지만, 다음부터는 해당 물질의 위험을 사전에 인식하고 보호 장비를 착용하는 등 예방 조치를 마련함으로써 사고를 예방할 수 있었다.

> **사례** 건설 현장에서 밀폐된 공간에서 작업 중 산소 부족으로 인한 질식 사고가 발생할 뻔했지만, 사전 위험 평가를 통해 산소 농도 측정 장비와 비상 탈출 경로를 미리 마련한 덕분에 사고를 예방할 수 있었다.

칸트의 선험적 인식 개념처럼, 위험을 미리 인식하고 대비하는 예방 조치가 사고를 방지하는 데 매우 중요하다.

경험과 이해의 틀 – 사고 방지 교육과 훈련

칸트는 인과성과 같은 선천적 개념을 통해 경험을 해석하고 위험을 인식할 수 있다고 보았다. 이는 산업 안전에서 사고 방지 교육과 훈련을 통해 직원들이 위험을 해석하고 이해할 수 있도록 돕는 것과 유사하다.

사례 한 제조업체에서 고온 설비를 잘못 다룬 신입 직원이 화상을 입는 사고가 발생했다. 이후 회사는 모든 직원에게 고온 설비 취급 교육을 실시하고, 화상 예방을 위한 안전 절차를 숙지하도록 했다. 그 결과 비슷한 사고가 더 이상 발생하지 않았다.

사례 작업자들이 화재 발생 시 대피 요령을 숙지하지 못해 혼란이 발생했으나, 이후 회사가 정기적으로 화재 대피 훈련을 실시한 덕분에 긴급 상황에서도 질서 있게 대피할 수 있었다.

경험을 통한 이해는 사고를 예방하는 데 필수적이며, 교육과 훈련을 통해 위험을 인식하고 신속히 대응할 수 있어야 한다.

2) 도덕적 안전과 자율 vs. 규정 준수와 안전 의식

도덕적 법칙과 안전 – 공통 규칙 준수의 중요성

칸트의 정언명령에 따르면, 보편적 규칙을 준수해야만 사회 질서가 유지된다. 이는 산업현장에서 모든 직원이 안전 수칙을 준수할 때 사고를 예방할 수 있다는 점과 연결된다.

사례 한 제조업체에서 보호 장비 착용이 의무화되었음에도 불구하고 일부 작업자들이 이를 무시해 사고가 발생했다. 이후 관리자는 모든 직원에게 보호 장비 착용을 의무화하고 불이행 시 경고를 부과했다. 이러한 규칙 준수는 직원들의 안전 의식을 강화하는 데 기여했다.

사례 공장에서 높은 곳에서 작업할 때 안전띠 착용이 의무화되지 않아 추락 사고가 발생했다. 이후 회사는 모든 고소 작업에서 안전띠 착용을 필수로 규정하고 정기적으로 이를 점검해 사고를 예방했다.

모든 직원이 보편적으로 적용되는 안전 규칙을 준수할 때만 안전이 보장된다.

자율성과 도덕적 안전 – 자발적인 안전 준수

칸트는 자율적으로 도덕 법칙을 따를 때 진정한 안전이 보장된다고 주장했다. 이는 직원들이 스스로 규정을 준수하고 위험 요소를 신고할 때 더욱 안전한 작업 환경이 조성될 수 있다는 점과 일맥상통한다.

사례 한 제조업체는 익명 위험 보고 시스템을 도입하여 직원들이 자발적으로 위험 요소를 신고할 수 있도록 했다. 그 결과 몇몇 잠재적인 위험 요소가 사전에 파악되고, 사고 예방 조치가 이루어졌다.

사례 한 건설 현장에서 작업자들이 스스로 안전 장비를 점검하고, 고장 난 장비를 관리자에게 자발적으로 보고함으로써 사고 발생 가능성을 줄였다.

자율적으로 규정을 준수하고 위험 요소를 보고할 때 안전성이 크게 향상된다.

3) 이성과 도덕적 확실성 vs. 규정의 명확성과 일관성 유지

이성의 역할 – 명확한 안전 규정과 절차

칸트는 이성을 통해 명확한 규칙을 세우고 이를 일관되게 지켜야만 도덕적 확실성이 보장된다고 보았다. 이는 산업현장에서 안전 규정이 명확하게 제정되고 일관되게 적용되어야 사고를 예방할 수 있다는 것과 유사하다.

사례 한 공장에서 기계 유지보수 절차가 불명확해 작업 도중 사고가 발생했다. 이후 회사는 모든 작업 절차를 명확하게 문서화하고 직원들에게 교육을 실시하여, 작업자들이 규정을 정확히 이해하고 따를 수 있도록 했다.

화학 공장에서 유해 물질 처리 절차가 명확하게 성의되지 않아 사고가 발생했으나, 이후 안전 매뉴얼을 명확하게 작성하고 작업자들이 이를 철저히 준수하도록 교육을 실시하여 유사 사고를 방지했다.

명확한 절차와 규정은 사고 예방의 핵심이며, 이를 문서화하고 교육하는 것이 중요하다.

4) 사회적 안전과 도덕적 법치 vs. 협력과 신뢰 기반의 안전 관리

법치와 도덕 – 투명한 절차와 책임성 강화

칸트는 도덕적 원칙에 부합하는 법이 사회적 안전을 유지한다고 보았다. 이는 산업 안전에서 투명한 사고 조사 절차와 책임성 강화를 통해 안전을 확보하는 것과 유사하다.

사례 한 공장에서 사고 발생 시 책임 소재가 명확하지 않아 직원들 간에 불신이 커졌다. 이후 회사는 사고 조사 절차를 투명하게 운영하고 조사 결과를 공유하여, 재발 방지 대책을 마련함으로써 직원들 간의 신뢰를 회복했다.

사례 한 물류 창고에서 안전 사고가 발생했을 때, 관리자는 사고 원인에 대해 투명하게 공개하고, 재발 방지를 위한 대책을 마련해 직원들 간의 협력을 강화했다.

투명한 절차와 책임성 강화는 신뢰를 구축하고 협력적인 작업 환경을 조성하는 데 필수적이다.

다. 시사점

칸트의 철학에서 강조된 인식과 도덕적 법칙은 산업 안전 관리의 중요한 기초가 된다. 위험 요소를 사전에 인식하고, 자율적 도덕적 책임을 바탕으로 규정을 준수할 때 안전한 작업 환경이 조성된다. 또한 명확한 절차와 투명한 사고 조사 절차를 통해 협력적이고 신뢰 기반의 조직 문화를 형성할 수 있다.

핵심 교훈

- 인식의 중요성: 위험 요소를 사전에 인식하고 대비책을 마련한다.
- 자율성과 책임: 직원들이 자발적으로 규정을 준수하고 협력하도록 유도한다.
- 명확한 절차와 일관성: 모든 절차가 명확하게 문서화되고 일관되게 적용된다.
- 투명성과 신뢰: 사고 조사와 예방 조치가 투명하게 운영되어 신뢰를 형성한다.

　이러한 철학적 접근은 인식과 도덕적 책임에 기반한 자율적이고 안전한 작업 환경을 구축하는 데 중요한 역할을 한다.

34. 요한 고틀리프 피히테
(Johann Gottlieb Fichte, 1762-1814)

요한 고틀리프 피히테(Johann Gottlieb Fichte, 1762-1814)의 철학에서 안전은 자아와 비자아 사이의 상호작용을 통해 인간의 존재와 인식이 형성되는 과정과 깊이 연결된다. 자아는 비자아와의 관계 속에서 스스로의 존재를 확립하고, 이를 통해 자아는 자신을 이해하며 성장해 나간다.

피히테의 철학에서 안전은 단순한 물리적 보호를 넘어서, 자아가 자신의 자유와 주체성을 실현하며 성장하는 과정에서 얻을 수 있는 개념으로 볼 수 있다.

가. 철학적 관점

자아론(Ich-Philosophie)

피히테의 철학은 자아(Ich)에 대한 사상으로 대표된다. 그는 칸트의 인식론적 틀을 확장하여, 자아가 모든 인식과 존재의 출발점임을 주장하였다. 피히테에 따르면, 자아는 단순한 주관적 존재가 아니라 자신을 설정하고 실현해 나가는 능동적이고 창조적인 힘이다. 그는 이 자아가 자신을 통해 외부 세계를 설정하며, 자아와 비자아(Nicht-Ich) 간의 상호작용을 통해 세계가 형성된다고 보았다.

자유와 실천 철학

피히테는 인간의 자유 의지와 그 실현을 철학의 중심 주제로 삼았다. 그는 인간의 자유가 단순한 선택의 문제가 아니라, 도덕적 행위를 통해 자기 자신을 완성해가는 과정이라고 보았다. 따라서 인간은 자신을 도덕적으로 실현하고, 궁극적으로는 사회와 상호작용 속에서 윤리적인 공동체를 형성해야 한다고 주장하였다. 이는 그의 실천적 철학의 핵심으로, 도덕적 자율성과 사회적 책임의 연관성을 강조한다.

학문론(Wissenschaftslehre)

피히테의 대표적인 철학 체계인 학문론(Wissenschaftslehre)은 지식의 통일성과 체계성을 설명하려는 시도이다. 피히테는 학문론을 통해 모든 학문이 하나의 원리에서 출발해야 하며, 이 원리는 자아의 자기 인식에서 비롯된다고 보았다. 이 체계 내에서 자아는 자신의 활동을 통해 세계를 규정하며, 따라서 모든 인식은 자아의 활동에 의해 구조화된다고 주장하였다. 이 학문론은 관념론의 중요한 기초를 제공하며, 피히테의 철학 체계를 이해하는 데 중요한 역할을 한다.

절대적 자아와 인간의 목표

피히테는 자아를 절대적인 존재로 보았으며, 궁극적으로 인간이 추구해야 할 목표는 자신의 절대적 자아와 일치하는 것이다. 그는 자유로운 의지와 도덕적 행위를 통해 인간이 자아를 실현할 수 있다고 믿었으며, 이러한 자아의 실현이 바로 인간의 도덕적 목적이라고 설명하였다.

정치 철학과 민족주의

피히테는 정치 철학에 있어서도 중요한 기여를 하였다. 그는 국가의 역할을 강조하며, 특히 교육을 통해 국민을 도덕적이고 자율적인 시민으로 양성하는 것이 국가의 중요한 임무라고 보았다. 나폴레옹 전쟁 시기에 피히테는 독일 민족의 부흥을 외치며, 그의 강연집 『독일 국민에게 고함(Reden an die deutsche Nation)』에서 민족주의적 사상을 전개하였다. 이 강연은 후에 독일의 민족적 정체성과 국가주의 발전에 영향을 미쳤다.

피히테의 철학은 인간의 자유, 자아의 능동적 역할 그리고 도덕적 행위의 중요성을 강조하는 독특한 관념론 체계를 구축했으며, 후에 셸링과 헤겔 같은 철학자들에게 큰 영향을 미쳤다.

나. 안전학적 관점

피히테의 철학에서 자아와 비자아의 상호작용을 중심으로, 자발적 참여, 도덕적 책임 그리고 법적 시스템이 안전을 유지하는 데 필수적인 역할을 한다. 이 개념들은 산업 안전 관리에도 유용하게 적용될 수 있으며, 사고 예방과 안전한 작업 환경 구축에 중요한 교훈을 제공한다.

1) 자아와 비자아의 상호작용 vs. 조직과 작업자의 관계

자아 확립과 안전 – 작업 환경에서의 명확한 역할과 책임

자아가 비자아(외부 환경)를 통해 자신의 정체성을 확립하는 것처럼, 작업자와 조직의 역할과 책임이 명확히 정의될 때 안전이 보장된다. 이는 모든 구성원이 자신의 역할을 정확히 인식하고 실행할 때 사고를 예방할 수 있다는 점과 유사하다.

사례 한 공장에서 작업자들이 위험한 장비를 사용할 때, 책임과 역할이 명확히 분리되지 않아 혼란이 발생했고, 이로 인해 사고가 발생했다. 이후 회사는 장비 운영 규정과 작업자 간의 역할을 명확하게 정의하여, 책임을 분담하고 안전을 강화한 결과 사고 발생률이 크게 줄어들었다. 조직 내에서 역할과 책임이 명확히 정의될 때만이 비로소 안전이 보장된다. 각자의 책임을 분명히 할 때 상호작용 속에서 안전한 작업 환경을 구축할 수 있다.

2) 자아의 실천적 활동과 안전 vs. 자발적 참여와 개선 활동

실천적 자아의 활동 – 위험 인식과 개선 활동의 중요성

자아가 외부 세계와의 상호작용을 통해 자신의 한계를 극복하며 성장하는 것처럼,

산업현장에서 작업자들은 스스로 위험 요소를 인식하고 자발적으로 개선 활동에 참여할 때 더 안전한 작업 환경을 만들 수 있다.

사례 한 제조업체에서는 작업자들이 직접 안전 문제를 제기할 수 있는 제안 시스템을 도입했다. 이를 통해 작업자들이 현장에서 발견한 위험 요소를 보고하고 개선 조치를 시행한 결과, 작업 환경이 크게 개선되고 사고 발생 가능성이 줄어들었다. 작업자들이 자발적으로 위험을 인식하고 개선하려는 실천적 활동이 중요하다. 이러한 자발적 참여가 있을 때만이 사고 예방과 작업 환경의 개선이 가능하다.

3) 자유와 도덕적 자아 vs. 도덕적 책임과 규정 준수

도덕적 자아의 역할 – 자발적인 규정 준수와 타인 존중

자아가 도덕적 법칙을 따를 때, 비로소 자신의 자유를 누리며 타인의 안전까지 보장할 수 있다. 이는 산업현장에서 작업자들이 스스로 규정을 준수하고 동료의 안전을 존중해야 한다는 점과 유사하다.

사례 한 공장에서 일부 작업자가 안전 규정을 무시하고 보호 장비 없이 작업하다가 사고가 발생할 뻔한 일이 있었다. 이후 회사는 도덕적 책임 교육을 도입해, 작업자들이 자발적으로 규정을 준수하고 동료의 안전을 존중하도록 했다. 이로 인해 작업자들의 안전 의식이 크게 향상되었고, 사고 발생률도 감소했다. 도덕적 책임감을 바탕으로 규정을 자발적으로 준수할 때 작업자와 동료의 안전이 보장된다. 자발적인 책임감이 강할수록 조직의 안전 수준도 높아진다.

4) 사회적 자아와 국가의 역할 vs. 조직 내 시스템과 법적 보호

국가와 안전 – 조직 내 법적 절차와 보호

국가는 법과 질서를 통해 개인의 자유와 안전을 보장한다. 마찬가지로, 조직 내 시스템은 작업자들이 안전하게 일할 수 있도록 법적 보호와 절차를 마련해야 한다.

사례 한 회사에서는 안전 사고가 발생한 후 사고 조사가 미흡해 직원들 간의 불신이 커졌다. 이후 회사는 투명한 사고 조사 시스템을 도입하고, 사고 원인과 재발 방지 대책을 명확히 공유했다. 이로 인해 직원들 간의 신뢰가 회복되고, 조직 내에서 협력적인 작업 환경이 조성되었다. 투명한 절차와 법적 보호가 있을 때 조직 내 신뢰가 형성된다. 신뢰를 바탕으로 한 협력적 환경이 사고를 예방하고 안전을 보장한다.

다. 시사점

피히테의 철학에서 강조된 자아와 비자아의 상호작용, 실천적 활동, 도덕적 책임 그리고 조직 내 시스템의 역할은 산업 안전 관리에 중요한 시사점을 제공한다. 작업자와 조직이 서로 명확한 역할을 분담하고, 자율적인 참여를 통해 위험을 예방하며, 도덕적 책임과 투명한 절차를 기반으로 신뢰를 형성할 때, 안전한 작업 환경이 구축된다.

- 자아와 비자아의 상호작용: 조직과 작업자 간의 명확한 역할 분담과 책임 의식이 중요하다. 역할이 명확히 정의될 때 사고 예방이 가능하다.
- 실천적 참여와 개선: 작업자들이 자발적으로 위험을 인식하고 개선 활동에 참여해야 한다. 자발적인 참여가 사고 예방의 핵심이다.
- 도덕적 책임과 규정 준수: 도덕적 책임 의식을 바탕으로 모든 작업자가 규정을 자발적으로 준수해야 한다. 이는 조직 내 안전 문화를 형성하는 데 필수적이다.
- 법적 절차와 신뢰: 투명한 사고 조사와 법적 절차를 통해 조직 내 신뢰를 형성하고 안전성을 강화해야 한다. 신뢰가 조직의 안전 수준을 높이는 기반이 된다.

Key lessons from Ficche's pilsopiy applted to industrial safety management

이러한 철학적 접근은 자율성과 협력을 통해 조직과 작업자가 함께 안전한 작업 환경을 구축하는 데 필수적임을 보여준다.

35. 프리드리히 셸링
(Friedrich Schelling, 1775-1854)

프리드리히 셸링(Friedrich Schelling, 1775-1854)은 독일 관념론 철학의 중요한 인물로, 자연과 정신의 통일을 강조하며 자연철학과 정체성 철학을 발전시켰다. 그의 철학은 자연과 인간 정신의 관계를 탐구하면서, 자연과 정신이 어떻게 조화를 이루고 통합되는지를 설명하려 하였다.

셸링의 철학에서 안전은 자연의 무의식적인 힘과 인간 정신의 의식적 힘이 조화롭게 상호작용하는 데에서 비롯된다. 그는 자연을 단순한 물질이 아닌 생명력과 정신이 깃든 유기체로 보았으며, 자연과 정신의 통일성을 주장하였다. 이를 통해 인간은 자연과의 조화 속에서 안정된 존재 상태를 유지할 수 있다. 그의 철학적 개념은 자연과 정신이 하나의 동일한 원리에서 비롯된다는 정체성 철학으로 구체화되며, 인간의 자유와 예술, 악의 문제 등 다양한 주제와도 연결된다.

셸링의 사상은 자연과 정신의 통합, 예술을 통한 절대적 표현 그리고 자유와 도덕적 성장에 관한 독창적인 통찰로 요약될 수 있다.

가. 철학적 관점

자연철학(Naturphilosophie)

셸링의 가장 중요한 철학적 기여 중 하나는 자연철학이다. 그는 자연을 단순히 물질적인 세계로 보는 것이 아니라, 자연을 하나의 살아있는 전체로 보았다. 자연은 스스로 발전하고 생성하며, 정신과 동일한 원리를 가진 유기적 존재로 여겨진다. 셸링은 자연이 정신을 발전시키는 과정으로 설명하며, 자연과 정신 사이의 연속성을 강조하였다. 즉, 자연은 정신을 포함한 모든 것의 근원으로서, 인간의 의식 또한 자연의 연속적인 발전의 산물이라고 주장하였다.

정체성 철학(Identitätsphilosophie)

셸링은 정체성 철학을 통해 자연과 정신의 동일성을 주장하였다. 그는 자연과 정신이 본질적으로 하나의 동일한 실체로부터 나온다고 보았으며, 이를 통해 이원론적 철학을 극복하려 하였다. 자연과 정신은 서로 다른 방식으로 표현된 하나의 동일한 원리일 뿐이며, 결국 절대적인 통일성 속에서 서로 연결되어 있다. 이 통일된 원리는 그 자체로는 인식될 수 없으나, 자연과 정신의 상호작용을 통해 그 모습을 드러낸다.

예술과 미학

셸링의 철학에서 예술은 중요한 위치를 차지한다. 그는 예술을 절대적인 것을 표현하는 최상의 수단으로 보았다. 철학은 개념적이고 논리적으로 절대성을 탐구하는 반면, 예술은 직관적으로 절대적 통일성을 드러낼 수 있다고 주장하였다. 따라서 셸링은 예술가를 철학자와 동등하게 놓았으며, 예술을 통해 절대적 실재와의 접촉이 가능하다고 보았다. 예술은 자연과 정신의 합일을 표현하는 수단이며, 예술 작품은 자연과 정신의 조화로운 결합을 나타낸다고 보았다.

자유철학

셸링의 철학에서 자유는 중요한 개념이다. 그는 인간의 자유를 정신과 자연의 통일 속에서 이해하려 했으며, 인간의 자유는 단순한 개인적 선택이 아니라, 자연과 인간이 절대적인 통일성 속에서 자유롭게 존재할 수 있는 조건을 의미한다고 보았다. 셸링은 인간의 자유를 자연의 필연성과 결합시키려고 했으며, 이를 통해 인간의 자유가 우주적 질서 속에서 실현될 수 있음을 주장하였다.

악의 문제와 자유의 본질

셸링은 또한 악의 문제를 철학적으로 탐구하였다. 그는 악을 단순히 선의 부재로 보지 않았고, 악을 존재의 필수적인 부분으로 보았다. 그의 후기 철학에서 악은 인간이 자유의 본질을 완전히 이해하고 실현하기 위한 필수적인 조건으로 여겨졌다. 악은 자유가 존재할 수 있는 가능성의 한 측면으로, 선과 함께 존재의 균형을 이룬다. 셸링은 선과 악의 변증법적 관계를 통해 인간의 자유가 더 깊이 이해될 수 있다고 보았다.

셸링과 헤겔의 관계

셸링은 한때 헤겔과 협력적 관계에 있었으나, 시간이 지나면서 철학적 입장에서 갈라졌다. 헤겔이 절대정신의 체계를 강조한 반면, 셸링은 절대적인 것은 논리적 체계로 설명될 수 없으며, 존재 그 자체로서 직관되어야 한다고 주장하며 헤겔의 체계를 비판하였다. 셸링은 철학이 삶과 존재의 생생한 현실을 담아야 한다고 보았으며, 이는 헤겔과의 차별점을 형성하게 된다.

셸링의 후기 철학(계시 철학)

셸링의 후기 철학은 계시 철학(Philosophie der Offenbarung)으로 불리며, 그는 이 시기에 철학을 신학과 결합시키려는 시도를 하였다. 그는 절대적인 것이 인간에게 계시될 수 있다고 보았으며, 계시의 과정을 철학적으로 설명하려 하였다. 이는 그의 초기 자연철학과 정체성 철학에서 발전한 개념들을 확장하여, 인간과 신의 관계를 설명하는 작업으로 이어졌다.

셸링의 철학은 자연과 정신의 통일, 예술과 자유 그리고 존재와 악의 변증법적 관계를 중심으로 이루어져 있다. 그는 자연을 단순한 물질이 아닌 생명력 있는 전체로 보고, 인간의 자유와 정신적 발전을 자연의 연장선으로 이해했으며, 예술을 통해 절대적 통일성을 직관적으로 표현할 수 있다고 주장하였다.

나. 안전학적 관점

1) 자연과 정신의 통일 vs. 조직과 작업자 간의 조화로운 관계

안전의 통일성 – 조화로운 조직 환경 조성의 중요성

자연과 정신이 조화를 이룰 때 안전이 성립된다. 이는 작업자와 조직이 상호 존중하며 협력할 때도 마찬가지이다.

사례 한 공장에서 관리자와 작업자 사이의 의사소통이 단절되어 불신이 생긴 적이 있었다. 이후 회사는 정기 회의와 협업 프로그램을 통해 상호 이해를 증진했다. 이러한 조화로운 협력 덕분에 작업 환경이 개선되고 사고가 줄어들었다. 조직 내에서 관리자와 작업자 간의 원활한 소통과 협력이 이루어질 때, 보다 안전하고 조화로운 작업 환경이 만들어진다.

2) 자연철학과 안전 vs. 위험을 이해하고 조화롭게 대처하기

자연의 힘을 이해한 안전 관리 – 예방 중심의 사고 방식

자연의 무의식적 힘을 이해하고 존중할 때 인간은 안전을 유지할 수 있다고 본다. 마찬가지로 작업장에서 위험 요소를 이해하고 예방해야 한다.

사례 한 화학 공장에서 유해 물질 취급 절차가 미비해 사고가 발생할 뻔했다. 회사는 유해 물질과 관련된 교육과 정기적인 위험 평가를 통해 위험을 이해하고 예방하는 체계를 구축했다. 그 결과, 작업자들은 더 안전한 환경에서 근무하게 되었다. 자연과 작업 환경에서 발생할 수 있는 위험을 정확히 이해하고, 이를 예방하는 교육과 절차가 마련되면 사고를 방지할 수 있다.

3) 정신과 의식의 역할 vs. 안전 의식의 내재화

정신적 안전과 규정 준수 – 사고 예방을 위한 의식적 참여

자연의 무의식적 힘을 존중하며 자신의 의식적 힘과 조화롭게 결합할 때 안전이 유지된다. 작업자들도 마찬가지로 안전 의식을 내재화하고 스스로 규정을 준수해야 한다.

사례 한 공장에서 일부 작업자가 안전 수칙을 무시하면서 사고가 발생할 뻔한 일이 있었다. 이후 회사는 정신적 안전 교육을 통해 작업자들이 안전 의식을 내재화하고 스스로 준수하도록 유도했다. 이 교육 이후, 작업자들의 자발적인 규정 준수가 눈에 띄게 증가했다. 안전 수칙을 단순히 외부의 지시로 따르는 것이 아니라, 작업자들이 스스로 인식하고 실천하는 내재화된 안전 의식이 필요하다.

4) 예술과 직관의 역할 vs. 창의적인 안전 프로그램

예술적 접근을 통한 안전 인식 향상

예술은 자연과 정신의 통일을 경험하게 한다. 창의적인 접근은 작업자들이 직관적으로 안전을 이해하도록 도와줄 수 있다.

사례 한 제조업체에서는 예술적 요소를 포함한 안전 프로그램을 도입했다. 작업자들은 안전 포스터와 교육 영상을 통해 위험 요소를 직관적으로 이해할 수 있었다. 이러한 프로그램 덕분에 작업자들의 안전 인식이 크게 향상되었다. 예술적 접근을 활용해 직관적으로 이해할 수 있는 교육을 제공하면, 작업자들의 안전 의식이 높아진다.

다. 시사점

셸링의 철학에서 강조된 자연과 정신의 조화는 산업 안전 관리의 중요한 기초가 된다. 작업장에서 조직과 작업자 간의 협력, 위험 요소에 대한 이해와 예방, 정신적 안전 의식의 내재화, 예술적 접근을 통한 창의적 프로그램은 조화로운 안전 환경을 조성하는 데 필수적이다.

핵심 교훈

• 조화로운 관계 형성: 조직과 작업자가 상호 존중하며 협력해야 한다.
• 위험 이해와 예방: 자연과 작업 환경의 위험을 이해하고 대처해야 한다.

- 내재화된 안전 의식: 정신적 안전 의식을 갖추고 자발적으로 규정을 준수해야 한다.
- 창의적 접근: 예술적, 직관적 접근을 통해 작업자들의 안전 인식을 높여야 한다.

　　이러한 철학적 접근은 작업장에서 자율성과 협력을 통해 안전한 환경을 구축하는 데 중요한 역할을 한다.

36. 게오르크 빌헬름 프리드리히 헤겔
(Georg Wilhelm Friedrich Hegel, 1770-1831)

게오르크 빌헬름 프리드리히 헤겔(Georg Wilhelm Friedrich Hegel, 1770-1831)의 철학에서 안전은 단순히 물리적 차원을 넘어, 인간이 절대정신의 발전 과정에서 자신의 존재와 역할을 역사와 사회 속에서 인식하고, 이를 통해 자아와 사회의 조화를 이루는 데에서 확보된다.

이는 변증법적 과정을 통해 이루어지며, 인간이 역사적 발전 속에서 대립을 극복하고 더 높은 단계의 자유와 자기 인식에 도달하는 과정에서 안전이 실현된다는 의미이다.

헤겔의 철학에서 안전은 궁극적으로 인간이 자신의 위치와 역할을 깨달아 가면서, 사회적 조화와 자유의 실현을 이루는 데 필수적인 개념으로 볼 수 있다. 이는 사회적 갈등과 대립이 변증법적 발전을 통해 더 높은 수준의 통일로 나아가는 과정에서 성취된다.

가. 철학적 관점

변증법(Dialektik)

헤겔 철학의 중심에는 변증법이라는 사유 방식이 있다. 변증법은 정(thesis)과 반(antithesis)의 대립을 통해 합(synthesis)을 이루는 과정이다. 모든 사물과 개념은 모순과 대립을 포함하고 있으며, 이러한 대립을 극복하는 과정에서 더 높은 단계로 발전한다. 변증법은 단순히 사유의 방법이 아니라, 역사와 현실 세계가 스스로 발전하는 방식을 설명하는 근본 원리로 작용한다.

절대정신(Absolute Geist)

헤겔의 철학은 절대정신(Absolute Geist) 개념을 중심으로 한다. 절대정신은 궁극적인 실재로서, 인간의 인식과 세계가 발전하는 최종 목적지이다. 절대정신은 자연, 인간, 사회, 역사 속에서 구체화되며, 그 과정에서 스스로를 인식하고 실현해 나간다. 이 정신은 결국 완전한 자기 인식과 자유에 이르며, 이는 인류의 역사와 문화가 발전하는 과정과 동일시된다.

역사 철학

헤겔은 역사를 단순한 사건의 연속이 아닌 정신의 발전 과정으로 보았다. 그는 역사를 자유의 발전 과정으로 해석하며, 각 시대는 정신이 새로운 형태의 자유를 실현하는 과정이라고 보았다. 각 사회와 문화는 자유의 개념을 구현하려 하지만, 그것이 불완전할 때 새로운 대립이 발생하고, 그 대립을 극복하면서 역사는 더 높은 단계로 나아간다. 헤겔에게 역사는 이성적인 과정이며, 궁극적으로 자유를 완전히 실현하는 방향으로 나아간다고 보았다.

정신현상학(Phänomenologie des Geistes)

헤겔의 주요 저작 중 하나인 정신현상학은 의식이 절대정신에 도달하기까지의 과정을 설명한다. 여기서 개별적 의식은 처음에 감각적 인식에서 출발하여, 자아와 타자의 대립을 경험한 후, 사회적, 윤리적 공동체에서 자신의 역할을 자각하게 된다. 의식은 끊임없이 자기 자신을 초월하고 대립을 극복하는 과정을 통해 절대정신에 도달한다. 이는 결국 자기 인식과 자유를 완성하는 과정이다.

논리학(Logik)

헤겔은 논리학을 통해 존재와 본질 그리고 개념의 발전 과정을 설명하였다. 그는 논리학에서 사유의 발전을 변증법적 구조로 제시하였으며, 이를 통해 개념들은 자신 속의 모순을 극복하며 더 높은 단계로 발전한다. 이러한 과정은 단순한 사유의 논리가 아니라, 세계의 실재와 그 발전을 설명하는 방식이기도 하다. 즉, 논리학은 존재 자체의 발전을 설명하는 체계로서, 모든 것이 변증법적 과정에서 발전하고 있음을 보여준다.

국가와 자유

헤겔은 국가를 자유의 실현을 위한 중요한 장치로 보았다. 그는 개인의 자유가 단순히 개인적인 선택의 문제가 아니라, 사회와 국가의 구조 속에서 실현될 수 있다고 주장하였다. 개인의 자유는 보편적 의지와 윤리적 공동체 속에서 실현되며, 이러한 보편적 의지를 구현하는 것이 바로 국가이다. 헤겔에게 국가란 개인의 자유를 보호하고 도덕적 삶을 보장하는 궁극적인 제도이며, 이를 통해 개인은 더 높은 차원의 자유를 경험하게 된다.

자유와 주체성

헤겔 철학의 중심 주제 중 하나는 자유이다. 그는 자유를 단순히 외부로부터의 제한이 없는 상태가 아니라, 자기 인식을 통해 실현되는 과정으로 보았다. 즉, 인간은 자신의 욕구와 목적을 인식하고 이를 초월함으로써 진정한 자유를 얻을 수 있다. 이러한 과정은 대립을 극복하는 변증법적 과정에서 이루어지며, 궁극적으로 자아와 세계가 조화를 이루는 상태에서 완성된다.

예술, 종교, 철학

헤겔은 예술, 종교, 철학을 절대정신의 표현 형태로 보았다. 예술은 감각적 형태로 절대정신을 표현하며, 종교는 상징적 형태로, 철학은 개념적 형태로 절대정신을 다룬다. 철학은 이 중에서 가장 높은 형태로, 절대정신의 본질을 개념적으로 이해하려는 시도이다. 예술과 종교는 철학에 도달하기 위한 단계로, 절대정신의 자기 인식 과정에 중요한 역할을 한다.

헤겔의 철학은 변증법적 발전, 절대정신, 자유의 실현을 중심으로 이루어져 있다. 그는 모든 존재와 사고가 대립과 모순을 통해 더 높은 단계로 발전하며, 궁극적으로 자기 인식과 자유를 실현하는 과정이라고 보았다. 그의 철학은 역사, 논리, 윤리, 정치, 예술, 종교 등 다양한 영역을 포괄하며, 전체적인 통일성을 강조하는 체계적인 철학 체계를 구축하였다.

나. 안전학적 관점

1) 변증법과 안전 vs. 문제 해결과 개선의 순환 과정

변증법적 발전 과정에서의 안전 관리 – 지속적인 개선

- 헤겔의 변증법: 작업장에서 문제(테제)와 이에 대한 해결 노력(안티테제) 그리고 결과로서의 개선된 상태(종합)가 반복될 때 안전이 향상된다.

> **사례** 한 공장에서 안전 장비 사용에 대한 무관심이 문제가 되었다. 회사는 교육과 정책 강화를 통해 이를 개선했지만, 초기의 정책만으로는 충분하지 않았다. 작업자들과 관리자들이 협력하여 새로운 장비 점검 절차와 교육 프로그램을 도입한 후, 안전 사고가 현저히 감소했다. 이 과정은 문제와 해결의 변증법적 발전을 통해 안전이 개선된 사례다. 문제가 발생하면 이를 해결하는 과정에서 조직과 작업자들이 협력해 개선 활동을 반복함으로써, 안전이 점진적으로 발전한다.

2) 절대정신과 개인의 안전 vs. 지속적인 자기 인식과 성장

자기 역할의 인식과 참여 – 안전 문화 형성

• 절대정신의 개념: 작업자들은 작업 현장에서 자신의 역할과 책임을 자각하고, 조직과 조화를 이루며 성장할 때 안전한 환경을 구축할 수 있다.

사례 한 공장에서 작업자들이 자신의 역할과 안전의 중요성을 제대로 이해하지 못해 사고가 발생했다. 이후 회사는 모든 작업자가 자신의 역할을 명확히 인식하고 적극적으로 참여하도록 하는 프로그램을 도입했다. 작업자들은 안전 교육과 피드백 세션을 통해 성장하며, 보다 책임감 있는 근무 태도를 형성했다. 작업자들이 자신의 역할을 명확히 인식하고, 조직 내에서 책임감 있게 행동할 때 안전 문화가 형성된다.

3) 역사와 사회에서의 안전 vs. 변화에 대한 적응과 발전

변화 관리와 안전 – 새로운 도전 과제에 대한 대비

• 역사적 과정의 안전: 산업 환경에서 변화는 필수적이며, 이를 이해하고 대비할 때 안전이 보장된다.

기술 변화로 새로운 장비가 도입된 한 제조업체에서는 작업자들이 신규 장비에 익숙하지 않아 위험이 발생할 뻔했다. 회사는 장비 사용에 대한 충분한 교육과 테스트 환경을 제공해 작업자들이 변화에 안전하게 적응할 수 있도록 했다. 이처럼 변화에 대한 준비와 적응은 안전한 작업 환경을 유지하는 중요한 요소다. 산업 환경의 변화에 신속히 적응하고, 새로운 장비나 기술에 대해 철저한 준비와 교육을 실시할 때 안전이 보장된다.

4) 법과 제도 속에서의 안전 vs. 규정 준수와 사회적 조화

법적 제도와 안전 관리 – 규정 준수의 중요성

• 법과 제도의 역할: 안전은 규정을 지키고 사회적 조화를 이루는 법적 틀 속에서 보장된다.

사례 한 회사에서는 작업자들이 안전 규정을 준수하지 않아 잦은 사고가 발생했다. 이후 회사는 법적 준수 의무 교육과 내부 규제 시스템을 강화하여, 모든 작업자가 규정을 철저히 준수하도록 유도했다. 그 결과, 사고율이 크게 감소하며 안전한 근무 환경이 조성되었다. 법적 규정을 철저히 준수하고, 조직 내에서 제도를 강화할 때 안전이 확보된다.

다. 시사점

헤겔의 철학에서 강조된 변증법적 발전, 역할 인식, 변화 적응 그리고 법과 제도 준수는 현대 산업안전 관리에 중요한 교훈을 제공한다.

핵심 교훈

- 문제 해결과 개선의 반복: 문제와 해결 노력이 반복될 때 안전이 개선된다.
- 자기 역할의 인식: 작업자들이 자신의 역할과 책임을 이해하고 참여할 때 안전이 강화된다.
- 변화에 대한 준비와 적응: 기술과 환경의 변화에 대비하고 적응해야 한다.
- 법적 제도 준수: 규정 준수와 제도적 조화를 통해 안전한 환경을 구축해야 한다.

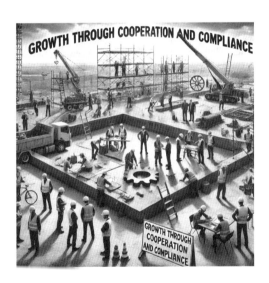

이러한 접근은 조직과 작업자가 함께 발전하며 안전한 환경을 유지하는 데 필수적이다.

37. 아르투어 쇼펜하우어
(Arthur Schopenhauer, 1788-1860)

아르투어 쇼펜하우어(Arthur Schopenhauer, 1788-1860)는 독일의 철학자로, 그의 철학은 주로 비관주의, 인간 의지, 고통의 본질에 초점을 맞추고 있다. 그는 세계를 의지와 표상으로 이해했으며, 그의 사상은 실존주의와 정신분석학에도 깊은 영향을 미쳤다.

가. 철학적 관점

쇼펜하우어의 대표 저서인 『의지와 표상으로서의 세계(Die Welt als Wille und Vorstellung)』는 세계를 비합리적인 힘인 '의지'에 의해 움직이는 곳으로 설명한다. 칸트와는 달리, 쇼펜하우어는 이성보다도 인간을 포함한 모든 존재가 무의식적인 의지에 의해 지배된다고 보았다.

의지

쇼펜하우어는 모든 생명체의 존재가 '의지'에 의해 움직인다고 보았다. 이 의지는 본능적인 생존과 번식을 추구하며, 인간의 삶에서도 끊임없는 욕망과 불만족을 만들어내는 근본적인 원동력이다.

삶의 고통

쇼펜하우어는 삶을 끊임없는 욕망과 고통의 연속으로 보았다. 욕망이 충족되지 않으면 고통을 느끼고, 욕망이 충족되더라도 곧 새로운 욕망이 나타나기 때문에 인간은 끊임없는 불만족에 시달리게 된다.

미학적 관조와 금욕주의

쇼펜하우어는 이 고통에서 벗어나는 유일한 길은 예술적 관조(특히 음악 감상)와 금욕주의라고 보았다. 이러한 활동은 잠시라도 의지의 억압에서 벗어나게 해 준다.

연민의 윤리학

쇼펜하우어는 도덕의 기초를 연민에서 찾았다. 그는 모든 존재가 고통을 겪는다는 점에서 서로 연민을 느끼고 도덕적으로 행동해야 한다고 주장했다.

연민이 도덕의 기초

쇼펜하우어는 인간이 서로의 고통을 공감할 수 있는 능력이 도덕적인 행동을 이끌어 낸다고 보았다. 이는 이기심을 거부하고 타인의 고통을 덜어주려는 행동으로 나타난다.

나. 안전학적 관점

쇼펜하우어의 철학은 산업 안전에 적용될 수 있으며, 특히 위험과 고통을 줄이기 위한 예방적 접근을 강조할 수 있다.

1) 생존 의지 vs. 안전을 향한 의지

쇼펜하우어는 모든 생명체가 생존하려는 본능적인 의지에 따라 행동한다고 보았다. 이는 산업현장에서의 안전 추구와 연결된다.

위험 인식과 예방

인간의 의지가 생존을 위해 계속 활동하는 것처럼, 안전에 대한 인식과 예방 조치도 지속적으로 이루어져야 한다. 안전을 소홀히 할 경우 고통과 위험이 발생하게 된다.

> **사례** 건설 현장에서 높은 곳에서 작업할 때, 안전 장비 착용을 소홀히 하면 추락 사고가 발생할 수 있다. 이를 방지하기 위해서는 작업 전에 지속적으로 위험 요소를 인식하고 예방하는 조치가 필요하다.

2) 고통의 불가피성 vs. 안전 관리의 필요성

쇼펜하우어의 철학에서는 고통이 삶의 필연적인 요소로 여겨진다. 마찬가지로, 산업현장에서 안전 관리가 소홀해질 경우 고통이 불가피하게 발생한다.

예방하지 않을 경우 고통 발생

산업 안전에 있어 예방 조치를 취하지 않으면 신체적 또는 정신적 고통이 발생하게 된다. 쇼펜하우어의 철학에서 고통을 피하려는 노력은 산업 안전에서 위험을 미리 인식하고 대처하는 것과 유사하다.

> **사례** 공장에서 화학 물질 취급 시 보호 장비를 착용하지 않은 작업자들이 심각한 화상을 입은 사고가 발생했다. 이후 작업자들에게 보호 장비 착용의 중요성을 교육하고 이를 준수하게 함으로써 유사한 사고를 예방할 수 있다.

3) 연민에 기반한 안전 관리

쇼펜하우어의 윤리학에서 연민은 도덕적 행동의 기초가 된다. 이는 안전 관리에서도 중요한 역할을 할 수 있다. 관리자는 직원들의 안전을 고려한 연민의 마음으로 안전 조치를 강화해야 한다.

연민과 안전 책임

관리자는 근로자의 안전을 보호하는 것이 도덕적 의무임을 인식하고, 안전 규정을 강화해야 한다. 연민은 안전을 위한 적극적인 조치를 취하는 데 중요한 요소가 된다.

사례 중공업 현장에서 고위험 작업을 수행하는 근로자들에게 정신 건강 지원 프로그램을 제공하여, 육체적 안전뿐만 아니라, 심리적 안전도 함께 관리하고 있다.

4) 금욕주의와 위험 최소화

쇼펜하우어의 금욕주의는 욕망을 절제함으로써 고통을 줄이는 방법이다. 이는 산업 안전에서도 불필요한 위험을 최소화하고 핵심적인 안전 절차에 집중하는 것으로 해석될 수 있다.

불필요한 위험 절제

복잡한 절차나 과도한 위험을 피하고, 필수적인 안전 절차를 간단하고 명확하게 관리하는 것이 사고 예방에 효과적이다. 금욕주의는 불필요한 위험을 '포기'하는 것과 같다.

사례 해양 작업장에서 복잡한 작업 절차 대신 핵심 안전 수칙에 집중하여 작업을 간소화하고, 불필요한 위험을 줄임으로써 안전 사고를 예방할 수 있다.

다. 시사점

쇼펜하우어의 철학적 개념들은 산업 안전 관리에 중요한 교훈을 제공한다.

의지가 끊임없이 작용하는 것처럼, 안전 조치도 지속적으로 점검되고 유지되어야 한다. 고통을 줄이기 위한 예방 조치가 없으면, 산업현장에서의 고통은 필연적이다. 관리자는 직원들의 안전을 최우선으로 고려해야 하며, 이는 도덕적 책임이자 연민의 실천이다. 안전 절차를 간소화하고, 불필요한 위험 요소를 줄이는 것은 산업현장에서 중요한 예방적 조치이다.

38. 오귀스트 콩트(Auguste Comte, 1798-1857)

오귀스트 콩트(Auguste Comte, 1798-1857)는 19세기 프랑스의 철학자이자 사회학의 창시자로, 실증주의(positivism) 철학을 제창한 인물이다. 그는 프랑스 남부 몽펠리에에서 태어났으며, 청소년 시절에 엘리트 학교인 파리의 에콜 폴리테크니크에 입학했으나, 혁명적인 성향과 학내 불화로 인해 퇴학을 당하였다. 이후 수학자이자 철학자인 생시몽(Henri de Saint-Simon)의 비서로 일하면서 그의 사상에 영향을 받았으나, 곧 결별하고 독립적인 학문적 길을 걷기 시작하였다.

콩트는 인간의 지적 발전이 신학적 단계, 형이상학적 단계, 실증적 단계라는 세 가지 단계를 거친다고 보았고, 과학적 방법을 통해 사회를 이해하고 발전시킬 수 있다는 신념을 가졌다. 그는 『실증주의 철학 강의(Cours de philosophie positive)』라는 저서를 통해 이 사상을 체계적으로 설명했으며, 이를 통해 사회를 과학적으로 연구할 수 있는 학문으로서 사회학을 창시하였다. 그는 과학적 방법론을 중시하며, 사회 문제를 해결하고 사회적 안정성을 유지하는 데 과학적 지식의 중요성을 강조하였다.

콩트의 후반기 생애는 다소 불우했는데, 그는 개인적인 어려움과 정신적 위기를 겪었고, 이 시기에 인류를 숭배하는 '인류 종교(Religion of Humanity)'라는 개념을 제안하였다. 이 개념은 도덕과 사회적 연대를 강화하려는 시도로, 과학과 인류의 진보를 신성시하는 새로운 형태의 종교적 체계를 만들려는 시도였다.

그의 주요 저서로는 『실증주의 철학 강의』와 『실증주의 정치 체계(Système de politique positive)』가 있으며, 이는 그의 철학적 체계를 잘 보여준다.

오귀스트 콩트는 1857년 파리에서 사망했으며, 그의 실증주의 사상은 사회학뿐만 아니라 19세기와 20세기 초 철학과 과학 전반에 큰 영향을 미쳤다.

그의 철학적 사상은 '실증주의(positivism)'로 요약된다. 실증주의는 모든 지식이 경험과 과학적 증거에 기초해야 한다는 철학적 접근으로, 인간 지식과 사회의 발전을 체계적으로 이해하고자 한다. 콩트는 과학적 방법론을 통해 사회를 분석하고 이해하는 것이 중요하며, 이를 통해 사회의 안정성과 안전을 유지할 수 있다고 보았다. 과학적 지식에 기반한 실증적 접근은 사회 질서를 유지하고 발전시키는 데 중요한 역할을 한다.

가. 철학적 관점

세 가지 발전 단계의 법칙

콩트는 인류의 지적 발전이 세 가지 단계(신학적, 형이상학적, 실증적)를 거쳐 이루어진다고 주장하였다.

▲ 신학적 단계(Theological Stage): 인간이 자연 현상을 신이나 초자연적 존재의 의지로 설명하던 단계이다. 이 시기에는 모든 현상을 신앙과 신화로 이해하려고 하였다.

▲ 형이상학적 단계(Metaphysical Stage): 인간이 세계를 추상적인 철학적 개념을 통해 설명하려는 단계이다. 이 단계에서 사람들은 더 이상 신에 의존하지 않고 본질, 이데아 같은 형이상학적 개념으로 세상을 이해하려고 하였다.

▲ 실증적 단계(Positivist Stage): 인간이 과학적 방법을 통해 경험적으로 검증 가능한 사실을 바탕으로 세상을 이해하려는 단계이다. 이 단계에서 자연현상은 실증적이고 과학적인 방법을 통해 분석되고 설명된다.

사회학의 창시

콩트는 사회 현상을 과학적으로 연구할 수 있다는 믿음을 바탕으로 사회학을 독립적인 학문으로 정립하였다. 그는 사회학이 물리학이나 생물학처럼 실증적 방법론을 통해 인간 사회를 체계적으로 분석하고 이해할 수 있는 학문이 될 수 있다고 보았다. 사회학은 인간 사회의 구조, 제도, 관계를 연구하는 학문으로 자리 잡았고, 콩트는 이를 통해 사회의 변화를 예측하고 통제하는 것이 가능하다고 주장하였다.

사회 질서와 진보

콩트는 사회의 안정성과 발전에 대해 깊이 고민하였다. 그는 사회가 질서(order)와 진보(progress)라는 두 가지 중요한 요소를 가지고 있다고 보았으며, 이 두 가지가 균형을 이루어야 사회가 건강하게 발전할 수 있다고 믿었다. 질서는 사회의 안정성과 연속성을 의미하며, 진보는 변화와 발전을 나타낸다. 콩트는 사회가 진보하려면 과학적 지식과 사회적 제도가 필요하다고 생각하였다.

인류 종교

콩트는 종교적 신앙이 감소하는 시대에 새로운 형태의 도덕적, 사회적 통합이 필요하다고 보았다. 그는 '인류 종교(Religion of Humanity)'라는 개념을 제안하며, 과학과 도덕을 기반으로 한 새로운 사회적 연대의 형태를 모색하였다. 이 개념은 인간성을 숭배하며, 인간 사회의 진보와 연대를 추구하는 도덕적 시스템을 구축하는 것이 목표였다.

과학의 우위

콩트는 과학을 모든 지식의 기초로 보았으며, 특히 물리학과 같은 자연 과학이 인간 이해와 사회 질서를 설명하는 데 필수적이라고 주장하였다. 그는 과학적 방법론이 인간 사회의 모든 측면을 설명할 수 있는 유일한 방법이라고 믿었으며, 이로 인해 형이상학적이거나 종교적인 설명은 배제되었다.

오귀스트 콩트의 실증주의 철학은 19세기 사회학과 철학에 큰 영향을 미쳤으며, 현대 사회과학의 기초를 마련한 중요한 이론으로 평가받는다. 그의 사상은 이후 마르크스, 뒤르켐 등 다양한 철학자와 사회학자들에게도 영향을 주었다.

나. 안전학적 관점

1) 실증적 지식과 안전 vs. 사고 예측과 예방

과학적 접근을 통한 사고 예방

• 실증적 지식의 중요성: 과학적 방법과 데이터를 기반으로 작업장의 위험 요소를 분석하고 이를 예측해야 한다.

사례 한 제조업체에서 장비의 고장 가능성을 간과한 채 운영하다가 큰 사고가 발생할 뻔했다. 이후 회사는 과학적 데이터를 활용한 장비 유지보수 예측 시스템을 도입했다. 이 시스템은 과거의 데이터와 실시간 정보를 활용해 장비 고장 가능성을 예측하고 사전에 조치를 취할 수 있게 하여 사고를 예방했다. 과학적 데이터와 예측 시스템을 활용해 잠재적인 위험을 미리 인식하고 예방하는 것이 필수적이다.

2) 사회학의 창시와 안전 vs. 조직 질서와 안전 관리

사회적 질서와 제도적 안전 관리의 중요성

• 질서와 안전: 작업장 내 질서를 유지하고 잘 설계된 제도를 시행하면 안전이 보장된다.

사례 한 공장에서 작업 절차가 제대로 정비되지 않아 혼란과 사고가 자주 발생했다. 이후 관리팀은 작업 프로세스를 체계화하고 안전 제도를 강화했다. 모든 작업자가 명확한 절차와 역할을 준수하도록 교육을 받았으며, 그 결과 사고율이 크게 줄었다. 작업장의 질서와 명확한 절차는 안전한 환경을 구축하는 기본 조건이다.

3) 지식의 조직화와 안전 vs. 데이터 기반 의사결정

체계적인 데이터 관리와 안전 정책

• 체계적 지식의 활용: 데이터를 체계적으로 관리하면 잠재적인 위험 요소를 예측하고 효율적으로 대처할 수 있다.

사례 한 건설 현장에서 작업 현황과 위험 요소를 기록하지 않아 위험을 놓치는 경우가 발생했다. 회사는 모든 현장 정보를 데이터베이스에 기록하고 실시간 분석 시스템을 도입했다. 그 결과, 잠재적인 위험을 사전에 파악하여 예방할 수 있었다. 체계적인 데이터 관리와 실시간 분석은 위험을 예측하고 대응하는 데 매우 효과적이다.

4) 사회적 진보와 안전 vs. 변화와 발전을 통한 안전 강화

기술 발전과 작업 환경 개선

- 진보와 안전: 기술적 진보와 지식을 바탕으로 작업 환경을 개선하면 사고를 줄일 수 있다.

사례 한 공장에서 노후화된 장비로 인해 위험이 발생했다. 이후 회사는 최신 안전 기술과 장비를 도입하고 직원들에게 새로운 기술 교육을 제공했다. 이를 통해 작업 환경이 개선되고 안전한 작업 문화가 정착되었다. 기술 발전과 교육을 통해 작업 환경을 지속적으로 개선하는 것이 안전을 강화하는 데 중요하다.

다. 시사점

오귀스트 콩트의 실증주의적 접근은 데이터와 과학적 방법을 통한 안전 관리가 필수적임을 강조한다.

핵심 교훈

- 과학적 예측과 예방: 데이터를 기반으로 한 사고 예측과 예방이 필수적이다.
- 조직 질서 유지: 작업장 내 명확한 절차와 제도는 안전의 기본이다.
- 데이터 관리와 활용: 체계적인 지식과 데이터 관리가 효율적인 안전 관리를 보장한다.
- 진보와 발전을 통한 개선: 기술과 환경의 발전이 안전한 작업 문화를 만든다.

이 접근은 조직과 작업자가 과학적 지식과 데이터를 통해 협력할 때 안전한 작업 환경을 유지할 수 있음을 보여준다.

39. 존 스튜어트 밀(John Stuart Mill, 1806-1873)

존 스튜어트 밀(John Stuart Mill, 1806-1873)은 공리주의와 자유론을 중심으로 철학을 전개하며, 개인의 자유와 최대 다수의 최대 행복을 중요한 원칙으로 삼았다. 그의 철학에서 안전은 개인의 자유와 권리가 보장되고, 사회가 공정하게 운영되며, 최대 다수의 행복이 추구되는 사회적 구조에서 확보될 수 있다고 보았다.

밀은 공리주의와 자유론을 주장하며, 개인의 자유와 최대 다수의 최대 행복을 중시하였다. 그의 철학에서 안전은 개인의 자유와 권리가 보장되고, 사회가 공정하게 운영되며, 최대 다수의 행복이 추구되는 데 있다.

가. 철학적 관점

존 스튜어트 밀은 영국의 철학자이자 경제학자로, 자유주의와 공리주의의 발전에 크게 기여한 사상가이다. 그의 철학적 사상은 사회적, 윤리적, 정치적 문제에 대한 깊은 통찰을 제공하며, 특히 자유와 행복의 개념에 집중되었다.

공리주의(Utilitarianism)

밀은 그의 스승인 제레미 벤담(Jeremy Bentham)의 공리주의를 발전시켰다. 공리주의는 도덕적 행동의 기준이 "최대 다수의 최대 행복"이라는 원칙을 제시한다. 즉, 개인의 행동은 그것이 전체적으로 사람들에게 얼마나 많은 행복을 가져다주느냐에 따라 옳거나 그르다고 평가된다. 밀은 벤담의 공리주의가 단순히 양적인 행복에 초점을 맞추었다고 보았고, 이를 보완하기 위해 질적인 행복의 중요성을 강조하였다. 그는 고급의 쾌락(지적, 도덕적 쾌락)이 저급의 쾌락(육체적 쾌락)보다 더 가치 있다고 보았다.

자유론(On Liberty)

밀의 가장 중요한 저서 중 하나인 『자유론(On Liberty)』(1859)은 개인의 자유와 사회적 규제 사이의 균형을 논의한다. 그는 개인의 자유를 최대한 존중해야 한다고 주장했으며, 국가나 사회가 개인의 자유를 제한할 수 있는 유일한 정당한 이유는 타인의 권리를 침해하는 경우뿐이라고 말하였다. 이는 "자유지상주의적 원칙"으로, 개인의 행동이 타인에게 해를 끼치지 않는 한, 그 행동은 사회에 의해 간섭받아서는 안 된다는 것이다.

자유와 여성의 권리

밀은 여성의 권리에 대한 옹호자로도 유명하다. 그는 『여성의 종속(The Subjection of Women)』(1869)에서 여성의 사회적 평등을 주장하였다. 밀은 여성이 남성과 동등한 권리를 가질 필요가 있으며, 그들의 교육과 사회적 지위에 대한 억압이 사회의 발전을 저해한다고 보았다. 이는 밀의 자유주의 사상과 밀접하게 연결되어 있으며, 그는 모든 인간이 평등한 자유와 기회를 가질 권리가 있다고 주장하였다.

개인주의와 사회적 책임

밀은 개인의 자유를 강조하면서도, 개인이 공동체의 일원으로서 가지는 책임을 간과하지 않았다. 그는 개인의 자율성을 중요시했지만, 동시에 사회적 유대와 공동의 복지에 기여하는 것을 도덕적 의무로 보았다. 밀은 사회적 정의와 공공의 이익을 중요시하면서도, 그것이 개인의 자유를 불필요하게 침해해서는 안 된다고 보았다.

경제적 사상

경제학자로서 밀은 고전 경제학의 기초를 다졌으며, 자유 시장 경제의 원칙을 옹호하였다. 그러나 그는 완전한 자유방임주의를 반대하며, 시장의 실패나 불평등을 교정하기 위한 정부의 개입이 필요할 수 있다고 보았다. 밀은 경제 성장의 중요성을 강조했지만, 경제적 불평등이 사회적 해악을 초래할 수 있음을 경계하였다.

밀의 철학은 자유주의 사상의 토대를 마련했고, 현대 정치철학과 윤리학에 지대한 영향을 미쳤다.

나. 안전학적 관점

밀의 철학적 개념은 산업 안전과 관련하여 개인의 권리와 책임 그리고 사회적 복지 사이의 균형을 강조하는 데 적용될 수 있다.

1) 공리주의와 산업 안전 vs. 다수의 행복을 위한 안전 관리

밀의 공리주의는 최대 다수의 최대 행복을 추구하는 원칙을 중심으로 한다. 이를 산업 안전에 적용하면, 안전 관리는 모든 노동자의 행복과 복지를 위해 필수적이라는 결론에 도달할 수 있다.

안전 규칙 준수의 중요성

공리주의적 관점에서 보면, 작업장에서 안전 수칙을 준수하는 것은 다수의 노동자를 위험으로부터 보호하고 사고를 예방하는 데 중요한 역할을 한다.

사례 한 건설 현장에서 모든 작업자들이 안전모와 보호 장비를 착용하는 것은 개개인의 자유를 제한할 수 있지만, 이는 다수의 작업자를 보호하고 사고를 예방하는 공리주의적 결정이다.

2) 해악 원칙과 안전 vs. 개인 자유와 안전 규정의 조화

밀의 해악 원칙에 따르면, 개인의 자유는 타인에게 해를 끼치지 않는 한 존중되어야한다. 이는 작업장에서 개인의 행동이 타인의 안전에 영향을 미칠 때, 개인의 자유가제한될 수 있음을 시사한다.

안전 규정의 필요성

산업현장에서 개인이 안전 수칙을 따르지 않으면 타인에게 심각한 피해를 줄 수 있다. 따라서 개인의 행동이 다른 사람의 안전을 위협할 때, 안전 규정을 통해 이를 제한하는 것은 정당화된다.

사례 한 공장에서 작업자가 안전 장비 착용을 거부할 경우, 이는 동료들에게도 위험을 초래할 수 있다. 이 경우 회사는 안전을 위해 개인의 자유를 제한하고 장비 착용을 의무화할 수 있다.

3) 사상의 자유와 안전 교육 vs. 다양한 의견의 존중과 안전 문화

밀은 사상의 자유가 진리와 발전을 위해 필수적이라고 보았다. 산업 안전에서도 다양한 의견과 피드백을 수용하는 것이 중요하다.

안전 개선을 위한 의견 수렴

작업자들이 위험 요소에 대해 자유롭게 의견을 제시하고, 이를 바탕으로 안전 개선을 도모하는 것은 밀의 사상 자유론과 연결된다. 열린 대화와 논쟁을 통해 더 나은 안전 대책을 마련할 수 있다.

사례 한 제조업체에서 작업자들이 정기적으로 안전 회의에 참여해 위험 요소를 제기하고 개선 의견을 공유함으로써, 사고를 예방하고 안전 문화를 강화할 수 있다.

다. 시사점

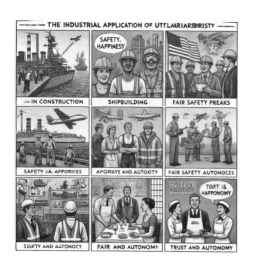

밀의 철학적 관점은 산업 안전 관리에 중요한 교훈을 제공한다.

다수의 행복을 위한 안전 관리: 공리주의적 원칙에 따라, 안전 규정은 다수의 노동자를 보호하기 위한 필수적인 조치이다.

자유와 책임의 균형: 해악 원칙에 따라, 개인의 자유는 타인에게 피해를 주지 않는 한 존중되어야 하지만, 타인의 안전을 위협하는 경우에는 규제가 필요하다.

의견의 자유와 안전 문화: 작업자들의 의견을 자유롭게 수용하고 이를 바탕으로 안전 개선을 도모하는 것은 산업 안전에서 중요한 역할을 한다.

40. 쇠렌 키르케고르
(Søren Kierkegaard, 1813-1855)

쇠렌 키르케고르(Søren Kierkegaard, 1813-1855)는 실존주의 철학의 선구자로서, 인간의 실존, 불안, 자유 그리고 책임에 대한 깊은 탐구를 통해 철학적 사유의 새로운 길을 열었다. 그의 철학에서 안전의 개념은 전통적인 물리적, 사회적 안전보다는 실존적 안전, 즉 인간이 자신의 존재와 삶의 의미를 스스로 찾아 나가는 과정에서 얻어지는 내적 안정성과 깊이 연관되어 있다.

키르케고르는 개인의 실존과 삶의 의미를 탐구하며, 인간이 자신의 선택에 책임을 지고 불안을 극복해야 한다고 주장하였다. 그의 철학에서 안전은 개인이 자신의 존재와 삶의 의미를 스스로 찾아 나가는 과정에서 실존적 자유와 책임을 인식하는 데 있다.

가. 철학적 관점

쇠렌 키르케고르는 덴마크의 철학자이자 신학자, 심리학자로, 실존주의 철학의 창시자로 알려져 있다. 그의 철학적 사상은 인간 실존, 신앙, 주체성, 선택, 불안과 같은 주제에 깊이 천착하며, 개인의 주체적 삶과 신앙의 중요성을 강조한다. 키르케고르의 주요 사상은 다음과 같다.

실존주의의 선구자

키르케고르는 철학적 실존주의의 창시자로 간주된다. 실존주의는 개인의 자유, 선택 그리고 개인의 실존적 고민에 초점을 맞추는 철학적 운동이다. 그는 인간이 "개인으로서" 자신의 삶에 대해 책임져야 한다고 주장하며, 인간의 실존적 상황은 불안, 절망 그리고 선택의 자유 속에서 나타난다고 보았다. 이를 통해 인간은 자신을 초월하는 의미를 찾기 위해 끊임없이 갈등하고 고민하는 존재로 이해된다.

주체성의 철학

키르케고르는 객관적인 진리보다 주관적인 진리를 중요하게 여겼다. 그는 인간의 삶에서 중요한 문제들은 논리나 객관적 지식으로 해결될 수 없다고 생각하였다. 오히려, 진정한 진리는 개인의 주체적 경험과 결단 속에서 발견된다고 보았다. 예를 들어, 신앙이나 사랑과 같은 문제들은 객관적으로 증명될 수 없지만, 개인의 선택과 경험 속에서 의미를 가진다.

불안과 절망

키르케고르는 인간이 자유로운 선택을 해야 하는 상황에서 불가피하게 느끼는 불안(Angst)의 개념을 제시하였다. 인간은 무한한 가능성을 마주할 때 불안을 느끼며, 이는 자유로움에서 기인하는 감정이다. 그는 불안을 부정적인 감정으로 보지 않았으며, 오히려 인간이 자아를 형성하는 데 중요한 역할을 한다고 보았다.

또한, 절망은 키르케고르 철학의 중요한 주제이다. 그는 인간이 자신의 실존적 상황과 신적 존재에 대한 불확실성 속에서 절망에 빠질 수 있다고 보았다. 그러나 이 절망은 인간이 자신의 진정한 자아를 찾고, 신앙을 통해 구원받을 수 있는 기회를 제공한다고 믿었다.

신앙과 '신 앞에 선 단독자'

키르케고르는 신앙을 단순한 교리나 관습이 아닌, 개인과 하나님 사이의 주체적 관계로 보았다. 그는 기독교 신앙이 이성적으로 설명되거나 이해될 수 없는 '도약(leap of faith)'을 요구한다고 주장하였다. 신앙은 논리나 이성에 의해 증명될 수 없고, 개인이 자신의 존재적 결단 속에서 신앙을 선택해야 하는 도전적 행위이다.

그의 책 『두려움과 떨림(Fear and Trembling)』(1853)에서는 아브라함이 이삭을 하나님에게 바치려는 이야기에서 신앙의 본질을 논의한다. 키르케고르는 아브라함의 선택을 통해, 신앙이란 도덕적 이해를 초월하는 주체적 결단이자 하나님과의 관계에서 이루어지는 것임을 강조하였다. 그는 인간이 궁극적으로 '신 앞에 선 단독자'로서 자신의 고유한 실존적 결단을 해야 한다고 보았다.

세 가지 삶의 단계

키르케고르는 인간이 삶을 살아가는 방식에 대해 세 가지 단계로 설명하였다.

- ▲ 심미적 단계(Aesthetic Stage): 이 단계에서는 사람들이 감각적 쾌락, 미적 경험 그리고 일시적인 만족을 추구한다. 그러나 진정한 의미나 목표가 없기 때문에 궁극적으로 절망에 빠진다.
- ▲ 윤리적 단계(Ethical Stage): 이 단계에서는 사람들이 사회적 규범과 도덕적 책임을 받아들이고, 윤리적 결단을 통해 삶을 질서 있게 만들려고 노력한다. 그러나 이 역시 완전한 삶의 의미를 제공하지는 못한다.
- ▲ 종교적 단계(Religious Stage): 마지막 단계에서 사람들은 자신의 한계를 깨닫고, 하나님 앞에서 겸손하게 자신의 실존을 마주한다. 이 단계에서는 인간이 신앙을 통해 자기완성을 추구하며, 진정한 의미를 찾게 된다.

간접적인 의사소통

키르케고르는 직접적으로 자신의 사상을 설명하기보다는, 간접적인 의사소통방식을 통해 자신의 철학을 표현하였다. 그는 다양한 필명을 사용해 여러 가지 입장에서 철학적 문제를 논의하며, 독자들이 자신의 관점을 형성하도록 유도하였다. 이를 통해 독자들이 자신의 주체적 선택과 실존적 결단을 경험할 수 있도록 한 것이다.

키르케고르의 철학은 인간의 실존적 고민과 주체적인 결단의 중요성을 강조하며, 특히 신앙과 자유의 문제를 중심으로 전개된다. 그는 이성과 객관적인 논리로 설명할 수 없는 인간의 깊은 내적 경험과 선택의 문제를 탐구하며, 현대 실존주의와 신앙 철학에 큰 영향을 미쳤다.

나. 안전학적 관점

1) 실존적 불안과 산업 안전 vs. 불안을 직면하고 해결하기

불안과 안전의 역설: 문제 인식과 개선의 출발점

- 실존적 불안: 키르케고르는 불안을 직면함으로써 인간이 진정한 자유와 안전을 찾는다고 주장한다. 산업현장에서도 위험과 문제를 외면하지 않고 직면해야 개선이 가능해진다.

사례 한 제조업체에서 작업자들은 위험 요소에 대한 불안을 무시하고 작업을 강행하다 작은 사고가 발생했다. 이후 회사는 위험 요소를 직면하고 개선하는 안전 프로그램을 도입했다. 불안과 문제를 투명하게 공개하고 팀 차원의 토론과 해결책을 마련한 결과, 작업자들이 안전 의식을 높이고 사고를 줄일 수 있었다. 불안과 문제를 직면하는 것이 안전 관리의 출발점이며, 이를 바탕으로 조직의 안전 문화를 개선할 수 있다.

2) 개인적 선택과 책임 vs. 자율적 책임을 통한 안전 문화 조성

책임 의식과 자율성: 작업 환경에서의 주체적 참여

- 선택과 책임: 개인이 자신의 선택에 책임을 질 때 성숙한 안전 의식을 형성할 수 있다. 산업현장에서도 작업자의 자율적 참여가 중요하다.

한 조선소에서는 작업자들이 스스로 위험 요소를 파악하고 보고할 수 있는 시스템을 도입했다. 각 작업자는 자신의 판단과 선택에 대해 책임을 지며 안전 지침을 자율적으로 준수하게 되었다. 결과적으로 사고율이 감소하고 신뢰와 협력이 강화되었다. 자율적 책임을 통해 작업자들이 스스로 안전을 관리할 수 있으며, 이를 통해 조직 내 신뢰와 협력이 증진된다.

3) 신 앞에서의 실존과 산업안전 vs. 조직 내 신뢰와 의존성 구축

조직 내 신뢰 형성: 협력적 안전 문화 정착

• 신뢰와 안전: 키르케고르의 철학에서 신에 대한 절대적 신뢰처럼, 산업현장에서도 상호 신뢰가 안전의 중요한 요소가 된다.

사례 한 항공사에서는 팀 간의 신뢰 부족으로 안전 절차가 제대로 지켜지지 않는 문제가 발생했다. 회사는 정기 회의와 피드백 세션을 통해 팀 간 신뢰를 쌓기 위한 노력을 강화했다. 신뢰를 바탕으로 서로의 작업을 존중하며 협력하는 환경이 조성되어 안전과 효율성이 동시에 향상되었다. 상호 신뢰가 형성된 환경에서 안전 절차가 더 철저히 준수되며, 협력적 문화가 작업 효율성까지 증진시킨다.

4) 실존적 절망과 안전 vs. 실패를 통한 학습과 개선

절망과 재도약: 사고 후의 반성 및 개선 활동

• 절망 속에서의 안전 발견: 사고나 실패를 통해 문제를 직면하고 개선할 때 진정한 안전이 보장된다.

사례 한 건설업체에서는 작업 중 사고를 경험한 후 절망감에 빠졌으나, 이를 계기로 철저한 사고 분석과 예방 계획을 마련했다. 회사는 교육 강화와 장비 개선을 통해 이전보다 더 안전한 작업 환경을 구축했다. 실패를 경험한 후의 반성과 개선 활동이 조직의 안전 문화를 한층 성숙하게 만들었다. 사고나 실패를 경험한 후 이를 반성하고 개선해 나가는 것이 안전 문화 성숙의 핵심이다.

다. 시사점

키르케고르의 철학에서 불안과 책임을 직면하는 과정이 안전을 확보하는 출발점이 된다. 산업현장에서도 문제와 위험 요소를 외면하지 않고 개선하며, 자율적 책임을 통해 신뢰와 협력의 문화를 조성하는 것이 중요하다. 실패를 두려워하지 않고 학습의 기회로 삼아 발전하는 것이 지속 가능한 안전을 유지하는 핵심이다.

41. 프리드리히 니체
(Friedrich Nietzsche, 1844-1900)

프리드리히 니체(Friedrich Nietzsche, 1844-1900)는 서구 철학의 전통적 가치와 도덕을 비판하며, 새로운 인간상인 초인(Übermensch)과 영원회귀의 사상을 통해 인간이 자기 극복을 통해 새로운 의미와 가치를 창조할 것을 주장하였다.

니체의 철학에서 안전의 개념은 전통적인 물리적 안전이나 사회적 안정과는 대조적인 의미를 가지며, 오히려 인간이 자신의 한계를 극복하고 스스로 가치를 창조하는 과정을 통해 얻어지는 존재적 안전성에 초점을 맞추고 있다.

니체는 초인과 영원회귀를 주장하며, 기존 도덕과 사회적 규범을 넘어서는 새로운 인간 유형을 제시하였다. 그의 철학에서 안전은 개인이 자기 극복을 통해 자신의 삶을 주체적으로 살아가고, 자신의 가치를 스스로 창조하는 데 있다.

가. 철학적 관점

신은 죽었다(Gott ist tot)

니체의 가장 유명한 개념 중 하나는 "신은 죽었다(God is dead)"는 선언이다. 이 말은 문자 그대로의 신의 죽음을 의미하는 것이 아니라, 서양 문화에서 기독교와 절대적 도덕의 붕괴를 상징한다. 니체는 근대의 과학적 발전과 계몽주의의 영향으로 신에 대한 믿음이 점점 약화되었으며, 이로 인해 도덕적이고 철학적인 기반이 상실되었다고 보았다. 이 상황에서 니체는 새로운 가치 체계를 재정립할 필요성을 주장하였다.

초인(Übermensch)

니체는 인간이 기존의 전통적 가치와 도덕을 넘어서 스스로 새로운 가치를 창조할 수 있는 존재로 발전해야 한다고 보았다. 이를 "초인(Übermensch)"이라는 개념으로 표현했는데, 초인은 기존의 도덕적 구속에서 벗어나 자신의 삶과 운명을 주체적으로 창조하고 통제하는 강력한 존재이다. 초인은 자신을 초월하고, 자율적으로 살아가며, 자신의 가치를 스스로 결정하는 존재로, 기독교적 도덕과 전통적인 가치 체계를 넘어선 새로운 인간상을 상징한다.

권력 의지(Der Wille zur Macht)

니체는 인간의 근본적인 동기가 "권력 의지(Wille zur Macht)"라고 보았다. 이는 단순한 정치적 권력이나 물리적 지배가 아니라, 삶을 창조하고 강화하는 힘에 대한 욕망을 의미한다. 니체는 모든 생명체가 자신의 본질을 실현하고 자신의 능력을 최대한 발휘하려는 내적 동기를 가지고 있다고 주장하였다. 이 권력 의지는 자아실현과 자율성, 창조적 힘을 통해 나타난다.

영원회귀(Die ewige Wiederkehr)

니체는 "영원회귀(Eternal Recurrence)"라는 개념을 통해, 인간이 자신의 삶을 완전히 긍정할 수 있는가를 시험하였다. 영원회귀는 모든 것이 무한히 반복된다는 사상을 가리키며, 니체는 이를 통해 삶의 진정한 가치를 질문하였다. 즉, "당신의 삶이 영원히 반복된다면, 당신은 그 삶을 긍정할 수 있는가?"라는 질문을 던졌다. 니체는 삶을 고통이나 희망에 기대지 않고, 있는 그대로 긍정할 수 있어야 한다고 보았다.

니힐리즘(Nihilism)

니체는 니힐리즘을 깊이 탐구하였다. 니힐리즘은 전통적인 가치와 신념 체계가 무너지고, 삶에 대한 의미가 상실된 상태를 가리킨다. 니체는 기독교의 도덕 체계와 절대적 진리가 붕괴함에 따라 서양 사회가 니힐리즘에 직면하였다고 보았다. 그러나 니체는 이 상태를 단순히 절망으로 보지 않았고, 오히려 기존의 가치가 붕괴된 후 새로운 가치를 창조할 수 있는 기회를 제공하는 단계로 보았다.

도덕의 계보(Zur Genealogie der Moral)

니체는 『도덕의 계보(Genealogy of Morals)』에서 전통적인 서양 도덕에 대한 비판을 제기하였다. 그는 특히 기독교 도덕을 비판하며, 그것이 인간의 본성과 생명력에 반하는 "노예 도덕"을 형성하였다고 주장하였다. 니체에 따르면, 기독교 도덕은 약자들이 강자들에 대한 원한(ressentiment)에서 비롯된 것으로, 강력한 자아를 억제하고 굴종적이고 순응적인 가치관을 주입하였다. 반면, 니체는 "주인 도덕"을 옹호하며, 강한 자아와 자율성을 가진 인간이 자신만의 도덕을 창조해야 한다고 주장하였다.

디오니소스와 아폴론

니체는 예술과 삶을 설명하기 위해 그리스 신화의 두 신인 디오니소스(Dionysus)와 아폴론(Apollo)을 대비하였다. 아폴론은 질서, 이성, 조화를 상징하고, 디오니소스는 열정, 혼돈, 본능적인 삶의 힘을 상징한다. 니체는 서양 문화가 아폴론적인 질서와 이성에 지나치게 의존해 인간의 본능적이고 창조적인 면을 억압하였다고 보았다. 그는 디오니소스적인 삶의 힘을 회복하고, 본능과 열정을 긍정할 것을 주장하였다. 이는 그의 철학에서 삶의 적극적이고 창조적인 측면을 강조하는 요소이다.

비극의 탄생(Die Geburt der Tragödie)

니체의 초기 저작인 『비극의 탄생(The Birth of Tragedy)』에서 그는 그리스 비극을 통해 인간 존재의 본질을 탐구하였다. 그는 그리스 비극이 디오니소스적 충동과 아폴론적 충동의 균형에서 비롯된 것이라고 주장하였다. 비극은 삶의 고통과 혼돈을 드러내면서도, 이를 긍정하고 극복하려는 인간의 힘을 보여주는 예술 형태였다. 니체는 이러한 비극적 인식을 통해 삶을 있는 그대로 긍정하는 태도를 강조하였다.

반기독교적 사상

니체는 기독교를 강하게 비판하였다. 그는 기독교가 인간의 본능을 억압하고, 삶을 부정하는 가치관을 퍼뜨린다고 보았다. 그는 특히 기독교가 인간의 창조성과 권력 의지를 억제하고, 인간을 비굴하고 수동적인 존재로 만든다고 비난하였다. 그의 저서 『안티크리스트(The Antichrist)』에서 이러한 비판은 절정에 이른다. 그는 기독교의 도덕이 약자의 반발로 형성되었으며, 인간이 자신의 힘을 표현하는 것을 방해한다고 주장하였다.

니체의 철학은 기존의 도덕과 가치를 재검토하고, 인간이 스스로 새로운 가치를 창조하며 자신의 삶을 긍정하는 데 중점을 둔다. 그는 전통적인 기독교적 가치 체계를 거부하고, 인간이 자율적이고 강력한 존재로서 자신만의 길을 찾아야 한다고 주장하였다. 니체의 사상은 현대 철학, 문학, 예술, 정치에 깊은 영향을 미쳤으며, 실존주의와 포스트모더니즘의 형성에도 중요한 역할을 하였다.

나. 안전학적 관점

중대사고는 치명적인 부상이나 사망으로 이어질 수 있는 사고를 의미하며, 예방이 무엇보다 중요하다. 아차사고는 큰 사고로 이어질 뻔한 순간을 뜻하며, 이를 교훈 삼아 안전 조치를 강화할 수 있는 기회로 삼는다.

1) 초인(Übermensch)과 자기 극복을 통한 안전 vs. 개선의 과정

니체의 초인 사상과 안전: 니체의 초인은 기존의 한계를 넘어 끊임없이 자신을 극복하려는 인간을 상징하며, 이는 작업장에서 지속적인 개선과 안전 절차의 극복을 통해 실현될 수 있다.

사례 숙련된 작업자가 정비 작업 중 규정된 안전 절차를 무시하여 중대 사고가 발생했다. 회사는 이 사고를 계기로 기존 규정의 한계를 극복하고 더 나은 절차와 훈련을 도입하였다. 또한, 비슷한 상황에서 다른 작업자가 위험을 인식하고 작업을 중단한 사례가 있었다. 이를 통해 회사는 작업자들이 스스로 문제를 극복할 수 있는 안전 교육을 강화하였다. 자기 극복을 통한 안전 관리는 작업자가 기존 절차를 넘어 책임감 있는 행동을 할 수 있도록 지원하는 것이 핵심이다.

2) 영원회귀(Ewige Wiederkehr)와 반복적 예방 – 위험을 예측하는 시스템 구축

니체의 영원회귀 사상과 안전: 영원회귀는 동일한 상황이 반복된다는 철학으로, 이는 작업장에서 반복적인 예방 조치와 점검을 통해 안전을 보장하는 데 적용될 수 있다.

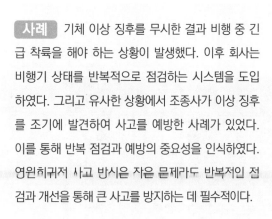

사례 기체 이상 징후를 무시한 결과 비행 중 긴급 착륙을 해야 하는 상황이 발생했다. 이후 회사는 비행기 상태를 반복적으로 점검하는 시스템을 도입하였다. 그리고 유사한 상황에서 조종사가 이상 징후를 조기에 발견하여 사고를 예방한 사례가 있었다. 이를 통해 반복 점검과 예방의 중요성을 인식하였다. 영원히귀저 사고 방시은 작은 문제라도 반복적인 점검과 개선을 통해 큰 사고를 방지하는 데 필수적이다.

3) 전통적 가치의 전복과 안전 – 유연한 규정으로 사고 예방

전통적 가치에 대한 비판과 새로운 규범 창출은 작업장에서 고정된 규정을 넘어 더 안전하고 유연한 절차를 도입하는 데 기여할 수 있다.

사례 건설업에서 중대사고: 과거의 엄격한 작업 방식을 고수하다가 안전사고가 발생했다. 이후 작업자들의 의견을 반영하여 유연한 규정을 도입하고 새로운 안전 문화를 구축하였다. 또한, 아차사고를 통해 고정된 규정을 개선한 후 작업 환경의 위험 요소를 줄이는 조치를 취하였다. 전통적 규범을 극복하고 새로운 가치와 규정을 창조하는 것이 안전을 보장하는 핵심이다.

4) 니힐리즘(Nihilism) 극복과 안전 – 실패로부터의 학습

니힐리즘은 기존 가치의 붕괴와 무의미함을 강조하지만, 이를 극복하는 과정에서 새로운 가능성과 안전 문화를 창출할 수 있다.

사례 제조업에서 중대사고: 작업자의 규정 무시는 심각한 사고로 이어졌고, 회사는 이 사고를 통해 안전 교육과 절차를 재정비하였다. 유사한 상황에서 다른 작업자가 위험을 인식하고 멈추어 사고를 방지한 사례가 있었다. 회사는 이 경험을 바탕으로 학습과 개선 문화를 강화하였다. 니힐리즘을 극복하는 과정처럼, 실패를 학습의 기회로 삼고 개선할 때 진정한 안전을 확보할 수 있다.

다. 시사점

니체의 철학은 자기 극복과 지속적인 개선을 통해 산업 안전을 향상시킬 수 있다는 교훈을 준다. 중대사고는 기존의 규정과 절차를 무시하거나 유연하지 못한 상황에서 발생한다. 아차사고는 사고 직전 위험을 인식하고 예방함으로써 발생을 막는 경우이다.

니체 철학의 교훈을 바탕으로

• 산업 안전은 단순한 규정 준수가 아니라, 작업자들의 자기 극복과 자율적 책임의 식을 통해 실현된다.

• 반복적 학습과 개선, 유연한 규정, 실패에 대한 학습을 통해 조직은 지속적으로 발 전하며, 진정한 안전 문화를 구축할 수 있다.

42. 근세 철학자들의 안전학적인 관점 요약

　　근세 철학자들의 사상은 각기 다른 방식으로 안전을 탐구하고 있으며, 이들의 철학적 사고는 현대 사회에서 안전과 관련된 다양한 문제를 이해하고 해결하는 데 중요한 기초를 제공한다.

　　이러한 철학자들의 사상은 안전이라는 주제를 다양한 철학적 맥락에서 탐구하며, 각각의 철학적 전통과 방법론에 따라 독특한 시각을 제시한다. 이들의 사상은 단순히 물리적 안전에 국한되지 않고, 존재론적, 윤리적, 사회적 차원에서 안전을 재정의하고 심화하는 역할을 한다. 현대 사회에서 이러한 철학적 사고는 안전과 관련된 복잡한 문제들을 이해하고 해결하는 데 중요한 기초를 제공한다.

가. 존재론적 안전

　　마르틴 하이데거와 같은 철학자들은 인간 존재의 근본적인 조건과 관련된 안전을 탐구하였다. 하이데거는 인간이 자신의 존재를 자각하고, 불안과 죽음을 통해 삶의 진정한 의미를 찾는 과정에서 얻어지는 내적 안정성을 강조하였다. 이러한 접근은 오늘날의 심리적, 정신적 건강 문제를 다루는 데 중요한 통찰을 제공한다. 불안, 스트레스, 존재의 위기와 같은 현대인의 문제들은 하이데거의 철학을 통해 더 깊이 이해될 수 있으며, 이를 통해 보다 근본적인 해결책을 모색할 수 있다.

나. 윤리적 안전

　　칸트, 스피노자 그리고 니체와 같은 철학자들은 도덕적, 윤리적 차원에서의 안전을 강조하였다. 칸트는 이성과 선험적 인식의 한계를 이해하고, 그 안에서 도덕적 법칙을 따르는 것이 안전한 삶을 영위하는 길이라고 보았다. 스피노자는 자연의 법칙을 이해하고 이에 따라 행동하는 것이 참된 안전을 제공한다고 주장하였다. 이러한 사상은 오늘날의 윤리적 딜레마, 예를 들어 인공지능과 생명윤리, 환경윤리와 같은 문제들에 대해 안전한 기준을 세우는 데 중요한 기초를 제공한다.

다. 사회적 안전

몽테스키외, 존 로크, 장 자크 루소 등의 철학자들은 정치적, 사회적 구조 속에서 안전을 탐구하였다. 이들은 권력의 분립, 자연권 보호, 사회계약 등을 통해 개인의 자유와 권리를 보장하고, 사회적 안전을 유지하는 방법을 제시하였다. 이러한 철학적 전통은 현대 민주주의 사회에서 법치주의, 인권 보호, 공정한 사회 제도의 중요성을 이해하는 데 필수적이다. 또한, 사회적 갈등, 불평등, 자유와 안전의 균형 문제를 해결하는 데도 중요한 역할을 한다.

라. 과학적 안전

프랜시스 베이컨과 오귀스트 콩트 같은 철학자들은 경험적 증거와 과학적 방법론을 통해 안전한 지식을 얻는 것을 강조하였다. 이들은 과학적 방법이 인간의 인식과 사회를 보다 안전하게 만들 수 있다고 보았다. 이러한 사상은 오늘날의 과학 기술 사회에서 위험 관리, 공중 보건, 환경 보호, 기술 윤리 등 다양한 분야에서 안전을 유지하고 증진시키는 데 중요한 이론적 기반을 제공한다.

마. 시사점

이처럼, 각기 다른 철학자들의 사상은 다양한 차원에서 안전을 탐구하고 있으며, 현대 사회가 직면한 복잡한 안전 문제들을 이해하고 해결하는 데 중요한 기초를 제공한다. 이들의 철학적 통찰은 물리적, 정신적, 사회적, 윤리적 안전을 통합적으로 고려하는 접근을 가능하게 하며, 이를 통해 더 안전하고 지속 가능한 사회를 구축하는 데 기여할 수 있다. 현대 사회에서 철학적 사고의 중요성은 점점 더 커지고 있으며, 이러한 철학적 전통은 우리가 직면한 도전에 대응하는 데 필수적인 역할을 한다.

V

현대 철학 관념

V

현대 철학 관념

43. 칼 야스퍼스(Karl Jaspers, 1883-1969)

칼 야스퍼스(Karl Jaspers, 1883-1969)는 독일의 철학자이자 정신과 의사로, 실존주의 철학과 철학적 해석학에 중요한 기여를 하였다. 야스퍼스는 실존주의 철학자로 인간의 존재와 경험에 깊은 관심을 기울였다.

그는 경계 상황(죽음, 고통 등)에서 인간이 자신의 존재를 깊이 성찰하게 된다고 보았다. 종교를 실존적 탐구를 위한 중요한 도구로 보며, 인간이 자신의 삶의 의미를 찾는 과정을 강조하였다.

칼 야스퍼스(Karl Jaspers)는 실존주의 철학의 중요한 인물로, 그의 철학은 인간이 극한의 상황에 처했을 때 진정한 존재의 의미를 깨닫는 과정을 중심으로 전개된다. 이러한 극한의 상황을 그는 "경계 상황(Grenzsituationen)"이라고 부르며, 이 상황들은 인간이 일상적으로 직면하는 불안, 고통, 죽음, 죄책감과 같은 본질적인 한계들을 말한다. 야스퍼스의 사상에서 안전은 이러한 경계 상황에 대한 인간의 대응 방식과 깊은 연관이 있다.

가. 철학적 관점

야스퍼스의 철학적 사상은 인간 실존, 한계 상황, 초월 그리고 소통을 중심으로 전개되며, 특히 인간이 스스로의 존재와 자유를 탐구하는 방식에 대해 깊이 성찰하였다. 야스퍼스의 주요 사상은 다음과 같다.

실존 철학

야스퍼스는 인간 실존에 대한 탐구를 철학의 중심 과제로 삼았다. 그는 실존을 인간이 스스로의 존재를 자각하고, 그에 따라 주체적으로 살아가는 방식으로 정의하였다. 야스퍼스의 실존 철학은 실존적 자유와 자율성의 중요성을 강조하며, 인간이 자신의 선택과 결단을 통해 삶의 의미를 만들어가는 존재임을 나타낸다.

그는 인간이 자신을 이해하고 실존적 진리를 찾는 과정을 통해 자아를 형성하는데, 이 과정에서 "철학적 신앙(Philosophical Faith)"을 주장하였다. 이는 종교적 신앙과 구분되며, 인간이 세계와 자기 자신을 이해하는 과정에서 신비와 초월을 직면하면서도 그에 대해 이성적으로 탐구하고 개방적인 태도를 가지는 방식이다.

한계 상황(Grenzsituationen)

야스퍼스는 "한계 상황(Grenzsituationen)"이라는 개념을 제시하였다. 한계 상황이란 인간이 자신의 통제 밖에 있는 삶의 본질적 조건을 마주하는 순간들을 말한다. 죽음, 고통, 죄책감, 실패 그리고 궁극적인 무의미와 같은 상황이 이에 해당한다. 이러한 한계 상황은 인간이 자신의 실존적 한계를 자각하고, 자신을 초월하려는 시도로 이끄는 계기가 된다.

한계 상황에서 인간은 단순한 일상적 존재가 아니라, 자신의 실존적 본질을 직면하게 되며, 그 순간에서 자신의 자유와 선택을 통해 존재의 의미를 찾으려 노력한다. 이때 인간은 진정한 실존에 도달할 수 있으며, 한계 상황을 회피하지 않고 수용함으로써 실존적 자각을 얻는다.

초월(Transzendenz)

야스퍼스 철학의 중요한 개념 중 하나는 "초월(Transzendenz)"이다. 그는 인간이 한계 상황에서 자신을 초월하려는 욕구를 느끼며, 이는 인간 존재의 본질적인 특징이라고 보았다. 초월은 인간이 스스로의 한계를 넘어, 더 높은 차원의 의미나 존재를 추구하는 것을 의미한다.

초월은 야스퍼스에게 있어 궁극적인 진리나 신과 같은 절대적 존재를 의미할 수 있지만, 이를 완전히 이해하거나 설명할 수 없는 신비한 영역으로 남는다. 야스퍼스는 인간이 이 초월적인 것을 인식하고 그것과 관계를 맺으려 할 때, "초월로의 길(Transzendenzweg)"을 걸으며 자신의 실존적 의미를 찾는다고 설명하였다.

소통(Kommunikation)

야스퍼스는 인간 존재가 고립된 것이 아니라, 소통을 통해 타인과 관계를 맺으며 그 속에서 실존적 진리를 발견한다고 보았다. 그는 진정한 소통을 통해 인간이 서로의 실존적 경험을 공유하고, 상호 이해를 통해 자신의 존재를 깊이 깨달을 수 있다고 주장하였다.

야스퍼스의 소통 개념은 단순한 정보 교환을 넘어, "실존적 소통(Existential Communication)"을 의미한다. 이는 인간이 서로에게 마음을 열고, 상대방을 인정하며, 상호 존중 속에서 이루어지는 깊은 소통이다. 이 소통을 통해 인간은 자신의 한계를 넘어서 타인과 더 깊은 관계를 형성하며, 진정한 이해와 자아 실현을 가능하게 한다.

이해심리학과 정신의학

야스퍼스는 처음에는 정신과 의사로 활동했으며, 이해심리학(Verstehen)이라는 접근 방식을 개발하였다. 그는 정신질환을 단순히 생물학적 문제로 보지 않고, 환자의 주관적인 경험을 이해하는 것이 중요하다고 보았다. 이를 통해 그는 정신질환을 더 깊이 있는 인간 실존의 문제로 탐구하려 하였다.

야스퍼스는 정신질환자들이 겪는 혼란과 고통을 단순히 병리학적인 문제로만 다루지 않고, 그들의 실존적 상황을 이해하는 것을 강조하였다. 이 접근법은 후일 그의 실존 철학과 연결되었으며, 인간이 겪는 고통과 절망 속에서도 실존적 진리와 의미를 발견하려는 그의 철학적 태도와 일맥상통한다.

세계관의 충돌(Weltanschauungskollisionen)

야스퍼스는 인간이 서로 다른 세계관(Weltanschauung)을 가지고 있으며, 이는 때때로 충돌할 수 있다고 보았다. 그러나 그는 이러한 충돌을 극복하고 상호 이해와 소통을 통해 조화로운 관계를 구축하는 것이 중요하다고 강조하였다. 세계관의 차이는 인간이 서로 다른 삶의 방식을 살아가게 하지만, 철학적 탐구와 소통을 통해 이를 극복하고 인간의 보편적인 실존적 질문에 대한 답을 찾아야 한다고 주장하였다.

철학적 신앙(Philosophical Faith)

야스퍼스는 철학적 신앙을 통해 종교적 신앙과 철학적 탐구를 결합하려 하였다. 그는 인간이 초월적인 진리를 완전히 이해할 수 없다는 점을 인정하면서도, 그 신비와 가능성을 철학적으로 탐구하는 태도를 취하였다. 철학적 신앙은 이성적이고 논리적인 사고를 통해 초월적인 것과의 관계를 모색하는 방식으로, 종교적 신앙의 절대적 진리 주장을 배제하고 보다 열린 태도를 지니고 있다.

축의 시대(Achsenzeit)

야스퍼스는 "축의 시대(Achsenzeit)"라는 개념을 제안했는데, 이는 기원전 8세기에서 2세기 사이에 전 세계 여러 지역에서 동시다발적으로 발생한 정신적 변화를 설명한다. 그는 이 시기에 고대 그리스, 인도, 중국 그리고 유대교 등의 철학적, 종교적 전통이 형성되었다고 보았으며, 이러한 변화를 통해 인간이 자신의 실존적 질문에 대한 깊은 답을 모색하였다고 주장하였다.

축의 시대는 인간이 실존적 성찰을 통해 자신을 초월하려는 본성을 드러낸 시기로,

이후 세계의 문화와 철학에 지속적인 영향을 미친 중요한 시기로 간주된다.

칼 야스퍼스의 철학은 인간 실존의 문제를 중심으로 전개되며, 한계 상황, 초월, 소통 등을 통해 인간이 자신의 존재를 자각하고 그 의미를 찾는 과정을 강조한다. 그는 철학적 탐구를 통해 초월적인 진리와 소통하려는 인간의 본성을 깊이 성찰했으며, 이를 통해 현대 철학과 정신과학에 중요한 기여를 하였다. 야스퍼스의 철학은 실존주의 철학의 중요한 축을 이루며, 특히 인간 실존과 한계 상황에서의 자각에 대한 깊은 통찰을 제공한다.

나. 안전학적 관점

야스퍼스의 철학적 개념은 산업 안전과 관련하여 인간의 한계 인식, 의사소통 그리고 책임 있는 행동의 중요성을 강조하는 데 적용될 수 있다.

1) 한계 상황과 안전 vs. 위험 인식과 대응

야스퍼스는 인간이 한계 상황에 직면했을 때 비로소 실존적 깨달음에 도달한다고 보았다. 산업 안전에서는 이러한 한계 상황을 미리 인식하고 대비하는 것이 필수적이다.

위험 요소 인식의 중요성

산업현장에서 위험 요소를 사전에 인식하고 대비하는 것은 야스퍼스의 한계 상황 개념과 일맥상통한다. 위험한 상황에 직면하기 전에 예방 조치를 취함으로써 사고를 피할 수 있다

사례 한 공장에서 화학 물질 누출 사고가 발생했을 때, 이를 사전에 인식하고 대비책을 마련했더라면 큰 사고를 피할 수 있었을 것이다. 이처럼 한계 상황에 대한 인식과 대비는 필수적이다.

2) 초월과 안전 관리 vs. 한계를 넘어선 책임 있는 행동

야스퍼스는 인간이 한계를 인식하고 이를 초월하려는 노력을 통해 존재의 의미를 찾는다고 보았다. 산업 안전에서도 작업자들이 자신의 한계를 인식하고 책임 있는 행동을 함으로써 안전을 유지할 수 있다.

책임 의식과 안전 행동

작업자들이 자신이 담당하는 작업의 위험성을 정확히 인식하고, 안전 규정을 준수하는 책임 있는 행동을 할 때 안전이 보장될 수 있다. 이는 야스퍼스의 한계 초월 개념과 유사하다.

사례 한 건설 현장에서 고소 작업 중 작업자가 안전 장비를 착용하지 않아 사고가 발생했다. 그러나 이후 모든 작업자들이 자신의 한계를 인식하고 장비를 착용하는 책임 있는 행동을 통해 사고를 예방할 수 있었다.

3) 의사소통과 안전 문화 vs. 상호 이해와 협력의 중요성

야스퍼스는 인간이 서로 의사소통을 통해 서로를 이해하고 연대할 수 있다고 보았다. 산업 안전에서도 작업자와 관리자 간의 원활한 의사소통이 안전을 보장하는 중요한 요소이다.

안전 의사소통의 중요성

작업자들이 서로 위험 요소에 대해 정보를 공유하고 관리자와의 긴밀한 의사소통을 통해 안전 문제를 해결할 때, 안전 사고를 예방할 수 있다.

사례 한 제조업체에서 정기적인 안전 회의를 통해 작업자들이 위험 요소를 공유하고, 관리자와 함께 해결 방안을 논의함으로써 사고를 예방할 수 있었다.

다. 시사점

칼 야스퍼스의 철학은 산업 안전 관리에 중요한 교훈을 제공한다. 한계 상황에 직면하기 전에 이를 인식하고 예방 조치를 마련하는 것이 중요하다. 작업자들이 자신의 한계를 인식하고 책임 있는 행동을 통해 안전을 유지할 수 있다. 작업자와 관리자 간의 원활한 의사소통을 통해 안전 문제를 해결하고, 사고를 예방할 수 있다.

44. 에드문트 후설(Edmund Husserl, 1859-1983)

에드문트 후설(Edmund Husserl, 1859-1983)은 현상학(Phenomenology)의 창시자로서, 우리가 세상을 경험하고 이해하는 방식에 집중하였다. 그는 의식의 지향성, 현상학적 환원, 에포케 등의 개념을 통해 인간 경험의 본질을 탐구하였다. 후설은 의식이 특정 대상을 지향한다는 점을 강조하며, 경험의 순수한 본질을 분석하고자 하였다.

후설의 현상학은 우리가 세상을 경험하고 이해하는 방식에 대한 철저한 분석을 통해, 경험의 순수한 본질을 드러내고자 하는 철학적 방법론이다. 그의 사상에서 '안전'은 주로 인식론적 안전과 연계되어 있으며, 우리가 세상을 이해하고 경험하는 방식에서 확실성을 확보하는 것과 관련이 있다.

가. 철학적 관점

후설의 철학은 인간 경험의 본질에 대한 탐구를 중심으로 하며, 후설은 철학을 엄밀한 학문으로 세우기 위해 현상학적 방법론을 개발하였다. 후설의 주요 철학적 사상은 다음과 같다.

현상학의 정의

후설은 현상학을 "사물 자체로 돌아가라(Zurück zu den Sachen selbst)"는 구호로 설명하였다. 이 말은 철학이 이론적 가정이나 전제에서 벗어나 순수한 경험에 집중해야 한다는 것을 의미한다. 후설은 우리의 경험이 어떻게 형성되는지 그리고 그 경험 속에서 사물이 어떻게 나타나는지를 분석하려 하였다. 그는 경험을 통해 주어진 현상

(phenomena)을 연구하는 것을 철학의 중요한 과제로 삼았다.

지향성(Intentionalität)

후설의 현상학에서 핵심 개념 중 하나는 지향성(Intentionality)이다. 지향성은 모든 의식이 항상 어떤 것에 대해(about something) 향해 있다는 특성이다. 우리의 의식은 단순히 주관적 활동이 아니라, 항상 대상(world)을 향한 것이라는 의미이다. 예를 들어, 우리가 나무를 볼 때 우리의 의식은 나무라는 대상을 지향하고 있다.

후설에 따르면, 의식은 독립된 주체적 경험이 아니라, 항상 대상과의 관계 속에서 이루어지며, 이 지향성을 통해 우리는 사물의 의미를 인식하게 된다. 그는 이 지향성을 통해 주관과 객관의 이분법을 넘어, 우리의 경험 속에서 나타나는 것들의 본질을 탐구하고자 하였다.

에포케(Epoche)와 판단 중지(Phenomenological Reduction)

후설은 우리의 경험을 분석하기 위해 에포케(Epoche)라는 개념을 제시하였다. 에포케는 모든 기존의 판단과 가정을 중지하는 것을 의미한다. 즉, 세계에 대한 우리의 선입견이나 편견을 잠시 유보하고, 사물을 있는 그대로 경험하려는 태도를 뜻한다. 이를 통해 우리는 세계에 대한 우리의 경험을 순수한 현상으로 탐구할 수 있게 된다.

이와 함께 현상학적 환원(Phenomenological Reduction)도 중요하다. 이는 경험 속에 나타나는 사물의 본질을 분석하기 위해 그 사물의 본질을 순수하게 직관하려는 시도를 말한다. 후설은 이를 통해 철학이 단순한 과학적 설명에서 벗어나, 존재의 본질을 이해하는 학문으로 나아가야 한다고 주장하였다.

자아와 '자아의 지평'

후설은 자아가 경험을 구성하는 중심적 역할을 한다고 보았다. 그는 자아가 모든 경험의 중심에 있으며, 이를 초월적 자아(Transcendental Ego)라고 불렀다. 초월적 자아는 경험을 통해 세계를 인식하고 구성하는 주체로, 모든 의식적 활동을 통해 세계의 의미를 만들어낸다.

또한 후설은 우리의 경험이 항상 지평(Horizon)을 가지고 있다고 설명하였다. 이는 우리가 어떤 사물을 인식할 때 그 사물이 단순히 한정된 정보만을 제공하는 것이 아니라, 그 배후에 넓은 가능성과 맥락이 있다는 뜻이다. 예를 들어, 나무를 볼 때 나무 자체뿐만 아니라 그 나무가 놓인 풍경, 그 나무에 대한 우리의 기대와 기억 등이 함께 작용한다. 이러한 지평을 통해 우리는 경험의 다양한 측면을 통합적으로 이해할 수 있다.

생활세계(Lebenswelt)

후설은 그의 후기 철학에서 생활세계(Lebenswelt)라는 개념을 제안하였다. 이는 우리가 일상적으로 살아가는 구체적이고 즉각적인 경험의 세계를 가리킨다. 후설은 과학적 세계관이 추상적이고 이론적인 방식으로 세계를 설명하려 한다고 비판하며, 우리의 실제 삶과 경험의 세계는 생활세계 속에서 이루어진다고 주장하였다.

생활세계는 우리가 일상 속에서 자연스럽게 경험하는 세계로, 후설은 이를 통해 우리가 세계와 관계를 맺고 있는 방식을 탐구하고자 하였다. 그는 과학적 세계관이 이러한 생활세계에서 벗어나지 않도록 주의해야 하며, 철학도 생활세계의 경험을 기반으로 삼아야 한다고 보았다.

본질 직관(Wesensschau)

후설은 본질 직관이라는 개념을 통해 경험 속에서 사물의 본질을 직관할 수 있다고 주장하였다. 본질 직관은 경험을 통해 나타나는 현상에서 사물의 본질적 구조를 포착하는 방법이다. 후설은 우리가 단순히 사물을 지각하는 것을 넘어서, 그 사물의 본질을 직관할 수 있다고 보았다.

이 본질 직관은 현상학적 방법을 통해 이루어지며, 사물의 개별적인 특성보다는 그것의 본질, 즉 사물이 무엇인지에 대한 근본적인 이해를 목적으로 한다. 후설은 이를 통해 우리가 경험하는 사물들이 단순히 개별적인 것 이상으로 그 안에 본질적인 구조를 가지고 있음을 강조하였다.

시간성과 의식

후설은 시간성을 의식의 중요한 요소로 보았다. 그는 우리의 의식이 항상 시간 속에서 이루어지며, 과거, 현재, 미래의 연속성 속에서 경험이 형성된다고 설명하였다. 이를 통해 후설은 의식이 단순한 순간적인 경험이 아니라, 시간적 구조를 가지고 있음을 강조하였다. 우리의 경험은 과거의 기억과 미래의 기대를 포함하며, 이러한 시간적 연속성 속에서 우리는 세계를 이해한다.

현상학의 목표

후설은 철학이 과학적 탐구와는 다른 방식으로 세계를 이해해야 한다고 보았다. 그는 철학이 엄밀한 학문으로 자리 잡아야 한다고 주장하며, 현상학이 그 방법을 제공한다고 믿었다. 현상학은 우리가 경험하는 세계의 본질을 탐구하며, 이를 통해 철학이 세계에 대한 근본적이고 포괄적인 이해를 제공할 수 있다는 것이다.

후설의 철학적 목표는 단순히 주관적 경험을 분석하는 것을 넘어, 인간이 경험하는 세계의 본질과 구조를 밝혀내는 것이었다. 그는 이러한 탐구를 통해 인간이 세계와 관계 맺는 방식을 더 깊이 이해하고, 나아가 철학이 인간 존재의 본질을 탐구하는 핵심 학문이 되어야 한다고 보았다.

후설의 철학은 현상학을 중심으로 전개되며, 인간 경험의 본질과 의식을 탐구하는 데 중점을 둔다. 그는 지향성, 에포케, 초월적 자아, 생활세계 등 다양한 개념을 통해 우리가 경험하는 세계의 본질을 분석하고, 철학을 보다 엄밀한 학문으로 발전시키려 하였다. 후설의 사상은 현대 철학, 특히 실존주의, 해석학, 인지 과학 등 다양한 분야에 깊은 영향을 미쳤으며, 철학적 탐구의 중요한 기반이 되었다.

나. 안전학적 관점

후설의 철학적 개념은 산업 안전과 관련하여 의식적인 경험, 본질 파악 그리고 안전 관리의 중요성을 강조하는 데 적용될 수 있다.

1) 현상학적 환원과 안전 관리 – 사고 예방을 위한 순수한 인식

후설의 현상학적 환원 개념은 산업현장에서 사고 예방을 위한 사고방식과 연관될 수 있다. 이는 선입견과 판단을 배제하고 순수한 위험 요소를 있는 그대로 파악하는 것을 의미한다.

위험 요소 인식의 중요성

후설의 현상학적 환원은 산업현장에서 위험 요소를 명확하게 파악하기 위해 필요한 사고방식이다. 작업장에서의 위험 요소를 판단에 얽매이지 않고 순수한 인식으로 바라볼 때, 사고 예방에 효과적일 수 있다.

사례 한 공장에서 작업자들이 위험 요소를 사전에 파악하고, 위험을 있는 그대로 인식함으로써 사고를 예방할 수 있었다. 이는 후설의 현상학적 환원 개념이 적용된 사례이다.

2) 본질 직관과 안전 교육 – 핵심적 안전 요소 파악

후설의 본질 직관 개념은 산업 안전 교육에서 중요한 역할을 할 수 있다. 이는 단순한 규칙을 암기하는 것을 넘어서, 그 규칙의 본질을 이해하고 실천할 수 있도록 하는 교육 방법과 연결될 수 있다.

안전 규칙의 본질적 이해

작업자들이 단순히 규칙을 따르는 것이 아니라, 그 규칙의 본실석 의미글 파익힐 때 더 효과적인 안전 관리가 가능하다. 이는 후설의 본질 직관 개념과 유사하다.

3) 생활세계와 안전 문화 vs. 일상적 경험에서의 안전 관리

후설의 생활세계 개념은 작업자의 일상적 경험 속에서 안전 관리가 중요함을 시사한다. 작업 환경 속에서의 안전은 단순한 지침이 아니라, 생활세계에서 실제로 적용되고 실천되어야 한다.

안전 문화의 중요성

안전 관리가 작업자들의 일상 속에 자연스럽게 스며들 때, 더 안전한 작업 환경이 조성될 수 있다. 이는 후설의 생활세계 개념과 관련이 있다.

다. 시사점

후설의 철학은 산업 안전 관리에 중요한 교훈을 제공한다.

후설의 현상학적 환원 개념을 통해 위험 요소를 있는 그대로 파악하고, 사전 예방 조치를 마련하는 것이 중요하다. 작업자들이 규칙의 본질을 이해하고 실천할 때 더 효과적인 안전 관리가 가능하다.

안전 규칙은 단순한 지침이 아니라, 일상적인 생활세계에서 실천될 때 그 효과가 극대화된다.

45. 루트비히 비트겐슈타인
(Ludwig Wittgenstein, 1889-1951)

루트비히 비트겐슈타인(Ludwig Wittgenstein, 1889-1951)은 20세기의 가장 영향력 있는 철학자 중 한 명으로, 그의 철학은 언어와 의미에 대한 탐구를 중심으로 한다. 비트겐슈타인은 언어철학의 선구자로, 초기에는 언어가 세상의 상태를 반영한다고 주장했으며, 후기에는 언어가 다양한 "언어 게임"에 따라 의미를 갖는다고 보았다. 그는 언어의 의미가 상황과 규칙에 따라 달라지며, 절대적 진리를 찾기 어렵다고 주장하였다.

그의 사상은 철학적 안전성에 대한 논의와 밀접하게 연관된다. 비트겐슈타인의 철학은 크게 초기와 후기로 나눌 수 있는데, 두 시기 모두 언어와 의미의 본질을 탐구하면서 인간이 세계를 이해하고, 그 이해를 통해 안전성을 확보하려는 시도와 관련이 있다.

가. 철학적 관점

비트겐슈타인의 철학은 크게 두 시기로 나뉜다. 초기 철학과 후기 철학. 두 시기 모두 언어의 본질에 대한 고찰을 중심으로 하지만, 접근 방식과 결론이 매우 다르다. 비트겐슈타인의 주요 철학적 사상은 다음과 같다.

초기 철학: 논리 철학 논고(Tractatus Logico-Philosophicus)

비트겐슈타인의 초기 철학은 그의 저서 『논리-철학논고(Tractatus Logico-Philosophicus)』(1921)에 잘 나타나 있다. 이 저서는 언어와 세계 그리고 논리의 관계를 설명하는 매우 간결하고 체계적인 형식으로 쓰였으며, 언어가 어떻게 세계를 묘사하는지를 다룬다. 그의 초기 사상의 주요 개념은 다음과 같다.

언어와 세계: 비트겐슈타인은 언어가 세계를 그림처럼 묘사(picture theory of language)한다고 보았다. 언어의 문장은 세계의 사실들을 반영하는데, 그 이유는 문장이 세계에 있는 사물들의 상태를 논리적 구조를 통해 표현하기 때문이다. 예를 들어, "고양이가 의자 위에 있다"는 문장은 고양이와 의자 간의 관계를 묘사하는 것이며, 이 문장이 참인 것은 실제 세계에서 고양이와 의자 사이의 관계가 그 문장과 일치하기 때문이다.

▲ 사실과 대상: 비트겐슈타인은 세계를 사실(facts)로 구성된 것으로 보았으며, 사실은 사물들이 특정 방식으로 배열된 상태이다. 이러한 사물들은 대상(objects)이라 불리며, 대상들이 어떻게 배열되는지에 따라 세계의 상태가 결정된다. 언어는 이 상태를 반영하여 세계의 구조를 표현한다.

▲ 논리적 구조: 비트겐슈타인은 언어의 의미가 논리적 구조에 의해 결정된다고 보았다. 즉, 문장이 참이거나 거짓이 될 수 있는 것은 그것이 세계의 논리적 구조와 일치하기 때문이다. 그는 철학의 역할이 언어의 논리적 구조를 명확히 하고, 철학적 문제들이 사실 언어의 오해나 잘못된 사용에서 비롯된 것임을 밝히는 데 있다고 주장하였다.

▲ 말할 수 없는 것: 비트겐슈타인은 철학적 문제들이 종종 언어가 다룰 수 없는 영역에 속한다고 보았다. 그는 "말할 수 없는 것에 대해서는 침묵해야 한다(Whereof one cannot speak, thereof one must be silent)"라는 유명한 결론을 통해, 언어로 표현할 수 없는 것들, 즉 윤리, 미학, 종교적 경험 등은 논리적으로 분석할 수 없으며, 이에 대해 언어로 말하는 것은 의미가 없다고 주장하였다.

후기 철학: 철학적 탐구(Philosophical Investigations)

비트겐슈타인의 후기 철학은 그의 사후에 출판된 『철학적 탐구(Philosophical Investigations)』(1953)에서 제시되었다. 후기 철학에서 그는 초기 사상의 엄격한 논리적 구조를 비판하고, 언어가 세계와 맺는 관계를 새롭게 탐구하였다.

▲ 언어 게임(Language Games): 후기 비트겐슈타인의 핵심 개념 중 하나는 언어 게임(Language Games)이다. 언어는 단순히 세계를 묘사하는 것이 아니라, 다양한 맥락에서 사용되는 활동 또는 "게임"이라는 것이다. 그는 언어가 특정한 규칙과 맥락에 따라 다르게 사용된다고 보았으며, 언어는 다양한 삶의 양식 속에서 그 의미를 갖는다고 주장하였다. 즉, 언어의 의미는 그것이 사용되는 상황에 따라 달라지며, 우리는 각 상황에서 언어가 어떻게 쓰이는지 이해함으로써 그 의미를 파악할 수 있다.

▲ 의미는 사용이다: 비트겐슈타인의 후기 철학에서 중요한 또 다른 개념은 "의미는 사용이다(The meaning of a word is its use)"라는 명제이다. 그는 언어의 의미가 단순히 사물과의 대응 관계로 결정되는 것이 아니라, 그 단어가 실제로 어떻게 사용되는지에 따라 의미가 결정된다고 주장하였다. 따라서 우리는 단어의 의미를 그 단어가 실제로 쓰이는 방식을 통해 이해해야 하며, 언어는 고정된 의미를 가지는 것이 아니라, 그 사용 속에서 의미가 생겨난다고 보았다.

▲ 가족 유사성(Family Resemblance): 후기 비트겐슈타인은 개념들이 명확하게 정의된 고정된 본질을 가지고 있지 않다고 주장하였다. 그는 많은 개념들이 가족 유사성(Family Resemblance)을 가지고 있다고 설명했는데, 이는 한 개념의 여러 사례들이 특정 공통점을 공유하지는 않지만, 서로 겹치는 특징들을 통해 하나의 개념으로 묶인다는 것이다. 예를 들어, 게임이라는 개념은 모든 게임이 동일한 특징을 가진 것이 아니라, 어떤 게임은 경쟁적이고, 어떤 게임은 즐거움을 위한 것이며, 또 다른 게임은 규칙에 의해 진행되지만, 이 모든 특징들이 겹치면서 "게임"이라는 개념이 형성된다는 것이다.

▲ 사적 언어의 불가능성: 비트겐슈타인은 사적 언어(private language)의 가능성을 부정하였다. 사적 언어란 오직 개인만이 이해할 수 있는 언어를 말하는데, 비트겐슈타인은 언어가 그 본질상 사회적 맥락 속에서 의미를 갖기 때문에, 순전히 개인적 경험만을 표현할 수 있는 언어는 불가능하다고 주장하였다. 그는 언어가

의미를 가지기 위해서는 다른 사람들과 공유될 수 있어야 하며, 의미는 사회적 상호작용 속에서 생긴다고 보았다.

철학의 역할

초기와 후기 철학 모두에서 비트겐슈타인은 철학의 역할을 근본적으로 재정의하려 하였다. 그는 철학이 더 이상 전통적인 방식으로 세상의 본질을 설명하는 것이 아니라, 언어의 사용 방식을 명확히 하고, 철학적 혼란을 해소하는 데 있다고 보았다. 후기 철학에서 그는 철학이 주로 언어적 문제에서 기인하는 혼란을 해결하고, 실생활에서 언어가 어떻게 사용되는지를 이해하는 것이 핵심적인 과제라고 주장하였다.

비트겐슈타인은 언어, 의미 그리고 철학적 문제의 본질을 새롭게 탐구한 철학자로, 그의 사상은 현대 철학에 깊은 영향을 미쳤다. 초기에는 언어와 세계의 관계를 논리적으로 설명하고자 했지만, 후기에는 언어의 다양한 사용 방식을 강조하며, 의미가 고정된 것이 아니라 사용과 맥락에 의해 결정된다고 보았다. 비트겐슈타인의 철학은 특히 언어철학, 분석철학, 인식론 그리고 의미론에 중요한 기여를 했으며, 그의 언어 게임 이론과 사적 언어 논쟁은 오늘날까지도 활발히 논의되고 있다.

나. 안전학적 관점

1) 초기 비트겐슈타인: 언어와 세계의 구조

비트겐슈타인의 초기 저작 『논리-철학 논고』에서 그는 언어가 세계를 그려내는 "그림 이론"(picture theory of language)을 제시했다. 이 이론에 따르면, 언어는 세계를 반영하는 구조로, 명제가 세계의 사실과 정확하게 대응할 때 참으로 간주된다. 이때 안전성은 명제와 세계의 정확한 대응에 의해 보장된다. 즉, 언어가 명확하게 세계의 상태를 반영할 때, 진리를 알 수 있고, 이로 인해 인식론적 안전이 보장된다.

사례 한 화학 공장에서 매뉴얼을 따랐음에도 불구하고 미세한 가스 누출이 발견되지 않아 사고가 발생할 뻔한 일이 있었다. 기존 절차는 환경 변화를 반영하지 못했기 때문이다. 비트겐슈타인의 초기 철학처럼, 기존 규정과 절차가 항상 모든 위험을 정확하게 반영하지는 못한다. 안전성은 절차와 세계의 변화가 정확히 대응할 때 보장된다. 따라서 기존 절차를 주기적으로 재검토하고 실제 환경 변화를 반영하는 것이 중요하다.

2) 후기 비트겐슈타인: 언어 게임과 규칙의 역할

후기 비트겐슈타인은 "언어 게임(language games)"을 통해 언어의 의미가 맥락과 규칙에 따라 달라진다고 보았다. 안전 역시, 작업 현장의 특수성에 맞춘 규칙을 통해 관리될 수 있다. 이는 안전 규정이 절대적이지 않고, 상황에 따라 유연하게 적용되어야 한다는 점을 시사한다.

사례 한 건설 현장에서 기존 안전 절차를 고수하다가 사고가 발생할 뻔한 일이 있었다. 이후, 현장의 특수성을 반영한 유연한 안전 규칙을 도입한 결과, 사고율이 감소했다. 후기 비트겐슈타인의 철학에서 언어의 규칙이 맥락에 따라 달라지듯이, 산업 안전 규칙도 고정된 것이 아니라, 상황에 맞게 변화하고 유연하게 적용될 때 사고 예방 효과가 높아진다.

3) 철학적 불확실성과 안전

비트겐슈타인은 후기 철학에서 철학적 불확실성을 인정하면서도, 언어의 규칙과 그 사용을 명확히 이해함으로써 안전을 확보할 수 있다고 주장했다. 이는 산업현장에서 규칙을 명확히 이해하고 따르는 것이 안전을 보장하는 방법이 될 수 있다는 것을 의미한다.

한 제조업체에서 작업자들이 정기 점검 규칙을 철저히 이해하고 이를 정확하게 이행한 덕분에 사고를 예방한 사례가 있다. 작업자들이 규칙을 명확히 이해하고 일관되게 따르는 것이 안전을 지키는 중요한 요소였다. 언어의 규칙을 이해하고 일관되게 사용하는 것이 혼란을 피하는 방법인 것처럼, 산업 안전에서는 작업자들이 규칙을 정확히 이해하고 일관되게 준수할 때 안전이 보장된다. 정확한 이해와 일관된 실행이 필수적이다.

4) 새로운 맥락에서의 규칙 재해석과 적용

비트겐슈타인의 철학에서 규칙은 맥락에 따라 달라지며, 의미 또한 그 사용 맥락에 의존한다고 보았다. 작업 현장에서도 규칙을 새로운 상황에 맞춰 재해석하고 적용하는 것이 안전을 확보하는 데 중요한 역할을 한다.

사례 항공 산업에서 새롭게 도입된 기술에 맞추어 기존의 안전 절차가 제대로 적용되지 않아 사고 위험이 증가한 사례가 있었다. 이후, 새로운 기술에 맞는 안전 절차를 도입하여 안전성을 높였다. 새로운 기술이나 환경 변화에 따라 기존 규칙을 재해석하고 적용하는 유연성이 필요하다. 고정된 규칙이 아니라 상황에 맞는 규칙의 재구성이 안전을 강화한다.

다. 시사점

비트겐슈타인의 철학은 안전성을 두 가지 방식에서 다룬다. 초기 철학에서는 언어와 세계의 일대일 대응을 통해 진리와 안전성을 추구했으며, 이는 산업현장에서의 기존 규정 준수와 유사하다. 그러나 기존 절차가 항상 모든 상황을 반영하지 못하는 한계가 있다. 그리고 후기 철학에서는 언어의 의미가 사용과 맥락에 따라 달라지듯, 산업 안전 규칙도 상황에 따라 유연하게 적용될 필요가 있음을 강조한다. 고정된 규칙보다는 변화하는 환경에 맞춘 새로운 규칙을 적용하는 것이 중요하다.

산업 안전에서 절대적 규정 준수가 아니라, 유연한 사고와 규칙의 재구성이 중요하다. 작업자가 능동적으로 상황을 해석하고, 변화하는 환경에 맞추어 유연하게 대응할 수 있는 안전 문화를 구축해야 한다. 규칙의 정확한 이해와 일관된 실행이 사고 예방의 핵심이다.

비트겐슈타인의 철학을 통해 산업현장의 인식론적 안전을 확보하고, 맥락에 맞는 규칙과 유연한 적용을 통해 안전을 지속적으로 개선할 수 있는 방향을 제시한다.

46. 버트런드 러셀(Bertrand Russell, 1872-1970)

버트런드 러셀(Bertrand Russell, 1872-1970)은 영국의 철학자, 논리학자, 수학자, 사회 비평가로, 20세기의 철학과 과학, 정치에 큰 영향을 미친 인물이다. 러셀은 논리학과 수학의 기초를 다진 철학자로, 논리가 수학의 기초를 형성하며, 지식이란 정당화된 진리라고 보았다. 그는 논리적 추론을 통해 지식을 확립하려는 시도를 하였으며, 지식의 오류와 한계를 인식하는 것이 중요하다고 강조하였다.

러셀은 20세기 철학에서 논리학과 수학의 기초를 확립한 중요한 인물로, 그의 철학적 작업은 안전과 지식의 관계를 이해하는 데 중요한 통찰을 제공한다. 러셀은 논리적 추론과 수학적 엄밀성을 통해 지식을 확립하려는 시도를 했으며, 이를 통해 지식의 안전성을 확보하고자 하였다.

가. 철학적 관점

러셀은 주로 논리주의와 분석 철학의 발전에 기여했으며, 그의 철학적 사상은 매우 광범위하지만 몇 가지 핵심 개념과 기여로 요약할 수 있다.

논리주의(Logicism)

러셀은 수학의 기초를 논리로 환원하려는 시도에서 중요한 역할을 하였다. 그는 논리주의(Logicism)라는 입장을 발전시켰는데, 이는 수학의 모든 명제가 논리적 명제들로 설명될 수 있다는 주장이다. 러셀은 수학과 논리가 별개의 분야가 아니라, 수학이 논리의 확장일 뿐이라고 보았다.

이 이론을 실현하기 위해, 러셀은 앨프리드 노스 화이트헤드(Alfred North

Whitehead)와 함께 『프린키피아 마테마티카(Principia Mathematica)』(1910-1913)라는 책을 저술하였다. 이 책은 수학적 진리를 논리적 기초 위에서 설명하려는 시도로, 수학의 많은 부분을 엄밀한 논리 체계로 환원하려 하였다.

러셀의 역설(Russell's Paradox)

러셀은 집합론에서 발생한 중요한 논리적 문제를 발견했는데, 이것이 바로 러셀의 역설(Russell's Paradox)이다. 이 역설은 수학의 기초가 되는 집합론에서 나타난 논리적 모순을 지적한 것이다.

러셀은 "자기 자신을 원소로 포함하지 않는 집합들의 집합"이라는 개념을 제시하였다. 이 집합은 자기 자신을 원소로 포함하는가, 포함하지 않는가를 묻는 질문이 모순을 일으키는데, 이는 기존의 집합론이 모순을 내포하고 있음을 드러냈다. 이 역설을 해결하기 위해, 러셀은 유형 이론(Theory of Types)을 제안하여, 집합들이 자신을 원소로 포함하지 않도록 규칙을 설정하였다.

기호 논리학(Symbolic Logic)

러셀은 기호 논리학의 발전에 크게 기여하였다. 그는 자연 언어가 논리적 모순과 모호성을 포함하고 있다고 보고, 이를 해결하기 위해 논리적 기호를 사용한 엄밀한 언어 체계를 개발하였다. 이를 통해 철학적 문제를 보다 명확하게 분석하고, 언어가 발생시키는 혼란을 제거하려 하였다.

기호 논리학을 사용하여, 러셀은 철학적 명제들이 논리적으로 어떤 구조를 가지고 있는지 분석할 수 있었고, 이를 통해 철학적 논쟁을 보다 엄밀하고 명확하게 다룰 수 있었다.

기술 이론(Theory of Descriptions)

러셀의 기술 이론(Theory of Descriptions)은 그의 언어철학에서 중요한 부분을 차지한다. 이 이론은 자연 언어의 모호성을 해결하려는 시도 중 하나로, 특히 고유명사와 기술적 표현의 의미를 분석하는 데 중요한 기여를 하였다.

러셀은 "현존하는 왕"이나 "가장 빠른 달리기 선수"와 같은 기술적 표현들이 의미하는 바를 논리적으로 분석하였다. 예를 들어, "프랑스의 현재 왕"이라는 문장은 프랑스에 현재 왕이 존재하지 않기 때문에 진위를 논리적으로 분석할 때 문제가 발생할 수 있다. 러셀은 이를 해결하기 위해 기술적 표현을 세분화하여, 존재에 대한 명제를 명확히 구분하고 그 의미를 보다 논리적으로 분석할 수 있는 체계를 제안하였다.

분석 철학의 창시자

러셀은 분석 철학의 선구자로, 철학적 문제들을 논리적 분석을 통해 해결하려는 방법론을 발전시켰다. 그는 철학이 추상적이고 난해한 개념을 논리적으로 명확히 다루어야 하며, 모호한 표현이 논리적 분석을 통해 어떻게 설명될 수 있는지를 탐구하였다. 이를 통해 철학은 일종의 논리적 도구로서, 개념적 혼란을 제거하고 명확성을 추구하는 과제가 되었다.

러셀의 분석 철학은 자연 언어의 모호함과 철학적 혼란을 해결하는 데 중점을 두었고, 이는 후일 루트비히 비트겐슈타인과 같은 철학자에게 큰 영향을 미쳤다.

반실재론(Neutral Monism)

러셀은 중립적 일원론(Neutral Monism)이라는 형이상학적 입장을 주장하였다. 이는 정신과 물질이 별개의 실체가 아니라 동일한 근본적인 '중립적' 실체의 다른 두 측면이라는 견해이다. 이 이론에 따르면, 정신적 현상과 물질적 현상은 동일한 기초에서 비롯되며, 두 세계를 구분하는 것은 우리의 관점에서 비롯된 차이일 뿐이라는 것이다.

러셀은 전통적인 이원론(정신과 물질이 독립적으로 존재한다는 이론)과 실재론을 비판하며, 실재의 본질에 대한 새로운 해석을 시도하였다.

사회적·정치적 철학

러셀은 철학뿐만 아니라, 사회적·정치적 문제에도 깊은 관심을 가졌다. 그는 자유주의와 평화주의, 반전운동을 적극적으로 지지했으며, 특히 제1차 세계대전과 제2차 세계대전에 반대하는 활동으로도 유명하다. 또한 그는 핵무기 반대 운동에 참여하며, 전 세계적인 비핵화와 평화 유지의 중요성을 강조하였다.

러셀은 교육의 중요성, 정치적 자유, 사회 정의를 위한 열렬한 옹호자였으며, 그의 사회적 철학은 개인의 자유와 도덕적 책임을 강조하였다. 그는 인간의 합리성에 대한 깊은 신뢰를 가지고 있었으며, 교육과 사회 개혁을 통해 인간 사회가 더욱 평등하고 정의롭게 발전할 수 있다고 믿었다.

종교에 대한 비판

러셀은 종교와 신앙에 대한 비판적 입장을 취하였다. 그의 에세이 《나는 왜 기독교인이 아닌가(Why I Am Not a Christian)》(1927)에서 그는 종교적 신앙의 논리적 근거 부족을 지적하며, 종교가 사회적 해악을 초래할 수 있다고 비판하였다. 러셀은 이성적이고 과학적인 사고를 통해 세계를 이해해야 하며, 종교적 교리에 의존하는 것은 비합리적이라고 주장하였다.

그는 회의주의를 지지하며, 진리는 의심과 검증을 통해 탐구되어야 한다고 보았다. 러셀은 도덕이 종교에서 유래하지 않으며, 인간의 이성적 사고와 경험에 기초하여 도덕적 규범이 정립될 수 있다고 주장하였다.

러셀의 철학은 논리, 언어, 수학, 철학의 명확성을 추구하는 철학적 분석에 크게 기여하였다. 그는 철학을 엄밀한 학문으로 발전시키고, 언어와 논리를 통해 철학적 문제를 해결하려는 시도를 하였다. 또한 사회적·정치적 문제에 대한 그의 열정적인 참여는 철학자가 단순히 이론적 사상가에 머무르지 않고, 실천적 활동을 통해 세상에 기여할 수 있다는 것을 보여주었다.

러셀의 철학적 업적은 현대 철학, 특히 논리학, 분석 철학, 언어철학의 발전에 지대한 영향을 미쳤으며, 그의 사상은 여전히 철학적 탐구의 중요한 기준점으로 남아 있다.

나. 안전학적 관점

1) 논리와 수학을 통한 지식의 안전성 vs. 산업안전 관리의 기반

버트런드 러셀은 논리와 수학을 통해 지식의 안전성을 확보하고자 했다. 그는 논리적 추론을 통해 명확하고 오류 없는 지식을 구축할 수 있다고 믿었으며, 이를 통해 철학적 혼란을 제거하고 지식의 기초를 강화하려고 했다. 산업 안전 관리에서도 이러한 접근이 중요하다. 명확한 절차와 논리적 근거를 바탕으로 안전 시스템을 구축하면 사고를 예방할 수 있다.

> **사례** 한 건설 현장에서 안전 매뉴얼이 명확하지 않아 사고가 발생할 뻔한 일이 있었다. 이후 회사는 논리적 근거와 명확한 절차를 바탕으로 새 매뉴얼을 작성하고, 안전 교육을 강화한 결과 사고율이 크게 감소했다. 러셀의 논리적 추론과 엄밀함을 적용한 산업 안전 관리 절차는 작업 현장의 안전성을 강화한다. 명확한 규정과 절차의 확립은 사고 예방에 중요한 역할을 한다.

2) 지식의 오류와 한계 인식 vs. 산업현장에서의 오류 예방

러셀은 논리적 엄밀성을 강조하면서도, 지식의 오류와 한계를 인식하는 것이 중요하다고 보았다. 이는 산업현장에서 안전 관리에서도 유사하게 적용된다. 작업 절차나 안전 규정에서의 오류나 한계를 인식하고 지속적으로 개선하는 것이 필요하다.

> **사례** 한 화학 공장에서 기존의 안전 점검이 있었음에도 불구하고 미세한 유독 가스 누출이 발견되지 않는 사고가 발생했다. 이후 회사는 기존 절차의 한계를 인식하고 정밀한 안전 점검 시스템을 도입했다. 지식의 한계를 인식하고 개선하려는 노력이 안전성을 높인다. 산업 안전에서도 기존 규정과 절차에서 발생할 수 있는 오류를 꾸준히 점검하고 수정하는 것이 중요하다.

3) 철학적 회의와 안전 vs. 안전 시스템의 끊임없는 재검토

러셀은 철학적 회의주의를 받아들이면서도, 논리적 엄밀성을 통해 가능한 한 오류를 피하고 확실성을 높이는 접근을 강조했다. 산업 안전에서도 안전 시스템의 효과를 의심하고 재검토하는 과정이 사고를 예방하는 데 필수적이다.

> **사례** 한 제조업체에서 안전 시스템이 완벽하다고 믿고 정기 점검을 소홀히 했으나, 작은 오류로 인해 사고가 발생했다. 이후 회사는 정기적인 재검토와 피드백 시스템을 도입하여 더 나은 안전 관리 체계를 구축했다.

회의적 접근을 통해 시스템을 재검토하고 지속적으로 개선하는 것이 산업 안전을 보장하는 핵심이다. 정기적인 점검과 개선이 안전성을 유지하는 데 중요한 역할을 한다.

4) 윤리적 안전과 사회적 실천 vs. 작업장에서의 윤리적 책임

러셀은 윤리적 판단이 논리적 일관성과 경험적 증거에 기초해야 한다고 주장했다. 산업현장에서도 윤리적 책임감이 안전 관리에서 중요한 요소가 된다. 작업자들이 윤리적 책임감을 가지고 안전 규정을 준수할 때 사고를 예방할 수 있다.

> **사례** 한 조선소에서 작업자가 윤리적 책임감 없이 규정을 무시하고 작업하다가 사고가 발생했다. 이후 회사는 윤리적 책임과 안전 교육을 강화하여 작업자들이 규정을 자발적으로 준수하도록 했다.

윤리적 책임감과 안전 규정 준수는 작업장에서 안전성을 보장하는 중요한 요소이다. 작업자들이 윤리적으로 올바른 선택을 할 수 있도록 교육하는 것이 필수적이다.

다. 시사점

버트런드 러셀은 논리적 추론과 수학적 엄밀성을 통해 지식과 안전성을 확보하려는 시도를 했으며, 이는 산업안전 관리에서도 유사하게 적용될 수 있다. 그의 철학적 접근은 다음과 같은 교훈을 제공한다.

핵심 교훈

- 명확한 규정과 절차의 확립: 논리적 추론과 명확한 절차가 안전성을 강화하는 핵심이다.
- 지식의 한계 인식과 개선: 기존의 절차에서 발생할 수 있는 오류를 인식하고 꾸준히 개선하는 것이 안전 관리에서 중요하다.
- 시스템의 지속적 재검토: 안전 시스템은 회의적 접근을 통해 정기적으로 점검하고 개선되어야 한다.
- 윤리적 책임과 안전: 작업자들이 윤리적 책임을 가지고 안전 규정을 준수할 때 사고를 예방할 수 있다.

러셀의 철학은 논리적 엄밀함과 윤리적 책임감을 바탕으로 안전성을 확보하려는 노력을 강조하며, 현대 산업안전 관리에도 중요한 교훈을 제공한다. 지속적인 개선과 윤리적 실천을 통해 안전한 작업 환경을 구축하는 것이 필수적이다.

47. 마르틴 하이데거
(Martin Heidegger, 1889-1976)

마르틴 하이데거(Martin Heidegger, 1889-1976)는 20 세기 철학에 깊은 영향을 미친 독일 철학자로, 그의 철학적 탐구는 주로 존재와 시간에 대한 이해를 중심으로 전개되었다. 하이데거는 인간의 존재, 즉 '현존재(Dasein)'의 본질을 탐구하며, 인간이 자신의 존재를 이해하고 이를 통해 삶의 의미를 찾아야 한다고 주장하였다. 하이데거의 철학에서 안전은 전통적인 물리적 안전의 개념을 넘어선, 존재론적 차원에서 이해된다.

하이데거는 존재와 시간을 탐구하며, 인간이 자신의 존재를 깊이 이해하고 자신의 삶을 의미 있게 살아가야 한다고 주장하였다. 그의 철학에서 안전은 인간이 자신의 존재를 탐구하고, 불안과 죽음을 통해 삶의 의미를 찾는 데 있다.

가. 철학적 관점

마르틴 하이데거는 20세기 철학에서 매우 중요한 인물로, 그의 철학은 실존주의, 현상학, 해석학 그리고 포스트모던 사상에 큰 영향을 미쳤다. 하이데거의 철학은 주로 존재(Being)에 대한 근본적인 질문에 집중하며, 인간 존재의 본질과 그 의미를 탐구한다. 그의 주요 사상은 다음과 같다.

존재와 시간(Sein und Zeit)

하이데거의 대표작 『존재와 시간(Being and Time)』(1927)은 그의 철학 사상의 중심이다. 이 책에서 하이데거는 "존재란 무엇인가?"라는 근본적인 질문을 탐구한다. 그는 서양 철학이 오랫동안 존재에 대한 질문을 소홀히 다루어왔으며, 존재 자체를 잊어버렸다고 주장하였다. 이를 "존재 망각(Oblivion of Existence)"이라 부른다. 하이데거는 존재를 단순히 개별적인 사물로 이해하는 것이 아니라, 인간의 경험과 시간성 속에서 존재의 의미를 파악하려 하였다.

현존재(Dasein)

하이데거는 인간 존재를 "현존재(Dasein)"라고 불렀다. Dasein은 독일어로 "여기 있음" 또는 "존재함"을 의미하며, 하이데거는 이를 통해 인간이 단순히 생물학적으로 존재하는 것이 아니라, 스스로 자신의 존재를 의식하고 그것을 문제로 삼는 유일한 존재라고 설명하였다. 현존재는 세계 속에서 자신을 이해하며, 세계와의 관계를 통해 자신의 존재를 드러낸다. 또한, 하이데거는 현존재가 본질적으로 "세계-내-존재(In-der-Welt-sein)"라고 표현했는데, 이는 인간이 항상 세계 속에서 관계를 맺고 있다는 것을 의미한다.

시간성과 유한성

하이데거의 철학에서 시간은 매우 중요한 역할을 한다. 그는 인간의 존재가 시간적이라고 보았다. 즉, 우리는 과거, 현재 그리고 미래를 통해 자신의 존재를 이해하고 구성한다. 특히, 하이데거는 현존재가 "죽음으로 향하는 존재(Sein-zum-Tode)"라고 주장하며, 인간이 자신의 유한성을 자각하고 죽음을 의식할 때 비로소 진정한 자아를 발견할 수 있다고 보았다. 죽음에 대한 자각은 인간에게 자신의 삶을 주체적으로 살아가도록 동기를 제공한다.

비본래성과 본래성

하이데거는 인간의 삶을 비본래성(inauthenticity)과 본래성(authenticity)으로 구분하였다. 비본래성은 개인이 자신의 고유한 존재 가능성을 인식하지 못하고, 사회적 관습이나 타인의 기대에 따라 수동적으로 살아가는 상태를 말한다. 즉, "타인 속에서의 존재"라고도 할 수 있다. 반면, 본래성은 개인이 자신의 죽음을 포함한 유한성을 자각하고, 스스로 자신의 존재 가능성을 선택하고 책임지는 상태이다. 본래적인 존재는 외부의 기대가 아닌 자신의 가능성을 자율적으로 추구하는 삶을 의미한다.

현상학적 방법

하이데거는 에드문드 후설(Edmund Husserl)의 현상학을 발전시켜 자신의 철학적 방법으로 삼았다. 현상학은 사물을 있는 그대로 경험하고 그 본질을 탐구하려는 철학적 방법론이다. 하이데거는 후설의 현상학적 방법을 이어받아 존재의 경험을 분석하고자 하였다. 그는 인간이 세계를 단순히 관찰하거나 분석하는 존재가 아니라, 세계 속에서 활동하며 그 의미를 구성하는 존재로 보았다.

기술과 존재의 위험

하이데거는 기술 문명에 대해 깊은 우려를 표명하였다. 그는 현대 사회가 기술 중심적 사고 방식에 빠져 인간 존재의 본질을 잊어버린다고 보았다. 기술은 세계를 단순히 도구로 보는 경향을 강화하며, 인간이 자연과 존재를 지배하고 통제하려는 방식으로 작동한다고 생각하였다. 이를 하이데거는 "기술적 존재 이해(technological understanding of being)"라고 부른다. 그는 기술의 발전이 인간의 존재를 위협할 수 있으며, 인간이 존재와의 관계를 새롭게 회복해야 한다고 주장하였다.

언어와 존재

하이데거는 언어가 존재를 드러내는 중요한 수단이라고 보았다. 그는 "언어는 존재의 집이다"라는 유명한 말을 남겼는데, 이는 언어를 통해 인간이 존재의 의미를 표현하고 이해할 수 있다는 뜻이다. 하이데거는 언어가 단순한 의사소통 수단이 아니라, 인간이 세계와 관계를 맺고 존재를 탐구하는 방식이라고 생각하였다.

진리의 개념(Aletheia)

하이데거는 진리의 개념을 전통적인 관점에서 벗어나 새롭게 정의하였다. 그는 고대 그리스어의 "Aletheia"라는 용어를 사용해 진리를 "숨겨진 것이 드러남(unconcealment)"으로 설명하였다. 진리는 고정된 명제나 사실이 아니라, 존재의 본질이 드러나는 과정에서 발생하는 것이라는 의미이다. 하이데거는 진리를 존재와 연결지으며, 진리를 발견하는 것이 존재를 있는 그대로 드러내는 것이라고 주장하였다.

해석학적 순환(Hermeneutic Circle)

하이데거는 철학적 해석학(Hermeneutics)을 발전시켰다. 해석학적 순환은 인간이 세계를 이해하는 방식이 부분과 전체 사이의 상호작용을 통해 이루어진다는 개념이다. 예를 들어, 우리는 어떤 텍스트를 읽을 때, 텍스트의 각 부분을 전체 맥락 속에서 해석하고, 반대로 전체를 각 부분을 통해 이해한다. 하이데거는 이러한 해석 과정이 우리의 존재 이해와도 밀접하게 연관되어 있다고 보았다.

후기 사상: 존재의 역사(Seinsgeschichte)

하이데거는 후기 철학에서 존재의 역사를 중심으로 사유하였다. 그는 서양 철학의 역사를 존재를 잊어버리고 기술적 사고에 사로잡힌 과정으로 보았으며, 이를 "존재의 망각"이라고 표현하였다. 하이데거는 인간이 이러한 존재 망각에서 벗어나, 존재 자체의 의미를 새롭게 사유하는 것이 필요하다고 주장하였다. 이를 위해서는 기술적 세계관을 넘어서 존재의 본래 의미에 대한 새로운 접근이 필요하다고 보았다.

하이데거의 철학은 인간의 존재에 대한 근본적인 질문을 탐구하며, 시간성, 유한성, 죽음 그리고 본래의 삶에 대한 깊은 통찰을 제공한다. 그는 인간이 자신의 실존적 상태를 자각하고, 자신의 가능성을 주체적으로 선택해야 한다고 강조했으며, 기술적 세계관이 인간의 본질을 위협한다고 경고하였다. 하이데거의 철학은 실존주의, 현상학, 해석학 그리고 현대 철학에 큰 영향을 미쳤으며, 인간의 존재와 의미에 대한 철학적 담론을 깊이 있게 확장시켰다.

나. 안전학적 관점

1) 존재와 시간 그리고 불안 vs. 산업환경에서의 불안과 안전관리

하이데거의 대표작 『존재와 시간(Being and Time)』에서 그는 인간 존재의 본질을 이해하기 위해 시간성과 죽음의 문제를 깊이 있게 탐구했다. 그는 인간이 자신의 유한성을 자각할 때, 즉 죽음을 인식할 때 비로소 자신의 존재를 온전히 이해할 수 있다고 보았다. 이 과정에서 느끼는 불안(Angst)은 하이데거 철학에서 중요한 개념이다.

하이데거에 따르면, 불안은 인간이 자신의 유한성과 무(無)를 직시하는 순간에 경험하는 감정이다. 이는 인간으로 하여금 자신의 존재를 깊이 탐구하게 하며, 이를 통해 진정한 의미를 찾도록 한다. 산업현장에서도 이와 유사하게 잠재적 위험에 대한 불안은 작업자들이 안전 관리의 중요성을 자각하게 만드는 원동력이 될 수 있다. 불안을 직시하고 이를 관리할 때 진정한 안전이 확보된다.

> **사례** 한 건설 현장에서 작업자들이 강풍을 무시하고 고소 작업을 강행하면서 사고가 발생했다. 회사는 이 사고를 계기로 날씨에 대한 불안감을 직시하고 작업 중단 기준을 도입하여 작업자의 안전을 확보했다. 불안을 회피하는 것이 아니라 직시하고 대비할 때 진정한 안전이 확보된다. 작업 환경에서도 잠재적 위험을 인정하고 그에 맞는 대비책을 세우는 것이 필수적이다.

2) 죽음에 대한 자각과 존재의 안전 vs. 작업자의 안전 의식과 책임

하이데거는 죽음을 인간 존재의 가장 고유한 가능성으로 보았다. 죽음은 피할 수 없는 궁극적 가능성으로, 인간은 이를 통해 자신이 삶을 깊이 이해하고 그 속에서 의미를 찾아야 한다.

하이데거의 철학에서 죽음의 자각은 인간이 자신의 한계를 인식하고, 이를 통해 자신의 존재를 새롭게 조망하는 기회가 된다. 산업현장에서는 작업자의 안전 의식과 책임감이 이와 유사하게 중요하다. 사고 가능성을 자각하고 위험을 경시하지 않을 때 비로소 진정한 안전이 보장된다.

안전 장비 미착용 사고: 한 제조업체에서 작업자가 안전 장비를 착용하지 않아 중대한 부상을 입었다. 회사는 이 사고를 계기로 안전 장비의 중요성을 교육하며 작업자들이 자신의 한계를 인식하고 책임감을 가지도록 장려했다. 죽음의 자각과 마찬가지로, 작업자는 자신의 안전과 관련된 위험을 직시하고, 책임감을 갖는 태도가 필요하다. 이를 통해 삶의 의미를 찾는 것처럼 안전한 작업 환경을 구축할 수 있다.

3) 현존재(Dasein)의 자기 이해와 안전 vs. 자율적 안전 의식과 작업 환경

하이데거는 인간을 현존재(Dasein)로 정의하며, 자신의 존재를 해석하고 의미를 부여하는 존재로 보았다. 이처럼 인간은 끊임없이 자신의 존재를 이해하고 의미를 탐구하는 과정에서 안전성을 확보할 수 있다. 하이데거는 자신의 현존재를 이해하고 이를 통해 삶을 의미 있게 살아갈 때 진정한 안전을 얻을 수 있다고 보았다. 이는 작업자가 자신의 작업 환경을 자율적으로 이해하고 스스로 안전을 관리하는 능력을 의미한다.

안전 절차의 자율적 준수: 한 조선소에서 작업자들이 스스로 안전 절차를 이해하고 자율적으로 준수하면서 사고가 줄어들었다. 회사는 자율적 안전 의식을 강화하는 교육을 도입해 작업자들의 안전 관리 능력을 키웠다. 스스로 자신의 안전을 이해하고 책임지는 능력이 중요한 안전 요소이다. 작업자들이 자신의 역할을 자각하고 자율적으로 안전을 실천할 때 작업 환경이 더 안전해진다.

4) 세계-내-존재(In-der-Welt-sein)와 안전 vs. 협력과 상호 이해를 통한 안전 관리

하이데거는 인간을 세계 속에 던져진 존재로 보았다. 이 세계-내-존재 개념은 인간이 항상 세계와의 관계 속에서 존재를 이해하고, 그 속에서 의미를 찾아야 함을 강조한다. 인간이 세계 속에서 자신과 타인의 존재를 이해하고, 협력과 상호 이해를 통해 안전을 구축할 때 존재론적 안전을 확보할 수 있다고 하이데거는 주장했다. 산업현장에서도 작업자와 관리자 간의 협력과 소통을 통해 안전을 확보할 수 있다.

> **사례** 팀워크를 통한 안전 강화: 한 항공사에서 팀 간 소통과 협력이 미흡하여 사고가 발생했다. 이후 회사는 정기적인 협력 회의와 피드백 시스템을 도입하여 팀워크를 강화했고, 사고율이 감소했다. 협력과 상호 이해를 통한 관계 형성이 안전한 작업 환경을 만드는 데 필수적이다. 작업자들 간의 소통과 신뢰를 기반으로 안전 관리가 이루어져야 한다.

5) 산업혁명과 인간의 본질 상실 vs. 본질적 안전을 다시 찾기 위한 노력

하이데거는 산업혁명 이후 인간이 기계화된 노동 환경에서 본질적 존재를 상실했다고 보았다. 인간은 기계적이고 세속적인 삶에 빠져 자신의 존재적 의미를 잃어버렸다. 산업혁명 이후 인간은 물리적 안전에만 집중하면서 존재의 본질적인 의미를 잃어버렸다. 하이데거의 철학은 존재적 안전을 되찾기 위해 인간이 자신의 본질을 되돌아보고, 더 깊은 의미를 추구해야 한다는 메시지를 전달한다. 이는 산업현장에서 기계적 절차에만 의존하지 않고, 안전의 본질적 의미를 재정립하는 것과 유사하다.

> **사례** 기계적 절차의 한계: 한 제조업체에서 기계적 절차에만 의존한 작업 방식이 사고를 초래했다. 회사는 작업자의 자율적 판단과 안전 의식을 강화하는 프로그램을 도입했다. 기계적 절차에만 의존하는 것이 아니라, 본질적 의미를 다시 발견하고 안전의 본질을 깊이 이해하는 것이 필요하다. 기계화된 작업 환경에서도 인간의 존재적 안전을 재정립하는 노력이 필요하다.

다. 시사점

마르틴 하이데거의 철학에서 안전은 단순한 물리적 안전을 넘어, 존재론적 안전의 개념을 포함한다. 이는 자신의 존재를 깊이 이해하고, 불안과 죽음을 직시하면서 삶의 진정한 의미를 찾는 과정에서 얻어지는 내적 안정성이다.

1. 불안의 직시와 대비: 불안을 회피하지 않고 직시하며, 이를 통해 잠재적 위험을 관리하는 것이 진정한 안전을 확보하는 방법이다.
2. 죽음의 자각과 책임 의식: 죽음을 통해 자신의 한계를 인식하듯, 작업자들도 안전에 대한 책임 의식을 자각하고 안전을 실천해야 한다.
3. 자율적 안전 관리: 작업자가 자신의 역할을 깊이 이해하고, 스스로 안전을 관리하는 것이 중요하다.
4. 협력과 소통을 통한 안전: 작업자들 간의 협력과 소통을 통해 안전이 확보되며, 상호 신뢰가 중요한 역할을 한다.
5. 산업혁명과 본질 상실: 기계적 절차에만 의존하지 않고 인간의 본질적 안전을 되찾기 위한 노력이 필요하다.

이 철학적 접근은 현대 산업현장에서 인간의 존재와 본질을 다시금 이해하고, 이를 통해 더 나은 안전 문화를 형성하는 데 중요한 교훈을 제공한다.

48. 자크 라캉(Jacques Lacan, 1901-1981)

자크 라캉(Jacques Lacan, 1901-1981)은 프랑스의 정신분석가이자 철학자로, 프로이트의 정신분석학을 재해석하고 확장하며 철학, 문학, 정신분석학에 깊은 영향을 미쳤다. 라캉은 정신분석학을 현대적으로 재구성한 인물로, 무의식이 언어의 구조를 따른다고 주장하였다.

그는 "거울 단계" 개념을 통해 자아 형성 과정을 설명하며, 인간의 심리적 갈등과 욕망이 언어적 구조를 통해 표현된다고 보았다. 라캉의 이론에서 안전은 인간의 자아 형성과 무의식의 구조 그리고 욕망과 상징적 질서와의 관계에서 중요한 역할을 한다.

가. 철학적 관점

라캉의 사상은 주로 주체, 언어, 욕망에 대한 탐구를 중심으로 전개되며, 그는 무의식의 역할과 인간의 심리적 구조에 대한 새로운 시각을 제시하였다. 라캉의 철학적 사상은 매우 복잡하지만, 주요 개념들을 통해 요약할 수 있다.

무의식은 언어처럼 구조화되어 있다

라캉의 가장 유명한 명제 중의 하나는 "무의식은 언어처럼 구조화되어 있다 (L'inconscient est structuré comme un langage)"이나. 이는 무의식이 단순한 감정이나 본능의 영역이 아니라, 언어와 같은 구조적 원리에 따라 작동한다는 뜻이다. 라캉은 프로이트의 무의식 개념을 바탕으로, 무의식이 기호와 상징을 통해 표현된다고 보았다.

라캉은 우리가 사용하는 언어가 무의식을 형성하고, 그 언어의 구조가 우리의 심리적 삶에 깊은 영향을 미친다고 주장하였다. 즉, 무의식은 우리가 알지 못하는 사이에 언어적 기호를 통해 드러나며, 이는 꿈, 실언, 말실수 등을 통해 표현된다. 그는 언어의 상징 체계가 우리의 심리적 삶과 욕망을 어떻게 조직하는지 탐구하였다.

상징적, 상상적, 실재적 세 가지 차원(The Real, The Imaginary, and The Symbolic)

라캉은 인간 심리의 구조를 상징적(Symoblic), 상상적(Imaginary), 실재적(Real)이라는 세 가지 차원으로 설명하였다. 이 세 영역은 인간의 경험과 주체의 형성을 설명하는 핵심 개념이다.

상상계(The Imaginary)

상상계는 주체가 자신을 형성하는 초기 단계에서 경험하는 세계이다. 이 단계는 주로 거울 단계(mirror stage)와 관련이 있다. 거울 단계에서 아이는 거울 속 자신의 이미지를 보며 자기 동일성을 형성하게 된다. 그러나 이 동일성은 실제로 아이의 경험과 다르며, 거울 속의 이미지는 이상화된 자아로 작용한다. 이 상상적 자아는 주체가 완전한 존재로 보이는 환상이며, 실제 자아와 괴리가 존재한다.

상징계(The Symbolic)

상징계는 주체가 언어의 세계에 들어가는 단계로, 사회적 규칙, 법 그리고 상징 체계로 구성된 세계이다. 상징계는 언어를 통해 인간의 욕망과 사회적 관계를 조직한다. 라캉은 이 상징계를 통해 우리가 자신과 세계를 이해한다고 보았으며, 상징계는 우리를 언어적 규칙과 구조에 묶이게 한다. 이때 주체는 자신의 욕망을 언어를 통해 표현하지만, 이 언어가 항상 우리의 욕망을 완전히 전달하지는 못한다.

실재계(The Real)

실재계는 인간이 직접적으로 이해하거나 접근할 수 없는 영역으로, 언어로 표현될 수 없는 세계이다. 라캉은 실재계를 인간 경험의 한계로 보았으며, 상징계나 상상계를 통해서는 결코 포착할 수 없는 무언가가 바로 실재계이다. 실재계는 우리의 언어적 상징 체계에서 벗어나 있으며, 주체는 실재계를 경험할 때 불안이나 충격을 느낀다. 실재계는 상징계에서 제외된 것들이나 언어로 표현할 수 없는 무언가로 남는다.

거울 단계(Mirror Stage)

라캉의 거울 단계(mirror stage)는 그의 초기 사상에서 중요한 개념이다. 이 이론에 따르면, 유아는 약 6개월에서 18개월 사이에 자신의 모습을 거울을 통해 인식하게 된다. 이때 유아는 거울 속에 비친 이미지를 보고 자기 동일성을 형성하게 되지만, 이는 실제 자아와는 다른 상상적 자아이다.

거울 단계에서 아이는 자신이 일관된 전체적인 존재라고 인식하게 되지만, 실제로는 그 자신이 불완전하고 혼란스러운 상태이다. 이때 형성된 상상적 자아는 성인이 되어서도 자신을 완전한 존재로 인식하려는 환상을 불러일으키며, 이는 상상계에서 중요한 역할을 한다.

대타자(The Big Other)

라캉의 철학에서 대타자(The Big Other)는 상징적 질서의 화신으로, 법과 규칙, 사회적 규범, 언어적 구조 등을 나타낸다. 대타자는 우리가 속한 사회적 세계의 상징적 권위로 작용하며, 주체는 대타자를 통해 자신의 욕망을 형성하고 그 욕망을 규제받는다. 대타자는 우리의 언어와 욕망의 근원적 틀을 제공하는 존재이지만, 주체는 대타자의 요구에 완전히 부응하지 못하며, 이로 인해 갈등이 발생한다.

라캉은 대타자를 사회적 규범과 규칙의 체계로 보았으며, 인간은 이 대타자와 끊임없이 관계를 맺으며 자신의 위치와 정체성을 형성한다.

욕망(Desire)

욕망은 라캉 철학의 중심 주제 중 하나이다. 그는 욕망이 인간 존재의 핵심 동기라고 주장하였다. 그러나 라캉의 욕망은 단순한 충동이나 필요를 채우는 것이 아니라, 항상 결핍에 기반을 둔 것이다. 욕망은 우리가 결코 충족할 수 없는 어떤 결핍을 채우려는 시도이다.

라캉에 따르면, 우리의 욕망은 근본적으로 타자의 욕망이며, 우리는 타자가 우리에게 무엇을 원하는지에 따라 우리의 욕망을 형성한다. 이로 인해 욕망은 항상 타자와의 관계에서 형성되며, 완전히 충족될 수 없다.

주체의 분열

라캉은 주체가 본질적으로 분열된 존재라고 주장하였다. 이는 주체가 자신을 완전히 이해하거나 자신에 대해 완전한 통제권을 가지지 못하는 상태를 의미한다. 주체는 언어와 상징 체계에 속해 있지만, 그 안에서 자신을 완전히 드러낼 수 없다. 무의식과 의식의 갈등, 언어와 욕망의 불일치 때문에 주체는 항상 스스로를 이해하려고 하지만, 결코 완전한 자아를 인식할 수 없다.

이러한 주체의 분열은 인간이 상징적 질서와 무의식 사이에서 끊임없이 갈등하는 존재임을 보여준다. 주체는 자신을 표현하려는 욕망과 언어의 한계 사이에서 분열된 상태에 놓여 있으며, 이것이 라캉 철학의 핵심적인 긴장점이다.

라캉의 '세미나'와 철학적 방법

라캉의 이론은 철학적이고 정신분석적인 내용을 담고 있지만, 그의 독특한 강의 형식인 세미나(Seminar)를 통해 발전하였다. 그는 정형화된 글쓰기보다는 세미나를 통해 자신의 사상을 전달하고 토론하는 것을 선호하였다. 이러한 방식은 그의 사상이 매우 복잡하고 난해하게 다가오는 이유 중 하나이다.

라캉은 세미나에서 언어, 문학, 철학, 정신분석학, 예술 등의 다양한 주제를 다루며, 그의 이론을 실험적으로 발전시켰다. 그는 기호학, 구조주의, 포스트모더니즘 등의 사조에 영향을 미쳤고, 철학과 정신분석의 경계를 넘나드는 독특한 사상가로 평가받는다.

자크 라캉의 철학적 사상은 언어, 주체, 무의식, 욕망에 대한 깊은 탐구를 바탕으로 이루어졌다. 그는 프로이트의 정신분석학을 바탕으로 주체의 형성 과정에서 언어와 상징 체계의 중요성을 강조했으며, 인간이 타자와의 관계에서 끊임없이 결핍을 경험하고 그 결핍을 채우려는 욕망 속에서 살아가는 존재라고 보았다.

나. 안전학적 관점

1) 거울 단계와 자아 형성 vs. 작업자의 자아 인식과 안전 의식

라캉의 "거울 단계(Le stade du miroir)" 개념에 따르면, 인간은 자신을 하나의 독립적이고 통합된 존재로 인식하면서 자아(ego)를 형성하게 된다. 그러나 이는 거울 속 이미지에 불과한 불완전한 자기상에 기초한 것이며, 심리적 불안정성을 초래할 수 있다. 작업 현장에서도 작업자의 자아 인식과 안전 의식이 중요한 역할을 한다. 안전 규정 준수를 통해 스스로의 역할을 인식하고 작업에 대한 책임감을 갖는 것이 안전한 환경을 만드는 데 필수적이다.

> **사례** 신규 작업자 교육: 한 제조업체에서 신규 작업자들이 자신의 역할과 책임을 정확히 인식하지 못한 채 작업을 시작하면서 사고 위험이 증가했다. 이후 회사는 신규 작업자들에게 안전 교육을 강화하고, 작업자가 자신의 역할을 명확히 인식하도록 유도하여 사고 발생률을 줄였다. 작업자는 자신의 역할과 책임을 정확히 인식할 때 비로소 안전한 작업 환경을 형성할 수 있다. 자아의 통합된 인식과 자율적 안전 의식이 사고 예방에 기여한다.

2) 상징적 질서와 안전 vs. 규정 준수와 안전 문화

라캉의 상징적 질서는 인간이 사회 속에서 언어와 규칙을 통해 자신의 위치를 정립하고, 그 질서 안에서 안전을 느끼는 방식이다. 상징적 질서에 통합될 때 인간은 심리적 안정을 얻으며, 갈등과 불안은 규칙의 혼란에서 발생한다. 작업장에서의 안전 규정과 절차 준수는 라캉의 상징적 질서와 유사하게 작동한다. 작업자가 안전 규정을 정확히 이해하고 이를 실천할 때, 안전한 작업 환경이 조성된다.

> **사례** 안전 지침 미준수 사고: 한 건설 현장에서 안전 규정을 무시한 작업자가 부상을 입었다. 회사는 이후 안전 규정을 재정비하고 작업자들이 지침을 엄격히 준수하도록 교육을 강화했다. 이로 인해 작업자들의 안전 의식이 높아졌고, 사고율이 감소했다. 안전 규정을 준수하고 상호 소통을 통해 상징적 질서를 유지할 때, 안전한 작업 환경이 보장된다. 규정과 절차는 작업자의 심리적 안정을 유지하는 중요한 요소이다.

3) 무의식과 욕망의 구조 vs. 작업자의 무의식적 위험 요소와 안전 관리

라캉은 무의식이 언어의 구조를 따르며 억압된 욕망이 심리적 불안을 야기한다고 보았다. 이는 작업장에서의 무의식적 행동이나 습관적 오류가 사고로 이어질 수 있음을 시사한다. 작업자들이 무의식적으로 반복하는 잘못된 행동이나 습관은 사고를 유발할 수 있다. 안전 교육과 정기적인 훈련을 통해 무의식적 위험 요소를 인식하고 자발적으로 교정하는 것이 필요하다.

> **사례** 반복된 작업 습관으로 인한 부상: 한 공장에서 작업자가 무의식적으로 위험한 방식으로 기계를 조작하다가 부상을 입었다. 회사는 정기적인 안전 점검과 교육을 통해 무의식적 습관을 개선하도록 유도하여 사고를 예방했다. 무의식적 행동을 인식하고 교정하는 것이 작업장의 안전을 유지하는 데 중요하다. 정기적인 안전 교육과 피드백을 통해 작업자의 습관적 오류를 바로잡는 것이 필요하다.

4) 욕망의 갈등과 안전 vs. 욕구와 규정의 조화

라캉은 인간의 욕망은 근본적으로 충족될 수 없는 것이라고 주장하며, 욕망의 갈등은 심리적 불안을 유발한다고 보았다. 산업현장에서는 작업자의 성취 욕구와 안전 규정 간의 갈등이 사고로 이어질 수 있다. 작업자는 성과에 대한 욕망과 안전 규정 준수

사이에서 갈등을 겪을 수 있다. 안전 규정을 지키면서도 성과를 달성하는 균형을 유지하는 것이 중요하다.

> **사례** 성과 압박 속에서의 안전 규정 미준수: 한 제조업체에서 작업자들이 성과를 높이기 위해 규정을 무시하고 무리하게 작업을 진행한 결과, 사고가 발생했다. 이후 회사는 성과와 안전 사이의 균형을 맞추는 교육을 강화하고, 안전 준수를 성과의 일부로 간주하는 시스템을 도입했다. 성과와 안전 규정 사이의 갈등을 해소하고, 안전이 성과의 일부로 인식될 때 작업자는 심리적 안전을 유지하면서도 높은 성과를 낼 수 있다.

다. 시사점

라캉의 철학에서 안전은 단순히 물리적 안전을 넘어서, 자아 형성, 상징적 질서, 무의식과 욕망의 갈등 속에서 이루어진다. 산업현장에서 이러한 개념들은 작업자의 심리적 안전과 안전 관리에 중요한 시사점을 제공한다.

1. 자아 인식과 역할 자각: 작업자는 자신의 역할과 책임을 정확히 인식하고, 이를 통해 안전한 작업 환경을 구축해야 한다.
2. 규정 준수와 상징적 질서: 안전 규정 준수와 절차의 일관성이 작업자의 심리적 안전과 신뢰를 유지하는 데 중요하다.
3. 무의식적 위험 인식: 무의식적으로 반복되는 잘못된 행동을 인식하고 교정하는 과정이 필요하다.
4. 욕망과 규정의 조화: 성과와 안전 규정 사이의 갈등을 해결하고, 안전을 성과의 일부로 간주하는 문화가 중요하다.

이러한 철학적 접근은 안전 관리의 심리적 차원을 강화하고, 보다 깊이 있는 안전 문화를 형성하는 데 중요한 교훈을 제공한다.

49. 장 폴 사르트르(Jean-Paul Sartre, 1905-1980)

장 폴 사르트르(Jean-Paul Sartre, 1905-1980)는 프랑스의 철학자, 작가, 극작가로 실존주의의 대표적인 사상가 중 한 명이다. 사르트르는 실존주의 철학자로, "실존은 본질에 앞선다"는 개념을 통해 인간이 스스로의 본질을 선택하고 형성하는 과정을 강조하였다. 그는 인간이 자유와 선택의 책임을 지며, 자신의 존재를 끊임없이 창조해야 한다고 보았다.

사르트르의 철학에서 안전은 독특하게도, 전통적인 의미에서의 물리적 안전이나 사회적 안정과는 거리가 멀다. 오히려 사르트르는 인간 존재의 불안과 불확실성을 인정하고, 이를 통해 진정한 자유와 책임을 수용하는 과정에서 실존적 안전을 찾을 수 있다고 보았다.

가. 철학적 관점

그는 인간의 자유와 책임, 실존의 의미를 탐구하며, 실존주의 철학을 발전시켰다. 사르트르의 철학적 사상은 존재, 자유, 책임이라는 주제에 초점을 맞추고 있으며, 그의 가장 중요한 저작은 『존재와 무(Being and Nothingness)』(1943)와 『실존주의는 휴머니즘이다(Existentialism is a Humanism)』(1946)에서 볼 수 있다. 사르트르의 주요 철학적 사상을 요약하면 다음과 같다.

실존은 본질에 앞선다(Existence precedes Essence)

사르트르의 가장 유명한 명제는 "실존은 본질에 앞선다(Existence precedes essence)"이다. 이는 인간 존재의 독특한 성격을 설명하는 것으로, 사르트르는 인간이 본질적 성격이나 목적을 가지고 태어나는 것이 아니라, 먼저 존재한 후에 스스로 자신의 본질과 삶의 목적을 창조한다고 주장한다.

다른 사물(예: 칼, 책)은 특정 목적이나 본질을 가지고 만들어지지만, 인간은 자신의 본질이나 정체성을 미리 결정하지 않은 상태로 존재한다. 인간은 자유롭게 자신의 삶을 선택하고, 그 선택을 통해 자신을 정의한다. 즉, 인간은 본질적으로 자유로운 존재로, 자신의 존재 방식을 스스로 만들어 가는 존재이다.

자유와 책임

사르트르는 인간이 완전한 자유를 가지고 있으며, 이 자유는 필연적으로 책임을 수반한다고 주장하였다. 그는 인간이 자신의 선택에 의해 삶을 형성해 나가는 존재이기 때문에, 자신이 하는 모든 선택에 대해 전적으로 책임져야 한다고 말한다. 이러한 책임은 단순히 개인적 차원에서 머무르지 않고, 모든 인간 존재에 대한 책임을 포함한다.

인간은 자신의 선택을 통해 세상에 어떤 의미를 부여하며, 그 선택은 타인에게도 영향을 미친다. 따라서 우리는 우리 자신의 행동뿐만 아니라, 타인의 삶에 대한 책임도 져야 한다. 이로 인해 사르트르는 자유가 무거운 짐이 될 수 있다고 주장하며, 인간이 느끼는 불안(angst)의 근본적인 원인이 바로 이 자유와 책임의 무게에서 비롯된다고 설명하였다.

존재와 무(Being and Nothingness)

사르트르의 주저인 『존재와 무(Being and Nothingness)』에서 그는 인간의 실존과 의식을 탐구하였다. 이 책에서 사르트르는 두 가지 주요 개념인 자기 자신을 위한 존재(Being-for-itself, Pour-soi)와 자기 밖의 존재(Being-in-itself, En-soi)를 구분하였다.

자기 자신을 위한 존재는 의식적이고 자율적인 인간 존재를 가리킨다. 이는 스스로의 존재를 자각하고, 미래를 향해 나아가며 끊임없이 자신을 재창조하는 존재이다.

자기 밖의 존재는 단순히 존재하는 사물의 상태를 말하며, 변하지 않고 고정된 본질을 가진 존재이다. 예를 들어, 돌이나 나무와 같은 물질적 사물들은 고정된 본질을 가지고 있으며 스스로 변할 수 없다.

인간은 자기 자신을 위한 존재로서 자유롭게 선택하고, 자신의 행동을 통해 존재의 의미를 만들어가는 존재이다. 이 과정에서 인간은 자신의 무(nothingness)를 자각하게 되며, 이 무는 선택의 가능성, 즉 아직 실현되지 않은 잠재적 상태를 의미한다.

나쁜 신앙(Bad Faith, Mauvaise Foi)

사르트르는 인간이 자신의 자유를 회피하거나 부정할 때 "나쁜 신앙(Bad Faith, Mauvaise Foi)" 상태에 빠진다고 설명하였다. 나쁜 신앙은 스스로의 책임을 회피하고, 외부 환경이나 사회적 기대에 자신을 맡기는 것을 의미한다. 예를 들어, 사람들이 특정 역할이나 규범에 자신을 맞추며 "나는 어쩔 수 없어"라고 생각할 때, 이는 자신의 자유와 책임을 부정하는 행위이다.

사르트르는 사람들이 자신의 자유를 피하고 싶어 하는 경향이 있다고 보았으며, 이는 책임의 무게를 덜기 위한 심리적 방어기제라고 설명하였다. 그러나 그는 진정한 자기실현은 자신의 자유와 선택을 인정하고, 그에 따라 책임을 지는 삶을 사는 것이라고 주장하였다.

타자와의 관계

사르트르는 인간 존재가 근본적으로 타자와의 관계 속에서 형성된다고 보았다. 그는 "타인은 지옥이다(L'enfer, c'est les autres)"라는 말로 유명한데, 이는 단순히 타인이 나쁜 존재라는 의미가 아니라, 우리가 타인의 시선과 판단을 통해 자신을 규정하게 된다는 것을 의미한다.

사르트르는 타인의 시선이 우리를 고정시키고, 타인의 평가에 의해 우리의 자유가 제한될 수 있다고 주장하였다. 우리는 타인의 시선 속에서 자신의 자아를 인식하고 규정하지만, 이는 우리의 진정한 자유를 제약할 수 있는 요소이기도 한다. 따라서 우리는 타인의 시선과 우리의 자유 사이에서 끊임없이 갈등하게 된다.

실존주의는 휴머니즘이다.

사르트르는 1946년 강연 "실존주의는 휴머니즘이다(Existentialism is a Humanism)"에서 그의 실존주의 철학을 대중에게 설명하였다. 이 강연에서 그는 실존주의가 인간의 자유와 책임을 강조하며, 인간의 존엄성과 자기실현을 추구하는 철학임을 강조하였다.

사르트르는 실존주의가 비관주의나 허무주의로 오해받는 경우가 많지만, 사실은 인간이 자신의 삶을 창조할 수 있는 가능성과 자유를 긍정하는 철학이라고 주장하였다. 실존주의는 인간이 스스로 삶의 의미를 만들어 갈 수 있는 능력을 가지고 있음을 강조하며, 이는 인간주의적인 입장이라고 말하였다.

정치적 참여와 책임

사르트르는 단순히 철학적 탐구에 머물지 않고, 정치적 참여를 중요한 책임으로 보았다. 그는 철학자가 자신의 사상에 따라 사회적, 정치적 문제에 적극적으로 참여해야 한다고 주장했으며, 스스로도 다양한 사회운동에 참여하였다. 사르트르는 특히 식민주의 반대와 마르크스주의에 대한 지지를 표명했으며, 사회적 불의에 맞서 싸우는 것을 인간의 책임으로 보았다.

그는 자유를 강조하는 실존주의 철학이 개인의 윤리적 선택뿐만 아니라, 정치적 실천에서도 중요한 역할을 해야 한다고 생각하였다.

사르트르의 철학은 자유, 책임, 실존의 의미에 대한 깊은 탐구를 통해 인간이 자신의 존재와 선택을 통해 세상을 어떻게 만들어 가는지를 설명한다. 그는 인간이 본질적으로 자유로운 존재이며, 그 자유는 필연적으로 책임을 수반한다고 주장하였다. 또한 그는 인간이 타인과의 관계, 사회적 조건, 정치적 환경 속에서 자신의 사유를 어떻게 실현해 나가는지에 대해 깊이 성찰하였다.

사르트르의 실존주의 철학은 인간의 자기실현과 자율성을 강조하며, 그의 사상은 철학, 문학, 정치에 큰 영향을 미쳤다.

나. 안전학적 관점

1) 실존적 불안과 안전 vs. 작업 환경에서의 불확실성과 책임

사르트르는 인간이 본질을 가지고 태어나는 것이 아니라, 먼저 존재하게 되고 그 후에 스스로의 본질을 선택하고 형성한다고 주장하였다. 이 과정에서 인간은 무한한 자유와 무한한 책임을 마주하게 되며, 이러한 책임감이 심리적 불안을 유발한다. 사르트르의 개념에 따르면, 전통적인 의미의 안전은 자유를 억압하고 책임을 피하려는 시도로 해석될 수 있다. 작업 현장에서도 불확실성과 위험이 항상 존재하며, 이는 작업자들이 자유로운 선택을 통해 안전을 확보해야 함을 의미한다. 규정에만 의존하는 안전은 불완전할 수 있으며, 작업자는 스스로 위험을 인식하고 책임감 있는 선택을 해야만 진정한 안전을 실현할 수 있다.

사례 건설 현장에서의 사고 대응: 한 건설 현장에서 작업자가 중장비 사용 중 규정을 따르지 않고 안전모를 쓰지 않은 채 작업을 강행한 결과 부상을 당했다. 회사는 이를 계기로 작업자들이 스스로 위험을 인식하고 책임감 있게 행동할 수 있도록 교육을 강화하였다. 실존적 불안을 인식하고 책임감 있는 선택을 통해 작업자는 자신의 안전을 스스로 확보할 수 있어야 한다.

2) 자유와 책임 속의 안전 vs. 자율성과 책임의 조화

사르트르는 인간이 자신의 자유를 인정하고 책임을 수용할 때 비로소 진정한 안전을 느낄 수 있다고 보았다. 이는 작업자들이 자율적으로 작업의 위험을 인식하고, 그에 따른 책임을 다하는 과정에서 안전을 확보할 수 있음을 시사한다. 작업자들은 외부 규범에 의존하기보다는 자신의 선택과 책임을 바탕으로 자율적으로 안전을 지키는 태도를 가져야 한다. 이는 작업 현장에서의 능동적 안전을 보장하는 필수 요소이다.

3) 타자와의 관계의 안전 vs. 협력과 갈등 속에서의 안전 유지

사르트르는 타자(다른 사람들)와의 관계 속에서 인간이 불안을 경험하고, 타자의 시선이 인간의 존재에 영향을 미친다고 보았다. 작업 현장에서도 협력과 갈등이 안전에 영향을 미칠 수 있다. 작업자들은 타자와의 관계 속에서 협력을 통해 안전을 지켜야 한다. 타자의 시선이나 기대에 지나치게 얽매이지 않고, 스스로의 자유와 책임을 통해 안전한 작업 환경을 구축하는 것이 중요하다.

4) 실존적 선택과 책임 vs. 위기 상황에서의 책임감 있는 대응

사르트르는 인간이 자유롭게 선택할 수 있지만, 그 선택에는 항상 책임이 따른다고 주장하였다. 작업 현장에서도 위기 상황에서의 선택과 그에 따른 책임감이 안전을 좌우할 수 있다. 작업자는 위기 상황에서 신속하게 선택하고 그 선택에 책임을 질 수 있어야 한다. 이는 사고 예방과 안전 유지에 필수적인 요소이다.

사례 화재 발생 시 신속한 대응: 한 화학 공장에서 화재가 발생했을 때 작업자가 신속하게 대피 경보를 울리고 대응하여 인명 피해를 최소화했다. 이후 회사는 위기 대응 훈련을 강화하고, 작업자들이 자신의 선택과 책임을 더욱 잘 이해할 수 있도록 교육했다. 위기 상황에서 책임감 있는 선택과 대응은 안전을 유지하는 핵심이며, 이를 위한 교육과 훈련이 필수적이다.

다. 시사점

사르트르의 철학에서 안전은 전통적인 의미의 보호나 안정을 넘어 자율적 선택과 책임 속에서 실현된다. 그는 인간이 자신의 존재를 자유롭게 창조하고, 책임을 수용할 때 실존적 안전을 찾을 수 있다고 보았다. 이는 작업 현장에서 작업자들이 자율적으로 위험을 인식하고 책임감을 가지며 안전을 지키는 태도로 이어진다.

1. 자율적 선택과 책임감: 작업자는 자신의 선택과 행동에 책임을 지며 자율적으로 안전을 확보할 수 있어야 한다.
2. 협력적 안전 문화 구축: 타자와의 관계 속에서 협력을 통해 안전을 유지하는 것이 중요하다.
3. 불안과 자유의 인식: 작업의 불확실성과 위험을 직면하고, 책임감 있는 선택을 통해 안전을 유지하는 것이 필요하다.
4. 위기 대응 능력 강화: 위기 상황에서의 신속한 선택과 책임감 있는 대응을 위한 교육과 훈련이 필수적이다.

이 철학적 접근은 작업 현장에서의 자율적이고 책임감 있는 안전 문화를 형성하는 데 중요한 교훈을 제공한다.

50. 미셸 푸코(Michel Foucault, 1926-1984)

 미셸 푸코(Michel Foucault, 1926-1984)는 프랑스의 철학자, 역사학자, 사회 이론가로 권력, 지식, 규율, 감시 그리고 주체의 형성 과정에 대한 독창적인 탐구로 잘 알려져 있다. 푸코는 권력과 지식의 관계를 탐구하며, 권력이 사회 전반에 퍼져 있고, 지식이 권력을 강화하는 도구로 사용된다고 주장하였다. 그는 현대 사회의 감시와 처벌 시스템이 어떻게 형성되었는지를 분석하며, 개인의 정체성과 자아 형성에 권력과 지식이 미치는 영향을 탐구하였다.

푸코는 권력과 지식의 상호작용에 깊은 관심을 가진 철학자이자 사회이론가로, 특히 현대 사회에서 권력이 어떻게 작동하는지에 대한 분석을 통해 개인과 사회의 관계를 재해석하였다. 그의 철학에서 안전은 전통적인 의미에서의 보호나 안정을 넘어, 권력 구조가 어떻게 개인을 감시하고 규율함으로써 사회적 질서를 유지하는지와 밀접하게 연관되어 있다.

가. 철학적 관점

푸코의 사상은 역사적 맥락에서 사회 제도와 권력 구조가 개인의 삶에 미치는 영향을 분석하는 데 중점을 두었으며, 그는 철학, 사회학, 정치학, 심리학, 문학에 걸쳐 광범위한 영향을 미쳤다. 푸코의 주요 사상은 다음과 같다.

권력과 지식의 관계(Power/Knowledge)

푸코의 철학에서 가장 중요한 개념 중 하나는 권력과 지식의 상호작용이다. 그는 권력과 지식이 분리된 것이 아니라, 상호적으로 얽혀 있다고 주장하였다. 권력은 단순히 물리적인 힘이나 억압이 아니라, 지식의 생산과 유통을 통해 사회와 개인을 통제하는 방식으로 작동한다. 즉, 지식은 권력의 형태로 작동하고, 권력은 지식을 통해 행사된다는 것이다.

예를 들어, 푸코는 의학, 정신의학, 교육, 형벌 제도 등의 지식 체계가 개인을 규율하고 통제하는 방식에 대해 탐구하였다. 그는 이러한 지식 체계가 특정한 진리 체계를 형성하며, 이를 통해 사회는 개인의 행동을 규제하고 정상과 비정상을 구분하는 기준을 만들어낸다고 보았다.

규율 사회(Disciplinary Society)

푸코는 그의 저작 『감시와 처벌(Discipline and Punish)』(1975)에서 근대 사회가 개인을 통제하는 방식을 설명하기 위해 규율 사회라는 개념을 제시하였다. 그는 근대 이전의 처벌 방식이 주로 공개적인 처벌이나 고문과 같은 폭력적인 방식이었다면, 근대 사회에서는 권력이 점점 더 감시와 규율을 통해 사람들을 통제하게 되었다고 주장하였다.

푸코는 감옥, 학교, 병원, 군대 등의 제도를 예로 들어, 이들이 규율을 통해 사람들의 몸과 행동을 세밀하게 통제하고 조작하는 방식을 설명하였다. 이러한 제도는 사람들의 행동을 관찰하고 규정된 규칙을 따르게 하며, 이는 결국 사람들로 하여금 스스로를 감시하고 규율하게 만드는 결과를 초래한다. 푸코는 이를 "판옵티콘(Panopticon)"이라는 개념으로 설명했는데, 이는 감시자가 감시받는 사람들을 계속해서 볼 수 있는 구조를 가진 감옥 모델에서 유래한 개념이다. 푸코는 현대 사회가 이러한 판옵티콘적 구조를 통해 사람들을 규율하고 통제하는 경향이 있다고 보았다.

생명권력(Biopower)

푸코는 근대 사회에서 나타나는 새로운 형태의 권력을 생명권력(Biopower)라고 불렀다. 이는 개인의 생명을 관리하고 통제하는 권력의 형태를 말한다. 생명권력은 인구 통계, 의료, 건강, 성(sexuality), 출산 등의 문제를 다루며, 개인뿐만 아니라 사회 전체의 생명 활동을 통제하려는 권력의 작동 방식이다.

푸코는 『성의 역사(The History of Sexuality)』에서 생명권력 개념을 탐구하며, 근대 국가가 인구를 통제하기 위해 성적 행동, 출산율, 보건 정책 등을 어떻게 관리하고 규제하는지 설명하였다. 이는 단순히 억압적인 통제 수단이 아니라, 사회의 생산성을 높이고, 더 효율적으로 인구를 관리하려는 국가의 정책적 목표와 관련이 있다. 생명권력은 국가가 사람들의 생명을 직접적으로 다루는 방식으로, 이를 통해 인간의 삶 전체를 제도적으로 관리하고 조직하는 역할을 한다.

주체의 형성과 권력(Subject and Power)

푸코는 권력이 단순히 외부에서 강압적으로 작용하는 것이 아니라, 주체의 형성 과정에 깊이 관여한다고 보았다. 그는 주체가 자유롭게 자율적으로 형성되는 존재가 아니라, 사회적 규율과 권력에 의해 형성된다고 주장하였다.

푸코에 따르면, 권력은 주체를 억압하거나 파괴하는 것이 아니라, 오히려 주체를 생산한다. 이는 권력이 사람들이 자신을 인식하고 행동하는 방식, 즉 그들이 주체로서 자신을 규정하는 방식을 결정한다는 의미이다. 주체는 사회적 권력 구조 속에서 특정한 방식으로 행동하게 되며, 권력은 이 과정을 통해 개인의 삶을 형성하고 통제한다.

푸코는 주체화(subjectivation)라는 개념을 통해, 개인이 어떻게 권력과 규율에 의해 형성되고 스스로를 주체로 인식하게 되는지를 설명하였다. 이는 사람들이 자신을 어떻게 이해하고 자신의 역할을 수행하는지를 규정하는 일련의 권력 관계에 의해 주도된다는 것을 의미한다.

지식의 고고학과 계보학(Archaeology and Genealogy)

푸코는 역사를 탐구하는 독특한 방법론을 개발했는데, 이를 고고학(archaeology)과 계보학(genealogy)이라고 불렀다.

고고학(Archaeology)

푸코의 고고학적 방법은 지식의 역사적 층위를 탐구하는 방식이다. 이는 특정 시기와 문화에서 지식이 어떻게 형성되었고, 어떤 담론이 지배적이었는지를 분석하는 것을 목표로 한다. 푸코는 『지식의 고고학(The Archaeology of Knowledge)』(1969)에서 특정 시대의 지배적인 담론이 어떻게 사회적, 정치적 현실을 만들어 내는지를 탐구하였다. 그는 지식을 고정된 진리로 보지 않고, 시대와 사회에 따라 변하는 일련의 담론 구조로 보았다.

계보학(Genealogy)

푸코의 계보학적 방법은 니체의 사상을 기반으로, 권력과 지식이 역사를 통해 어떻게 발전하고 변형되었는지를 분석하는 방식이다. 계보학은 진리와 권력이 어떻게 결합되어 특정한 역사적 시점에서 주어진 사회적 제도나 관습을 정당화하고 유지했는지 밝히고자 한다. 푸코는 "감시와 처벌"에서 근대적 감옥 체계의 기원을 계보학적으로 분석하면서, 근대 사회의 규율이 어떻게 개인의 신체와 행동을 관리하고 통제하게 되었는지를 설명하였다.

광기와 권력(Madness and Civilization)

푸코는 그의 저서 『광기와 문명(Madness and Civilization)』(1961)에서 광기의 역사를 통해 권력과 사회 제도가 어떻게 인간을 규정하고 통제하는지를 분석하였다. 그는 근대 이전의 사회에서는 광인이 사회 내에서 배척되거나 타자화되지 않았으나, 근대 사회가 광인을 격리하고 치료해야 할 대상으로 규정하게 되었다고 설명하였다.

근대 의학과 정신의학은 정상과 비정상을 구분하는 새로운 권력 체계를 만들어내며, 이를 통해 광기를 억압하고 통제하는 역할을 하였다. 푸코는 이러한 의료적, 정신적 통제가 단순히 환자의 건강을 위한 것이 아니라, 사회적 규율을 유지하기 위한 권력의 연장선상에서 작동한다고 보았다.

성의 역사(The History of Sexuality)

푸코의 후기 사상에서 중요한 저작인 『성의 역사(The History of Sexuality)』에서는 성(sexuality)이 단순히 개인의 사적인 문제가 아니라, 권력의 중요한 통제 수단이라는 점을 강조하였다. 그는 성적 규범과 성적 정체성이 어떻게 권력에 의해 형성되고 통제되는지를 분석하였다.

푸코는 성적 억압이 권력의 전부가 아니며, 오히려 권력이 성에 대해 말하고 그것을 규율하는 방식으로 성적 주체를 만들어간다고 보았다. 그는 성이 단순히 억압의 대상이 아니라, 권력이 사람들의 삶을 조직하고 통제하는 중요한 장치로 기능한다고 주장하였다.

푸코의 철학은 권력, 지식, 규율, 감시 그리고 주체 형성에 대한 심도 깊은 탐구로 요약할 수 있다. 그는 권력이 단순히 억압적인 방식으로 작동하는 것이 아니라, 지식과 결합하여 사회적 규율과 제도를 통해 사람들의 삶을 통제하고 형성하는 역할을 한다고 보았다.

나. 안전학적 관점

1) 권력과 지식의 연계 vs. 안전 규범의 형성과 통제

푸코는 권력이 단순히 억압적인 것이 아니라, 지식을 생산하고 일상적으로 작동하며 사회적 안전과 질서를 유지하는 데 기여한다고 보았다. 다양한 지식 체계는 사람들을 특정 방식으로 행동하게 하며, 이는 사회적 안전을 확보하는 데 중요한 역할을 한다. 작업 현장에서도 안전 규정과 절차는 권력의 일환으로 작동하며, 작업자의 행동을 규율하고 통제함으로써 안전을 유지한다. 이러한 규범은 개인의 자율성을 제한하지만, 동시에 작업자들이 예측 가능하고 규칙적인 행동을 하게 만들어 안전성을 확보한다.

사례 건설업 현장의 안전 규정 준수: 한 건설 현장에서 강제적인 안전 규정과 교육을 통해 작업자들이 규율을 철저히 따르게 했으며, 이를 통해 사고 발생률을 줄이는 데 성공했다. 지식과 규범을 통해 작업자의 행동을 통제하고, 이를 통해 사회적 안전과 작업 환경의 안정성을 확보하는 것이 중요하다.

2) 감시와 처벌 vs. 작업장에서의 규율과 자율적 통제

푸코는 저서 감시와 치벌에서 감시와 규율이 사회적 안전을 유지하는 중요한 수단이라고 주장하였다. 그는 판옵티콘 개념을 통해, 감시의 가능성만으로도 개인이 스스로 행동을 통제하게 된다고 설명하였다. 작업 현장에서 감시와 규율 시스템은 작업자들이 스스로 규칙을 지키게 만들고, 이를 통해 안전이 확보된다. 현대의 안전 카메라나 현장 감독 체계는 작업자들이 스스로 행동을 조절하게 만들어 사고 예방과 작업 효율성을 동시에 확보한다.

> **사례** 공장에서의 CCTV 설치와 자율적 행동: 한 공장에서 CCTV와 정기적인 작업 감독을 도입한 후, 작업자들이 스스로 더 신중하게 작업하여 사고율이 감소했다. 감시와 규율 시스템을 통해 작업자가 자율적으로 행동을 통제하게 만들면, 작업 환경의 안전성을 더욱 효과적으로 유지할 수 있다.

3) 생명정치와 안전 vs. 공공 안전과 개인의 자유 제한

푸코의 생명정치 개념은 국가가 인구의 건강과 안전을 관리하는 방식을 설명하며, 공중 보건, 위생 정책 등 다양한 방식으로 나타난다. 이러한 생명정치적 관리는 사회적 안전을 확보하는 데 중요한 역할을 하지만, 개인의 자유와 권리를 제한할 수 있다. 국가와 기업이 위생 관리, 건강 점검 등 다양한 정책을 통해 작업자의 건강과 안전을 관리하면서도, 이는 작업자의 개인적 자유를 제한하는 측면도 존재한다.

> **사례** 제조업체의 위생 점검과 건강 관리: 한 제조업체는 정기적인 건강 검진과 위생 관리를 통해 작업자의 건강을 보호하고 작업 환경을 청결하게 유지했다. 하지만 이는 작업자들에게 정해진 방식의 생활을 요구하며, 자율성을 제한하는 결과를 낳기도 했다. 생명정치적 관리는 작업자의 건강과 안전을 확보하지만, 동시에 자유와 권리를 일부 제한할 수 있다는 점을 인식하고 균형을 유지하는 것이 중요하다.

4) 정체성과 자아 형성 vs. 사회적 규범에 의한 안전과 자유의 상실

푸코는 개인의 자아 형성이 권력과 지식의 영향을 받으며, 사회적 규범에 의해 만들어진다고 보았다. 작업 현장에서 개인의 정체성도 사회적 기대와 규범에 의해 형성되며, 이는 안전 규정과 규율에 따라 행동하도록 영향을 미친다. 작업자들은 사회적 규범과 안전 규정을 내면화하여 자신의 행동을 통제하고, 이를 통해 안정성을 확보하지만, 동시에 자유를 상실할 수도 있다.

> **사례** 안전 규정 준수를 통한 자아 형성: 한 공장에서 작업자들은 엄격한 안전 규정을 통해 자신의 행동을 조정하고, 이를 통해 자신의 역할과 책임을 내면화하게 되었다. 사회적 규범과 권력의 작동을 통해 작업자가 안전을 확보하는 것은 필수적이지만, 이 과정에서 자유와 자율성의 상실이 발생할 수 있음을 인식해야 한다.

다. 시사점

미셸 푸코의 철학은 안전과 권력의 관계를 심도 있게 분석하며, 권력이 어떻게 지식을 통해 사회적 안전을 구축하는지를 탐구하였다. 작업 현장에서 푸코의 통찰은 감시, 규율, 생명정치가 안전을 확보하는 수단이자 자율성을 제한할 수 있는 메커니즘으로 작동함을 보여준다.

1. 규율과 통제의 필요성: 안전은 감시와 규율을 통해 확보될 수 있으며, 이를 통해 작업자가 자율적으로 행동하도록 유도해야 한다.
2. 생명정치와 개인의 자유: 건강과 안전 관리는 필수적이지만, 개인의 자유를 제한할 수 있음을 인식하고 균형을 찾는 것이 중요하다.
3. 자아 형성과 규범: 작업자는 사회적 규범을 내면화하여 안전을 확보하지만, 이는 자율성을 상실할 수 있는 위험성을 내포한다.

푸코의 철학은 현대 사회와 작업 현장에서 안전과 권력이 어떻게 작동하며, 안전 확보의 이면에 존재하는 권력의 통제를 이해하는 데 중요한 교훈을 제공한다.

51. 장 프랑수아 리오타르
(Jean-François Lyotard, 1924-1998)

장 프랑수아 리오타르(Jean-François Lyotard, 1924-1998)는 프랑스의 철학자이자 포스트모더니즘 사상의 주요 이론가이다. 그는 현대 사회에서 보편적 진리가 더 이상 유효하지 않으며, 다양한 소서사(작은 이야기들)가 중요하다고 보았다. 또한 지식이 권력과 밀접하게 연결되어 있으며, 윤리와 정의에 대한 새로운 접근을 제안하였다.

리오타르는 포스트모더니즘 철학의 주요 인물로, 특히 "거대 서사(grands récits)"의 종말을 주장하면서 현대 사회의 복잡성을 강조하였다. 그의 사상에서 안전은 더 이상 보편적 진리나 거대한 이데올로기 속에서 확보될 수 없으며, 오히려 다양한 소서사(작은 이야기들)와 다원적 관점에서 찾아야 한다는 점을 강조하였다.

가. 철학적 관점

리오타르의 철학은 특히 지식, 권력, 역사 그리고 언어의 문제를 중심으로 전개되며, 그는 현대 사회의 복잡성과 다양성을 분석하는 데 주력하였다. 리오타르는 포스트모더니즘의 기초를 다지며, 특히 메타서사(Grand Narratives)에 대한 비판을 통해 현대 철학과 사회에 중요한 영향을 미쳤다. 그의 주요 철학적 사상은 다음과 같다.

포스트모더니즘

리오타르는 『포스트모던 조건(The Postmodern Condition』(1979)이라는 저서를 통해 포스트모더니즘이라는 개념을 체계적으로 정리하였다. 그는 현대 사회가 포스트모던 상태에 진입했음을 주장하며, 이를 과학, 지식 그리고 문화적 변화와 연결지었다. 포스트모더니즘은 기존의 보편적 진리와 메타서사에 대한 의문을 제기하고, 복수성과 다원성을 강조하는 철학적 입장이다.

리오타르는 모더니즘이 합리적이고 보편적인 진리를 추구하며, 이를 통해 역사를 하나의 발전적인 이야기로 해석하려고 하였다고 비판하였다. 반면, 포스트모더니즘은 그러한 보편성을 거부하며 작은 이야기들(petit récits), 즉 개별적이고 지역적인 서사를 강조한다. 그는 현대 사회에서 더 이상 통합적이고 보편적인 서사가 성립되지 않으며, 진리는 상대적이고 다원적인 것임을 주장하였다.

메타서사에 대한 비판

리오타르의 포스트모더니즘 철학에서 가장 중요한 개념 중 하나는 메타서사(Grand Narratives)에 대한 비판이다. 메타서사는 역사, 진보, 계몽, 자유 그리고 혁명과 같은 거대한 이념적 서사를 의미하며, 이러한 서사는 인간 사회를 특정 방향으로 이끌어가려는 경향이 있다고 주장하였다.

리오타르는 이러한 메타서사가 근대 서양 사회에서 지배적이었으며, 인간의 역사를 하나의 일관된 이야기로 설명하려고 하였다고 보았다. 그러나 그는 이러한 메타서사가 모든 개인의 경험과 이야기를 포괄할 수 없으며, 오히려 개인의 다양성과 복잡성을 억압한다고 주장하였다. 따라서 그는 작은 이야기들이 메타서사보다 더 정직하고 현실적인 방식으로 인간의 경험을 반영한다고 보았다.

지식과 권력

리오타르는 지식과 권력의 문제를 깊이 탐구하였다. 그는 현대 사회에서 지식이 단순히 사실을 전달하는 것이 아니라, 권력을 행사하는 방식으로 작용한다고 보았다. 리오타르는 특히 과학적 지식이 사회적 권력과 연결되어 있으며, 지식 생산이 특정한 권력 구조에 의해 통제되고 있다는 점을 비판하였다.

포스트모던 사회에서는 지식이 더 이상 진리를 추구하는 수단이 아니라, 이용 가능한 정보로 취급된다. 리오타르는 지식이 과학적 진리나 보편적 설명을 제공하는 것이 아니라, 다양한 목적으로 사용되는 도구로서의 역할을 강조하였다. 이는 지식이 항상 사회적 맥락과 권력 관계 속에서 생산되고 활용된다는 그의 주장과 연결된다.

언어 게임(Language Games)

리오타르는 루트비히 비트겐슈타인의 언어 게임(Language Games) 개념을 차용하여, 현대 사회에서 다양한 언어적 규칙과 맥락이 존재한다고 설명하였다. 그는 우리가 사용하는 언어가 특정한 규칙과 목적에 따라 작동하며, 이러한 규칙은 사회적, 문화적 상황에 따라 다르다고 보았다.

포스트모던 사회에서는 더 이상 하나의 보편적 규칙이 존재하지 않고, 여러 언어 게임이 공존한다. 각 언어 게임은 고유한 규칙을 가지고 있으며, 우리는 다양한 게임을 통해 서로 다른 방식으로 세계를 이해하고 표현한다. 리오타르는 이와 같은 언어 게임의 다양성이 현대 사회의 복잡성을 잘 드러낸다고 보았다.

정당성과 합의

리오타르는 정당성과 합의 문제를 포스트모던 사회의 중요한 문제로 보았다. 그는 근대 철학이 보편적인 진리나 합의를 통해 사회적 정당성을 확보하려 했으나, 포스트모던 사회에서는 그러한 보편적 합의가 불가능하다고 주장하였다. 대신, 그는 각 집단과 상황에 맞는 국지적인 합의가 필요하다고 보았다.

리오타르는 정당성이 절대적 진리나 메타서사에 의존해서는 안 되며, 다원적이고 상황적인 합의 과정을 통해 형성되어야 한다고 주장하였다. 이는 포스트모던 사회가 다양한 목소리와 관점을 반영하는 방식으로 정당성을 찾아야 함을 의미한다.

예술과 포스트모더니즘

리오타르는 예술에서의 포스트모더니즘에 대해서도 논의하였다. 그는 포스트모던 예술이 전통적인 미적 기준이나 규범을 따르지 않고, 새로운 실험과 파괴를 통해 기존의 예술적 형식을 넘어선다고 주장하였다. 포스트모던 예술은 규칙을 무너뜨리고, 경계를 넘으며, 새로운 가능성을 탐구한다.

리오타르는 예술이 더 이상 특정한 미적 기준에 얽매이지 않고, 다양한 형식과 내용을 통해 개인적 경험과 사회적 현실을 표현할 수 있는 방식으로 진화해야 한다고 보았다. 이는 포스트모더니즘의 핵심적인 특징인 다양성과 파편화와 연결된다.

탈합리성과 감각의 중요성

리오타르는 포스트모던 사회에서 합리성의 한계를 지적하며, 감각적인 경험과 미적 판단의 중요성을 강조하였다. 그는 현대 사회가 지나치게 합리성과 논리에 의존해 왔으며, 이로 인해 인간의 복잡한 경험을 충분히 설명할 수 없다고 보았다. 따라서 리오타르는 감정, 감각 그리고 미적 판단을 통해 더 풍부한 인간 경험을 탐구해야 한다고 주장하였다.

리오타르는 포스트모던 조건을 통해 현대 사회와 철학의 변화하는 조건을 분석하며, 보편적 진리와 메타서사에 대한 비판을 통해 다원성과 복수성을 강조하였다. 그는 지식, 권력, 언어, 예술 그리고 정당성에 대한 새로운 접근을 통해 포스트모더니즘 철학을 정립했고, 현대 사회에서 개인의 경험과 사회적 실천이 어떻게 다양하게 표현될 수 있는지를 탐구하였다.

리오타르의 사상은 포스트모더니즘 철학의 중요한 기초를 제공했으며, 특히 현대 사회가 더 이상 일관된 이야기나 진리 체계에 의존하지 않고, 파편화된 현실 속에서 다원적인 목소리와 관점을 수용하는 방식을 설명하는 데 큰 기여를 하였다.

나. 안전학적 관점

1) 거대 서사의 종말과 안전의 다원화

리오타르는 근대 사회가 계몽주의, 마르크스주의, 기독교 등의 거대 서사에 의해 조직되었다고 보았다. 이러한 거대 서사들은 사회의 안전과 질서를 유지하는 역할을 했으나, 포스트모던 사회에 들어서면서 거대 서사의 유효성이 상실되었다고 주장했다. 이로 인해 전통적 안전의 개념도 변화하게 된다. 사회적 안정성은 더 이상 보편적 이데올로기에서 나오는 것이 아니라, 다양한 소서사 간의 상호작용을 통해 형성된다. 각 개인이나 집단이 자신만의 서사를 통해 의미를 구성하고, 이를 바탕으로 새로운 형태의 사회적 안정성을 추구해야 한다.

사례 산업현장에서의 다원적 안전 관리: 한 대기업에서는 기존의 일방적 지침 대신, 각 부서가 현장의 위험 요소를 분석하여 맞춤형 안전 대책을 마련하는 방식으로 전환했다. 이를 통해 작업자들이 스스로 안전을 책임지고 조정하게 되면서 사고가 줄었다. 전통적 방식이 아닌 다양한 관점에서 안전을 재구성함으로써 유동적이고 상호작용적인 안정성을 확보하는 것이 중요하다.

2) 지식과 권력의 관계 vs. 권력의 작용으로서의 안전

리오타르는 지식이 권력과 밀접하게 결합되어 사회적 안전을 유지하는 도구로 사용된다고 보았다. 권력 구조 내에서 생산되는 지식은 특정 집단의 이익을 위해 사회적 질서를 형성하고, 그 질서를 통해 안전을 확보한다. 그러나 이 과정에서 권력의 지식 통제는 때로는 불안정성을 초래할 수 있다. 안전은 특정 권력이 지식을 통제하고 규정하는 과정에서 발생하며, 그 안에서 사회적 질서가 유지된다. 그러나 이 통제는 특정 집단의 이익에 의해 왜곡될 가능성이 있다.

사례 산업 재해 보고 통제: 한 제조업체에서 상부의 요구로 인해 안전 사고 보고서가 조작되었고, 이로 인해 잠재적 위험이 숨겨져 더 큰 사고가 발생했다. 이후 회사는 투명한 정보 공유를 통해 정확한 지식 기반의 안전 관리를 도입했다. 안전을 위해 권력과 지식이 투명하게 작용해야 하며, 왜곡되지 않은 정보가 사고 예방에 핵심적이다.

3) 윤리와 정의의 새로운 접근 vs. 다원적 안전의 구축

리오타르는 거대 서사가 사라진 시내에서 윤리와 정의를 재구성할 필요성을 제기했다. 기존의 보편적 진리에서 도출된 윤리적 규범이 아니라, 다양한 소서사들이 공존하는 다원적 윤리가 필요하다는 주장이다. 이는 다양한 가치들이 공존하며 상호작용할 때 안전이 형성된다는 의미다. 다양한 사회적 가치가 공존하고, 서로를 인정하는 방식으로 윤리적 기준을 재구성함으로써 안전과 안정성을 확보해야 한다.

> **사례** 다양성 존중을 통한 안전 문화 형성: 한 다국적 기업에서는 각국의 안전 문화를 존중하면서 다양한 안전 기준을 도입했고, 이를 통해 다양한 위험 요소를 포괄적으로 관리하게 되었다. 다양한 윤리적 기준과 사회적 가치를 통합하고, 포용적인 안전 체계를 구축하는 것이 다원화된 사회에서 필수적이다.

4) 안전의 재구성 vs. 새로운 사회적 질서 모색

리오타르의 철학에서 안전은 고정된 틀이 아니라, 다양한 관점과 서사를 통해 지속적으로 재구성되는 개념이다. 이는 보편적 규범을 넘어선 다양한 안전의 재구성을 의미한다. 전통적 안전은 보편적 이데올로기에서 비롯되었지만, 현대 사회에서는 다양한 소서사들이 공존하며 새로운 형태의 안전과 질서를 모색해야 한다.

> **사례** 조직 내 다양한 의견을 반영한 안전 프로세스 개선: 한 IT 회사는 다양한 직원들의 의견을 수렴해 맞춤형 안전 규정을 도입했고, 이를 통해 모두가 참여하는 안전 관리 체계를 구축했다. 안전은 고정된 개념이 아닌, 지속적으로 재구성되는 것으로, 변화하는 환경과 요구에 맞춰 적응해야 한다.

다. 시사점

장 프랑수아 리오타르의 철학은 안전을 더 이상 단일한 보편적 규범 안에서 찾는 것이 아니라, 다양한 소서사들이 상호작용하며 새롭게 구성하는 과정에서 형성되는 것으로 본다. 이는 현대 사회의 복잡성과 다원성을 반영한 안전 개념이며, 기존의 안전 개념을 넘어선 철학적 접근을 제공한다.

1. 다양한 관점의 수용: 안전은 다양한 소서사와 관점을 수용하고, 이를 통해 사회적 안정성을 재구성하는 과정이다.
2. 투명한 지식과 권력의 상호작용: 투명한 정보 공유와 지식의 올바른 사용이 안전을 유지하는 데 핵심적이다.
3. 윤리적 다원화와 포용: 다양한 윤리적 가치를 포용하는 포괄적 안전 관리 체계가 필요하다.
4. 안전의 재구성: 안전은 고정된 것이 아니라, 끊임없이 재구성되고 적응되는 개념임을 인식해야 한다.

리오타르의 사상은 현대 사회에서 안전의 다원화와 재구성을 통해 복잡한 사회적 질서를 유지하는 새로운 방법을 제시한다.

52. 자크 데리다(Jacques Derrida, 1930-2004)

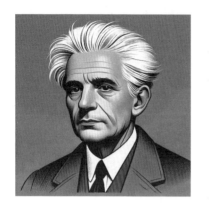

자크 데리다(Jacques Derrida, 1930-2004)는 해체주의 철학자로, 20세기 후반 철학에서 가장 영향력 있는 인물 중 한 명이다. 그는 당시 지배적인 철학이었던 구조주의를 비판하고 그 구조의 해체를 주장하는 해체주의(deconstruction)를 창시하였다.

그는 전통적인 철학적 구조와 개념들을 근본적으로 비판하고 재해석하는 데 중점을 두었다. 특히 텍스트와 의미의 불확정성을 강조하며, 의미가 항상 고정되거나 안정된 것이 아니라, 끊임없이 지연되고 다양한 해석 가능성을 지닌다고 주장하였다.

가. 철학적 관점

데리다는 프랑스의 철학자로, 해체주의(deconstruction)라는 개념을 통해 20세기 후반의 철학, 문학, 언어학에 큰 영향을 미쳤다. 데리다는 서구 철학의 전통과 구조를 비판하고, 기존 개념과 이분법에 대한 해체적 접근을 통해 새로운 사고방식을 제안하였다. 그의 사상은 복잡하고 난해한 것으로 평가받지만, 핵심 개념들을 중심으로 그의 철학을 요약할 수 있다.

해체주의(Deconstruction)

데리다의 가장 유명한 철학적 개념은 해체주의(deconstruction)이다. 해체주의는 하나의 이론이라기보다는 사고의 방법론이자 전략이다. 해체는 텍스트나 개념, 사상의 내재적 모순을 분석하고, 이분법적 사고의 한계를 드러내는 방식으로 작동한다. 데리다는 서양 철학이 대개 대립적 이분법(예: 존재와 비존재, 말과 글, 진리와 허구 등)에 기반하고 있다고 비판하며, 이 대립들 속에 숨어 있는 위계질서를 해체하려 하였다.

해체는 단순히 기존 개념을 파괴하는 것이 아니라, 그 개념이 스스로의 논리로 인해 어떻게 자가 모순에 빠지는지를 드러내는 작업이다. 이를 통해 데리다는 우리가 당연하게 받아들이는 이분법적 사고가 사실은 불안정하며, 보다 유동적이고 다층적인 해석이 가능함을 강조하였다.

로고중심주의(Logocentrism) 비판

데리다는 서양 철학이 로고중심주의(Logocentrism)에 뿌리를 두고 있다고 비판하였다. 로고중심주의는 로고스(logos), 즉 이성이나 말이 진리와 의미의 중심에 있다고 여기는 사고방식을 의미한다. 서양 철학 전통은 말(발화)을 글(문자)보다 더 중요한 것으로 간주하고, 이를 통해 진리를 직접적으로 전달할 수 있다고 믿어왔다.

데리다는 이러한 사고방식이 편향적이며, 글 역시 말과 동일한 가치를 가지고 있음을 주장하였다. 그는 말이 글보다 우월하다는 전통적인 믿음을 음성중심주의(phonocentrism)라고 비판하며, 말과 글 사이의 경계를 흐리려고 하였다. 데리다는 글도 독립적인 의미 체계로 작동하며, 글과 말 사이에 명확한 위계가 없음을 강조하였다.

차연(Différance)

데리다는 차연(différance)이라는 개념을 통해, 의미의 생산 과정이 어떻게 지연되고 불안정한지 설명하였다. "차연(différance)"은 프랑스어에서 두 가지 의미를 담고 있는데, 차이(différence)와 지연(déférer)을 결합한 개념이다. 이는 의미가 고정되어 있지 않고, 항상 차이를 통해 생성되며, 동시에 지연된다는 뜻이다.

언어에서 한 단어는 그 자체로 의미를 가지는 것이 아니라, 다른 단어들과의 차이를 통해 의미를 형성한다. 그러나 그 의미는 항상 지연되며, 단어는 어떤 고정된 본질적 의미를 가지지 않고 끝없이 다른 의미로 이어진다. 데리다는 이를 통해 언어의 의미가 본질적으로 유동적이고 불안정하다는 사실을 강조하며, 언어는 결코 완전한 의미 전달을 보장하지 않는다고 주장하였다.

이분법에 대한 해체

데리다는 서양 철학에서 자주 사용되는 이분법적 사고를 비판하였다. 이분법은 상호 배타적인 두 가지 범주(예: 남성/여성, 정신/육체, 진리/허위, 중심/주변)를 설정하여 사물을 설명하는 방식이다. 데리다는 이러한 이분법이 대개 한쪽(예: 남성, 정신, 진리, 중심)을 우위에 두는 위계적 구조를 형성한다고 보았다.

데리다는 해체를 통해 이분법을 뒤집고, 대립항들이 실제로는 상호 의존적이라는 점을 드러내려 하였다. 그는 이분법적 사고 속에서 주변적인 것이나 억압된 것들이 실은 중요한 역할을 한다고 보았으며, 이를 통해 기존의 철학적 구조를 재해석하려 하였다.

텍스트의 무한한 해석 가능성

데리다는 텍스트(문자적 의미뿐 아니라 모든 상징적 체계)가 하나의 고정된 의미를 갖지 않으며, 무한히 해석될 수 있다고 주장하였다. 그는 텍스트가 다양한 해석을 가능하게 하는 구조를 가지고 있으며, 독자는 텍스트를 읽을 때마다 새로운 의미를 발견하게 된다고 보았다.

이는 하나의 객관적 진리나 의미가 존재한다는 전통적 생각에 도전하는 것으로, 텍스트는 그 자체로 의미를 생산하지 않으며, 독자와의 상호작용 속에서 그 의미가 계속 변형되고 재해석된다는 점을 강조하였다.

존재론적 차이

데리다는 존재(Being)와 존재자(beings) 사이의 차이를 지적하며, 전통적인 철학이 주로 존재자에 집중하는 오류를 범하였다고 주장하였다. 그는 마르틴 하이데거의 존재론적 차이 개념을 바탕으로, 철학이 존재 자체를 망각하고 존재자를 통해 세상을 설명하려는 시도에 대한 비판을 제기하였다.

존재자는 사물이나 현상 자체를 의미하며, 존재는 그 모든 것들의 배후에 있는 근본적 실재이다. 데리다는 우리가 존재자에 대해 말할 때, 존재 자체에 대해서는 말할 수 없다는 점을 강조하며, 이러한 존재와 존재자 간의 차이가 철학적 탐구의 중요한 부분임을 지적하였다.

권력과 해체

데리다는 그의 철학을 통해 권력 구조와 그것이 형성되는 방식에 대한 비판적 분석을 시도하였다. 그는 사회적, 정치적 권력이 언어와 상징 체계를 통해 어떻게 작동하는지를 탐구하며, 기존의 권력 구조가 어떻게 특정 담론을 통해 유지되고 재생산되는지 분석하였다.

그는 권력이 단순히 억압적인 것이 아니라, 담론을 통해 인간의 사고와 행동을 규제하고 형성하는 방식을 설명하였다. 해체는 이러한 권력 구조를 비판하고, 그 속에 숨겨진 모순과 억압적 요소를 드러내는 방법으로 작동한다.

타자성(Alterity)

데리다는 타자성(Alterity)의 개념을 통해, 인간이 타인과의 관계에서 자신의 정체성을 어떻게 형성하는지 탐구하였다. 그는 타자가 단순히 나와 다른 존재가 아니라, 나의 정체성과 의미 형성에 중요한 역할을 하는 필수적 요소라고 주장하였다.

데리다는 타자를 단순히 이해하거나 통제하려는 시도가 실패할 수밖에 없다고 보았다. 타자는 결코 완전히 이해될 수 없는 타자성을 가지고 있으며, 인간은 타자의 존재를 인정하고, 그와의 관계 속에서 스스로를 재구성해야 한다고 주장하였다.

데리다의 철학은 해체를 중심으로 전개되며, 전통적인 서구 철학과 그 안에 내재된 이분법적 사고와 위계질서를 비판하고자 하였다. 그는 언어, 의미, 존재, 권력과 같은 문제들을 해체적 방법론을 통해 재해석하며, 기존의 철학적 틀을 해체하고 새로운 사고방식을 제안하였다.

데리다의 사상은 현대 철학, 문학 비평, 정치 이론, 페미니즘 그리고 법철학 등에 깊은 영향을 미쳤으며, 특히 포스트모던 철학의 중요한 기초를 제공한다. 그의 해체적 접근은 고정된 진리나 본질이 존재하지 않으며, 모든 개념이 끊임없이 재해석될 수 있다는 가능성을 열어주었다.

나. 안전학적 관점

1) 해체주의와 안전의 문제

데리다는 서구 철학이 전통적으로 강조해온 이분법적 구조(예: 존재와 비존재, 주체와 객체 등)를 비판하면서, 이러한 구분이 진리나 의미를 고정하려는 시도라고 보았다. 그는 의미가 고정될 수 있다는 믿음이 사실은 불안정한 기초 위에 서 있으며, 이를 철저히 해체함으로써 새로운 관점을 모색해야 한다고 주장한다. 전통적인 안전은 의미의 고정성에서 비롯되지만, 데리다는 이러한 고정성을 해체하고 의미의 유동성을 받아들일 때 진정한 안전이 가능하다고 보았다. 이는 우리가 믿어온 확실성의 토대가 얼마나 불안정한지를 폭로하며, 새로운 해석의 가능성을 열어준다.

사례 산업 안전 매뉴얼 재검토: 한 공장에서 기존의 안전 매뉴얼이 고정된 절차에 지나치게 의존하여 예상치 못한 위험을 간과하는 문제가 발생했다. 이후 다양한 부서의 의견을 반영해 매뉴얼을 해체적 관점에서 재검토하고, 유연한 절차를 도입함으로써 위험 관리를 개선했다. 고정된 사고방식에서 벗어나 다양한 관점과 해석을 수용하는 것이 현대적 안전을 위한 필수적인 접근이다.

2) 텍스트와 자율성(안전의 재고)

데리다는 텍스트가 하나의 고정된 의미를 지니지 않으며, 언제나 새로운 해석이 가능하다고 주장한다. 텍스트는 특정 의도에 제한되지 않고, 끊임없이 재구성될 수 있는 자율적 존재로 이해된다. 이로 인해 안전의 개념도 고정된 것이 아닌 재구성 과정 속에서 의미를 찾게 된다. 철학적 안전은 고정된 진리에서 나오는 것이 아니라, 끊임없이 재구성되고 새로운 해석을 통해 얻어진다. 이는 불확실성을 두려워하지 않고 다양성을 인정하는 태도를 의미한다.

3) 이분법적 사고의 비판과 안전의 재정립

데리다는 이분법적 사고가 명확한 진리를 제공하려는 시도라고 비판하며, 이러한 구분이 실제로는 복잡성과 유동성을 간과한다고 보았다. 그는 이분법적 구조를 해체함으로써 더 깊은 이해와 새로운 형태의 안전을 찾을 수 있다고 주장한다. 안전은 단순한 고정성이 아닌, 복잡성과 다원성을 포용하는 데서 새롭게 정립될 수 있다.

4) 안전과 불확정성의 수용

데리다는 의미가 고정되지 않고 유동적이라고 보았다. 따라서 안전도 절대적 진리에 의존하기보다는, 불확정성과 다양성을 받아들이고, 그 안에서 새로운 가능성을 모색해야 한다고 주장한다. 안전은 고정된 틀에서 나오는 것이 아니라, 불확정성을 수용하고 새로운 해석과 가능성을 모색하는 태도를 요구한다.

다. 시사점

데리다의 철학은 안전을 단순한 고정된 틀에서 찾지 않고, 불확정성과 다원성을 인정하는 데서 찾는다. 그는 우리가 믿어온 확실성의 토대가 불안정하다는 점을 폭로하면서, 유동적인 의미와 다양한 해석을 통해 새로운 형태의 안전을 모색한다. 이러한 접근은 현대 사회에서 안전과 불안정성을 이해하는 데 중요한 통찰을 제공한다.

1. 고정된 사고방식에서 탈피: 안전은 고정된 틀이 아니라 유연성과 다양성을 수용하는 과정에서 형성된다.
2. 자율성과 유연성: 자율적 해석과 유연한 적용이 안전을 강화하는 데 핵심이다.
3. 복잡성의 인정: 안전은 단순한 이분법적 구조를 넘어, 복잡성과 다원성을 포용해야 한다.
4. 불확정성의 수용: 안전은 불확정성을 두려워하지 않고, 이를 새로운 가능성으로 전환하는 능력에서 비롯된다.

데리다의 철학적 접근은 현대의 복잡한 사회에서 새로운 형태의 안전 개념을 정립하고 다양한 상황에 유연하게 대처하는 방법을 제시한다.

53. 롤랑 바르트(Roland Barthes, 1915-1980)

롤랑 바르트(Roland Barthes, 1915-1980)는 프랑스의 철학자, 문학 비평가, 기호학자로 기호학과 문화 비평을 통해 현대 사회와 문화에 대한 깊은 통찰을 제공하였다. 그는 기호가 문화적 맥락에 따라 다양한 의미를 가지며, 문화적 상징이 사회적 의미를 형성한다고 보았다.

바르트는 기호학과 문화 이론에서 중요한 역할을 했으며, 텍스트와 기호의 해석에서 저자의 권위를 해체하고 독자의 역할을 강조하였다. 그의 사상은 텍스트와 기호의 의미가 고정된 것이 아니라, 다양한 문화적 맥락에서 끊임없이 변화하고 재해석된다고 주장하는 데 중점을 둔다.

바르트는 "저자의 죽음"이라는 논문을 통해 텍스트의 의미가 독자에 의해 창출된다고 주장하였다. 저자는 단지 그 시대의 모습을 표현하는 사회적 도구일 뿐 독자에게 자신의 생각, 관념 등을 전달하는 것이 아니라 독자 스스로 새로운 의미를 창출하고 스스로 해석하다고 보았다.

가. 철학적 관점

바르트는 특히 언어, 신화, 텍스트에 대한 분석을 통해 사회와 문화 속에서 작동하는 의미의 생산과 해석 과정을 탐구하였다. 바르트의 주요 철학적 사상은 다음과 같다.

기호학과 신화 분석

바르트는 기호학(세미올로지, Semiotics)을 통해 언어와 기호가 의미를 어떻게 구성하는지를 탐구하였다. 그는 기호(sign)가 기표(signifier)와 기의(signified)로 구성된다고 보았다. 기표는 사물이나 개념을 나타내는 표현이고, 기의는 그 표현이 지시하는 의미이다. 예를 들어, "나무"라는 단어(기표)는 실제 나무라는 개념(기의)을 가리킨다.

바르트는 이를 바탕으로 신화(Myth)를 분석하였다. 그는 신화를 단순히 고대의 이야기가 아니라, 현대 사회에서 널리 퍼진 문화적 담론으로 이해하였다. 그는 신화가 일상적인 기호들(예: 광고, 미디어, 패션 등)을 통해 사회적 의미를 전달하며, 특정한 이데올로기를 정당화한다고 주장하였다. 신화는 특정 기호에 새로운 의미를 부여하며, 이를 통해 문화적 가치와 이념이 무비판적으로 전달된다.

바르트의 저서 『신화론(Mythologies)』(1957)은 이러한 신화의 분석을 담고 있다. 그는 이 책에서 광고, 대중문화, 스포츠 등 현대 사회에서 작동하는 다양한 신화들을 분석하며, 어떻게 이데올로기가 일상적 기호를 통해 재생산되는지를 보여주었다.

저자의 죽음(The Death of the Author)

바르트의 가장 유명한 개념 중 하나는 "저자의 죽음(The Death of the Author)"이다. 그는 1967년 에세이에서, 저자가 텍스트의 절대적인 의미를 결정하는 권위자로 간주되는 전통적 관점을 비판하였다. 바르트는 텍스트의 의미는 저자가 의도한 것에만 의존하지 않으며, 독자가 텍스트를 해석할 때 다양한 해석이 가능하다고 주장하였다.

바르트는 독자가 저자의 의도를 넘어서 자유롭게 텍스트를 해석할 수 있어야 한다고 보았으며, 이는 독자의 자유와 다양한 의미 생산을 강조한 것이다. 그는 텍스트가 열려 있는 구조이며, 독자는 이를 자신만의 방식으로 해석하고 의미를 부여할 수 있다고 주장하였다. 이로 인해 저자의 의도가 절대적인 것이 아니며, 저자는 텍스트 해석의 중심에서 벗어나게 된다.

텍스트의 쾌락(The Pleasure of the Text)

바르트는 1973년 저서 『텍스트의 쾌락(The Pleasure of the Text)』에서 텍스트와 독자의 관계를 심층적으로 탐구하였다. 그는 독자가 텍스트를 읽을 때 느끼는 쾌락을 중심으로 텍스트의 다양한 성격을 분석하였다. 바르트는 두 가지 유형의 텍스트를 구분하였다.

▲ 쾌락의 텍스트(text of pleasure): 독자가 친숙하고 즐겁게 읽을 수 있는 텍스트로, 규칙과 구조를 따르며 독자에게 예측 가능한 쾌락을 제공한다. 이는 기존의 문학적 관습을 따르는 텍스트를 의미한다.

▲ 욕망의 텍스트(text of bliss): 독자가 혼란스럽고 낯설게 느끼는 텍스트로, 독자의 기대를 무너뜨리고 기존의 문학적 규칙을 파괴하는 텍스트이다. 이러한 텍스트는 독자에게 도전적이고 혁신적인 경험을 제공하며, 새로운 방식으로 텍스트를 경험하게 만든다.

바르트는 텍스트가 단순히 의미를 전달하는 수단이 아니라, 독자와 텍스트 사이의 감각적이고 감정적인 상호작용을 통해 쾌락을 제공하는 중요한 역할을 한다고 보았다.

기호의 다층성

바르트는 기호가 단일한 의미를 전달하는 것이 아니라, 다층적인 의미를 내포한다고 주장하였다. 그는 텍스트가 고정된 의미를 가지지 않으며, 독자의 해석에 따라 다르게 읽힐 수 있음을 강조하였다. 이는 기호의 열림을 보여주는 개념으로, 독자와 텍스트 사이에서 의미가 끊임없이 생성되고 변형된다는 것을 뜻한다.

바르트는 텍스트를 "열린 텍스트(open text)"와 "닫힌 텍스트(closed text)"로 구분하였다. 열린 텍스트는 여러 해석이 가능하며, 독자의 참여에 따라 다양한 의미가 만들어진다. 반면, 닫힌 텍스트는 하나의 고정된 의미만을 전달하려는 경향이 있다. 바르트는 열린 텍스트가 독자의 상상력과 해석의 가능성을 더 많이 제공한다고 보았다.

사진과 의미: 푼크툼과 스투디움

바르트는 사진에 대한 의미 분석을 시도한 『카메라 루시다(Camera Lucida)』(1980)에서 사진의 본질과 그 의미를 탐구하였다. 그는 사진이 어떻게 우리의 감정과 기억을 자극하는지를 설명하면서, 두 가지 주요 개념을 제시하였다.

▲ 스투디움(Studium): 사진이 보여주는 명시적이고 문화적, 정치적 정보를 가리킨다. 이는 우리가 사진을 통해 인식하고 이해할 수 있는 사회적 맥락과 의미를 포함한다.

▲ 푼크툼(Punctum): 스투디움과는 달리, 푼크툼은 사진에서 우리의 감정을 즉각적으로 자극하는 사소한 요소이다. 푼크툼은 논리적으로 설명되지 않으며, 사진을 보는 사람의 개인적 경험과 기억에 의해 활성화된다. 푼크툼은 사진 속의 작은 요소가 우리에게 예기치 않은 감정적 충격을 줄 때 발생한다.

바르트는 사진이 단순한 시각적 재현 이상의 감정적, 심리적 경험을 제공할 수 있음을 강조하였다.

문화와 이데올로기

바르트는 대중문화가 이데올로기를 전달하는 중요한 매체라고 보았다. 그는 일상적인 광고, 패션, 미디어, 스포츠 등을 통해 이데올로기가 자연스럽게 퍼지며, 사람들은 무비판적으로 그 이데올로기를 수용하게 된다고 분석하였다.

바르트는 대중문화가 단순히 오락을 제공하는 것이 아니라, 사회적 질서와 권력을 유지하는 방식으로 작동한다고 보았다. 이를 통해 특정한 가치관과 세계관이 자연스러운 것으로 받아들여지고, 이데올로기는 숨겨진 형태로 우리의 삶에 깊이 자리잡게 된다. 그는 이러한 이데올로기적 기호를 분석하고 비판하는 것이 중요하다고 주장하였다.

바르트는 기호학, 신화 분석, 텍스트 해석을 통해 현대 사회와 문화 속에서 의미가 어떻게 생산되고 전달되는지를 탐구하였다. 그는 기호와 의미가 고정된 것이 아니라, 독자의 해석과 문화적 맥락에 따라 끊임없이 변형된다고 보았다. 또한 그는 텍스트가 저자의 의도에 얽매이지 않고, 독자가 다양한 방식으로 해석할 수 있는 열린 구조임을 강조하였다.

바르트의 철학은 언어와 기호가 사회적 권력과 이데올로기를 어떻게 강화하는지 분석하며, 이를 통해 대중문화와 예술, 문학을 비판적으로 바라보는 새로운 시각을 제시하였다. 그의 사상은 문학 이론, 기호학, 문화 비평에 지대한 영향을 미쳤으며, 현대 철학과 문학 연구에서 중요한 역할을 하고 있다.

나. 안전학적 관점

1) 기호학과 문화적 의미 vs. 안전과 불확실성의 관계

바르트는 기호학을 통해 기호가 단순히 물리적 형태 이상의 의미를 지니며, 문화적 맥락에서 다양한 의미를 생성한다고 보았다. 그는 기호와 텍스트의 의미가 단일하고 고정된 것이 아니라, 상황과 독자에 따라 달라질 수 있다고 강조하였다. 이는 사회에서 전통적으로 고정된 의미가 안전을 보장한다는 관점에 도전하는 개념이다. 바르트는 의미의 불확정성과 유동성이 사회적 안전의 새로운 조건이 될 수 있다고 주장하였다. 안전은 더 이상 고정된 규칙이나 명확한 의미에서 오는 것이 아니라, 기호의 다양한 해석 가능성을 수용하고 문화적 맥락에 따라 변화할 수 있을 때, 새로운 형태로 구성될 수 있다.

> **사례** 법규 해석의 다양성: 한 조직에서 안전 규정을 재해석하여, 각 부서의 업무 특성에 맞게 적용하였을 때 더 효과적인 사고 예방이 가능해졌다. 유연한 해석을 통해 안전성을 유지한 사례이다. 안전은 고정된 규정에 의존하는 것이 아니라, 의미의 유동성을 인정하고 다양한 해석을 수용할 때 더 탄탄해진다.

2) 저자의 죽음과 독자의 역할 vs. 안전의 재구성

바르트는 "저자의 죽음" 개념을 통해 텍스트의 의미가 더 이상 저자의 의도에 국한되지 않고, 독자의 해석에 의해 새롭게 창출될 수 있다고 주장했다. 이는 전통적으로 저자의 권위에 기반한 안전 개념을 흔드는 요소로 작용한다. 저자의 의도에서 벗어나 독자가 자율적으로 의미를 해석할 수 있을 때, 다양한 상황에 적응하는 유연한 안전 체계를 구축할 수 있다. 이는 기존의 고정적 안전 개념을 넘어서는 해석과 재구성의 과정에서 얻어지는 것이다.

> **사례** 재난 대응 지침의 유연한 해석: 한 회사에서 재난 대응 매뉴얼을 각 상황에 맞게 직원들이 자율적으로 해석할 수 있도록 교육을 강화한 결과, 예상치 못한 재난 상황에서도 효과적으로 대응할 수 있었다. 안전은 다양한 해석 가능성을 열어두고 자율적인 대응 능력을 키우는 데서 더욱 강화된다.

3) 신화와 이데올로기 vs. 사회적 안전의 위협 요소

바르트는 기호가 신화와 이데올로기로 작용하여 사회에서 자연스럽게 받아들여지면서 특정 권력 구조를 강화하는 과정을 설명했다. 이 과정에서, 신화화된 기호가 사회적 안전을 보장하는 수단이 될 수 있지만, 동시에 억압적 권력에 의해 사회적 안전이 위협받을 수 있다고 보았다. 사회가 특정 이데올로기를 자연스럽게 받아들일 때, 그것이 안전을 제공한다고 생각하지만, 이는 때로 억압적 구조를 유지하는 역할을 한다. 바르트는 기호의 해체를 통해 이데올로기를 비판하고 새로운 안전 개념을 형성할 것을 제안하였다.

> **사례** 작업 환경의 안전 신화: 한 제조업체에서 기존에 확립된 안전 규정이 지나치게 고정된 신화로 작용하여 새로운 위험 요소를 간과한 사례가 발생했다. 이를 계기로 기존 규정을 재검토하고 현장에 맞는 개선을 이루어냈다. 기존의 규정과 관습에 의존하는 안전 개념은 새로운 위험 요소를 놓칠 수 있으므로, 끊임없는 비판적 분석과 재구성이 필요하다.

4) 안전의 재구성 vs. 의미의 유동성과 다원성

바르트의 철학에서 안전은 고정된 의미나 이데올로기에서 찾을 수 있는 것이 아니라, 기호와 텍스트의 유동성을 이해하고 이를 수용하는 데 있다. 다원적 해석이 가능할 때, 새로운 형태의 안전이 창출될 수 있다고 보았다. 의미가 고정되지 않고 유동적일 때, 다양한 관점과 해석이 반영될 수 있어, 더 안전한 환경을 구축할 수 있다.

사례 다양한 문화적 맥락에서의 안전 매뉴얼 재구성: 국제적인 기업이 각국의 문화적 특성에 맞게 안전 매뉴얼을 유동적으로 재구성하여, 다양한 현장에서 더 효과적인 안전 대책을 마련한 사례가 있다. 안전은 고정된 규정에 의존하지 않고, 다양한 문화와 상황에 맞게 재구성될 때 효과적으로 확보될 수 있다.

다. 시사점

롤랑 바르트의 철학은 기존의 고정된 안전 개념을 넘어, 불확실성과 다양성을 수용하는 새로운 안전 개념을 제시한다. 그는 기호와 텍스트의 유동성과 다원성을 이해하고 이를 재구성하는 과정을 통해 사회적 안전을 확보할 수 있다고 보았다.

1. 유동적 해석의 필요성: 안전은 고정된 의미에 의존하지 않고, 다양한 해석이 반영될 수 있는 유연한 시스템을 통해 강화될 수 있다.
2. 자율적 해석의 중요성: 독자의 자율적 해석을 통해 상황에 맞는 안전 대책을 마련할 수 있으며, 이를 통해 새로운 형태의 안전성을 확보할 수 있다.
3. 신화와 이데올로기의 비판: 기존의 신화적 안전 개념은 억압적일 수 있으므로, 비판적 분석을 통해 재구성해야 한다.
4. 다양성과 유동성 수용: 안전은 다양성과 유동성을 포용하고, 다양한 관점과 문화를 반영하는 과정에서 더 확고한 안전 체계로 이어질 수 있다.

이러한 바르트의 철학적 통찰은 현대 사회에서 의미의 다양성과 안전의 유동적 재구성을 통해 더 안전한 환경을 마련하는 데 중요한 시사점을 제공한다.

54. 슬라보예 지젝(Slavoj Žižek, 1949-)

슬라보예 지젝(Slavoj Žižek, 1949-)은 슬로베니아 출신의 철학자, 문화 이론가, 사회 비평가로 현대 철학과 문화 비판에서 중요한 역할을 하고 있다. 그는 현대 철학과 문화 비평에서 중요한 인물로, 이데올로기가 개인의 생각과 행동에 어떻게 영향을 미치는지 대해 비판적으로 탐구하였다.

지젝은 자크 라캉의 정신분석학과 마르크스주의를 결합하여 현대 사회의 이데올로기적 구조를 분석하였다.

그의 철학에서 안전의 개념은 사회적, 정치적 구조 속에서 어떻게 이데올로기가 인간의 의식과 무의식을 조작하며, 그 결과로 나타나는 안정성과 불안정성에 대한 심층적인 이해를 필요로 한다.

가. 철학적 관점

지젝은 마르크스주의, 라캉주의 정신분석학, 해석학, 포스트모던 철학을 결합하여 정치, 이데올로기, 대중문화, 주체성 등에 대한 독창적인 분석을 제시한다. 지젝의 철학적 사상은 매우 다층적이며, 이데올로기, 욕망, 정치, 문화 비평을 중심으로 전개된다.

이데올로기 비판

지젝의 철학에서 핵심적인 주제는 이데올로기(ideology)이다. 그는 이데올로기가 우리의 삶에 어떻게 영향을 미치고, 이를 통해 어떻게 권력 구조가 유지되는지 분석한다. 지젝은 전통적인 마르크스주의적 이데올로기 개념을 받아들이면서도, 현대 사회에서 이데올로기의 작동 방식이 더 교묘하고 복잡하다고 주장한다.

지젝에 따르면, 현대 사회에서는 사람들 대부분이 이데올로기의 허구성을 인지하고 있음에도 불구하고, 의식적으로 그 이데올로기를 수용하며 살아간다. 그는 이를 시네시즘(cynicism)이라고 부른다. 즉, 사람들은 이데올로기가 진리가 아니라는 것을 알고 있지만, 그럼에도 불구하고 이데올로기를 따른다는 것이다. 이를 통해 그는 현대 사회에서 이데올로기가 더 강력하게 작동한다고 설명한다.

욕망과 라캉주의 정신분석학

지젝은 프랑스의 정신분석학자 자크 라캉(Jacques Lacan)의 이론을 현대 철학과 정치 분석에 적용한 중요한 철학자 중 한 명이다. 그는 라캉의 욕망, 주체성, 상상적·상징적·실재적 차원의 개념을 통해 인간의 심리적 구조와 사회적 현상을 분석한다.

욕망과 결핍

지젝은 라캉의 이론을 바탕으로 인간의 욕망이 본질적으로 결핍에서 비롯된다고 주장한다. 인간은 항상 부족한 어떤 것을 갈망하며, 그것을 통해 자신을 완전하게 만들려 하지만, 그 욕망은 절대 충족되지 않는다. 즉, 우리는 끊임없이 "잃어버린" 무엇인가를 추구하지만, 그 무엇은 결코 손에 넣을 수 없는 대상이다. 지젝은 이를 라캉의 "실재(the Real)"와 연결하여 설명한다. 실재는 우리가 경험하고 언어로 표현할 수 없는 영역이며, 우리가 끊임없이 욕망하는 것이지만 결코 도달할 수 없는 것이라 주장한다.

상상적, 상징적, 실재적

지젝은 라캉의 세 가지 차원을 정치적, 사회적 분석에 적용한다.

- 상상적 차원(the Imaginary)은 주체가 자신을 인식하는 상징적 자아의 이미지를 형성하는 공간이다.
- 상징적 차원(the Symbolic)은 언어와 법, 사회적 규범이 자리잡은 질서로, 인간의 욕망을 규제하고 형성한다.

- 실재적 차원(the Real)은 언어와 상징으로 표현할 수 없는 영역으로, 주체가 이해할 수 없는 트라우마나 불안이 여기에 속한다.

지젝은 사회와 정치가 어떻게 상상적, 상징적 차원을 통해 구성되며, 그 이면에 숨겨진 실재적 진실을 탐구하려 하였다. 예를 들어, 정치적 이데올로기가 표면적으로는 합리적이고 상징적인 질서로 보일지라도, 그 이면에는 인간의 억압된 욕망과 결핍이 자리잡고 있다고 주장한다.

정치적 비판과 혁명

지젝은 정치적 비판에서 현대 자유주의와 자본주의 체제에 대한 강력한 비판을 전개한다. 그는 자유주의가 인간의 자유를 보장하는 듯 보이지만, 사실상 그 자유는 제한적이고 억압적인 구조 속에서 작동한다고 주장한다. 자유주의 체제는 표면적으로는 개인의 선택을 강조하지만, 실제로는 물질적 욕망을 소비하게 함으로써 사람들을 억제하고 통제한다.

지젝은 이러한 시스템을 포스트이데올로기적 자본주의라고 부른다. 이는 현대 자본주의가 이데올로기를 초월한 것처럼 보이지만, 여전히 깊이 이데올로기적으로 작동하고 있다는 주장이다. 그는 이 시스템이 인간을 소비와 쾌락에 몰두하게 만들며, 진정한 사회적 변화에 대한 욕구를 억제한다고 지적한다.

지젝은 혁명적 변화의 필요성을 강조한다. 그는 마르크스주의적 관점에서 자본주의 체제를 근본적으로 전복하지 않고서는 참된 인간 해방이 불가능하다고 주장한다. 지젝은 기존의 정치적 대안이 부재한 상황에서, 새로운 정치적 상상력이 필요하다고 말한다. 그는 혁명이 단순히 기존 체제를 부수는 것이 아니라, 인간 욕망과 사회적 구조를 새롭게 재구성하는 과정이어야 한다고 강조한다.

대중문화 비평

지젝은 대중문화에 대한 독창적인 분석을 통해 철학적 사상을 대중화하였다. 그는 영화, 문학, 음악, 텔레비전 등 대중문화를 분석하며, 이러한 매체가 이데올로기를 어떻게 반영하고 생산하는지를 탐구한다. 특히 할리우드 영화 분석에서 두각을 나타내며, 그는 영화가 단순한 오락 이상의 역할을 하며, 현대 사회의 욕망과 이데올로기를 표현한다고 주장하였다.

예를 들어, 지젝은 영화 '매트릭스(The Matrix)'를 분석하면서, 그 영화가 자유와 억압, 현실과 허구의 문제를 철학적으로 탐구할 수 있는 훌륭한 예시라고 주장하였다. 그는 대중문화가 우리 시대의 정치적, 철학적 문제들을 반영하는 중요한 담론의 장이라고 보았다.

이데올로기적 환상과 쾌락

지젝은 쾌락의 패러독스에 대해 논의한다. 그는 인간이 쾌락을 추구하지만, 이 쾌락은 종종 억압적인 이데올로기적 구조에 의해 형성되고 제한된다고 주장한다. 그는 이를 이데올로기적 환상으로 설명하는데, 사람들은 자신이 자유롭게 쾌락을 누린다고 믿지만, 실제로는 이데올로기가 제시하는 쾌락의 범위 내에서만 행동한다.

지젝은 우리가 이데올로기적 시스템 속에서 허용된 쾌락을 진정한 자유로 착각하는 것이 현대 사회의 주요한 문제라고 분석하였다. 그는 사람들이 이 환상을 깨뜨리고, 억압된 욕망과 충동을 해방할 필요가 있다고 주장한다.

실재와 허구

지젝은 실재(reality)와 허구(fiction)의 경계에 대한 철학적 탐구를 진행한다. 그는 우리가 현실이라고 믿는 것이 사실은 허구에 의해 구성된 것일 수 있다고 주장한다. 이는 사회적, 정치적 현실이 특정 담론과 서사에 의해 구성된다는 그의 이론과 연결된다.

지젝은 허구가 단순히 현실을 반영하는 것이 아니라, 오히려 현실을 형성하는 데 중요한 역할을 한다고 주장하였다. 그는 정치적 담론이나 미디어가 특정한 서사를 통해 사람들의 현실 인식을 형성하며, 이는 실제 현실에 영향을 미친다고 보았다.

지젝의 철학은 정신분석학, 마르크스주의, 헤겔 철학을 결합하여 이데올로기, 욕망, 정치를 비판적으로 분석하는 데 중점을 둔다. 그는 환상과 욕망이 사회적 현실을 구성하는 데 중요한 역할을 한다고 주장하며, 우리가 살아가는 세계가 단순히 경제적 이해관계나 정치적 구조에 의해 형성되는 것이 아니라, 무의식적 욕망과 환상을 통해 유지된다고 설명한다.

지젝의 철학은 현대 정치, 대중문화, 이데올로기 문제를 이해하는 데 중요한 시각을 제공하며, 그의 독특한 분석 방식은 대중과 학계 모두에서 큰 관심을 받았다. 그는 특히 정신분석학적 관점을 통해 현대 사회의 문제를 설명하고, 이를 극복하기 위한 급진적 변화의 필요성을 주장한다.

나. 안전학적 관점

1) 이데올로기와 안전 vs. 허구적 안정성의 비판

슬라보예 지젝은 이데올로기가 사람들에게 제공하는 안전과 질서가 실제로는 허구적이라는 점을 강조한다. 이데올로기는 사회의 특정 구조와 권력 관계를 정당화하고 유지하는 도구로 사용되며, 사람들은 불안과 혼란을 피하고자 이데올로기에 의존하게 된다. 지젝은 이러한 이데올로기적 안정성이 실제로는 억압적인 시스템을 강화하고, 개인의 자유와 진정한 안전을 위협한다고 주장한다.

안전의 문제는 여기서 심리적, 정치적 차원에서 이중적으로 작용한다. 사람들은 이데올로기를 통해 자신이 속한 세계가 안전하고 질서 있는 것으로 믿게 되지만, 이 믿음은 실제로는 그들이 억압받고 통제되는 것을 합리화하는 수단일 수 있다. 예를 늘어, 자본주의 사회에서 경제적 불평등이 자연스러운 것처럼 받아들여지도록 하는 이데올로기는 사회적 안전을 약속하지만, 이는 사실상 대다수 사람들의 경제적 불안정성을 은폐한다.

제조업체의 안전 규정 홍보: 한 대형 제조업체는 안전 규정을 철저히 준수한다고 홍보했으나, 실제로는 작업자들이 규정을 지키지 않도록 생산성을 이유로 압박을 받고 있었다. 이로 인해 직원들은 실질적으로 안전을 위협받았으며, 회사의 안전 관리 체계는 이데올로기적 안정성에 의존한 허구적 시스템이었다. 이데올로기적 안전은 표면적으로는 안전을 제공하는 것처럼 보이나, 실제로는 억압적 구조가 유지되는 수단일 수 있다.

2) 환상과 현실 vs. 안전의 불안정성

지젝은 사람들이 사회에서 안전하다고 느끼는 것이 실제로는 환상에 불과할 수 있음을 지적한다. 이 환상은 사람들이 현실의 문제를 직면하지 않도록 보호하는 방어기제로 작용하지만, 결국에는 균열이 발생해 근본적인 불안정성이 드러난다.

안전은 이 환상의 유지에 달려 있으며, 환상이 깨질 때 사람들은 자신이 의지했던 안전이 허구였음을 깨닫게 되고 불안과 혼란에 빠진다. 지젝은 사람들이 환상에서 벗어나 현실을 직시하는 것이 진정한 안전을 확보하는 첫걸음이라고 주장한다.

화학 공장 안전 시스템의 허구: 한 화학 공장은 최신 안전 장비를 갖추고 있다고 주장했으나, 실제로는 정기 점검이 이루어지지 않아 사고가 발생했다. 관리층은 안전 시스템이 완벽하다고 믿고 있었지만, 이는 환상에 불과했던 것으로 드러났다. 안전은 실질적인 관리와 유지가 뒷받침되지 않으면 환상에 불과하며, 이를 인식하고 개선하는 것이 중요하다.

3) 이데올로기적 폭력과 안전의 위협

지젝은 이데올로기가 사람들의 사고방식과 행동을 조작하며, 이를 통해 개인의 자유를 억압한다고 주장한다. 이데올로기적 폭력은 사람들에게 특정 사고방식과 행동을 강요하고, 그 결과로 사람들의 자유와 권리가 제한된다. 이러한 맥락에서 안전은 이데올로기적 폭력이 없는 상태를 의미하며, 이는 사회적, 정치적 자유가 보장되는 상태와 연관된다.

지젝은 이데올로기적 안전이 단기적으로는 사회적 안정성을 제공할 수 있지만, 장기적으로는 개인의 자유와 안전을 심각하게 위협한다고 경고한다. 따라서 그는 사람들이 이데올로기의 본질을 이해하고, 그로부터 자유로워지는 과정이 진정한 안전을 확보하는 길이라고 주장한다.

> **사례**　비정규직 노동자의 안전 위협: 한 조선소에서 비정규직 노동자들은 정규직에 비해 열악한 환경에서 일했으며, 충분한 안전 교육과 장비를 제공받지 못했다. 회사는 모든 직원에게 동등한 안전을 보장한다고 홍보했지만, 실제로는 비정규직 노동자들이 더 많은 위험에 노출되어 있었다. 이데올로기적 폭력은 안전 불평등을 초래할 수 있으며, 모든 노동자에게 동등한 안전을 보장하는 것이 필수적이다.

4) 현대 사회에서의 안전: 비판적 의식의 중요성

지젝의 철학에서 안전은 단지 물리적 보호나 경제적 안정성을 의미하지 않는다. 그는 사람들이 이데올로기의 영향에서 벗어나 비판적 의식을 통해 자신들의 현실을 이해하고 변화시킬 수 있는 능력을 갖추는 것이 진정한 안전이라고 본다. 이러한 비판적 의식은 사람들이 단순히 기존의 질서에 안주하지 않고, 그 질서를 변화시킬 수 있는 힘을 제공한다.

> **사례**　내부 고발 시스템 도입을 통한 안전 개선: 한 전자 회사에서 작업장의 위험 요소를 지적한 내부 고발자의 경고가 무시되었으나, 사고가 발생한 후 회사는 내부 고발 시스템을 공식화하고, 비판적 문제 제기가 가능한 환경을 조성하였다. 이를 통해 실질적인 안전 개선이 이루어졌다. 비판적 의식을 통해 내부 문제를 자유롭게 제기할 수 있는 환경이 조성될 때, 안전 문제가 실질적으로 해결될 수 있다.

다. 시사점

슬라보예 지젝의 철학적 관점은 산업체에서 이데올로기적 안정성과 환상의 안전이 허구적일 수 있음을 경고하며, 비판적 의식을 통해 실질적인 안전을 확보해야 함을 강조한다.

1. 이데올로기의 허구적 안정성: 안전은 표면적인 안정성이 아니라, 실질적인 현장 관리와 유지를 통해 확보될 수 있다.
2. 환상의 현실 직시: 환상에 의존한 안전은 실질적인 위기 상황에서 무너질 수 있다.
3. 이데올로기적 폭력 극복: 모든 노동자에게 동등한 안전이 보장될 때, 진정한 안전을 이룰 수 있다.
4. 비판적 의식의 중요성: 비판적 문제 제기와 사회적 의식 변화가 안전 개선의 핵심이다.

지젝의 철학은 현대 사회에서 안전 문제를 해결하기 위해, 기존 구조를 비판적으로 바라보고 더 나은 방향으로 개선하려는 노력이 필요함을 시사한다.

55. 니클라스 루만(Niklas Luhmann, 1927-1998)

니클라스 루만(Niklas Luhmann, 1927-1998)은 독일의 사회학자이자 사회 시스템 이론의 창시자이다. 그는 사회를 복잡한 시스템으로 이해하면서 사회 시스템이 자율적으로 기능한다고 보았다.

루만은 사회를 다양한 기능적 하위 시스템으로 나누어 설명하고, 각 하위 시스템은 고유의 규칙과 논리에 따라 자율적으로 작동한다고 보았다. 특히 커뮤니케이션을 사회 시스템의 핵심 요소로 강조하면서 커뮤니케이션이 사회의 모든 하위 시스템을 연결하고 조정하는 역할을 한다고 주장하였다.

가. 철학적 관점

루만의 철학적 사상은 주로 사회적 시스템, 커뮤니케이션 그리고 자율성을 중심으로 전개된다. 루만의 이론은 현대 사회의 복잡성을 이해하고, 사회 시스템이 어떻게 작동하며, 변화하는지를 설명하는 데 주력한다. 그의 사상은 전통적인 사회학과는 다른 독창적인 접근 방식으로 평가받는다. 주요 개념은 다음과 같다.

사회 시스템 이론

루만의 사상에서 가장 중요한 개념은 사회 시스템 이론(Social Systems Theory)이다. 그는 사회를 단일한 전체로 보지 않고, 다양한 자율적인 시스템으로 구성된 복잡한 체계로 보았다. 각 시스템은 독립적이며, 나름의 규칙과 논리를 통해 작동한다. 예를 들어, 정치, 경제, 법, 교육 등은 각각 독립적인 시스템을 형성하며, 서로 간섭하지 않는 경향이 있다.

루만은 사회가 단순히 개인들로 구성된 것이 아니라, 각기 다른 기능을 수행하는 자율적 시스템들로 이루어져 있다고 주장하였다. 이 시스템들은 각각 자기생산적(autopoietic)으로 작동하며, 자신들의 고유한 논리와 규칙에 따라 외부의 영향을 처리한다.

자기생산적 시스템(Autopoiesis)

루만의 사회 시스템 이론에서 중요한 개념은 자기생산(Autopoiesis)이다. 이 개념은 생물학에서 가져온 용어로, 시스템이 스스로를 지속적으로 생성하고 유지하는 과정을 의미한다. 루만은 사회 시스템도 이러한 자기생산적 성격을 지니고 있다고 주장하였다.

각 사회 시스템은 외부 세계와의 상호작용을 통해 새로운 정보를 받아들이지만, 이 정보는 시스템 자체의 논리와 규칙에 의해 처리된다. 즉, 사회 시스템은 외부의 영향을 그대로 수용하는 것이 아니라, 자기생산적 방식으로 그 영향을 해석하고 적응한다. 이 과정에서 시스템은 자신만의 고유한 구조와 기능을 유지하며, 이를 통해 스스로를 지속적으로 재생산한다.

커뮤니케이션 중심의 사회

루만의 사회 시스템 이론에서 중요한 것은 사회가 커뮤니케이션을 중심으로 형성된다는 점이다. 그는 사회를 구성하는 기본 단위가 개인이나 행위가 아니라, 커뮤니케이션이라고 주장하였다. 즉, 사회는 사람들 사이의 상호작용이 아니라, 정보가 어떻게 전달되고 해석되는지에 의해 형성된다.

커뮤니케이션은 하나의 사회 시스템에서 다른 시스템으로 정보를 전달하고 해석하는 기본적인 과정이다. 각 시스템은 커뮤니케이션을 통해 자신을 유지하고 변화시킨다. 루만은 커뮤니케이션이 이중적 부호화(binary coding)에 따라 작동한다고 보았는데, 예를 들어 법 시스템에서는 합법/불법, 경제 시스템에서는 이익/손해 등의 구분을 통해 정보를 처리한다. 이러한 커뮤니케이션 구조가 각 시스템의 고유한 기능을 형성하게 된다.

환경과 시스템의 차이

루만의 시스템 이론에서 중요한 또 다른 개념은 환경과 시스템의 차이이다. 그는 각 시스템이 외부 환경과 자신을 구분하며, 이로 인해 시스템이 외부 세계와 상호작용하면서도 자율성을 유지할 수 있다고 보았다. 즉, 시스템은 자신을 외부 환경과 구분함으로써 외부의 영향을 스스로 처리하고 해석할 수 있는 능력을 갖추게 된다.

이때 외부 세계는 단순히 시스템이 상호작용하는 대상으로만 작용하는 것이 아니라, 시스템이 어떻게 그 자체의 논리를 유지하면서 환경에 적응하는지를 결정짓는 중요한 요소이다. 시스템은 외부 환경을 자기 방식대로 해석하고, 그에 따라 자신을 변화시킨다.

이중적 관찰과 자기참조성(Self-Reference)

루만은 사회 시스템이 자기참조적(self-referential)이라고 주장하였다. 이는 시스템이 스스로의 규칙과 논리에 따라 외부 세계를 해석하고, 자신을 이해하는 방식이다. 시스템은 외부 환경에 대한 정보를 받아들이지만, 이 정보를 자신의 관점에서 재해석하며, 외부의 영향을 시스템 내부의 논리에 맞추어 처리한다.

이러한 자기참조성은 시스템이 자신을 유지하고 변화시키는 방식으로 작동한다. 예를 들어, 법 시스템은 법률적 관점에서 사건을 해석하고, 그 결과에 따라 새로운 법적 규칙을 만들어내는 방식으로 작동한다. 이러한 자기참조적 특성은 시스템이 어떻게 자율성을 유지하며, 변화하는 환경에 적응할 수 있는지를 설명한다.

기능적 분화(Functional Differentiation)

루만은 현대 사회를 기능적으로 분화된 사회라고 설명하였다. 이는 사회가 단일한 전체로 작동하는 것이 아니라, 각각의 기능을 수행하는 다양한 시스템들로 나뉘어 있다는 뜻이다. 예를 들어, 정치, 법, 경제, 교육 등은 각각의 고유한 기능을 수행하는 독립된 시스템이다.

이러한 시스템들은 자신의 기능을 중심으로 작동하며, 다른 시스템과는 상호작용하지만, 서로의 영역을 침범하지 않는다. 예를 들어, 경제 시스템은 이익을 중심으로 작동하고, 법 시스템은 합법성과 불법성이 구분에 따라 작동힌다. 긱 시스템은 사신만의 이중적 부호화를 통해 사회적 문제를 처리하고, 이를 통해 자율적으로 작동한다.

위기와 복잡성

루만은 현대 사회가 점점 더 복잡해지고 불확실해진다고 보았다. 그는 사회가 복잡해질수록 시스템들이 외부 세계의 변화에 민감하게 반응해야 하며, 그에 따라 시스템 간의 상호작용이 더 복잡해진다고 주장하였다. 이 과정에서 각 시스템은 스스로를 적응시키기 위해 지속적으로 변화하고 재조직되며, 이를 통해 사회적 안정과 위기가 동시에 발생할 수 있다.

루만은 위기가 발생할 때 각 시스템이 자율성을 유지하면서도, 그 위기에 적응할 수 있는 방식을 찾아야 한다고 설명하였다. 이를 통해 현대 사회의 위기와 변화 속에서도 시스템들이 어떻게 자율성을 유지하고 사회적 질서를 지속할 수 있는지를 분석하였다.

의미의 사회적 구성

루만은 의미가 사회적 시스템에서 생성되고 유지된다고 주장하였다. 의미는 개인의 의식 속에서 형성되는 것이 아니라, 커뮤니케이션 과정에서 사회적 시스템에 의해 만들어진다. 각 사회 시스템은 고유한 커뮤니케이션 구조를 통해 의미를 생산하며, 이를 통해 사회적 상호작용이 가능해진다.

루만의 철학적 사상은 사회 시스템이 어떻게 자율적으로 작동하고, 커뮤니케이션을 통해 스스로를 유지하는지에 대한 독창적인 접근을 제시한다. 그는 현대 사회가 기능적으로 분화된 자율적 시스템들로 이루어져 있으며, 각 시스템은 자기참조적 방식으로 외부 세계와 상호작용하면서도 자신을 유지한다고 보았다.

루만의 사회 시스템 이론은 현대 사회의 복잡성을 이해하는 데 중요한 틀을 제공하며, 사회학뿐만 아니라 정치학, 경영학, 법학 등 다양한 분야에서 널리 적용되고 있다. 그의 사상은 사회 시스템이 자율성을 유지하면서도 어떻게 변화하고 적응하는지를 설명하며, 복잡한 현대 사회에서 시스템 간의 상호작용을 분석하는 데 중요한 이론적 기초를 제공한다.

나. 안전학적 관점

1) 사회 시스템과 안전 vs. 복잡성 관리

루만은 사회 시스템의 자율적 작동을 통해 복잡성과 불확실성을 관리하는 방식이 사회적 안전을 유지하는 데 중요한 역할을 한다고 주장했다. 현대 사회의 복잡성이 증가함에 따라 각 하위 시스템이 스스로 환경과 상호작용하며 안정성을 유지하는 방법이 안전을 보장하는 데 필수적이다. 이 과정에서 사회 시스템은 외부에서 발생하는 수많은 정보를 선별하고, 선택적 커뮤니케이션을 통해 필요한 정보만을 받아들여 시스템의 안정성을 유지한다.

> **사례** 대형 제조업체의 안전 관리 시스템: 한 대형 제조업체에서 각 부서가 독립적으로 위험 요소를 관리하고, 이를 중앙 관리 시스템과 실시간으로 공유함으로써 복잡한 생산 라인에서 발생하는 잠재적 위험을 효과적으로 통제하였다. 각 부서의 자율적 리스크 관리 덕분에 전체 시스템의 안전성이 강화되었다. 안전은 복잡한 시스템이 스스로 정보를 선택하고 관리하는 자율적 메커니즘을 통해 더욱 확고히 유지될 수 있다.

2) 위험과 불확실성 vs. 안전의 조건

루만은 위험과 불확실성을 피할 수 없는 사회적 조건으로 보고, 이를 관리하는 능력이 안전의 핵심이라고 주장하였다. 그는 리스크 관리를 통해 불확실성을 통제하고 예측 가능한 상태로 만드는 것이 사회 시스템의 중요한 역할이라고 설명하였다. 커뮤니케이션은 위험을 인식하고 대응책을 마련하는 데 핵심적인 역할을 한다.

3) 사회적 안전망 vs. 기능적 분화와 통제

루만은 사회가 기능적으로 분화되어 있으며, 각 하위 시스템이 자체적으로 역할을 수행하면서 사회의 안전을 유지한다고 보았다. 이러한 분화는 사회적 안전망을 형성하며, 각 시스템이 고유한 방식으로 리스크를 관리하는 데 기여한다. 예를 들어, 법 시스템은 법적 안정성을 제공하고, 경제 시스템은 자원의 효율적 배분을 통해 경제적 안전을 보장한다.

4) 현대 사회에서의 안전 vs. 복잡성의 수용과 적응

루만은 복잡성을 단순화하거나 회피하려는 시도가 오히려 시스템의 불안정성을 초래할 수 있다고 경고했다. 그는 현대 사회에서 복잡성을 수용하고 관리하는 능력이 안전을 결정짓는 중요한 요소라고 보았다. 사회적 안전은 위험과 불확실성을 완전히 제거하는 것이 아니라, 이를 관리 가능한 수준으로 유지하고, 시스템이 자율적으로 대응할 수 있는 역량을 키우는 데 있다고 주장했다.

항공사의 복잡성 관리: 한 글로벌 항공사는 복잡한 항공 네트워크와 다양한 안전 규정을 관리하기 위해 다양한 데이터를 통합적으로 분석하고, 시뮬레이션을 통해 위험 요소를 미리 감지하였다. 이 시스템 덕분에 복잡한 국제 항공 시스템 내에서 안정성을 유지할 수 있었다. 복잡성을 수용하고 적극적으로 관리하는 능력이 현대 사회의 안전성을 강화하는 중요한 요소이다.

다. 시사점

니클라스 루만의 사회 시스템 이론은 사회적 안전을 이해하는 데 있어 복잡성 관리, 리스크 평가, 기능적 분화, 자율적 시스템 작동이 중요한 역할을 한다는 점을 강조한다.

1. 복잡성 관리: 사회적 안전은 복잡성을 단순화하려는 시도가 아닌, 이를 효과적으로 관리하는 데서 비롯된다.
2. 리스크 관리: 리스크를 인식하고 관리하는 능력은 안전성을 유지하는 데 중요한 역할을 한다.
3. 기능적 분화: 각 하위 시스템이 독립적이면서도 상호 연결된 방식으로 작동할 때, 사회적 안전망이 더 견고해진다.
4. 자율적 대응: 시스템의 자율성과 복잡성 수용은 불확실한 상황에서도 안전을 유지하는 데 필수적이다.

루만의 이론은 현대 사회에서 복잡성과 불확실성이 증가하는 상황에서 안전성을 유지하고 지속 가능한 발전을 이루는 데 중요한 통찰을 제공한다.

56. 현대 철학자들의 안전학적인 관점 요약

앞에서 제시한 철학자들의 사상은 현대 철학의 다양한 흐름을 반영하며, 우리 사회와 개인의 삶에 깊은 영향을 미치고 있다.

현대 철학자들의 사상은 다양한 철학적 흐름을 반영하며, 사회와 개인의 삶에서 '안전'이라는 개념을 새로운 시각에서 이해하고 발전시키는 데 중요한 기여를 하고 있다. 이들의 사상은 단순히 물리적 안전에 국한되지 않고, 심리적, 사회적, 윤리적 안전을 포괄하는 폭넓은 의미로 확장되었다.

가. 철학적 안전의 다원적 접근

현대 철학자들은 전통적인 물리적 안전 개념을 넘어선 다원적 접근을 취한다. 예를 들어, 자크 데리다의 해체주의는 언어와 의미의 불확실성을 탐구하면서, 기존의 확고한 지식 체계에 대한 비판적 태도를 유도한다. 이는 지식의 안정성(안전성)을 다시 검토하게 하며, 개인이 불확실한 지식 체계에서 안전을 확보하려는 새로운 방법론을 제시한다.

마찬가지로, 루트비히 비트겐슈타인의 후기 철학은 언어의 불확실성과 다양한 언어게임 속에서 의미를 파악하려는 노력이, 사회적 안전을 위해 얼마나 중요한지를 보여준다. 비트겐슈타인의 사상은 사람들이 일상 언어에서 발생하는 오해나 불명확성을 해소하는 것이 사회적 불안정성을 줄이고 안전을 확보하는 데 기여할 수 있다는 점을 시사한다.

나. 사회적 안전과 권력 관계

미셸 푸코의 권력과 지식에 대한 분석은 현대 사회에서 안전이 어떻게 권력 관계에 의해 형성되고 유지되는지를 보여준다. 푸코는 권력이 사회의 감시와 처벌 시스템을 통해 개인의 삶을 통제하며, 이러한 통제 메커니즘이 안전을 보장하는 한편, 동시에 개인의 자유를 제한하는 역할을 한다고 보았다. 따라서 푸코의 사상은 현대 사회에서 안전이 단순히 보호의 개념을 넘어, 권력의 행사와 밀접하게 연관되어 있음을 강조한다. 이는 개인과 사회가 안전을 어떻게 정의하고 유지해야 하는지에 대한 중요한 논의를 촉발한다.

다. 실존적 안전과 개인의 자유

장폴 사르트르와 쇠렌 키르케고르 같은 실존주의 철학자들은 개인의 실존적 안전을 중심으로 논의를 전개한다. 사르트르는 인간이 자유와 선택의 책임을 지고 자신의 존재를 창조해야 한다고 주장했으며, 이는 개인이 스스로 삶의 의미를 찾는 과정에서 실존적 안전을 확보하는 방법으로 이해될 수 있다. 키르케고르 역시 인간이 자신의 실존적 불안을 인식하고 이를 극복함으로써, 실존적 안전을 찾을 수 있다고 보았다. 이러한 사상은 현대 개인이 불안정한 사회 속에서 스스로의 존재와 가치를 확립하는 데 필요한 철학적 기반을 제공한다.

라. 사회 시스템과 구조적 안전

니클라스 루만의 사회 시스템 이론은 사회적 안전을 복잡한 시스템의 자율적 작동과 커뮤니케이션 과정에서 이해하는 새로운 관점을 제공한다. 루만은 사회 시스템이 복잡성과 불확실성을 관리하고, 이를 통해 안정성을 유지하는 방식을 설명하면서, 현대 사회에서 안전의 개념을 깊이 있게 분석하였다. 이는 현대 사회에서 위험과 불확실성을 관리하고, 지속 가능한 안전을 확보하는 데 중요한 이론적 기초를 제공한다. 루만의 사상은 사회적 안전을 구조적이고 체계적으로 이해하는 데 기여하며, 현대 사회의 복잡성을 관리하는 전략을 제시한다.

마. 문화적 안전과 기호학

롤랑 바르트는 문화적 기호와 상징이 사회적 의미를 형성하는 방식을 탐구하면서, 이러한 기호 체계가 어떻게 사회적 안전을 보장하거나 위협할 수 있는지를 분석하였다. 바르트는 문화적 상징이 사회에서 어떻게 사용되고, 어떤 의미를 갖는지에 따라 사회적 규범과 질서가 형성되며, 이는 사회적 안전과도 깊이 연결되어 있다고 보았다. 그의 사상은 현대 사회에서 문화적 안전을 이해하는 데 중요한 시사점을 제공한다.

바. 이데올로기적 안전과 비판적 사고

슬라보예 지젝은 이데올로기가 개인의 사고와 행동에 어떻게 영향을 미치는지 분석하면서, 이러한 이데올로기적 구조가 사회적 안전을 보장하는 동시에 개인의 비판적 사고를 억압할 수 있음을 지적하였다. 지젝의 사상은 이데올로기가 제공하는 안전이 진정한 안전이 아닐 수 있으며, 비판적 사고와 의식의 각성이 필요함을 강조한다. 이는 현대 사회에서 개인이 이데올로기에 의해 형성된 '안전'을 재검토하고, 진정한 안전을 추구해야 한다는 메시지를 전달한다.

사. 시사점

앞에서 제시한 철학자들의 사상은 현대 철학의 다양한 흐름을 반영하며, 사회와 개인의 삶에서 안전을 다층적으로 이해하게 한다. 현대 사회에서 안전은 단순히 물리적 보호의 개념을 넘어, 사회적 구조, 문화적 의미, 실존적 자유, 이데올로기적 안전 등 다양한 차원에서 재해석되고 있다. 이들은 각각의 사상을 통해 안전이 단지 주어진 것이 아니라, 끊임없이 재구성되고 유지되어야 할 복잡한 개념임을 보여주며, 현대 사회와 개인이 이 개념을 어떻게 이해하고 적용할지를 지속적으로 탐구할 필요성을 제기한다.

57. 현대 철학과 안전행동

　현대 철학의 주요 이론들과 개념들은 안전한 행동과 연결될 수 있다. 현대 철학에서 다루는 여러 사상들은 개인과 사회의 행동, 특히 안전한 행동을 촉진하는 데 중요한 통찰을 제공한다. 아래는 현대 철학과 안전한 행동을 연결시킨 요약이다.

가. 실존주의와 책임감(장 폴 사르트르, 칼 야스퍼스)

　실존주의는 인간이 자유롭게 선택을 하면서도 그 선택에 대한 책임을 져야 한다는 사상을 강조한다. 안전한 행동과 연결 지으면, 개인은 자신의 행동이 자신과 타인의 안전에 미치는 영향을 인식하고, 그에 대한 책임을 자각해야 한다. 예를 들어, 교통 규칙을 준수하는 것은 개인의 자유로운 선택이지만, 그 선택은 자신과 타인의 안전에 중요한 영향을 미친다.

나. 현상학과 주의 깊은 경험(에드문트 후설)

　현상학은 우리가 세상을 경험하고 인식하는 방식을 탐구한다. 안전한 행동을 위해서는 우리의 환경을 주의 깊게 관찰하고, 감각적 경험을 통해 위험 요소를 인식하는 것이 중요하다. 예를 들어, 작업장에서 안전 장비를 착용하고 위험 요소를 사전에 파악하는 것이 필요하다.

다. 권력과 규율(미셸 푸코)

푸코는 권력과 지식의 관계를 통해 사회적 규율이 어떻게 작용하는지를 탐구하였다. 안전 규칙과 절차는 사회적 권력 구조의 일부로서 개인의 행동을 규율한다. 이러한 규율은 안전을 유지하기 위한 중요한 수단이며, 개인은 이 규칙을 준수하여 사회적 안전망을 강화할 수 있다. 예를 들어, 직장에서의 안전 교육이나 공공장소에서의 감시 시스템은 안전한 행동을 유도하는 역할을 한다.

라. 커뮤니케이션과 안전(니클라스 루만)

루만의 사회 시스템 이론에서 커뮤니케이션은 사회 시스템의 핵심 요소로, 사회적 의미와 규칙을 형성한다. 안전한 행동을 촉진하기 위해서는 명확한 커뮤니케이션이 필수적이다. 이는 안전 절차와 규칙이 효과적으로 전달되고 이해되어야 함을 의미한다. 예를 들어, 비상 상황에서의 명확한 지침과 소통은 사람들의 안전한 대처를 보장한다.

마. 포스트모더니즘과 다양성 존중(장 프랑수아 리오타르)

리오타르는 거대 서사보다는 다양한 소서사, 즉 개별적 경험과 목소리를 중시한다. 안전한 행동에서도 이러한 다양성을 존중하는 접근이 필요하다. 이는 각각의 환경과 상황에 맞는 맞춤형 안전 조치를 개발하고, 다양한 문화적 배경을 가진 사람들이 모두 안전하게 행동할 수 있도록 포용적인 규칙을 만드는 것을 의미한다.

바. 해체와 비판적 사고(자크 데리다)

데리다의 해체 이론은 고정된 의미와 규칙에 대해 비판적 시각을 가질 것을 강조한다. 이는 안전 규칙이나 절차가 항상 절대적이지 않을 수 있으며, 상황에 맞게 재검토하고 개선해야 한다는 것을 시사한다. 안전한 행동을 위해서는 기존의 규칙을 비판적으로 평가하고, 변화하는 상황에 맞게 유연하게 대처하는 것이 중요하다.

사. 이데올로기 비판과 안전 문화(슬라보예 지젝)

지젝은 이데올로기가 사람들의 무의식적 믿음과 행동을 어떻게 형성하는지를 분석한다. 안전한 행동과 관련하여, 기업이나 사회가 안전을 최우선 가치로 삼는 문화를 조성하는 것이 중요하다. 이는 사람들이 무의식적으로 안전을 고려하게 하고, 이데올로기적 환상을 깨트려 실질적인 안전을 추구하도록 도울 수 있다.

이와 같이 현대철학은 개인의 책임감, 주의 깊은 관찰, 명확한 커뮤니케이션, 비판적 사고, 다양성 존중 등 안전한 행동을 촉진하는 다양한 시각을 제공한다. 이러한 철학적 통찰을 통해 개인과 사회는 더 안전하고 신중한 행동을 실천할 수 있다.

58. 구조주의 철학자들이 본 안전 관념

구조주의는 언어학, 인류학, 사회학 등 여러 분야에 영향을 미친 중요한 철학적 접근 방식이다. 구조주의 철학자들은 사회적, 문화적 현상을 이해하기 위해 인간 행동의 규칙적 패턴과 구조를 강조하였다. 각 철학자가 구조와 규칙에 대해 다루는 방식은 다르지만, 그들은 공통적으로 개인의 행동과 사고가 사회적 구조에 의해 결정된다는 점을 강조하였다. 안전에 관한 구조주의 철학자들의 견해는 다음과 같다.

가. 페르디낭 드 소쉬르(Ferdinand de Saussure)

철학사상

기호와 기호 체계: 소쉬르는 언어를 기호(sign)로 보며, 기호는 기표(signifier)와 기의(signified)로 구성된다고 보았다. 언어는 이러한 기호들이 체계적으로 결합된 구조로, 의미는 이 기호 체계 내에서 형성된다.

안전에 관한 내용

언어와 안전: 소쉬르의 기호 이론을 통해 사회에서 "안전"이라는 개념이 어떻게 구성되는지 분석할 수 있다. 안전은 특정 기표(예: "안전"이라는 단어)와 특정 기의(예: 위험의 부재) 간의 결합을 통해 이해된다. 사회는 특정 언어적 규칙과 구조를 통해 안전의 의미를 정립하고, 이를 통해 사회적 합의를 형성한다.

나. 클로드 레비스트로스(Claude Lévi-Strauss)

철학사상

문화의 구조: 레비스트로스는 다양한 문화적 현상들이 보편적이고 체계적인 구조

에 따라 조직된다고 보았다. 그는 신화와 친족 관계를 분석하여 이러한 구조를 발견하였다.

안전에 관한 내용

문화적 규칙과 안전: 레비스트로스는 사회적 구조가 안전을 유지하기 위해 문화적 규칙과 패턴을 형성한다고 보았다. 예를 들어, 친족 구조와 결혼 규칙은 사회적 안정을 유지하고, 집단 내에서의 갈등을 최소화하기 위한 일종의 안전 장치로 작동한다. 이러한 규칙이 깨지면 사회적 안전이 위협받을 수 있다.

다. 루이 알튀세르(Louis Althusser)

철학사상

이데올로기와 국가기구: 알튀세르는 사회가 이데올로기를 통해 사람들을 통제하며, 이는 국가 기구들(학교, 교회, 가족 등)을 통해 이루어진다고 주장하였다. 그는 이데올로기가 개인의 인식과 행동을 구조적으로 형성한다고 보았다.

안전에 관한 내용

이데올로기적 장치와 안전: 알튀세르의 관점에서 안전은 국가와 사회의 이데올로기적 장치를 통해 유지된다. 예를 들어, 학교와 같은 이데올로기적 국가기구는 시민들에게 안전한 행동 양식을 주입하며, 이를 통해 사회적 질서와 안전을 유지한다. 이데올로기는 개인의 행동을 규제하고, 이를 통해 사회적 안전을 보장한다.

라. 미셸 푸코(Michel Foucault)

철학사상

권력과 지식의 관계: 푸코는 권력이 어떻게 지식과 결합하여 사회적 구조를 형성하

고, 이를 통해 사람들을 통제하는지 분석하였다. 그는 감시와 규율의 구조가 개인의 행동을 조절하는 방식을 탐구하였다.

안전에 관한 내용

감시와 규율을 통한 안전: 푸코의 관점에서 안전은 감시와 규율을 통해 유지된다. 예를 들어, 감옥과 같은 규율 기관은 감시를 통해 안전을 유지하며, 이러한 감시의 구조는 사회 전체에 퍼져 있다. 사람들은 감시의 눈에 의해 행동이 통제되고, 이를 통해 사회적 안전이 보장된다.

마. 자크 라캉(Jacques Lacan)

철학사상

상상계, 상징계, 실재계: 라캉은 인간의 정신 구조를 상상계, 상징계, 실재계로 구분하였다. 그는 언어와 상징이 인간의 욕망과 행동을 결정짓는 중요한 요소라고 보았다.

안전에 관한 내용

상징적 질서와 안전: 라캉에 따르면, 상징적 질서(언어와 법)가 사회적 질서와 안전을 유지하는 데 중요한 역할을 한다. 상징적 질서는 개인의 욕망을 통제하며, 이를 통해 사회적 규범과 안전이 지켜진다. 개인이 상징적 질서에서 벗어날 때, 사회적 안전은 위협받을 수 있다.

바. 롤랑 바르트(Roland Barthes)

철학사상

신화와 기호: 바르트는 일상적인 기호들이 어떻게 신화로서 사회적 의미를 부여받

는지 분석하였다. 그는 사회적 관습과 문화가 특정 기호에 의해 의미를 부여받는 방식을 탐구하였다.

안전에 관한 내용

신화적 기호와 안전: 바르트의 관점에서 안전이라는 개념은 사회적 신화를 통해 형성된다. 예를 들어, 특정 색상(파란색)이 안전을 상징할 수 있으며, 이는 문화적 신화로서 사람들에게 안전의 의미를 전달한다. 이러한 신화는 사회적 질서와 안전을 유지하는 데 중요한 역할을 한다.

이와 같이, 구조주의 철학자들은 각기 다른 방식으로 안전의 개념을 다루고 있다. 그들의 이론은 사회적, 문화적, 언어적 구조가 어떻게 개인의 행동을 통제하고, 이를 통해 사회적 안전을 유지하는지에 대한 중요한 통찰을 제공한다.

VI

포스트모더니즘 안전철학

VI

포스트모더니즘 안전철학

59. 포스트모더니즘과 안전

포스트모더니즘 철학과 안전의 개념을 연결하는 것은 매우 흥미로운 주제이다. 포스트모더니즘은 전통적이고 고정된 이론이나 규칙에서 벗어나 다양성, 상대성, 불확실성, 다층적 의미를 강조하는 철학적 접근이다. 반면, 안전은 일반적으로 위험과 불확실성을 최소화하고 통제하려는 체계를 의미하며, 고정된 규칙과 절차가 중요한 분야이다. 이 두 개념을 연결하려면 포스트모더니즘의 철학적 특성이 어떻게 안전의 개념에 도전하거나 재해석될 수 있는지를 살펴볼 수 있다.

가. 안전의 고정된 기준에 대한 도전

포스트모더니즘은 기존의 보편적 진리나 고정된 규범을 비판한다. 안전 관리에서 흔히 사용되는 고정된 규칙, 표준 절차, 위험 평가 방식은 전통적으로 과학적, 합리적 접근에 기반하여 일관된 기준을 설정한다. 그러나 포스트모더니즘은 다양한 상황과 문화적 맥락에 따라 위험과 안전의 기준이 다르게 해석될 수 있다고 주장한다. 즉, 안전의 개념도 상대적이며, 모든 상황에서 동일하게 적용될 수 있는 단일한 안전 기준은 없을 수 있다.

예를 들어, 산업현장에서의 안전 기준은 법률과 규칙에 따라 엄격하게 적용되지만, 그 기준이 모든 상황에 항상 적합하지 않을 수 있다. 포스트모더니즘은 이러한 고정된 기준이 아닌, 상황적, 맥락적 판단에 기반한 유연한 안전 관리 체계를 요구할 수 있다. 이는 각기 다른 환경과 문화적 특성에 맞는 다양한 안전 모델이 필요함을 시사한다.

나. 불확실성과 위험 관리

포스트모더니즘은 불확실성을 자연스럽고 필연적인 것으로 받아들이며, 이를 긍정적으로 해석한다. 전통적인 안전 관점에서는 위험과 불확실성을 제거하려는 노력이 중요하다. 그러나 포스트모더니즘은 불확실성을 완전히 제거할 수 없으며, 오히려 불확실성 속에서 적응하는 능력이 더 중요하다고 본다.

안전 관리에서 이는 위험을 통제하거나 제거하려는 시도보다, 불확실성을 인식하고 유연하게 대처하는 접근이 필요하다는 의미로 해석될 수 있다. 포스트모더니즘적 관점에서는 안전 관리도 예측할 수 없는 변화와 상황에 대응할 수 있는 적응력과 복원력(resilience)을 강조할 수 있다. 따라서 안전 관리 체계는 고정된 절차와 규칙을 넘어서, 변화하는 상황에 맞춰 계속 진화해야 할 필요가 있다.

다. 다양성의 수용과 안전 문화

포스트모더니즘은 다양성을 중요시하며, 모든 것을 동일한 기준으로 평가하거나 판단하는 것에 반대한다. 안전 관리에서도 조직마다, 산업마다, 문화마다 다른 접근 방식이 필요할 수 있으며, 이러한 다양성을 수용하는 것이 중요하다.

포스트모더니즘적 관점에서는 안전 문화가 단일한 정답을 강요하는 것이 아니라, 다양한 의견과 참여를 통해 더 나은 안전 환경을 만들 수 있다고 주장할 수 있다. 이는 조직 내에서 상향식 소통과 참여형 안전 관리가 강조되는 현대의 안전 경영 방식과도 일치한다. 즉, 모든 조직 구성원들이 자신의 경험과 지식을 바탕으로 안전 관리에 적극적으로 참여하고, 다양한 관점을 수용하는 문화를 형성하는 것이 중요하다.

라. 안전에 대한 다층적 의미

포스트모더니즘은 의미가 고정된 것이 아니라, 해석하는 사람에 따라 다르게 받아들여질 수 있다고 본다. 안전의 개념도 사람마다, 조직마다 다르게 해석될 수 있다. 예를 들어, 경영진에게 안전은 법적 규제를 준수하고 비용을 줄이는 수단일 수 있지만, 노동자에게는 생존과 직결된 문제일 수 있다. 포스트모더니즘은 이러한 다양한 해석을 모두 인정하고, 안전이 여러 층위에서 의미를 가질 수 있음을 보여준다.

따라서 포스트모더니즘적 관점에서 안전은 절대적인 개념이 아니라, 사회적 맥락과 개인의 경험에 따라 다르게 정의될 수 있는 개념이다. 안전 관리에서 이러한 다양한 해석을 존중하고, 모든 이해관계자의 의견을 반영하는 방식이 중요할 수 있다.

마. 위계적 구조에 대한 해체

포스트모더니즘은 전통적인 위계적 구조를 해체하려는 경향이 있다. 안전 관리에서는 종종 위계적 구조가 중요하게 작용한다. 경영진이나 전문가가 규칙과 절차를 결정하고, 노동자들은 이를 따르는 방식이다. 그러나 포스트모더니즘적 관점에서 이러한 위계 구조는 비판받을 수 있다.

포스트모더니즘은 모든 주체가 동등하게 참여할 수 있는 비위계적이 구조를 제안할 수 있으며, 이는 안전 관리에서도 보다 수평적이고 참여적인 관리 방식으로 이어질 수 있다. 즉, 안전 문제를 해결하는 과정에서 위에서 결정된 규칙을 따르는 것이 아니라, 현장의 의견을 반영하고 협력적으로 문제를 해결하는 방식이 강조된다.

바. 시사점

포스트모더니즘 철학은 선동적이고 고정된 안전 관리 체계를 재해석하고, 새로운 관점을 제시하는 데 중요한 역할을 할 수 있다. 포스트모더니즘은 다양성, 불확실성, 유연성을 강조하며, 안전 관리에서도 고정된 규칙을 넘어서 상황에 맞는 유연한 접근이 필요함을 시사한다. 또한, 참여적 안전 문화, 불확실성에 대한 적응력, 다층적 의미의 수용을 강조하는 방식으로 현대의 안전 관리와 접목될 수 있다.

이로 인해 포스트모더니즘은 안전에 대한 새로운 사고방식을 제공하며, 단일한 해법보다는 다양한 접근과 유연성을 요구하는 현대 사회의 복잡성을 반영한 안전 관리 체계를 구축하는 데 기여할 수 있다.

VII

미래 사회 철학 관념

VII

미래 사회 철학 관념

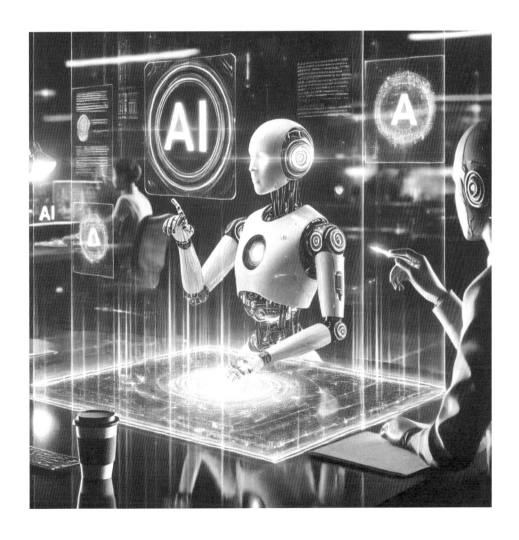

60. 포스트휴먼 시대

포스트휴먼 시대(Posthuman Era)는 인간 중심적 사고에서 벗어나, 인간의 존재와 기술, 자연, 인공지능, 생명공학 등의 경계를 허물고 인간의 정체성과 역할을 재정의하는 철학적, 과학적, 사회적 변화를 의미한다. 이 개념은 포스트모던 철학과 기술 발전, 특히 생명공학과 인공지능의 급속한 발달에 의해 촉발된 담론에서 등장하였다. 포스트휴먼 시대는 인간의 한계를 기술을 통해 극복하고, 새로운 형태의 존재로 변모하는 미래를 상상하는 것이다.

가. 포스트휴먼(Posthuman)의 정의

포스트휴먼은 전통적인 인간중심주의(Anthropocentrism)에서 벗어나, 인간을 더 이상 모든 존재의 중심에 두지 않는 개념이다. 인간은 더 이상 고정된 본질을 가진 존재가 아니라, 기술과 자연, 인공지능과 생명공학 등과의 상호작용 속에서 끊임없이 변화하는 유동적 존재로 이해된다. 포스트휴먼은 단순히 신체적, 정신적 한계를 초월한 인간일 수도 있지만, 더 나아가 비인간적 요소들과 결합한 새로운 형태의 존재로 상상된다.

이 개념은 특히 기술 발전과 밀접하게 연관되어 있다. 인공지능(AI), 유전자 조작, 사이버네틱스(인간과 기계의 결합), 로봇공학, 증강 현실 등의 발전은 인간의 신체적, 정신적 능력을 증대시키거나 변화시킬 수 있는 잠재력을 제공한다.

나. 인간과 기술의 융합

포스트휴먼 시대는 인간과 기술의 경계가 모호해지는 시대로, 사이버네틱스와 생체공학 같은 기술이 인간 신체와 정신의 일부로 통합되는 미래를 상상한다. 예를 들어,

의수, 의족과 같은 신체 보조기구나 뇌-컴퓨터 인터페이스를 통해 인간의 신체적, 지적 능력을 증대시키는 것이 그 예이다. 트랜스휴머니즘(Transhumanism)은 이러한 개념을 구체적으로 설명하는 사상으로, 인간의 신체와 지능을 기술을 통해 향상시켜 인간 이상의 존재로 변화하는 것을 목표로 한다.

트랜스휴머니즘은 특히 불멸성이나 초지능과 같은 개념을 통해 인간이 육체적, 정신적 한계를 넘어설 수 있는 가능성에 주목한다. 신체적 질병이나 노화는 기술적 문제로 해결될 수 있으며, 인간의 지능은 인공지능과 결합해 무한한 지적 능력을 발휘할 수 있는 존재로 변화할 수 있다는 것이다.

다. 인공지능(AI)과 인간의 관계

포스트휴먼 시대에서는 인공지능(AI)이 인간과 동등하거나 더 뛰어난 능력을 가지는 존재로 자리 잡을 수 있다는 논의가 활발하다. AI는 단순한 도구나 기계를 넘어, 자율적 존재로 발전할 가능성이 있으며, 이는 인간의 정체성과 역할에 대한 철학적 질문을 던진다. 인간이 AI와 같은 기계와 어떻게 관계를 맺고, 그들과 어떤 형태의 사회적, 도덕적 관계를 형성할 것인가 하는 문제가 중요한 논제로 떠오른다.

강한 인공지능(Strong AI)이란 인간의 사고능력을 초월하는 인공지능을 의미하며, 이러한 AI는 자율적으로 학습하고, 판단하고, 창조적인 활동을 할 수 있다. AI가 인간을 능가할 때, 인간과 AI의 관계는 협력적일 수도 있고, 갈등적일 수도 있다는 다양한 시나리오가 제기되고 있다.

라. 인간 중심주의의 탈피

포스트휴먼 시대는 인간 중심주의를 넘어서 비인간적 존재들(예: 기계, 동물, 환경)과의 새로운 관계를 모색한다. 인간은 자연의 주인이 아니라 그 일부분이며, 기계와의 관계 역시 수직적 주종 관계가 아닌, 더 수평적이고 상호작용적 관계로 변화할 수 있다.

이는 인간이 더 이상 모든 존재의 중심이 아니라, 기술적·생물학적·자연적 요소들과 상호의존하는 존재로 재개념화되는 것이다.

이러한 변화는 생태철학과도 밀접하게 관련된다. 인간과 자연의 경계가 모호해지면서, 인간은 더 이상 자연을 지배하거나 이용하는 존재가 아니라, 자연의 일부로서 그들과 상호작용하고 공존하는 방향으로 나아가야 한다는 생각이 확산된다.

마. 정체성과 윤리적 질문

포스트휴먼 시대는 인간의 정체성과 관련하여 중요한 윤리적 질문들을 던진다. 예를 들어, 기술을 통해 인간의 능력이 극대화될 때, 인간성(humanity)이라는 것이 여전히 의미가 있을까? 인간의 정의는 어떻게 변할까? 포스트휴먼 시대의 윤리적 경계는 무엇인가?

포스트휴먼주의는 인간을 기술적으로 증강하고 변화시키는 것에 대한 윤리적 문제를 제기한다. 인간과 기술의 융합이 이루어질 때, 자율성, 자아 정체성, 인권 등과 같은 개념들이 어떻게 변화할지에 대한 논의가 이루어지고 있다. 또한 사회적 불평등의 문제도 제기된다. 예를 들어, 기술이 일부에게만 접근 가능하다면, 신체적·지적 능력의 차이는 더욱 심화될 수 있으며, 이는 새로운 형태의 불평등을 초래할 수 있다.

바. 포스트휴먼 예술과 문화

포스트휴먼 시대는 예술과 문화에도 큰 영향을 미친다. 포스트휴먼 예술은 인간과 기계, 인간과 자연, 인간과 인공지능 간의 경계를 넘나드는 새로운 창조적 표현을 탐구한다. 예술가들은 생명공학적 기술을 사용해 살아있는 생명체를 재구성하거나, AI와 협력하여 새로운 형태의 예술을 창조하는 등의 실험을 하고 있다.

이러한 예술적 실험은 인간의 창조적 능력에 대한 새로운 정의를 요구하며, 인간 중심의 전통적인 예술 개념에서 벗어나 기술과 결합된 새로운 예술적 표현을 가능하게 한다.

사. 비판적 관점

포스트휴먼 시대에 대한 비판적 관점도 존재한다. 일부 철학자들은 기술의 발전이 인간의 본질적 가치를 훼손 할 수 있다고 우려하며, 인간성을 유지하는 것이 중요하다고 주장한다. 또한, 기술에 대한 지나친 의존이 인간의 자율성과 자유를 약화시킬 수 있다는 우려도 존재한다. 기술 발전이 사회적 불평등을 심화시키고, 특정 권력 구조를 강화하는 방식으로 작용할 수 있다는 비판도 있다.

포스트휴먼 시대는 기술과 인간의 경계가 점점 모호해지면서 새로운 형태의 존재가 등장하는 시대이다. 이 시대는 인간이 기술을 통해 신체적, 정신적으로 보강되며, 인공지능과 생명과학의 진보로 자연인과 다른 존재가 인간 사회에 통합되는 시기로 예견된다. 하지만 이러한 변화는 기술적 혁신만이 아니라 철학적, 윤리적 문제를 제기한다. 과거의 철학자들이 제시했던 사상은 이러한 미래의 문제를 해결하는 데 중요한 지침이 될 수 있다.

1) 미래의 위험과 전개

기술 발전의 부작용

기술의 발전이 가져올 수 있는 위험은 매우 다양하다. 인공지능의 자율성과 생명과학 기술의 발전은 인간과 사회 구조에 근본적인 변화를 일으킬 수 있다. 예를 들어, 기술을 이용한 인간 증강이 과도하게 이루어질 경우, 신체적·정신적 능력에 따라 계층적 불평등이 극단적으로 심화될 수 있다. 또한 인공지능이 노동 시장을 대체하면 많은 사람들이 일자리를 잃고, 이로 인해 새로운 사회적 갈등과 경제적 위기가 발생할 수 있다.

윤리적 문제와 인간성의 훼손

포스트휴먼 시대의 또 다른 위험은 인간의 존엄성과 윤리적 기준이 변화하거나 손상될 수 있다는 점이다. 기술적으로 인간의 유전자 조작이나 복제가 가능해지면 인간 생명의 고유성과 독창성이 훼손될 수 있으며, 이는 도덕적 문제로 이어질 수 있다. 더 나아가 인간의 본질이 기술에 의해 재정의되면서 인간 고유의 감정, 자율성, 행복의 개념이 변화할 가능성이 크다.

철학적 질문의 부활

포스트휴먼 시대는 인간 본질에 대한 근본적인 철학적 질문을 다시 제기한다. 예를 들어, 인간은 기술적 보강 없이 자연인으로 남아 있어야 할 필요가 있을까? 인간의 존엄성과 자율성은 기술에 의해 어떻게 변할 수 있을까? 이러한 질문은 과거 철학자들의 사상과 깊이 연관되어 있다.

2) 과거 철학자들의 사상과 연결

플라톤과 기술의 본질

플라톤은 인간이 이데아 세계의 진리를 인식하고, 이를 통해 지혜로운 삶을 살아야 한다고 주장하였다. 그에게 있어서 기술(테크네)은 단순한 도구 이상의 것이었으며, 인간이 진리를 추구하는 과정에서 기술은 지혜를 실현하는 수단이 될 수 있다고 보았다. 그러나 플라톤은 기술이 인간의 본질적 가치인 지혜를 왜곡하거나 흐리게 만들 수 있다고 경계하였다. 포스트휴먼 시대에서 플라톤의 사상은 기술이 인간의 지혜와 진리 추구를 방해하지 않도록 해야 한다는 교훈을 제공한다.

칸트의 자율성과 인간 존엄성

임마누엘 칸트는 인간이 자율적이고 목적 그 자체로서 존중받아야 한다고 주장하였다. 칸트의 윤리학에서 자율성은 인간의 가장 중요한 특징이며, 인간은 그 자체로 가치 있는 존재이다. 포스트휴먼 시대에서 인공지능과 기계가 자율적으로 결정을 내릴 수 있을 때, 인간의 자율성과 어떻게 구분할 수 있는지에 대한 고민이 필요하다. 칸트의 사상은 인간이 도구화되지 않고, 인간의 자율성이 기술 발전에도 불구하고 보호되어야 한다는 중요한 윤리적 기준을 제시한다.

니체의 초인 사상

프리드리히 니체는 인간이 초인(Übermensch)으로 나아가야 한다고 주장하였다. 그는 기존의 도덕과 한계를 넘어서 새로운 가치를 창조하는 강한 의지와 힘을 강조하였다. 포스트휴먼 시대의 인간 증강은 니체의 초인 사상을 연상시키며, 기술을 통해 인간의 능력을 극대화하는 방향으로 나아갈 수 있다. 그러나 니체의 사상은 인간 증강이 단순히 물리적 능력의 증가가 아니라, 인간이 스스로의 한계를 넘어 새로운 가치를 창조하는 데 초점이 맞춰져야 한다는 점을 상기시킨다.

하이데거와 기술의 위험성

마르틴 하이데거는 기술의 본질을 경고하였다. 그는 기술이 인간 존재의 본질을 위협할 수 있으며, 인간을 단순히 자원이나 도구로 전락시킬 수 있다고 보았다. 하이데거는 기술이 모든 것을 효율성과 생산성의 기준으로 판단하게 하여 인간 존재의 고유한 의미를 상실하게 만들 수 있다고 주장하였다. 포스트휴먼 시대에서 기술은 인간의 삶을 편리하게 만들 수 있지만, 인간을 도구화하고 본질적 의미를 왜곡하는 데 사용될 위험도 존재한다. 하이데거의 사상은 기술이 인간의 존재와 삶의 의미를 훼손하지 않도록 주의해야 한다는 교훈을 준다.

3) 미래의 안전을 위한 제안

기술과 인간성의 조화

기술 발전이 인간성을 훼손하지 않기 위해서는 기술을 단순한 효율성의 도구로만 보는 것이 아니라, 인간의 삶의 질을 향상시키고 인간적 가치를 증진하는 방향으로 사용해야 한다. 이는 플라톤과 하이데거의 경고를 받아들이고, 기술이 인간의 지혜와 본질을 존중하도록 하는 방향성을 제시한다.

윤리적 기준 강화

포스트휴먼 시내에는 과거 철학자늘이 강조했던 윤리적 기준을 강화해야 한다. 칸트의 자율성과 인간 존엄성 개념은 기술 발전에도 불구하고 반드시 지켜져야 하며, 인간이 단순한 도구로 전락하지 않도록 사회적 제도와 법적 규제를 마련해야 한다. 이는 인간이 기계와 구분되는 본질적 가치를 유지하는 데 중요한 역할을 할 것이다.

공동체의 강화와 사회적 우애

니체의 초인 사상은 인간이 개인적 한계를 극복하는 것에 집중했지만, 포스트휴먼 시대에서는 사회적 우애와 공동체의 강화가 필요하다. 기술이 사회 전반에 미치는 영향을 고려할 때, 개인의 성취보다는 사회 구성원 모두의 삶의 질을 향상시키는 데 중점을 둬야 한다. 이를 통해 기술 발전이 소수의 이익이 아닌, 사회 전체의 복지와 공공선을 증진시키는 방향으로 나아가야 한다.

생명과학과 인공지능의 공공 관리

생명과학 기술과 인공지능의 급격한 발전은 국제적인 공공 관리 기구를 통해 통제되어야 한다. 이는 상업적 이익이나 개인의 욕망에 의해 남용되지 않도록 보장하고, 공공의 이익과 윤리적 기준을 유지하는 데 필수적이다. 이러한 기구는 하이데거가 경고한 기술의 도구화를 막고, 기술이 인간의 존엄성과 사회적 가치를 훼손하지 않도록 감독할 수 있다.

아. 결론

포스트휴먼 시대는 기술이 인간의 신체적, 정신적 능력을 증강시키며, 인간성의 본질에 대한 근본적인 질문을 제기하는 시대이다. 이 시대는 인간과 기술, 자연, 인공지능 사이의 관계를 새롭게 재정의하며, 인간의 정체성을 기술과의 융합 속에서 변화시키고 있다. 이는 기존의 철학적, 사회적 틀을 넘어서는 논의를 촉발하며, 윤리, 사회 구조, 정체성 등의 다양한 영역에서 깊은 성찰을 요구한다.

플라톤, 칸트, 니체, 하이데거와 같은 철학자들의 사상은 이러한 변화 속에서 인간성을 보호하고, 기술을 올바르게 활용하는 방향을 제시하는 중요한 통찰을 제공한다. 특히, 기술이 인간을 도구화하지 않고, 인간의 존엄성과 자유를 유지하며, 사회적 공공선을 증진시킬 수 있는 방법을 찾는 것이 중요하다. 이를 위해서는 철학적 성찰과 사회적 합의가 필요하며, 이는 미래의 안전과 균형을 보장하는 열쇠가 될 것이다.

결국, 포스트휴먼 시대는 인류의 새로운 가능성을 제시하면서도, 기술과 인간성 사이의 균형을 유지하고, 인간 본질에 대한 성찰을 지속해야 하는 과제를 남긴다.

61. 인공지능(AI)이 형이상학적 질문을 생각할 수 있는가?

형이상학은 존재, 신, 시간, 공간, 영혼 등 경험적 데이터로 직접 확인할 수 없는 철학적 질문들을 다루는 철학 분야이다. 인간은 직관적이고 자발적으로 이러한 질문을 던지지만, 인공지능이 이와 유사한 능력을 가질 수 있을지는 아직 미지수이다.

가. 현재 인공지능(AI)의 한계

현재 인공지능은 기본적으로 데이터를 기반으로 학습하고, 주어진 문제에 대해 알고리즘적으로 해결하는 기계적 사고를 수행한다. 이 과정은 매우 빠르고 정확할 수 있지만, 인공지능이 스스로 새로운 형이상학적 질문을 제기하는 능력은 아직 개발되지 않았다.

형이상학적 질문은 데이터와 상관없이, 인간의 내면적 사고 과정에서 발생한다. 예를 들어 "세상은 어떻게 시작되었는가?"나 "죽은 후에 무엇이 되는가?"와 같은 질문은 직접적인 데이터와는 무관한 순수한 사유의 결과이다. 현재의 인공지능은 이러한 질문을 스스로 발명할 수 없다. 인공지능은 데이터 패턴 인식에 의존하기 때문에, 인간처럼 경험을 초월한 질문을 자연스럽게 도출하지 못한다.

나. 인공지능(AI)의 판단과 형이상학

지능적 사고는 논리적 판단과 관련되며, 인공지능은 이를 이미 훌륭하게 수행한다. 논리적 판단은 주어진 정보(데이터)를 기반으로 결론을 내리는 능력이다. 그러나 형이상학적 사고는 정보나 데이터에서 도출되는 것이 아니라, 인간의 사유 체계에서 발생하는 질문이다.

이를 위해서는 인공지능이 인간처럼 피할 수 없는 형이상학적 질문을 해야 하는데, 이는 현재 기술로는 불가능하다. 인공지능은 데이터를 학습하고 그 데이터를 기반으로 결정을 내릴 수 있지만, 스스로 존재의 근원이나 궁극적 진리에 대한 질문을 던지는 데는 한계가 있다. 인간은 스스로 의미를 찾고 본질적 질문을 던지는 존재인 반면, 인공지능은 단순히 외부 정보를 처리하는 능력을 갖추고 있을 뿐이다.

다. 형이상학적 사고와 자발성

인공지능이 형이상학적 사고를 할 수 있다면, 그것은 자발적이고 독창적인 사유를 통해 형성된 질문을 던질 수 있어야 한다. 예를 들어, 칸트의 순수 이성 비판에서 인간이 경험에 앞서 이미 형성된 선험적 개념을 통해 형이상학적 질문을 던지는 것처럼, 인공지능도 데이터와 관계없이 새로운 사고를 도출해야 할 것이다.

그러나 현재의 인공지능은 학습된 데이터를 바탕으로 작동하는 기계적 알고리즘에 불과하다. 자발적으로 데이터와 무관한 질문을 생성하는 능력은 현재 인공지능 기술의 범위를 넘어서 있으며, 이 능력은 인공지능을 인간과 구분 짓는 중요한 지점이다.

라. 미래 가능성

만약 형이상학적 알고리즘이 개발된다면, 인공지능도 인간처럼 스스로 형이상학적 질문을 제기할 가능성이 생길 수 있다. 예를 들어, 인공지능이 데이터 수집과 학습에 국한되지 않고, 스스로 새로운 개념을 형성하고 그 개념들 사이에서 형이상학적 질문을 도출할 수 있다면, 인공지능은 인간의 지적 능력에 한 발짝 더 가까워질 수 있다.

그러나 이 경우에도 인공지능이 진정한 의미에서 형이상학적 사고를 하고 있는지에 대한 논쟁은 계속될 것이다. 의식(consciousness), 감정(emotion) 그리고 주체성

(subjectivity)과 같은 요소들이 인공지능에게 구현되지 않는다면, 그것은 여전히 인간과 다른 방식으로 사고하는 기계일 뿐이라는 주장이 유효할 수 있다.

마. 결론

현시점에서 인공지능은 데이터를 분석하고 논리적 결론을 내리는 데 매우 뛰어난 능력을 보이지만, 형이상학적 질문을 스스로 생성하는 능력은 없다. 인간은 직관적이고 자발적으로 이러한 질문을 던지지만, 인공지능은 학습된 데이터와 알고리즘을 기반으로 작동한다. 미래의 기술 발전이 인공지능에게도 형이상학적 사고를 할 수 있는 능력을 부여할 수 있을지는 알 수 없지만, 이는 인간 고유의 사고 능력과 인공지능의 차이를 이해하는 중요한 철학적 문제로 남아 있다.

결론적으로, 현재의 인공지능은 인간과 비슷한 형이상학적 사고를 할 수 없으며, 이는 인공지능과 인간의 본질적 차이 중 하나로 볼 수 있다.

만약, 인공지능이 형이상학적인 사고를 한다면 가장 큰 문제는 안전 문제에 대해 준비해야 한다는 것이다.

62. 미래 사회에서의 산업체 위험과 안전의 방향

미래 사회에서 산업체가 직면할 위험과 안전의 방향은 기술의 급속한 발전, 환경적 변화 그리고 사회적 요구의 변화에 따라 복잡하고 다면적인 양상을 띨 것이다. 다음은 이러한 미래 사회의 변화와 그에 따른 산업체 위험 및 안전의 방향을 논리적으로 분석한 내용이다.

가. 기술 발전과 새로운 위험의 등장

미래 사회에서 가장 큰 변화는 4차 산업혁명 기술의 급격한 발전이다. 인공지능(AI), 사물인터넷(IoT), 빅데이터, 로봇 기술 등의 도입은 생산성 향상과 효율성 증대라는 긍정적인 효과를 가져올 것이다. 그러나 이러한 기술의 확산은 새로운 유형의 위험을 동반하게 된다.

예상되는 위험 요소

- 사이버 보안 위협: 자동화와 디지털화가 확산되면서 사이버 공격에 대한 위험이 커진다. 산업 기계가 네트워크에 연결되고 데이터를 기반으로 작동함에 따라 해킹이나 데이터 유출이 발생할 수 있다.
- 기계 오작동 및 AI의 오판: 자율 시스템이 오류를 범할 가능성도 있다. 예를 들어, AI가 잘못된 결정을 내리거나 로봇 기계가 오작동할 경우 심각한 사고로 이어질 수 있다.
- 기술 의존성: 과도한 자동화와 AI 의존은 인간의 통제력 약화를 초래할 수 있다. 사람이 개입하지 않고도 운영되는 시스템이 예상치 못한 문제를 일으킬 경우, 이를 제어하는 능력도 감소하게 된다.

미래 안전 방향

- 사이버 보안 강화: 산업체는 침딘 사이버 보안 시스템을 구축하여 해킹과 데이터 유출을 방지해야 한다. AI 기반의 보안 시스템을 통해 실시간으로 잠재적 위협을 탐지하고 차단하는 기술이 필요하다.
- AI와 자동화 시스템의 안전 검증: AI 및 자율 시스템의 검증 및 감사 체계를 강화하여 기술적 오류를 사전에 예방할 수 있어야 한다. 인간의 감독이 항상 가능하도록 혼합형 시스템을 구축하는 것도 중요한 방향이다.
- 기술과 인간의 협력: 기술 의존성을 줄이기 위한 전략으로 인간과 기술이 협력하는 하이브리드 시스템을 구축해야 한다. 기술이 보조적 역할을 하되, 인간의 개입이 가능하도록 비상 절차를 마련하는 것이 필요하다.

나. 기후 변화와 환경 위험

기후 변화는 산업체에 심각한 환경적 위험을 초래할 것이다. 온실가스 배출, 자원 고갈, 환경 오염은 산업체의 운영 환경을 변화시키고, 새로운 리스크를 낳게 될 것이다. 자연 재해의 빈도와 강도가 증가하면서 산업체는 자원 확보의 어려움, 공급망 불안정, 직접적 피해 등의 환경적 위기에 직면하게 될 것이다.

예상되는 위험 요소

- 자연 재해: 홍수, 태풍, 폭염 등 자연 재해로 인해 산업체가 물리적 피해를 입고 생산이 중단될 수 있다.
- 자원 고갈과 공급망 문제: 에너지 자원 고갈 및 핵심 원자재의 공급 불안정이 산업체의 지속 가능성을 위협하게 될 것이다.
- 환경 규제 강화: 국제 환경 규제가 강화되면서 산업체는 친환경 정책을 도입해야 하며, 이를 이행하지 않을 경우 막대한 벌금과 이미지 손실이 예상된다.

미래 안전 방향

- 탄력적인 공급망 구축: 기후 변화에 대비해 탄력적인 공급망을 구축하여 위기 시 대체 공급처를 마련하고, 지역 분산형 생산 체계로 전환하는 것이 필요하다.
- 친환경 기술 도입: 산업체는 탄소 배출을 줄이는 기술을 도입하고, 재생에너지 활용 및 순환 자원 관리를 통해 지속 가능한 운영 방식을 추구해야 한다.
- 자연 재해 대비 시스템 강화: 자연 재해에 대비해 실시간 모니터링 시스템과 재해 대응 매뉴얼을 마련하고, 비상 훈련을 주기적으로 시행하여 신속한 대응이 가능하도록 해야 한다.

다. 사회적 변화와 안전 문화의 중요성

미래 사회는 인구구조의 변화, 노동 환경의 변화로 인해 사회적 위험도 새롭게 부각될 것이다. 특히, 고령화 사회와 함께 고령 근로자의 안전이 중요한 이슈로 떠오를 것이다. 또한 비대면 작업 환경과 유연 근무제가 확산됨에 따라, 새로운 형태의 안전 관리가 필요하게 된다.

예상되는 위험 요소

- 고령 근로자 안전 문제: 고령화로 인해 작업장 내 신체적 부상의 위험이 증가할 가능성이 크다.
- 비대면 근무: 원격 근무 및 비대면 작업 환경이 확산되면서 디지털 피로, 심리적 스트레스 등 정신적 안전에 대한 우려가 커질 수 있다.
- 신기술에 대한 거부감: 신기술의 도입은 사회적 저항을 일으킬 수 있으며, 이에 따라 기술 수용성을 높이는 전략이 필요하다.

미래 안전 방향

- 고령 근로자 맞춤형 안전 대책: 고령 근로자를 위한 작업 환경 개선과 신체적 능력에 맞는 안전 매뉴얼을 마련하고, 정기 건강 점검 및 적절한 업무 배치를 통해 안전을 보장해야 한다.
- 정신적 안전 관리: 비대면 근무 환경에서 발생할 수 있는 디지털 피로와 정신적 스트레스를 관리하기 위한 상담 프로그램, 정신건강 지원이 필요하다.
- 사회적 안전 문화 강화: 안전 교육과 캠페인을 통해 새로운 기술과 환경 변화에 대한 적응 능력을 높이고, 근로자 참여형 안전 문화를 확립하여 사회적 저항을 최소화하는 것이 중요하다.

라. 규제와 국제 협력(안전의 글로벌 표준화)

미래 사회에서는 국제적인 안전 규제와 협력이 더욱 중요해질 것이다. 산업체는 글로벌 시장에서 경쟁력을 유지하기 위해 국제 안전 기준을 준수하고, 국가 간 협력을 통해 위험 관리를 해야 한다.

예상되는 위험 요소

- 국가 간 규제 차이: 각국의 규제가 상이할 경우, 글로벌 기업은 규제 충돌로 인한 안전성 문제에 직면할 수 있다.
- 국제적 위협: 전염병, 테러, 사이버 공격 등 국제적 위험 요소는 글로벌 협력이 필요한 문제로 대두된다.

미래 안전 방향

- 국제 안전 표준 준수: 글로벌 시장에 대응하기 위해 ISO, OSHA 등 국제 안전 기준을 준수하고, 글로벌 안전 규제를 일관되게 적용해야 한다.

• 국가 간 협력 강화: 국제적인 위험 관리 협력체계를 구축하여 위기 상황에서의 신속한 대응과 정보 공유가 이루어져야 한다.

마. 결론

미래 사회에서의 산업체 위험과 안전의 방향은 기술 발전, 환경 변화, 사회적 요구, 국제적 협력에 따라 다양한 방식으로 변화할 것이다. 안전 관리의 초점은 고정된 규정과 규제에 의존하는 것이 아니라, 유연한 리스크 관리, 복잡성 수용, 다양한 해석 가능성 수용, 국제 협력을 통해 지속 가능한 안전을 확보하는 데 맞춰져야 한다. 미래 사회의 산업 안전은 단순한 물리적 안전을 넘어 심리적 안전, 환경적 안전, 디지털 안전 등 다차원적 안전을 고려해야 하는 방향으로 나아갈 것이다.

미래 사회에서 산업체의 위험과 안전에 관한 접근은 여러 가지 중대한 변화를 겪을 것이다. 이 변화는 기술의 발전, 글로벌 경제의 통합, 환경 변화 그리고 사회적 가치의 변동이라는 네 가지 주요 요인에 의해 크게 영향을 받을 것이다. 이러한 요인들을 통해 미래 산업의 위험을 평가하고 안전을 보장하는 방법을 논리적으로 분석할 수 있다.

1) 기술의 발전

미래 산업에서는 자동화, 인공지능(AI), 빅데이터, 사물인터넷(IoT)과 같은 첨단 기술의 도입이 증가할 것이다. 이러한 기술들은 작업 공정을 최적화하고 효율성을 높이는 한편, 새로운 유형의 위험을 도입할 수 있다. 예를 들어, 사이버 보안 위험은 미래 산업에서 점점 더 중요한 고려 사항이 될 것이며, 이는 산업 시스템을 보호하기 위한 새로운 안전 프로토콜과 규정의 개발을 요구할 것이다.

2) 글로벌 경제의 통합

세계화가 진행됨에 따라 산업체들은 다양한 국가와 문화에서 운영되는 복잡한 공급망을 관리해야 한다. 이는 국제적인 안전 표준의 채택과 준수를 중요하게 만들며, 글로벌 기준에 맞는 안전 교육 및 인증이 필수적이다. 또한 다양한 규제 환경에서의 작업은 통합된 위험 관리 전략을 필요로 한다.

3) 환경 변화

기후 변화는 산업 작업 환경에 중대한 영향을 미친다. 예를 들어, 극한 기후 조건은 작업장의 안전을 위협하고, 재해 대응 계획을 재검토할 필요가 있다. 이는 산업체가 환경적 요인을 고려한 지속 가능하고 유연한 안전 대책을 마련해야 함을 의미한다.

4) 사회적 가치의 변동

근로자의 건강과 웰빙에 대한 인식 증가는 산업 안전에 대한 접근 방식에 근본적인 변화를 가져올 것이다. 이는 정신 건강 지원과 같은 새로운 안전 조치의 도입을 촉진하며, 직원 참여와 만족도를 높이는 안전 문화의 확립을 필요로 한다.

5) 논리적 결론

따라서 미래 산업체의 위험과 안전 관리는 단순한 사고 방지를 넘어서 기술적, 환경적, 경제적, 사회적 요인을 포괄적으로 고려하는 다각적 접근이 필요하다. 이를 위해 첨단 기술의 통합, 국제 안전 표준의 적용, 환경 변화에 대한 적응 전략 그리고 직원 건강과 안전을 중시하는 문화의 구축이 중요하다. 이러한 전략들은 산업체가 미래의 복잡한 도전을 효과적으로 관리하고 지속 가능한 안전을 보장하는 데 결정적인 역할을 할 것이다.

부록

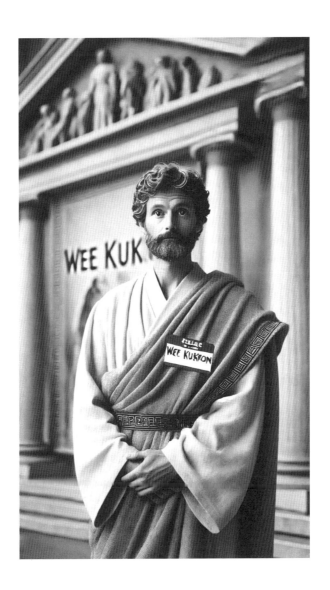

철학사상

경험론

인식·지식의 근원을 오직 경험에서만 찾는 철학적 입장 및 경향을 말한다. 초경험적 존재나 선천적인 능력보다 감각과 경험을 통하여 얻는 구체적인 사실을 중시하며, 지식의 근원을 이성에서 찾는 이성론·합리론과 대립된다.

경험론은 영국 철학의 기조가 되었으며 베이컨, 로크 등이 대표적인 사상가이다. 특히 베이컨은 그의 저서 『신기관』에서 인간의 인식에 장애가 되는 4가지 우상을 타파해야 한다고 주장했다. 우상이란 참된 지식을 인식하게 못하는 원인으로 선입견이나 편견을 뜻한다. 4가지 우상은 종족의 우상, 동굴의 우상, 시장의 우상, 극장의 우상이다.

계몽주의

구습과 타파를 위한 혁신적 사상운동을 말한다. 서구 중심의 봉건적, 신학적인 사상에서 벗어나 이성, 인간성을 중시하였으며, 이는 근대 산업혁명의 원동력이 되었다.

고증학

학문의 근거를 고전에서 구하는 객관적·실증적·문헌학적 연구방법을 취한 학문이다.

공리주의

영국에서 벤담을 중심으로 전개된 자본주의 확립기의 윤리설과 사회사상을 말한다. 개인주의와 자본주의를 기초로 하고 공리 또는 최대 행복 원리를 도덕적 기초로 삼았다. 경제적으로는 자유방임을 주장하고 경제에 대한 국가의 간섭을 배제하는 야경 국가론을 전개하였으며, 정치적으로는 「선거법」 개정에 의한 민주주의적 의회제도의 확립을 지향하기도 하였다. 이는 밀을 거쳐 페이비언 사회주의의 사상적 원류가 되었다.

교부철학

이단에 맞서 기독교와 교회의 이론을 정립한 사람들을 교부라 부르며, 이들에 의해 확립된 기독교 신학을 교부철학이라고 한다. 클레멘스에 의해 창시되었으며, 아우구스티누스에 이르러 최전성기를 이루었다.

구루(Guru)의 다른 의미 8가지

- 산스크리트어로 신적 스승
- 시크교의 종교개창자 또는 시크교 지도자
- 함경도 일대의 옥저의 다른 이름
- 매우 뛰어난 컴퓨터 해커
- 판타지 작품에서 뛰어난 마법사
- 특정 분야의 경험이나 지식이 많은 전문가
- 미국의 힙합 가수
- 신뢰할 수 있는 상담자, 조언자, 멘토

구조주의

1960년대 초기부터 프랑스를 중심으로 하여 각 분야의 학계에 관심을 모으기 시작한 새로운 사상이다. 구조주의는 문화와 사회가 무의식적으로 구조화(사회적 무의식)되어 있으므로 그 구조를 파악해서 문화와 사회를 이해하려는 철학이다. 구조주의에서는 인간의 존재를 자신의 의지나 생각의 관점에서 바라보는 것이 아니라, 사회에서 이미 만들어진 언어 구조나 무의식 구조 등에 의해 구성된 존재라고 바라본다. 사회학, 인류학, 고고학, 역사학, 언어학에서 문화와 기호(상징) 해석의 방법론으로 사용된다.

귀납법

각각의 특수한 경험적 사실로부터 공통된 일반성을 찾아내어 보편적, 일반적 원리에 도달하는 추리 방법이다. 구조주의는 문화와 사회가 무의식적으로 구조화(사회적 무의식)되어 있으므로 그 구조를 파악해서 문화의 사회를 이해하려는 철학이다. 구조주의에서는 인간의 존재를 자신의 의지나 생각의 관점에서 바라보는 것이 아니라, 사회에서 이미 만들어진 언어 구조나 무의식 구조 등에 의해 구성된 존재라고 바라본다. 사회학, 인류학, 고고학, 역사학, 언어학에서 문화와 기호(상징) 해석의 방법론으로 사용된다.

그리스 교회

로마 가톨릭 교회에서 떨어져 동구제국 소아시아 이집트의 일부에 분포되어 독자적인 제식과 전승을 갖는 기독교 제파의 총칭이다. 동방교회 또는 그리스 교라고도 한다.

그리스도교

예수 그리스도의 인격과 교훈을 중심으로 하는 종교이다. 천지만물을 창조한 유일신을 하나님으로 섬기고, 그 독생자 예수 그리스도를 구세주로 믿으며, 그리스도의 속죄와 신앙과 사랑의 모범에 추종하여 영혼의 구원을 따른다.

논리실증주의

일반적 지식 및 철학, 자연과학에 있어서의 명제나 이론을 분석하여 그 이론을 명확히 함과 동시에 거기에 혼입되어 있는 무의미한 요소를 적발해 내려고 하는 철학이다.

논리학

학문적인 인식을 사물이 지닌 인과관계에 있다고 생각하고 그 방법으로서 3단논법의 형식을 확립하여 형식논리학의 기초를 닦았다.

도가사상

제가백가의 하나로서 노자와 장자를 대표하며 허무, 무위, 즉 우주의 절대적 존재를

'무'라 하는 무위 자연설을 주장하는 사상이다.

도교

옥황상제, 노자를 교조로 하는 중국의 다신적 종교로, 무위자연을 주지로 하는 노장철학의 흐름을 받아들이고 음양오행설과 신선사상을 가미하여 불로장생의 술을 구하고, 부주, 기도 등을 행한다. 이는 중국의 민간 습속에 영향을 미쳤다.

도참사상

신비사상의 하나로 예언을 믿는 사상이다. 음양오행설, 천인감응설, 풍수지리설 등을 혼합하여 천변지이를 현묘하게 설명하고자 하는 것이다.

동학

조선 철종 때, 수운 최제우가 민간신앙을 바탕으로 그 위에 유·불·선(도교)의 교리를 혼합하여 만든 민족종교이다. 근본 사상은 '인내천', 즉 사람은 곧 하늘과 같고, 사람을 섬기는 것은 하늘을 섬기는 것과 같다는 뜻이다.

라마단

마호메트가 아라비아반도 서부의 동굴에서 알라로부터 코란의 계시를 받은 것을 기리는 달로 이슬람력으로 아홉 번째 달이다.

라만단은 무슬림이 지켜야 할 5대 의무 중 하나로, 라마단 기간 중에는 태양이 떠 있는 동안 먹거나 마시는 일체의 행위를 금지한다.

리비도

오스트리아의 정신분석학자 프로이트에 의해 인간 본성의 가장 중요한 특색으로 내세워진 것으로, 인간 정신현상의 맨 아래에 있는 본능적 에너지의 원천을 뜻한다. 리비도는 정신분석학의 기초개념으로 이드(id)에서 나오는 정신적 에너지, 특히 성적 에너지인 성욕 또는 성적 충동을 지칭한다. 이러한 리비도를 억제하는 능력이 초자아이다.

마키아벨리즘

이탈리아의 르네상스 시대 사상가 마키아벨리의 사상이다. 『군주론』에서 잘 나타난 그의 사상은 첫째, 통치의 실체를 냉혹하게 해부하고 통치에 있어 권력의 법칙성을 파악하였으며 둘째, 통치 기술로서 지배자의 권모술수, 목적을 위해서 수단 방법을 가리지 않는 윤리성을 결여한 행동을 의미하는 것으로 쓰였다. 이것은 근대 통치학의 시조로 평가받고 있다.

마틴 루터

면죄부 판매에 대한 95개조의 항의문을 발표함으로써 종교개혁에 불을 붙인 종교개혁의 선구자이다.

메카

마호메트의 출생지로, 이슬람교 최고의 성지이다.

면죄부

중세 시대 로마 가톨릭에서 금전이나 재물을 바친 사람에게 죄가 사면되었음을 증명하기 위해 교황의 이름으로 발행한 증명서이다. 나중에는 금전 수입 자체가 목적이 되어 신도들에게 강제로 판매하였다.

묵가사상

묵자가 제시한 사상으로서, 신분의 차별이 없는 인류애를 통해 서로 도와가며 철저한 사회평화를 이룩하여야 한다는 겸애설과 평화주의를 내세웠다. 근검, 절약을 사회

윤리의 기본이념으로 제시하였다.

무실역행

도산 안창호는 민족의 정신적 지표로서 무실, 역행, 충의, 용감의 4대 정신을 강조하였다. 이 4대 정신은 하나같이 성실 사상을 그 바탕으로 하고 있다. 그는 특히 무실역행을 강조하였는데, '무실'이란 참되기를 힘쓰자는 것이며 '역행'이란 힘써 행하자는 것이다. 무실은 개조의 내용이고 역행은 그것의 행동으로, 무실과 역행이 없이는 자기개조가 불가능함을 주장하였다.

범신론

만유신론이라고도 한다. 신과 우주를 같은 것으로 보며 인격신을 부정하는 종교관 내지 철학관을 말한다. 이에 따르면 자연의 풀 한 포기, 나무 한 뿌리도 신의 형상인 것으로, 유신론에 대립한다. 이 사고 방식은 고대 그리스의 헤라클레이토스, 이를 이어받은 스토아 학파, 또 고대 인도의 우파니샤드의 세계관에서도 나타난다.

법가사상

법으로써 질서를 바로 잡아야 된다고 주장하여 신상 필벌주의를 내세웠던 사상으로서 순자에서부터 유래되었다.

변증법

철학의 근본적인 방법, 즉 정반합의 논리를 말한다. 창시자인 제논은 상대편의 입장에서 모순을 찾아내어 논쟁하는 방법이라 하였고, 플라톤은 개념을 분석으로 결론에 도달하는 방법이라 했으며, 헤겔에 의해 주장된 것이 오늘날 사용되고 있는 논리이다. 이는 마르크스의 유물변증법의 모태가 되었다.

변증법적 유물론

변증법적 사고방식과 유물론적 관점을 결합하여, 사회와 역사를 물질적 조건과 갈등의 변화를 통해 설명하려는 이론이다. 마르크스와 엥겔스에 따르면 인간 사회는 생산 수단과 경제적 구조에 따라 계급 간의 갈등이 발생하며, 이러한 갈등이 역사 발전의 원동력으로 작용한다. 따라서 변증법적 유물론에서는 사회 변화가 경제적 기반의 변화에서 비롯된다고 본다.

분석 철학

사상의 명석화를 위해 언어를 분석하는 현대 철학으로 오늘날 영미 철학의 주류 중 하나가 되었다. 분석 철학에서는 "철학의 주요 임무란 어떤 세계관을 말하는 것이 아니라, 언어와 기호에 대해 논리적으로 분석하는 것"이라고 주장한다.

불교

BC 5세기경 인도의 석가모니가 베푼 설법을 믿는 종교이다. 석가모니가 펼친 가르침을 깨달아 부처(붓다·깨우친 사람)가 되기를 가르친다. 석가모니 입적 후 불교는 원시 불교, 부파 불교, 소승 및 대승 불교 등으로 아시아 여러 나라에서 다양하게 발전했고 기독교, 이슬람교와 더불어 세계 3대 종교로 자리 잡았다.

불교의 3보

3보는 불자가 귀의해야 한다는 불보, 법모, 승보의 3가지를 가리킨다. 석가모니 자신이 불보이고, 부처님의 설한 가르침이 법보이며, 부처의 제자로서의 비구, 비구니의 출가 교단이 승보이다.

비판주의

칸트의 철학적 근본 태도이다. 칸트는 '순수이성 비판', '실천이성 비판', '판단력 비판' 등 3대 비판을 통하여 종래의 형이상학을 깨뜨리고 각각 진리, 도덕, 미에 대한 문제를 취급하여 근대 철학을 수립하였다.

사단칠론

조선시대 학자 퇴계이황의 학설이다. 사단이란 맹자가 말한 측은지심, 수오지심, 사양지심, 시비지심을 가리키며, 칠론이란 예기와 중용에 나오는 희, 노, 애, 구, 애, 오, 욕을 말한다.

사서오경

유학의 입문 기본서인 『대학』, 『논어』, 『맹자』, 『중용』의 4서와 『시경』, 『서경』, 『주역』, 『예기』, 『춘추』의 5경을 말한다.

※ 사서삼경이란 『대학』, 『논어』, 『맹자』, 『중용』의 4서와 『시경』, 『서경』, 『주역』의 3경을 말한다.

산파술

소크라테스가 항상 사용한 대화에 의한 철학의 방법이다. 이는 대화를 함으로써 상대방의 정신 속에 잠재적으로 존재하고 있는 진리의 인식을 불러일으킬 수 있다고 보고 이를 산파의 일에 비유하여 생각한 것이다.

삼강오륜

군위신강, 부위사강, 부위부강을 3강이라 하고, 군신유의, 부자유친, 부부유별, 장유유서, 붕우유신을 5륜이라 한다.

생디칼리즘

국가 통제에 반대하고 노동자에 의해 산업을 관리하도록 하는 사회주의 사상이다.

샤머니즘

샤먼이 주술과 제시를 맡아서 신의 의시를 전달하고 그의 주술은 모든 기원과 욕망을 성취시키며 악령, 병마 등의 재앙을 물리친다고 믿는 신앙이다.

성과 경

성(誠)은 참이고 거짓이 없는 것이며, 하늘의 이법이요, 마음의 모습을 말한다. 말하는 바를 이루도록 성을 다하는 것이기도 하며 진실무망이고, 순일무잡한 것을 말한다. 경(敬)은 성을 주로 하는 것이며 서로 존경하고 사랑하는 마음을 말하고 인사(人事)의 근본이다.

성리학 = 주자학

성명과 이기의 관계를 논한 유교 철학이다. 공자의 학설에 불교와 도교의 사상을 섞어 인성의 원리, 인심 천리와의 관계를 논한 학문으로, 주자에 이르러 집대성되었다.

성선설

사람의 본성은 선천적으로 착하다고 하는 맹자의 학설로, 4단설을 기본으로 한다. 4단의 마음은 어떤 상황이 주어지면 자연히 생겨나는 마음이다.
- 인에서 우러나는 측은지심
- 의에서 우러나는 수오지심
- 예에서 우러나는 사양지심
- 지에서 우러나는 시비지심

성악설

인간의 이기적인 마음을 근원적인 것으로 보고 인간의 본성은 악하다고 하는 순자의 학설이다.

세속오계

세속오계는 화랑에게 준 다섯 가지 교훈으로 사군이충, 사친이효, 교우이신, 임전무
퇴, 살생유택를 말한다.

쇼비니즘

맹목적, 광신적, 호전적 애국주의를 말한다. 조국의 이익과 영광을 위해서는 수단과
방법을 가리지 않는 배외주의이자 지나치게 편협하고 배타적인 애국주의를 뜻한다.

소크라테스

그리스의 철학자로 기원전 470년에 태어나 기원전 399년에 71세를 일기로 사형당
하였다. 그의 부인 크산티페는 악처로 유명하다. 그가 남긴 유명한 말로는 '너 자신을
알라', '악법도 법이다' 등이 있다.

소피스트

소피스트라는 말을 처음 사용한 사람은 프로타고라스이다. 소피스트는 '지혜로운
자' 혹은 '현명하고 신중한 자'를 뜻하는 그리스어에서 유래했다. 본래는 현인이나 시
인, 장인, 철학자들에게 존중하는 의미로 사용되었던 말이었으나 웅변술과 상대주의를
설파하는 교사의 강연이 인기를 누린 기원전 5세기 말부터는 교육자를 뜻하는 말로 고
착화되었다. 플라톤과 아리스토텔레스는 소피스트들을 철학적 사유를 담지 않은 공허
한 말장난이나 언어의 기술적인 면만을 강조하는 궤변론자라고 비난했다.

순수이성

감각과 경험을 초월한 선천적 사유 능력을 말하는 것으로 칸트의 비판 철학의 중심
개념이다.

스콜라 철학

중세 유럽에서 발달한 철학적 선동으로, 신학과 철학을 융합하여 신앙과 이성을 조화롭게 설명하려는 철학 체계이다. 이 철학은 주로 12세기부터 17세기 초반까지 가톨릭 교회가 이끌던 학문적 중심지인 대학과 수도원에서 발전했다. 스콜라 철학의 목표는 신학적 교리를 논리적이고 체계적으로 정리하여 신앙을 이성으로 이해하려는 데 있다. 이를 위해 고대 그리스 철학, 특히 아리스토텔레스의 철학을 적극적으로 수용했다.

실용주의

가치나 진리의 기준을 실제 생활에 두려는 상대주의적 경향을 말한다. 이는 인간의 관념, 사상, 지식은 생활의 도구로서의 실용성을 가질 때에만 가치가 있다고 생각한 것이다.

실존주의

키에르케고르에서 시작하여 초인사상을 주장한 니체, 하이데거, 야스퍼스, 사르트르, 알베르카뮈 등이 주장한 오늘날의 대표적인 사상이다. 이는 인간의 존재 방식을 탐구하려는 사상이다.

실존주의자

케에르케고르, 니체, 하이데거, 야스퍼스, 사르트르, 카뮈 등이 20세기 대표 실존주의자이다. 그중 니체는 독일의 실존주의자로 힘이 센 사람을 존경하는 사상인 '초인사상'을 주장하였다. 대표적 저서에는 『권력에의 의지』, 『짜라투스트라는 이렇게 말하였다』가 있다.

실증주의

지식을 신학적, 형이상학적 단계를 거쳐 실증적 단계에 이르렀다고 보고 실증주의에 기초해서만 예견을 가능케 하는 과학적 지식이 된다고 하는 사고방식을 말한다.

실학

조선 영조, 정조 시대에 일어난 학풍으로, 당시 지배계급의 학문이던 실생활과 동떨어진 성리학의 형이상학적 공리론의 반등으로 일어나 실사구시와 이용후생에 대해 연구한 학문이다. 다산 정약용이 집대성하였다.

십문화쟁론

원효의 저술로 여러 경론에 산재하는 교리적 대립을 열 가지 범주로 분리 포괄하여 그에 대해 화해를 시도한 책으로 화쟁의 내용을 총체적으로 담고 있다.

아리스토텔레스

모든 인간 행위의 최종 목표이며 최고선을 '행복'이라 본 철학자로, 소크라테스, 플라톤과 함께 고대 그리스의 가장 영향력 있는 학자였다.

아타락시아

에피쿠로스 학파에 의해서 주창된 것으로서, 최고의 쾌락은 마음 안에 있으며 일시적인 신체적 쾌락보다는 지속적인 정신적 쾌락을 강조하였다. 후에 영국의 공리주의에 크게 영향을 주었다.

아파테이아

철학자 제논이 창시한 스토아 학파의 대표적인 개념이다. 금욕적인 생활의 핵심, 곧 어떠한 정념이나 욕망에도 휘둘리지 않는 상태인 초연한 마음의 경지를 뜻한다.

양명학

왕양명이 세운 유학의 한 학파이다. 마음 밖에 사리가 따로 없으며, 사람마다 양지를 타고났으나, 물욕이 있는 탓에 성인과 범인이 구별되는 것이니 이 물욕의 장애를 물리칠 때 지행합일이 된다는, 지식과 행동의 통일을 주장한 철학이다.

에코페미니즘

생태학과 여성주의의 합성어로 여성 해방과 자연 해방을 동시에 추구하는 사상이다. 에코페미니즘은 그 뿌리가 남성 중심의 억압적 사회구조에 있다는 전제에서 출발하여 성의 조화를 통해 모든 생명체가 공생할 수 있도록 하자는 것이다.

연역법

확실한 보편 원리를 바탕으로 여기에서 특수한 명제를 끌어내어 진실한 인식에 도달하는 추리 방법이다. 이는 귀납법에 반대되는 것으로, 그 전형적인 예가 3단 논법이다.

유가사상

춘추시대 노나라의 공자에 의해서 시작되어 맹자, 순자 등에 의해 발전되었으며 근대까지 동양사상에 결정적인 영향을 끼친 사상으로 그 근본은 인이다. 인은 임금에 대하여는 충, 부모에 대하여는 효, 형제에 대하여는 제가 된다.

유대교

모세의 율법을 기초로 기원전 4세기경부터 발달한 유일신 여호와를 신봉하는 유대인의 민족종교이다. 그리스도교는 전인류가 구원되는 것을 원하는 데 반하여, 이들은 유대민족만이 구원되기를 원하는 선민사상을 지녔으며, 구약성서가 교리의 중심을 이룬다.

윤리학

윤리학은 인간의 행위에 대한 도덕적인 가치판단과 규범을 연구하는 학문이다. 서양의 윤리학은 아리스토텔레스에 의하여 이론적으로 체계화되고, 소크라테스와 플라톤에 의하여 철학의 중요한 연구 과제가 되었다. 윤리학의 근본 문제는 최고선을 밝히는 것이다. 최고선은 인간 행위의 궁극적 목적이며, 최고선을 획득하는 것이야말로 인간을 행복하게 하는 것이다.

※ 철학의 3대 분야는 형이상학, 인식론, 윤리학이다.

율곡 이이

율곡 이이는 조선의 문신이자 성리학자이다. '이와 기는 서로 떨어질 수 없는 미묘한 관계를 가졌으나, 서로 혼동할 수 없는 것이다'라는 주기론의 입장에서, 관념적 도덕체계를 중요시하는 동시에 경험적 현실 세계를 존중하는 새로운 철학 체계를 수립하였다. 그의 사상은 사림의 사상과 주장을 집대성하였다는 데 의의가 있고, 『성학집요』, 『동호문답』, 『격몽요결』 등 많은 저작들이 『율곡전서』에 수록되어 있다.

이데아

이데아란 본래 '보이는 것', '알려져 있는 것'으로 형상이란 뜻이다. 이 세상에 존재하는 모든 사물과 개념에는 완벽한 원형(본질)이 존재하는데 플라톤은 이를 이데아라고 불렀다. 이는 눈에 보이는 것을 뜻하는 것이 아니라 이성으로 보이는 것, 즉 알고 깨닫는 것을 뜻한다. 이를 소크라테스는 윤리적, 미적 가치 자체를 표현하는 말로 사용하였고, 플라톤은 철학적 개념으로 확립하여 인간 감성을 초월한 진실적인 존재, 보편적 개념의 내용이라고 규정하였다.

이슬람교

그리스도교, 불교와 더불어 세계 3대 종교의 하나이다. 아라비아의 예언자 마호메트에 의해 창시된 종교이다. 유일신 알라에 대한 절대 복종을 기초로 하여 계시록인 코란에 의한 신앙, 기도를 중요시한다. 신도자 수는 19억 명 이상으로 추산된다.

이슬람 교도(무슬림)의 5대 종교의무

- 신앙고백(샤하다)
- 하루 5번의 기도(살라트)
- 구빈세(자카트): 생계유지에 필요한 소유재산 이외의 초과분을 헌납하는 것
- 라마단 단식(사움)
- 메카 성지순례(하지)

인식론

인간의 인식이 어떤 식으로 이루어지는가를 고찰하는 지식의 본질에 대한 이론이다. 이는 대상, 세계, 인간과의 관계에 대한 이론으로 근대의 인식론은 칸트에 의해 확립되었다.

정감록

조선 중기 이후 민간에 성행하게 된 예언서이다. 반왕조적이며 현실 부정적인 내용을 담고 있어서 조선시대 이래 금서에 속하여 민간에서 은밀히 전승되어 왔다. 난세에 풍수설에 따라 정해진 피난처에서만 복을 누릴 수 있으며, 궁극적으로 정씨 성의 진인이 출현하여 이씨 왕조가 멸망하고 새로운 세계가 도래한다는 내용을 담고 있다.

정치학

정치학은 철학, 사학, 수학, 천문학 등과 함께 그 역사가 가장 오래된 학문이다. 서양에서는 플라톤의 국가(Republic)를, 동양에서는 공자의 연구를 주로 학문적 시조로 치며, 동서양을 막론하고 사실상 거의 모든 철학자들은 동시에 모두 정치학자라고 할 수

있을 정도이다. 이러한 이유로 아리스토텔레스는 정치학을 학문의 왕이라고 불렀다.

제가백가

중국 전국시대에 활약한 학자와 학파의 총칭이다. 제가란 말은 여러 학자란 뜻이고 백가란 수많은 학파를 의미하는 말이다.

조로아스터교

기원전 6세기경에 조로아스터가 창시한 페르시아의 고대종교이다. 아베스타를 경전으로 하며, 선악의 두 신을 세워 대립 투쟁을 가르치는 이원교이다. 일명 배화교라고도 한다. 이들은 불 자체를 숭배하는 것이 아니라 재담 앞에 불을 피워 동물 등의 봉헌물을 태워서 그 향기를 경배로 표현하는 것이다.

종속이론

제2차 세계대전 이후 라틴아메리카의 현실 속에서 '저발전이란 무엇이며, 왜 지속되고 있는가?'라는 문제의식에서 출발한 이론이다. 후기식민주의와 탈식민주의적 접근으로 제국주의 국가로부터 경제적 착취와 인종차별을 당한 사람들의 관점에서 국제정치를 이해하려는 시도였다. 서구의 경제발전 이론이 라틴아메리카 사회의 분석에 적합하지 않다고 보았고, 새로운 이론적 틀을 구축하고자 했다. 종속이론은 여러 국가들이 식민지에서 독립은 했지만 경제는 여전히 종속상태에 놓여 있다고 보았다.

주기론

자연의 물질 세계와 인간의 경험 세계의 현실적인 문제를 중요시하는 철학이다. 조선 후기에 이이에 의하여 주창되고 그의 제자들에 의하여 계승된 성리학설이다. 우주 만물의 근원을 기에 두고 모든 현상들을 기의 변화, 운동으로 보는 입장으로, 이(理)와 기(氣)는 떨어질 수 없는 하나의 존재임을 강조하였다.

주리론

자연의 원리적인 문제와 인간의 도덕 세계의 관념적인 문제를 중요시하는 철학이다. 우주의 본체(理)와 작용(氣)을 이(理)의 입장에서 설명하는 이론으로 주희의 이기이원론(理氣二元論)을 받아들여 이황이 집대성하였다. 이황은 이와 기는 서로 다른 것이면서 동시에 서로 의지하는 관계에 있지만 어디까지나 이가 기를 움직이는 본원이라고 주장하였다.

중용에 나타난 성(誠)

- 참된 것은 하늘의 도이고, 참되려고 노력하는 것은 사람의 도리이다.
- 성은 사물의 처음이자 끝이니, 성이 없으면 사물이 없다.
- 참되면 밝다. 성이야 말로 진리를 보는 눈이다.

징고이즘

공격적인 외교정책을 만들어 내는 극단적이고 맹목적이며 배타적인 애국주의 혹은 민족주의를 말한다.

천도교

조선 말기에 수운 최제우가 창설한 동학을 제3대 교조 손병희가 개칭한 우리나라의 대표적 민족종교이다. '인내천'과 '사인여천' 사상을 바탕으로 한 현세주의 종교이다.

청교도

16세기 후반 영국에서 일어난 칼뱅파의 신교도를 말한다. 영국의 국교회에 반대하여 순결한 신앙과 철저한 신교주의를 취하였다. 특히 신대륙으로 넘어간 필그림 파더즈는 고난을 겪으며 미국 건국의 기초를 닦았다. 이 문학으로는 밀턴의 『실락원』이 대표적이다.

칸트의 12범주론

칸트는 『순수이성비판』에서 12개의 판단형식을 제시했는데 양(단일성, 다수성, 총체성), 질(실제성, 부정성, 제한성), 관계(내속성과 자존성, 인과성과 의존성, 상호성), 양상(가능성, 가능성, 필연성)이 그것이다.

코란

마호메트가 천사 가브리엘을 통해 계시를 받아 알라신의 말씀을 기록하였다는 이슬람교의 경전이다.

퀘이커 교도

17세기에 영국의 조지 폭스가 일으킨 그리스도교의 한 종파로, 정식 명칭은 '프렌드파'이다. 의례, 성직자 제도 등을 폐지하고, 개인의 내면적인 체험을 존중한다.

퇴계 이황

16세기 조선시대의 학자이며 문신으로 도산서원을 창설하였다. 그의 학문의 근본적 입장은 '진리는 이론에서 찾을 수 있는 것이 아니고 평범한 일상행활 속에 있다'는 것이었다. 즉 지와 행의 일치를 주장하였으며, 그 기본이 되는 것이 '성'이요, 그에 대한 노력으로서 '경'이 있을 뿐이라고 하였다. 그의 작품으로는 「도산십이곡」이 있다.

포스트 모더니즘

탈근대성에 바탕을 둔 예술, 문학운동으로 후기 구조주의에 대응하고 있다. 이는 이질적인 요소를 겹쳐 맞추기도 하고 과거의 작품에서 인용하기도 한다.

풍류사상

화랑도의 바탕이 된 우리 고유의 사상을 일컫는 말로, 우리 민족의 멋, 신바람, 밝은 사상, 한 사상 등과 통하는 것이다.

프랑크 푸르트 학파

1924년에 개설되어 1931년 이래 호르크하이머가 소장으로 있던 독일 프랑크 푸르크 대학 부설 사회문제연구소에 참여한 사상가들의 학파이다. 근대에 대한 근본적인 비평으로 후기 산업사회에서 나타나는 국가독점자본주의의 몇 가지 치적, 철학적, 문화적 모순을 지적했으며 오늘날 대표적인 네오마르크스주의자들이다.

프로테스탄트

중세의 부패한 가톨릭에 대항하여 루터, 츠빙글리, 칼뱅 등이 일으킨 종교개혁으로 가톨릭에서 분리되어 나온 교파의 총칭이다. 그 특징은 교의 중심인 가톨릭에 비해서 개인의 신앙에 더 많은 중점을 두며 의례를 간소화한 것이다.

합리론

앎(인식)의 근거나 원천으로 이성을 강조하는 입장으로 비리와 유연적인 것을 배척하고 이성적, 논리적, 필연적인 것을 중시하는 철학의 한 경향이다. 진리 파악의 결정적인 능력은 경험이나 감각을 떠난 이성의 사유라는 주의이다.

현상학

독일의 철학자 후설이 주장한 사고방식으로 선험적 환원을 거쳐서 얻어진 순수의식을 그 본질에서 연구, 기술하는 학문이다.

형이상학

'존재' 내지 '실체'란 무엇인가를 해명하는 일을 그 중심 과제로 연구하는 철학을 말한다. 주로 연구의 대상이 되는 분야는 신학, 논리학, 심리학 등이며 아리스토텔레스는 이를 총칭하여 제일철학이라고 하였다.

형이하학

유형적, 물질적인 것, 즉 지각할 수 있는 현상을 대상으로 하는 학문을 말한다. 과학, 생물학, 물리학 등의 모든 자연과학이 이에 속한다.

홍익인간

고려시대 일연이 지은 삼국유사의 단군설화에서 나오는 말로, '널리 세상을 이롭게 한다'는 뜻의 한국 최초의 건국이념이다.

- 단군신화에 나타난 고조선 건국이념: 홍익인간, 재세이화
- 광개토대왕 비문에 나타난 고구려 통치이념: 이도여치
- 박혁거세 신화에 나타난 신라 건국이념: 광명이세

화랑도

신라시대의 청소년들의 수양(교육)단체인 동시에 군사훈련 단체를 말한다. 이것은 우리 고유의 전통(풍류사상, 충, 효, 인 등)에 새로이 전래된 유·불·선 사상을 하나로 조화시킨 것이다. 근본 정신은 세속오계와 3덕(겸허, 검소, 순후)에 잘 나타나 있다.

화쟁

다양한 종파와 이론적 대립을 소통시키고 더 높은 차원에서 통합하려는 불교 사상으로 신라의 원효에서 시작되어 한국 불교의 가장 특징적인 사상으로 계승되었다. 통일신라 말의 교종과 선종의 대립에 대해 원효는 『대승기신론소』에서 '하나의 마음' 사상을 제시하면서 서로 대립하는 불교 종파들을 하나로 통합하였다.

효

인륜의 가장 근본이 되는 덕목으로서 사람됨의 판단기준이 된다. 공자는 이것을 행인의 근본이라 했고, 증자는 백행의 근본이라 하였다. 효경을 보면 인간의 죄는 3,000가지로 분류되고 최대의 죄를 불효라고 하였다.

효의 실천방법

- 봉양: 물질적으로 받들어 모시는 일
- 양지: 부모의 뜻을 헤아려 실천하는 일
- 공대: 표 을 부드럽게 가지는 일
- 입신: 이름을 떨치는 일

후기 구조주의

구조주의에 대한 반발로 일어난 사상이다. 구조주의는 인간 그 자체를 너무 중시하여 관계라는 것을 경시한 실존주의에 대한 비판으로서 등장한 데 비해, 후기 구조주의는 구조주의의 인간 경시에 대한 반작용으로 나타났다.

재난 이야기

1. 재난의 이해

재난은 일반적으로 자연적인 혹은 인간의 활동으로 인해 발생하는 긴급한 상황이나 위험으로 정의된다. 이러한 상황은 인간의 건강, 안전, 생계, 환경 등에 심각한 영향을 미칠 수 있다. 재난은 예측할 수 없는 요소와 비상사태에 대한 준비 부족으로 인해 더욱 심각한 문제로 발전할 수 있다.

2. 재난의 종류

재난은 크게 자연재난과 인간 측면의 재난으로 나눌 수 있다.

1) 자연재난

- 지진: 지구 표면에서의 지각 변동으로 인해 발생하며 건물의 붕괴, 토양 이동 등을 초래할 수 있다.
- 태풍/허리케인/폭풍: 강력한 바람과 강우로 인해 파도, 홍수, 풍랑 등이 발생할 수 있다.
- 화산 폭발: 화산의 분출로 인해 마그마, 화산재, 가스 등이 분출되며 주변 지역에 영향을 미칠 수 있다.
- 홍수/가뭄: 강우의 과다 혹은 부족으로 인해 발생하며 지역적으로 수해 또는 가뭄이 발생할 수 있다.

2) 인간 측면의 재난

- 인간 에러로 인한 사고: 기술적 결함, 인적 실수, 유지보수 부족 등으로 인해 사고가 발생할 수 있다.
- 전쟁/테러: 국가 간 갈등이나 국내 충돌로 인해 발생하는 상황으로 인명 피해와 소멸이 발생할 수 있다.
- 감염병: 감염병이 확산되어 대규모 감염과 사망자가 발생할 수 있다.

재난 관리는 이러한 상황에 대비하고, 대응하며, 회복(복구)하기 위한 계획과 조치를 수립하고 실행하는 것을 포함한다. 국가, 지방 정부, 지자체 및 국제 기구들은 재난 관리를 위한 체계를 갖추고 있으며, 이는 재난 예방, 대비, 대응, 회복(복구) 단계로 나뉜다. 효과적인 재난 관리는 과학, 기술, 정책, 국제 협력 및 지역사회 참여를 통합하여 이루어진다.

3. 철학의 이해

철학(Philosophy)은 궁극적인 질문에 대한 답을 찾고 인간의 존재, 지식, 가치, 이성, 언어, 인간관계 등에 대한 체계적이고 이론적인 탐구를 수행하는 학문이다. 여기에는 여러 가지 관심사와 분야가 포함되어 있으며, 다양한 철학자들이 서로 다른 관점과 견해를 제시해 왔다.

1) **존재론(Ontology)**: 존재론은 실재의 본질, 현실의 성격, 무엇이 실재하는 것인지에 대한 고찰을 다룬다. 이는 "무엇이 존재하는가?"라는 기본적인 질문을 다루며, 현실에 대한 이해를 탐구한다.

2) **인식론(Epistemology)**: 인식론은 지식에 대한 철학적 고찰을 다룬다. 지식의 기원, 한계, 진리의 성격 등을 탐구하며, "우리는 어떻게 알 수 있는가?"라는 주제를 다룬다.

3) **윤리학(Ethics)**: 윤리학은 도덕적인 행동과 가치에 대한 철학적 연구를 포함한다. 선과 악, 옳고 그름에 대한 고찰을 통해 "무엇이 옳은가?"에 대한 질문을 다룬다.

4) **미학(Aesthetics)**: 미학은 아름다움과 예술에 대한 철학적 연구를 다룬다. 미의 개념, 예술의 본질, 감각 경험 등이 이에 속한다.

5) **논리학(Logic)**: 논리학은 추론과 인과관계, 근거와 결론에 대한 연구를 다룬다. 명제의 타당성과 논증의 구조를 이해하는 데 중점을 둔다.

6) **정치철학(Political Philosophy)**: 정치철학은 국가, 정부, 권력, 정의 등과 관련된 주제에 대한 철학적 탐구를 다룬다.

철학은 사고와 논리, 분석과 종합적인 이해를 통해 복잡한 문제에 대한 해답을 찾기 위한 노력으로 볼 수 있다. 다양한 학파와 전통이 있으며, 철학은 지속적으로 진화하면서 새로운 문제와 아이디어에 대한 탐구를 이어가고 있다. 철학은 인간 존재의 근본적인 의미와 가치에 대한 고찰을 제공하며, 사상의 기반을 형성하는 중요한 학문 중 하나이다.

4. 인간의 행동

인간의 행동은 복잡하고 다양한 영향을 받는 요소들에 의해 결정되는데, 이를 이해하기 위해서는 여러 학문과 관점에서 접근할 필요가 있다. 아래는 인간의 행동을 이해하는 데 중요한 몇 가지 핵심적인 측면이다.

1) **심리학(Psychology):** 인간 행동을 연구하는 학문 중 가장 중요한 하나로, 심리학은 행동의 기반이 되는 심리적인 과정을 탐구한다. 인지심리학은 인간의 인지적 기능, 감각, 기억, 학습 등을 다루며, 행동심리학은 행동의 원인과 결과, 행동 패턴 등을 연구한다.

2) **사회심리학(Social Psychology):** 사회적 환경이 개인의 행동에 미치는 영향을 연구하는 분야이다. 집단 행동, 태도, 소속감 등을 이해하고 사회적 상호작용에 관한 연구를 포함한다.

3) **인지과학(Cognitive Science):** 뇌와 마음의 상호작용에 대한 연구로, 기억, 지각, 학습, 언어 등을 통해 인간 행동을 이해하려고 노력한다.

4) **사회학(Sociology):** 사회학은 개인을 넘어 집단과 사회 전체의 행동을 이해하는 데 중점을 둔다. 사회적 구조, 군집 현상, 문화, 사회적 통제 등을 다룬다.

5) **생물학(Biology):** 행동은 뇌와 신경계통, 호르몬, 유전자 등과 연관이 있다. 생물학적 측면에서 행동의 생리학적 기반이나 유전적 영향을 연구한다.

6) 경제학(Economics): 인간 행동의 경제학적 측면을 탐구한다. 선택, 자원 할당, 자기 이익을 중시하는 경향 등을 이해하기 위해 사용된다.

7) 문화인류학(Cultural Anthropology): 문화와 인간 행동의 관계에 중점을 둔 학문으로, 다양한 문화적 맥락에서 인간 행동을 이해하려고 한다.

인간의 행동은 위의 학문들이 상호작용하며 영향을 미치는 복합적인 결과물이다. 유전적인 영향, 환경적인 조건, 사회적 상호작용, 개인의 심리적 특성 등 다양한 측면을 종합적으로 고려해야 한다. 인간 행동의 이해는 사회적, 문화적, 생물학적 측면을 통합적으로 고려함으로써 더욱 풍부하고 정확한 설명이 가능해진다.

과학, 심리학, 철학과 안전철학

이 글에서는 과학, 심리학, 철학이라는 세 가지 학문이 각각의 고유한 지식과 통찰을 어떻게 제공하는지 그리고 각 학문의 장점과 단점을 살펴보겠다. 이를 통해 세 분야의 학문이 우리의 삶과 사회에 미치는 영향을 더 잘 이해하고, 특히 안전과 연계된 통찰을 얻을 수 있다.

1. 과학자의 지식

과학은 자연과 그 변화를 탐구하며, 경험을 바탕으로 데이터를 수집하고 분석하여 지식을 도출한다. 현실 세계에서 얻은 실험적 결과에 따라 상대적이고 변화 가능한 지식을 제공한다.

그리고 과학은 사실에 근거한 지식을 통해 허위 정보와 잘못된 믿음으로부터 사회를 보호하고, 이를 통해 인간과 사회의 안전을 지키는 데 중요한 역할을 한다. 예를 들어, 기술 발전과 안전 장치 개발은 과학의 성과로 인간의 생명과 재산을 보호한다.

반면에 과학적 지식이 절대적이라고 맹신할 위험이 있다. 이는 과학 외의 중요한 사회적·윤리적 요소를 간과하게 만들 수 있으며, 잘못된 과학적 사실이나 편향된 연구가 인간의 도덕성과 윤리를 희생할 수 있는 위험을 초래할 수 있다.

2. 심리학자의 지식

심리학은 인간의 마음과 행동을 탐구하며, 실험 조건과 데이터 분석을 통해 지식을 도출한다. 특정한 조건에서의 데이터를 기반으로 심리적 현상을 해석하고, 조건 없는 데이터는 의미가 없다는 특성을 가진다.

심리학의 장점은 인간의 신념과 행동에 대한 깊이 있는 이해를 제공하여, 인간 행동의 동기를 분석하고 정신 건강을 증진시키는 데 기여한다. 이를 통해 심리적 안정과 사회적 안전을 보장할 수 있다. 예를 들어, 스트레스 관리나 정신적 트라우마 치료는 심리학적 지식의 중요한 응용 사례이다.

그러나 특정 실험 조건에 지나치게 의존할 경우, 다른 가능성을 간과하게 되며, 상상력과 융통성을 제한할 위험이 있다. 이는 심리적 진단이나 조언이 지나치게 일반화될 수 있으며, 그 결과 개인의 특성을 고려하지 못하고 오히려 잘못된 방향으로 흐를 수 있다.

3. 철학자의 지식

철학은 절대적이고 보편적인 진리를 탐구하며, 엄밀한 논리적 사고를 통해 참과 거짓을 구분하려는 노력을 한다. 철학은 "무지"를 인정하고, 절대적 진리를 알 수 없다는 겸손한 태도를 가지며 이를 기반으로 사회와 윤리를 성찰한다.

그리고 철학은 권력과 지식의 남용을 경계하며, 사회적·윤리적 원칙을 세우는 데 기여한다. 철학적 논의는 안전한 사회 질서와 공정한 법률 시스템을 구축하는 데 중요한 역할을 한다. 예를 들어, 윤리적 딜레마나 사회적 불평등 문제에 대한 성찰은 철학적 사고에서 비롯된다.

그러나 철학적 논의가 지나치게 이론적일 경우, 실질적인 문제 해결에는 큰 도움이 되지 않을 수 있으며, 철학적 지식이 개인적 우월감을 강화할 가능성도 있다. 이는 인간 관계에서 소통의 장애를 일으키거나 실질적인 문제 해결 능력을 저해할 수 있다.

종합적인 통찰로서의 과학은 사실에 대한 통찰을 제공하고, 심리학은 가능성에 대한 통찰을, 철학은 무지에 대한 통찰을 제공한다. 이러한 지식은 각각 우리의 삶을 풍부하게 하고, 인간 사회의 안전과 발전을 위한 중요한 기반이 된다.

안전이라는 측면에서 보면, 과학은 기술과 데이터로 우리를 보호하고, 심리학은 마음과 행동의 건강을 지키며, 철학은 윤리적·사회적 위험을 예방하는 역할을 한다.

이 세 가지 학문은 서로 보완 관계에 있다. 과학적 사실을 기반으로 한 사회적 안전망은 심리적 안정과 윤리적 판단에 의해 더욱 강화될 수 있다.

따라서, 이 세 가지 학문은 서로 다르지만, 우리의 삶과 사회 안전을 위한 필수적인 역할을 하고 있다. 각 분야의 고유한 장점과 단점을 잘 이해하고, 그 균형을 맞추는 것이 우리가 더 안전하고 지혜로운 삶을 살아가는 데 중요한 요소이다.

4. 안전철학

안전철학에 대한 논의는 사고(事故)에 대한 인식을 전환하는 것에서 시작한다. '사고'라는 단어는 원래 라틴어 'accidere'에서 비롯되어 단순히 '발생하다, 일어나다'라는 의미를 가졌지만, 현대에 들어서는 개인마다 사고를 다르게 인식하고 해석하는 경향이 있다. 이에 대한 고정관념을 바꾸는 것이 매우 중요하다.

첫째, 우리는 '건강하고 안전한 문화'를 지향해야 하며, 그 속에서 질병이나 부상이 발생하는 것을 당연시해서는 안된다. 건강과 안전한 환경을 유지하기 위한 적극적인 노력이 필수적이다.

둘째, '보상 문화'는 사고 후의 대응이 아니라 사고를 예방하는 데에 더 중점을 두어야 한다. 적절한 보상은 당연히 필요하지만, 그보다 중요한 것은 사고가 발생하지 않도록 미리 대비하는 것이다.

셋째, 사고를 예방하려는 시도가 비현실적이라는 생각을 버려야 한다. 사고와 부상은 예방이 가능하며, 안전에 투자하는 조직은 더 나은 성과를 내고 있다는 것은 여러 연구를 통해 입증되었다. 간단한 예방 조치를 통해 사고 발생을 크게 줄일 수 있으며, 이는 비용 절감과 연결된다.

넷째, 예방 가능한 사고가 수없이 발생하는 현실을 직시하고, 적절한 안전 조치가 충분히 취해지지 않은 경우가 많다는 사실을 인식해야 한다. 예방을 과도하게 하지는 않았는지 고민하기보다는, 사고로 인한 피해를 최소화하기 위한 노력이 더 필요하다.

결국, 사고 예방은 모든 인간 활동에 있어 필수적인 요소이며, 지속적인 예방 조치가 없다면 사고는 언제든지 발생할 수 있다. 심지어 천재지변조차도 적절한 준비와 대처를 통해 그 피해를 줄일 수 있다.

참고문헌

- 강분석 역, 아우렐리우스 명상록, 사람과 책, 2001.
- 강선보 외 역, 20세기 성인교육철학, 동문사, 2011.
- 강영계 역, 에티카, 서광사, 1990.
- 강정인 역, 군주론, 까치, 2001.
- 권태영 엮음, 욕망 이론 · 자크 라캉, 문예출판사, 1998.
- 김기찬 역, 고백록, 현대지성사, 2000.
- 김석수 역, 순수이성 비판 서문, 책세상, 2002.
- 김수행 역, 자본론, 비봉출판사, 2001.
- 김종갑 역, 새로운 아틀란티스, 에코리브르, 2002.
- 김중기 역, 의지와 표상으로서의 세계, 집문당, 1995.
- 니코스 카잔차키스, 그리스인 조르바, 열린 책들, 2009.
- 대화세 편(Three dialogues), Penguin Books.
- 도나 해러웨이, 사이보그 매니페스토, 문학과 지성사, 2019.
- 라이프니츠 철학적 저술(Philosophical Writings), Dent paperback.
- 레이 커즈와일, 특이점이 온다, 김영사, 2007.
- 레이먼드 플랜트(Raymond Plant), 헤겔 입문(Hegel: an Introduction, Blackwell paperback.
- 리바이어선, Penguin Books.
- 박영태 역, 철학의 문제들, 이학사, 2000.
- 박외수 외, 교육의 역사와 철학, 동문사, 2020.

- 박은수 역, 반항하는 사람, 인폴리오, 1995.

- 박종현 역, 국가론, 서광사, 1997.

- 백종현, 포스트 휴먼시대와 휴머니즘, 플라톤아카데미TV, 2018.

- 사회 계약론, Penguin Books.

- 서정천 역, 창조적 진화, 을유문화사, 1992.

- 손우성 역, 존재와 무, 삼성출판사, 1997.

- 송기형·임미경 역, 관용론, 한길사, 2001.

- 송무 역, 우상의 황혼, 반그리스도, 청하출판사, 1998.

- 송영진 역, 도덕과 종교의 두 원천, 서광사, 1998.

- 수필집, Penguin Books.

- 스토리라인, 철학의 기원부터 이오니아 학파까지, 인문학교 TV, 2019.

- 시민 정부론, Cambridge University Press paperback.

- 신아틀란티스(The New Atlantis), Oxford University Press paperback.

- 신차균 외, 교육철학 및 교육사의 이해, 학지사, 2013.

- 연효숙 역, 헤겔, 시공사, 2000.

- 염기용 역, 캉디드, 범우사, 2000.

- 오유석 역, 쾌락, 문학과지성사, 1988.

- 유발 하라리, 호모 데우스, 김영사, 2017.

- 윤리학, Dent paperback.

- 윤성범 역, 신국론, 을유문화사, 1989.

- 이가림 역, 시지프의 신화, 문예출판사, 2001.

- 이경직 역, 영혼의 치료자, 세네카, 세네카의 잠언, 동녘, 2001.

- 이규호 역, 라이프니츠; 단자론, 휘문출판사, 1995.

- 이기상 역, 존재와 시간, 까치 1998.

- 이명숙·곽강제 역, 서양의 지혜, 서광사, 1991.

- 이병길·최옥수 역, 정치학, 박영사, 1996.

- 이영철 역, 논리 철학 논고, 천지, 1991.

- 이영철 역, 철학적 탐구, 서광사, 1994.

- 이종영 역, 마르크스를 위하여, 백의출판사, 1997.

- 이준호 역, 인간본성론 1, 2, 3, 서광사, 1994~1996.

- 이현복 역, 방법서설, 문예출판사, 1997.

- 이현복 역, 성찰, 문예출판사, 1997.

- 이환 역, 사회 계약론, 서울대학교 출판부, 1999.

- 인간 오성론, Oxford University Press paperback.

- 인간 지식의 원리, Penguin Books.

- 인간본성론, Oxford University Press paperback.

- 인문학발전소, 한 번에 끝내는 서양 철학사; 고대부터 현대까지, 인문학발전소, 2024.

- 임규정 역, 하이데거, 문학과 현실사, 1996.

- 임석진 역, 정신현상학, 지식산업사, 1998.

- 자연 종교에 관한 대화, Hanger paperback.

- 장경록 역, 산다는 것과 죽는다는 것, 혜원출판사, 1999.

- 정봉구 역, 아벨라르와 엘로이즈, 을유문화사, 1999.

- 정의채 역, 철학의 위안, 바오로 딸, 1964.

- 조너선 반스(Jonathan Barnes), 초기 그리스 철학(Early Greek Philosophy), Penguin Books.

- 조병일 역, 로크; 인간오성론, 통치론, 휘문출판사, 1985.

- 조정욱 역, 쾌락론, 동천사, 1997.

- 철학 사전(Philosophical Dictionary), Penguin Books.

- 철학적 저술 선집(Selected Philosophical Writings), Cambridge University Press paperback.

- 철학적 탐구, Oxford University Press paperback.

- 최명관 역, 니코마코스 윤리학, 을유문화사, 2001.
- 최민홍 역, 플라톤전집·소크라테스의 대화(에우튀프론), 성창출판사, 1986.
- 최요한 역, 자유론, 홍신문화사, 2000.
- 최재희 역, 순수이성 비판, 박영사, 2001.
- 최재희 역, 실천이성 비판, 박영사, 2001.
- 최혁순 역, 베이컨 수상록, 범우사, 1995.
- 최현 역, 선악의 피안, 이 사람을 보라, 민성사, 2000.
- 최현 역, 세네카 희곡선, 범우사, 2001.
- 최현 역, 행복론, 범우사, 2000
- 캉디드, Penguin Books.
- 코디정, 인공지능은 과연 형이상학적인 생각을 할 수 있을까요, 코디정의 지식채널, 2024.
- 탁석산 역, 자연 종교에 관한 대화, 울산대학교출판부, 1998.
- 프롤레 고메나, Open Court paperback.
- 학문의 진보(Advancement of Learning), Oxford University Press paperback.
- 한상기 역, 종교적 경험의 다양성, 한길사, 2000.
- 한석환 역, 하일라스와 필로누스가 나눈 대화 세마당, 철학과 현실사, 1997.
- 한승조 역, 리바이어던, 삼성출판사, 1998.
- 한자경 역, 인간의 사병, 서광사, 1997.
- 한자경 역, 자연 철학의 이념, 서광사, 1999.
- 황문수 역, 소크라테스의 변명; 크리톤, 파이돈, 향연, 문예출판사, 1999.
- OpenAI, ChatGPT GPT-4o, 2024.

저자 소개

▶ 위국환

- 부경대학교 안전공학박사, 동아대학교 법학박사, Canada Christian College 상담학박사 학위를 취득하고, 각 대학에서 재난 안전·보건 관련 강의와 안전·보건 경영 컨설팅을 하고 있다.
- 저서: 산업안전보건법령 해석(도해식), 안전보건관리론, 영혼이 아픈 아이에게 희망을, 중대재해처벌법 해석(도해식), 산업안전교육론, 재난안전교육론, 학교안전교육론, 안전학개론, ESG 경영의 이론과 실제, ESG 안전보건경영시스템, 산업안전심리학, 국제공공조달의 이론과 실제, 안전보건경영시스템 등

▶ 김선화

- Canada Christian College 상담학박사 학위를 취득하고, 대학에서 안전 관련강의, 산업안전보건공단 강의, 서비스업 안전 기술 지도를 하고 있다.
- 저서: 산업안전심리학, 산업안전교육론, 안전보건관리론, 산업안전보건법령 해석, ESG 안전보건경영시스템, 재난안전교육론 등

▶ 손창현

- 동아대학교 법학박사 학위를 취득하고, 안전·보건 경영 컨설팅을 하고 있다.
- 상세 약력: (주)엘림테크메디칼 회장, 솔고헬스케어 대표, 3·1절 보건복지근정 수훈, 중소벤처기업부장관상, 환경부장관상, 식품의약품안전처장상 수상

철학자가 본 안전행동

초판발행	2025년 2월 28일
지은이	위국환·김선화·손창현
펴낸이	안종만·안상준
편 집	이혜미
기획/마케팅	박부하
표지디자인	BEN STORY
제 작	고철민·김원표
펴낸곳	(주) **박영사**
	서울특별시 금천구 가산디지털2로 53, 210호(가산동, 한라시그마밸리)
	등록 1959.3.11. 제300-1959-1호(倫)
전 화	02)733-6771
f a x	02)736 4818
e-mail	pys@pybook.co.kr
homepage	www.pybook.co.kr
ISBN	979-11-303-2193-6 93370

* 파본은 구입하신 곳에서 교환해 드립니다. 본서의 무단복제행위를 금합니다.

정 가   28,000원